═ 한국어 ═
질병 표현
어휘 사전
II

한국어
질병 표현 어휘 사전
II

한국인이 자주 걸리는 질병 관련 표현을 중심으로

김양진 장미 곽자현 박연희 엮음

도서출판 모시는사람들

머리말

　이 사전은 경희대학교 인문학연구원의 인문한국플러스 HK+통합의료인
문학단의 사업의『한국인의 질병 어휘 사전 집성』의 둘째 권으로 기획되었
다.『한국인의 질병 어휘 사전 집성』의 연속적 사업은 1권『한국어 질병 표
현 어휘 사전 I-주요 사망원인 질병 표현을 중심으로』가 이미 출간되었고
이번에 출간되는 2권『한국어 질병 표현 어휘 사전 II-한국인이 자주 걸리
는 질병 관련 표현을 중심으로』에 이어 3권『한국어 질병 표현 어휘 사전III
-한국인의 전염병』과 4권『한국어 질병 표현 어휘 사전IV-환자 부류에 따른
질병을 중심으로』, 5권『한국어 질병 표현 어휘 사전V-방언에서의 질병 표
현』이 준비 중에 있다.

　『한국어 질병 표현 어휘 사전 I』이 한국인의 주요 사망원인 질병 10가지
를 중심으로 2,600여 단어를 구축하였다면,『한국어 질병 표현 어휘 사전
II』는 한국인이 일상적으로 자주 걸리는 사소한 질병들, (1)신경외과1(두통
등), (2)이비인후과(감기/몸살/세기관지염 등), (3)안과(눈병/안질 등), (4)치
과(치통 등), (5)내과(위염/위장병/신장병 등), (6)피부과(피부병), (7)신경외
과2(척추/디스크 등), (8)신경내과(우울증, 신경증), (9)섭식장애(먹기 장애,
거식증 등)의 9가지와 (10)일반 통증 관련 어휘 500여 단어를 포함하여 총
10개 부문 2,600여 단어를 대상으로 하여 작성되었다. 신체의 각 기관에서
흔히 발생하는 일상적인 질병들은 종류도 다양하고 같은 질병에 대한 다양
한 세속적인 명칭들이 포함되어 있는데, 이 사전에서는 이러한 단어도 모두
수집하려고 노력하였다. 신경외과1과 신경외과2는 크게 두통형 신경증과

허리통증형 신경증으로 구별하여 단어를 수집하였는데, 통증 표현의 입장
에서는 서로 중첩되는 부분도 섞여 있다. 이 사전 집필의 전체 구성은 『한
국어 질병 표현 어휘 사전 I』과 형식을 같게하였지만 질병 표현의 일상성이
더 높은 단어들이 선택되었기 때문에 뜻풀이라든지 용례 등에서 좀 더 실
용적인 용법이 많이 자세히 소개되었다는 점에서 앞선 1권과 차이가 있다.
『한국어 질병 표현 어휘 사전 I』에서는 용례를 3개로 한정하였지만 『한국어
질병 표현 어휘 사전 II』에서는 용법이 다양한 경우라면 용례의 개수를 한
정하지 않고 다양하게 나타나는 사례들을 모두 폭넓게 반영하였고, 뜻풀이
역시 기존 국어사전의 전문적인 뜻풀이에 국한하지 않고 문맥적 용법에 따
라 자연스럽고 일상적인 뜻풀이로 과감하게 수정하여 제시하였다.

  이 사전의 구축에는 경희대학교 HK+통합의료인문학단의 연구 조교로
참여하고 있는 장미(국문과 박사과정), 곽자현(석사과정), 박연희(석사과
정)가 함께하였다. 사전의 기초 자료를 모으고 정리하는 일을 세 명의 연구
조교들이 꼼꼼하게 진행해 주었기 때문에 이 사전이 모습을 갖추어 세상에
나올 수 있게 되었다. 사전 편찬의 작업 초기에 김근애 선생(경희대 박사)도
첫 번째 사전을 출간할 때의 경험을 나누며 힘을 보태 주었다.

  무엇보다 첫 번째, 두 번째 사전에 이어 이 사전이 최종적으로 『한국인의
질병 어휘 사전 집성』으로 출간될 수 있을 때까지 지원을 해 주시는 경희대
학교 HK+통합의료인문학단의 박윤재 단장과 까다로운 출판 조건을 탓하
지 않고 상업성이 떨어지는 사전을 꼼꼼하게 출판해 주는 도서출판 모시는
사람들의 박길수 대표에게 감사의 인사를 남긴다.

2024년 4월 편자 대표 김양진

한국어 질병 표현 어휘 사전 II

차례

일러두기

[전신 질병 부위]

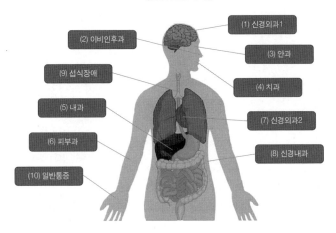

1. 사전의 거시구조 : 겉표지 - 내지 - 속표지 - 일러두기 - 사전본문(ㄱ~ㅎ) - 부록
1(출처) - 부록2(논저목록)
2. 사전의 미시구조 : 표제항(원어) [발음] 품사《전문분야》〈질병종류〉뜻풀이.〈관
련어휘〉¶용례.

Ⅰ. **표제항**

1. 이 사전의 표제어는 한국인이 일상적으로 자주 걸리는 질병 가운데 '(1)신경외과
1(두통 등), (2)이비인후과(감기/몸살/세기관지염 등), (3)안과(눈병/안질 등), (4)치
과(치통 등), (5)내과(위염/위장병/신장병 등), (6)피부과(피부병), (7)신경외과2(척
추/디스크 등), (8)신경내과(우울증, 신경증), (9)섭식장애(먹기 장애, 거식증 등) 등
9가지 분과 질병과 (10)일반 통증 관련 어휘를 포함하여 총 10개 부문 2,600여 단어
를 대상으로 함.

〈사례〉

(1) **편두통**(偏頭痛) [편두통] **명**《의학》〈**신경외과1**〉 갑자기 일어나는 발작성의 두통. 머리 혈관의 기능 이상 때문에 나타나는데, 처음에는 한쪽 머리가 발작적으로 아프다가 온 머리로 미치며 구토, 귀울림, 권태 등의 증상이 나타난다. 특히 여자와 두뇌 노동자에게 많다.

(2) **감기**(感氣) [감:기] **명**《의학》〈**이비인후과**〉 주로 바이러스로 말미암아 걸리는 호흡 계통의 병. 보통 코가 막히고 열이 나며 머리가 아프다. ¶감기가 들다.

(3) **몸살-감기**(몸살感氣) [몸살감기] **명**〈**이비인후과**〉 몸이 몹시 피로하여 생기는 감기. ¶몸살감기를 앓다. / 찬 바람 쐬고 거기 다녀와서 아마 몸살감기가 겹친 모양이다.

(4) **삼출^세기관지염**(滲出細氣管支炎) **명구**《의학》〈**이비인후과**〉 섬유성 삼출을 동반한 세기관지의 염증.

(5) **결막염**(結膜炎) [결망념] **명**《의학》〈**안과**〉 결막에 생기는 염증. 눈이 충혈되고 부으며 눈곱이 끼고 눈물이 나는데, 세균이나 바이러스의 감염 또는 알레르기나 물리화학적 자극이 원인이다. 〈참〉삼눈

(6) **잇몸염**(잇몸炎) [인몸념] **명**《의학》〈**치과**〉 잇몸에 생기는 염증. 잇몸에서 쉽게 피가 나며 만지면 아프고 부어오르기도 한다.

(7) **위염**(胃炎) [위염] **명**《의학》〈**내과**〉 위 점막에 생기는 염증성 질환을 통틀어 이르는 말. 급성은 폭음, 폭식, 자극물 섭취, 병원균의 독소, 스트레스 따위로 생기고 만성은 불규칙적 식사, 약물 치료의 부작용, 유전적 요소 따위로 생긴다. 〈유〉위장염(胃臟炎)

(8) **심장통**(心臟痛) [심장통] **명**《의학》〈**내과**〉 복장뼈 아래쪽의 심장 부위에 일어나는 통증. 심장 동맥의 기능 부족으로 일어나거나 신경성 이상 감각이 원인이되어 일어난다. ¶혈액 순환을 개선하면 요통이나 심장통뿐만 아니라 당뇨병성 신경통 치료에도 도움이 된다.

(9) **신경 피부염**(神經皮膚炎) **명구**《의학》〈**피부과**〉 신경이 과민해져서 사소한 자극으로도 가려워 긁기 때문에 피부 주름이 두꺼워지고 습진으로 발전하는 만성 피부병.

(10) **경추증**(頸椎症) [경추쯩] **명**《의학》〈**신경외과2**〉 목뼈의 변형으로 인하여 나타나는 병적인 증상. 척추뼈나 신경근에 압박을 받고 목, 어깨, 팔에 통증과 저림을 느끼며 척추뼈의 압박으로 팔다리에 마비가 일어나기도 하고 방광이나 곧창자에 장애가 나타나기도 한다. 〈유〉경부 척추증

(11) **가면 우울증**(假面憂鬱症)⟨명구⟩《의학》〈신경내과〉 정신 증상이 겉으로 별로 드러나지 않는 우울증. 식욕 부진, 가슴 두근거림, 피로감 따위의 신체적 증상만 나타난다.

(12) **신경 쇠약**(神經衰弱)⟨명구⟩《의학》〈신경내과〉 신경이 계속 자극을 받아서 피로가 쌓여 생기는 여러 가지 질병. 피로감, 두통, 불면증, 어깨 쑤심, 어지럼증, 귀울림, 손떨림증, 지각 과민, 주의 산만, 기억력 감퇴 따위의 증상을 나타낸다. 〈유〉 신경 쇠약증

(13) **거식증**(拒食症) [거:식쯩]⟨명⟩《의학》〈섭식장애〉 먹는 것을 거부하거나 두려워하는 병적 증상. ¶한 패션모델이 심한 다이어트로 인해 거식증에 걸려 죽었다는 기사가 났다.

2. 표제어의 선택에는 명사, 동사, 형용사, 부사, 관형사, 구명, 속담 등 범주를 가리지 않는다.

〈사례〉
건피-증(乾皮症)[건피쯩]⟨명⟩
발진하다(發疹하다) [발쩐하다]⟨동⟩
따끔하다( ) [따끔하다]⟨형⟩
빡작지근히( ) [빡짝찌근히]⟨부⟩
절망적(絶望的) [절망적]⟨관⟩
가을 감기(가을感氣)⟨명구⟩
가스가 차다(gas가 차다)⟨동구⟩
몸이 무겁다( )⟨형구⟩
감기 고뿔도 남을 안 준다( )⟨속담⟩

3. 표제어의 배열은 가나다순에 따르되, 동음이의어는 『표준국어대사전』의 배열 기준에 따른다.

〈사례〉
위산1(胃散) [위산]⟨명⟩《약학》 위액이 부족하거나 위산이 너무 많이 분비되어 소화가 잘 안 되는 병에 먹는 가루약. 탄산수소 나트륨을 주재료로 하여 만든다.
위산2(胃酸) [위산]⟨명⟩《의학》 위액 속에 들어 있는 산. 특히 염산을 이르며, 병

적인 위액은 발효에 의하여 생기는 유기산도 포함하고 있다.

위장염1(胃腸炎) [위장념] 명《의학》위와 창자에 생기는 염증.

위장염2(胃臟炎) [위장념] 명《의학》위 점막에 생기는 염증성 질환을 통틀어 이르는 말.

소양증1(少陽症) [소양쯩] 명《한의》몸이 오싹오싹 추운 증상과 열이 나는 증상이 엇바뀌며, 입안이 쓰고 목이 마르며 가슴과 옆구리가 답답하고 결리는 병.

소양증2(搔癢症) [소양쯩] 명《한의》몸 안에 열이 많거나 피가 부족하여서 피부가 가려운 병증.

4. 표제항에 딸린 각 단어의 미시 정보는 "(1) 표제항 (2) (원어) (3) [발음] (4) 품사 (5)《전문분야》(6) 뜻풀이. (7) 〈관련어휘〉. (8) ¶용례"의 순서로 배열한다.

〈사례〉

나병(癩病) [나ː병] 명《의학》〈피부과〉나병균(癩病菌)에 의하여 감염되는 만성 전염병. 피부에 살점이 불거져 나오거나 반점 같은 것이 생기고 그 부분의 지각(知覺)이 마비되며 눈썹이 빠지고 손발이나 얼굴이 변형되며 눈이 잘 보이지 않게 된다. 〈유〉나병환(癩病患) ¶나병 환자. / 생업에 대한 위협과 나병에 대한 원시적인 공포감이 인근 주민들의 처지를 그토록 절박하게 하고 있음이 틀림없었다.

5. 비표준어/방언의 경우 표준어 표제어와 형태가 현저히 다른 경우는 표제어에 포함시키되 비표준어 및 지역 방언임을 밝힌다.

〈사례〉

미식거리다( ) [미식꺼리다] 동 '메슥거리다'의 비표준어.

애리다( ) [애리다] 형 '아리다'의 방언(강원, 경상, 전라, 평안, 중국 길림성, 중국 요령성, 중국 흑룡강성)

6. 약재 관련 표제어는 해당 질병을 치료하는 데 주로 쓰는 약재로 한정하여 표제어로 선정하며, 여러 병의 치료에 쓰는 약재를 표제어에 포함시키는 경우는 〈일반 통증〉 분야의 단어로 처리한다.

〈사례〉

총백(蔥白) [총백] **명** 감기로 인한 오한, 발열 따위에 쓰는 파의 밑동을 한방에서
약재로 이르는 말.

환동자(還瞳子) [환동자] **명**《한의》결명자의 씨. 간열(肝熱)을 내리고 눈을 밝
게 하며 두통, 변비에 약재로 쓴다.

목작약(木芍藥) [목짜걍] **명**《식물》작약과의 낙엽 활엽 관목. 근피(根皮)는 두
통·요통에 쓰는 약이나 건위제, 지혈제, 진통제의 약재로 쓰인다. 높이는 2미터
정도이고 가지는 굵고 털이 없으며, (이하 생략)

II. 원어

1. 원어는 표제어 뒤에 괄호 ( )를 열어 고유어의 경우는 비워 두되 어원을 확인할
수 있는 경우는 어원의 최초형과 출전을 밝히고 한자어, 외래어, 혼종어의 경우는
해당 단어의 원래 언어에서의 표기를 밝혀 보인다.

〈사례〉
가래( )
급성위염(急性胃炎)
디스크(disk)
냄새코염(냄새코炎)

2. 해당 표제어가 고유어와의 결합에 의한 혼종어의 경우는 원어에 고유어 부분도
한글로 제시한다.

〈사례〉
가려움 발진(가려움發疹)
가을 감기(가을感氣)

3. 원어는 고유어, 한자, 로마자로 표기하고 그 밖의 문자는 로마자화하여 표기한
다. 로마자의 경우 기본적으로 소문자로 표기하지만 고유 명사나 원래의 언어에서
대문자로 쓰는 경우는 대문자 그대로 표기한다. 문자별 표기가 달라질 때는 한 칸

띄어 구별한다.

〈사례〉
메니에르-병(Ménière病)

Ⅲ. 발음

1. (원어)란 뒤의 한 칸을 띄고 [발음]란을 둔다. [발음]란에는 해당 표제어의 표준 발음을 밝혀 적는다. 표준 발음은 표제어의 표기와 일대일 대응이 되는 경우에도 모두 밝히는 것을 원칙으로 한다.

〈사례〉
갈증(渴症) [갈쯩]
감기-약(感氣藥) [감ː기약]
감창(疳瘡) [감창]
경피-증(硬皮症) [경피쯩]
구강-병(口腔病) [구ː강뼝]
넘어오다( ) [너머오다]
닳다( ) [달타]

2. 단어가 아닌 구 및 외래어와 외래어가 포함된 복합어에서는 발음을 보이지 않는다.

〈사례〉
가락 피부 경화증(가락皮膚硬化症) [ ]
간질 위염(癎疾胃炎) [ ]
거북 목 증후군 환자(거북목症候群患者) [ ]
근시 코누스(近視conus) [ ]

3. 표준어 규정에 따라, 발음이 둘 이상으로 될 경우에 '/'을 사용하여 병기한다. '/'의 왼쪽에는 원칙적인 발음을, 오른쪽에는 허용되는 발음을 제시한다.

〈사례〉

괴혈-병(壞血病)[괴ː혈뼝/궤ː혈뼝]

마비-되다(痲痹되다/麻痺되다) [마비되다/마비뒈다]

Ⅳ. 품사

1. [발음]란 뒤에는 한 칸을 띄고 (품사)란을 두되, 여기에는 품사에 따른 단어 범주
와 구 이상의 범주를 표시할 수 있다.

〈사례〉

개선(疥癬) [개ː선] (명)

가렵다( )[가렵따] (형)

발진-하다(發疹하다) [발찐하다] (동)

가변 홍색 각질피증(可變紅色角質皮症)(명구)

몸이 무겁다( )(형구)

2. 단어의 경우 각각 '명사 → (명), 동사 → (동), 형용사 → (형), 부사 → (부), 관형사 → (관), 감
탄사 → (감)' 등으로 표기한다.

〈사례〉

개선(疥癬) [개ː선] (명)

가렵다( ) [가렵따] (형)

발진-하다(發疹하다) [발찐하다] (동)

빡작지근-히( ) [빡짝찌근히] (부)

절망-적(絶望的) [절망적] (관)

개치네-쒜( ) [개치네쒜] (감)

3. '구'의 경우 각각 '명사구 → (명구), 동사구 → (동구), 형용사구 → (형구), 부사구 →
(부구)' 등으로 표기하고 속담이 단어처럼 쓰이는 경우 표제어로 선택하여 (속담)으로
표시하여 구분한다.

〈사례〉
가변 홍색 각질피증(可變紅色角質皮症) 명구
가슴을 찢다( ) 동구
감기 고뿔도 남을 안 준다( ) 속담

4. 표제어가 둘 이상의 품사로 쓰이는 경우 표제어를 품사별로 각각 나누어 제시한다.

〈사례〉
근질근질-하다( )[근질근질하다] 동 (몸이) 자꾸 가려운 느낌이 들다. ¶왜 이리 등이 근질근질하는지 모르겠네.
근질근질-하다( )[근질근질하다] 형 (몸이) 매우 가렵다. ¶가을이 되니 피부가 건조해서 몸이 근질근질하다.

따끔따끔-하다( )[따끔따끔하다] 동 (신체 일부가) 뾰족한 것에 찔리거나 살짝 꼬집히는 것처럼 자꾸 아픈 느낌이 들다. ¶해변가에 갔다 온 이후 햇볕에 익은 피부가 따끔따끔한다.
따끔따끔-하다( )[따끔따끔하다] 형 (신체 일부가) 뾰족한 것에 찔리거나 살짝 꼬집힌 것처럼 자꾸 아프다. ¶살갗이 벗겨져 따끔따끔하다.

Ⅴ.《전문분야》

1.《전문분야》는『표준국어대사전』의 전문어 정보에 따라《의학》,《한의》,《약학》,《화학》,《보건일반》,《사회일반》,《생명》,《심리》등 단어의 전문 분야 요건에 알맞은 것을 택하여 밝힌다.

〈사례〉
각화-증(角化症)[가콰쯩] 명《의학》
간심통(肝心痛)[간ː심통] 명《한의》
눈연고(눈軟膏)[눈년고] 명《약학》
에텐자미드(ethenzamid) 명《화학》

감기 기상 지수 (感氣氣象指數)[ ] 명구《보건일반》
우울증 주의보 (憂鬱症注意報)[ ] 명구《사회일반》
소양 진드기 (搔癢진드기)[ ] 명구《생명》
먹기 공포증 (먹기恐怖症)[ ] 명구《심리》
거북목 (거북目)[거붕목] 명《동물》

※《생물(학)》과《생명(과학)》은 '《생명》'으로 통일함.
※《표준국어대사전》및《우리말샘》의《보건일반》,《공학일반》,《자연일반》,《고유명일반》등은《보건일반》으로 통일함.
※ '거북목《동물》'처럼 전문 분야 정보가 하나밖에 없는 단어도 있음에 유의할 것.

2.《전문분야》가 여럿인 경우, '/'를 사용하여 복수로 전문 분야를 밝히되 전문 분야의 배열은 가나다순에 따른다.

〈사례〉
방풍 (防風)[방풍] 명《식물》/《한의》
천포창 (天疱瘡)[천포창] 명《의학》/《한의》

3.《전문분야》의 하위 질병 종류로 〈신경외과1(두통 등)〉, 〈이비인후과(감기/몸살/세기관지염 등)〉, 〈안과(눈병/안질 등)〉, 〈치과(치통 등)〉, 〈내과(위염/위장병/신장병 등)〉, 〈피부과(피부병)〉, 〈신경외과2(척추/디스크 등)〉, 〈신경내과(우울증, 신경증)〉, 〈먹기 장애(섭식장애)〉 등이 포함되며 배열 원칙은《전문분야》와 같다.

〈사례〉
뇌압박증 (腦壓迫症) 명구《의학》〈신경외과1〉
감모-풍한 (感冒風寒)[감ː모풍한] 명《의학》〈이비인후과〉
몸살-감기 (몸살感氣)[몸살감기] 명《의학》〈이비인후과〉
삼출^세기관지염 (滲出細氣管支炎) 명구《의학》〈이비인후과〉
결막염 (結膜炎)[결망념] 명《의학》〈안과〉
구치감 (口齒疳)[구ː치감] 명《한의》〈치과〉
감염 위염 (感染胃炎) 명구《의학》〈내과〉
심장 부종 (心臟浮腫) 명구《의학》〈내과〉
경추 수핵 탈출증 (頸椎髓核脫出症) 명구《의학》〈신경외과2〉

간찰-진(間擦疹)[간:찰찐] **명**《의학》〈피부과〉
내인 우울증(內因憂鬱症) **명구**《의학》〈신경내과〉
신경 쇠약증(神經衰弱症) **명구**《의학》〈신경내과〉
거식-증(拒食症)[거:식쯩] **명**《의학》〈섭식장애〉

Ⅵ. 뜻풀이

1. 뜻풀이는 표제어의 품사에 맞게 명사는 명사형으로, 동사는 동사형으로, 형용사
는 형용사형으로 풀이한다. 그리고 정보가 더 필요한 경우 자세한 설명을 덧붙일
수 있다. 단 구나 속담의 경우는 상위어로 풀이한다.

〈사례〉
각화-증(角化症)[가콰쯩] **명**《의학》피부의 각질층이 비정상적으로 많아져 피부
표면이 딱딱하고 두껍게 변하는 **증상**. 손, 발의 티눈이나 못 따위를 이른다.
발진-하다(發疹하다)[발찐하다] **동**《의학》피부 부위에 작은 종기가 광범위하게
돋다. 약물이나 감염으로 인해 발생한다.
가슬가슬-하다( )[가슬가슬하다] **형**피부나 물건의 표면이 부드럽지 않고 **거칠다**.
가슴을 찢다( ) **동구** 슬픔이나 분함 때문에 가슴이 찢어지는 듯한 고통을 주다.
감기 고뿔도 남을 안 준다( ) **속담** 사람의 성품이 감기까지도 남에게 주지 않을 만
큼 지독하게 인색하다는 말.

2. 뜻풀이는 해당 표제어를 참고한 본래 출처에서의 뜻풀이를 존중하되 언중들이
이해하기 쉽게 가공하여 풀이할 수 있다.

〈사례〉
배통(背痛)[배:통] **명**《한의》가슴막염, 폐결핵 따위로 등이 심하게 아픈 증상.
폐에 병이 생기면 숨이 차고 기침이 나며 기(氣)가 치밀어 오르고 어깨와 등이 아
프며 땀이 난다. 또 사기(邪氣, **병이 나게 하는 나쁜 기**)가 신(腎, **신장**)에 있으면
어깨와 등과 목이 아프다.

3. 뜻풀이가 둘 이상인 다의어의 경우, 해당 질병과 관련한 뜻만 제시한다.

〈사례〉

가소(假蘇)[가:소] **명** 1.《식물》명아줏과의 한해살이풀. 줄기는 높이가 1미터 정도이며, 잎은 어긋나고 긴 타원형의 피침 모양인데 다섯 갈래로 깊이 갈라진다. 여름에 위쪽 잎겨드랑이에 연분홍색 꽃이 수상(穗狀) 화서로 핀다. 열대 아메리카가 원산지로 세계 각지에 분포한다. 2.《한의》**정가의 잎과 줄기. 감기나 두통을 다스리고 피를 깨끗이 하므로 산후**(産後)**에 흔히 쓰인다.**

→ **가소**(假蘇)[가:소]**명**《한의》**정가의 잎과 줄기. 감기나 두통을 다스리고 피를 깨끗이 하므로 산후**(産後)**에 흔히 쓰인다.**

4. 뜻풀이가 둘 이상인 다의어의 경우, 해당 질병과 관련한 뜻만 제시하되 비유적인 뜻은 취하지 않는다. 반대로 비유적인 뜻에서만 해당 질병 관련 의미를 지닐 때는 기본 의미를 취하지 않고 비유적인 뜻만 취할 수도 있다.

〈사례〉

마비(痲痺/麻痺)[마비] **명**《의학》1. **신경이나 근육이 형태의 변화 없이 기능을 잃어버리는 일. 감각이 없어지고 힘을 제대로 쓰지 못하게 된다.** 2. 본래의 기능이 둔하여지거나 정지되는 일을 비유적으로 이르는 말.
→ **마비**(痲痺/麻痺)[마비]**명**《의학》**신경이나 근육이 형태의 변화 없이 기능을 잃어버리는 일. 감각이 없어지고 힘을 제대로 쓰지 못하게 된다.**

근질근질하다( )[근질근질하다]**동**1. **(몸이) 자꾸 가려운 느낌이 들다.** 2. (사람이) 참기 어려울 정도로 어떤 일을 자꾸 몹시 하고 싶어하다.
→ **근질근질하다**( )[근질근질하다]**동** **(몸이) 자꾸 가려운 느낌이 들다.**

5. 약재의 경우 어떤 병의 치료에 쓰는 약재인지를 뜻풀이에서 드러나도록 한다.

〈사례〉

강활-충화탕(羌活沖和湯)[강활충화탕]**명**《한의》강활, 방풍 따위의 아홉 가지 약재를 넣어서 달여 만드는 탕약. 감기 치료에 쓴다.
→ **강활-충화탕**(羌活沖和湯)[강활충화탕]**명**《한의》감기 **치료에 쓰는** 탕약. 강활, 방풍 따위의 아홉 가지 **약재를** 넣어서 달여 만든다.

6. 약재의 주요 정보를 앞으로 배치하고 부가 정보는 주요 정보 다음으로 배치한다.

〈사례〉
백-강홍(白降汞)[백깡홍]〔명〕《약학》 염화 수은 수용액에 암모니아수를 더하여 생긴 백색 침전물을 걸러 건조하여 만든 흰 가루. 연고로 만들어 안염(眼炎), 결막염 따위의 눈병이나 옴 따위의 **피부병을 치료하는 데 쓴다.**
→ **백-강홍**(白降汞)[백깡홍]〔명〕《약학》 **피부병을 치료하는 데 쓰는 약.** 염화 수은 수용액에 암모니아수를 더하여 생긴 백색 침전물을 걸러 건조하여 만든 흰 가루.

VII. 용례

1. 용례는 실제 쓰임이 확인되는 서술형 문장을 용례 표시 ¶의 뒤에 제시하되 최대한 3개까지 '/'로 구분하여 제시한다.(용례의 사례가 다양한 경우, 3개가 넘어가는 것도 허용한다.)

〈사례〉
감기(感氣)[감:기]〔명〕《의학》〈이비인후과〉 주로 바이러스로 말미암아 걸리는 호흡 계통의 병. 보통 코가 막히고 열이 나며 머리가 아프다.〈유〉감모, 감모풍한, 풍한, 한질〈참〉외감 ¶ **감기가 들다. / 감기를 앓다. / 이불을 걷어차고 자더니 감기에 걸렸나 보다. / 밖에 나갔다 들어오면 손발을 깨끗이 씻는 것도 감기 예방의 한 방법이다. / 머리에서 열이 나는 걸 보니 감기 기운이 있나 보다.**

2. 용례를 제시하기 어려운 표제어는 굳이 용례를 제시하려고 하지 않았다.

〈사례〉
감염 위염(感染胃炎)〔명구〕《의학》〈내과〉 감염을 일으키는 인자에 의하여 발생하는 위염. 위 나선균에 감염되어 생기는 위염이 대표적이다.

3. 뜻풀이가 둘 이상인 경우, 해당 질병과 관련한 용례가 있는 경우만 제시한다.

〈사례〉

허기-증 (虛飢症)[허기쯩]〔명〕《한의》〈내과〉 1. 몹시 굶어 기운이 빠지고 배가 고픈 증세. ¶몇 조각의 빵을 갖다주기에 허겁지겁 삼키고선 가까스로 허기증을 면했다. 2. 위장 따위의 병으로 속이 허하여 항상 허기를 느끼는 증상.

Ⅷ. 관련어휘

1. 뜻풀이의 뒤에는 '유의어, 본말, 준말, 참고어휘' 등의 관련 어휘를 각각 〈유〉, 〈본〉, 〈준〉, 〈참〉으로 표기한다.

〈사례〉

가면성 우울증 (假面性憂鬱症)〔명구〕《의학》 얼굴은 웃음을 띠고 있지만 속마음은 언짢고 괴로운 병적인 심리 상태. 〈유〉 **스마일마스크증후군** ¶탤런트 ○○○이 앓았다고 고백한 가면성 우울증에 네티즌의 관심이 쏠리고 있다. / ○○○은 지금은 치료했지만 가면성 우울증이 있었다고 고백했다.

풍열통 (風熱痛)[풍열통]〔명〕《한의》 외부의 풍사(風邪)와 내부의 열이 서로 부딪쳐 생기는 치통. 잇몸이 붓고 몹시 아프며 고름이 난다. 〈본〉 **풍열치통(風熱齒痛)**

빡작지근-히 ( )[빡짝찌근히]〔부〕몸의 한 부분이 빠근하게 아픈 느낌이 있게. 〈준〉 **빡지근히.** ¶목이 빡작지근히 저리다. / 하루 종일 앉아서 글을 썼더니 온몸이 빡작지근히 쑤셔 온다.

계절성 우울증 (季節性憂鬱症)〔명구〕《심리》 특정 계절에 주기적으로 나타나는 우울 증세. 주로 가을이나 겨울 등 일조량이 줄어드는 계절에 발생한다. 〈참〉 **계절성 정서 장애, 계절적 정서 장애.** ¶해마다 반복되는 계절성 우울증을 극복하기 위해서는 가능하면 볕이 드는 창가에서 휴식을 취하는 등 햇빛을 자주 접하고 흐린 날이라도 외출을 통해 기분 전환을 할 필요가 있다. / 또 계절성 우울증에도 효과가 있어 가을철 햇빛은 '보약'과도 같은 존재다.

2. 큰말-작은말, 센말-거센말-여린말 등은 참고어휘에 포함시켜 〈참〉으로 표시한다.

〈사례〉

새큰하다 ( )[새큰하다]〔형〕(신체의 일부나 뼈마디가) 조금 쑤시고 저린 느낌이 있

다. 〈참〉 **시큰하다**(큰말), **새근하다**(여린말) ¶한의원에서 침을 맞았더니 손목의
새큰한 느낌이 사라졌다. / 다친 발목이 새큰하다.

쩌릿-하다( )[쩌리타다]휑(몸이나 몸의 일부가) 피가 잘 돌지 못하거나 전기가
통하여 몹시 감각이 무디고 아린 느낌이 있다. 〈참〉 **저릿하다**(여린 말), **짜릿하다**
(작은 말) ¶무릎을 꿇고 오래 앉아 있었더니 종아리가 쩌릿하다.

IX. 출처

개별 표제항의 출처를 인용하지 않고 사전의 끝부분에 참고한 자료 및 주요 사이트
의 목록을 〈부록1〉로 따로 보인다.

한국어 질병 표현 어휘 사전 II

ㄱ

가공^의치 (架工義齒)〔명구〕《의학》〈치통〉빠진 이의 양옆에 있는 이를 버팀목
으로 삼아 다리를 걸 듯이 해 넣는 인공 치아〈유〉가공치, 브리지

가공-치 (架工齒)〔가ː공치〕〔명〕《의학》〈치통〉빠진 이의 양옆에 있는 이를 버팀
목으로 삼아 다리를 걸 듯이 해 넣는 인공 치아.〈유〉가공 의치

가닐-대다 ( )〔가닐대다〕〔동〕〈일반통증〉(몸이나 그 일부가) 살갗이 간지럽고 자
릿한 느낌이 자꾸 나다.〈유〉가닐가닐하다, 가닐거리다〈참〉그닐대다

가돌리늄 (gadolinium)〔명〕《화학》〈치통〉충치의 구멍을 메우는 데 주로 쓰이며,
텔레비전 화면의 형광체로도 쓰인다. 핀란드의 가돌린(Gadolin, J.)이 발견
한 주기계 란타넘족에 속하는 희토류 원소의 하나. 흰빛의 금속으로 연성
(延性), 전성(展性), 흡습성 및 공기 중의 탄소 흡수력을 갖고 있으며 산에
녹는다. 원자 기호는 Gd, 원자 번호는 64, 원자량은 157.25.

가락^구진^석회화^탄력^섬유증 (가락丘疹石灰化彈力纖維症)〔명구〕《의학》〈피부
병〉후천적으로 손발가락에 각질 피부증을 동반한 결합 조직이 증가하는 피
부 질환. 조직학적으로 칼슘의 침착과 탄력 섬유 덩이가 증식한다.

가락^피부^경화증 (가락皮膚硬化症)〔명구〕《의학》〈피부병〉손가락이나 발가락
의 피부가 딱딱해지는 증상.

가래 ( )〔가래〕〔명〕《의학》〈감기 - 몸살, 세기관지염〉허파에서 후두에 이르는 사
이에서 생기는 끈끈한 분비물. 잿빛 흰색 또는 누런 녹색의 차진 풀같이 생
겼으며 기침 따위에 의해서 밖으로 나온다.〈유〉가래침, 담 ¶기침 감기에
걸려서 아침부터 목에서 가래가 끓는다. / 오랜 폐병에 시달려 온 노인은 오
늘도 하루종일 침상에서 가래를 뱉었다.

가래-침 ( )〔가래침〕〔명〕《의학》〈감기 - 몸살, 세기관지염〉허파에서 후두에 이르
는 사이에서 생기는 끈끈한 분비물. 잿빛 흰색 또는 누런 녹색의 차진 풀같
이 생겼으며 기침 따위에 의해서 밖으로 나온다.〈유〉가래

가려움^긁기^고리 ( )〔명구〕《의학》〈피부병〉어떤 피부 병터가 있고, 병터가 가
려워서 긁으면 그로 인하여 여러 가지 염증 매개 물질이 유발되어 가려움증

이 더 심해지는 현상.

가려움^발진 (가려움發疹) **명구** 《의학》〈피부병〉두드러기가 돋고 몹시 가려운 신경성 피부병. 급성, 심상성, 결절성, 임신성 따위가 있다.

가려움-증 (가려움症)[가려움쯩] **명** 《의학》〈피부병〉1. 가려운 증세. 2. 발진은 없이 몹시 가려운 만성 피부병. 긁어서 습진과 비슷한 변화를 일으키는 수가 많다.〈유〉양감(癢感), 소양감(搔癢感) ¶무좀이 심해진 요즘에는 가려움증 때문에 신경이 곤두서 있다.

가면성^우울증 (假面性憂鬱症) **명구** 《심리》〈우울증〉얼굴은 웃음을 띠고 있지만 속마음은 언짢고 괴로운 병적인 심리 상태.〈유〉스마일마스크증후군 ¶탤런트 ○○○이 앓았다고 고백한 가면성 우울증에 네티즌의 관심이 쏠리고 있다. / ○○○은 지금은 치료했지만 가면성 우울증이 있었다고 고백했다.

가면^우울증 (假面憂鬱症) **명구** 《의학》〈우울증〉정신 증상이 겉으로 별로 드러나지 않는 우울증. 식욕 부진, 가슴 두근거림, 피로감 따위의 신체적 증상만 나타난다.

가변^홍색^각질^피부증 (可變紅色角質皮膚症) **명구** 《의학》〈피부병〉상염색체 우성 소질로 유전되는 희소한 유전성 질환. 피부에 국한적인 홍반 및 각화증이 나타나는 것이 특징이다.〈유〉가변홍색각질피증(可變紅色角質皮症)

가변^홍색^각질피증 (可變紅色角質皮症) **명구** 《의학》〈피부병〉상염색체 우성 소질로 유전되는 희소한 유전성 질환. 피부에 국한적인 홍반 및 각화증이 나타나는 것이 특징이다. 〈유〉가변홍색각질피부증(可變紅色角質皮膚症)

가성^근시 (假性近視) **명구** 《의학》〈눈병〉'거짓근시'의 전 용어.

가성^모낭염 (假性毛囊炎) **명구** 《의학》〈피부병〉모낭염과 비슷한 병으로, 털 끝이 피부 안으로 파고 들어가 성장하면서 유발되는 염증.

가성^무치증 (假性無齒症) **명구** 《의학》〈치통〉치아의 발달은 있지만 돋지 않아서 치아가 없는 상태.

가성^펠라그라 (假性Pellagra) **명구** 《의학》〈피부병〉노출 부위의 홍반, 위장 증

상, 신경 증상 따위를 수반하는 피부 증상. 알코올 의존자에게서 볼 수 있
다.

가소(假蘇)[가:소] 명 《한의》〈일반통증〉감기나 두통을 다스리는 정가의 잎과
줄기. 피를 깨끗이 하므로 산후(産後)에 흔히 쓰인다.〈유〉형개

가스가 차다( ) 동구 〈일반통증〉소화 기관 내에서 내용물이 부패·발효하여 기
체가 발생하다 ¶소화가 안 되는지 배 속에 가스가 찼다.

가슬가슬-하다( )[가슬가슬하다] 형 〈피부병〉피부나 물건의 표면이 부드럽지
않고 거칠다. ¶겨울이 되니 손등이 가슬가슬하다. / 밤이슬에 젖은 옷도 어
느새 말라 가슬가슬하다.

가슴쓰림( )[가슴쓰림] 명 《의학》〈일반통증〉명치 부위가 화끈하고 쓰린 증상.
흔히 위의 신물이 식도로 역류할 때 생기며 신물이 입안으로 올라올 때도
있다.〈유〉가슴앓이

가슴앓이( )[가스마리] 명 《의학》〈일반통증〉위에서 식도에 이르는 상복부 및
인두 근처까지 고열이 나는 듯하거나 송곳으로 찌르는 것같이 아픈 증상.
식도 아래의 염증, 위액의 식도 안으로의 역류, 식도 아래쪽의 신전(伸展),
극도의 긴장감 등이 원인이 된다.〈유〉흉복통(胸腹痛), 가슴쓰림

가슴에 멍이 들다( ) 동구 〈우울증〉마음속에 쓰라린 고통과 모진 슬픔이 지울
수 없이 맺히다. ¶세상의 천대와 멸시로 가슴에 멍이 든 사람. / 어미 가슴
에 멍이 들게 한 불효자식 같으니.

가슴에 멍이 지다( ) 동구 〈우울증〉마음속에 쓰라린 고통과 모진 슬픔이 지울
수 없이 맺히다.

가슴을 앓다( ) 동구 〈일반통증〉안달하여 마음의 고통을 느끼다. ¶그는 오랫동
안 혼자 가슴을 앓으며 살아야 했다.

가슴을 찢다( ) 동구 〈우울증〉슬픔이나 분함 때문에 가슴이 째지는 듯한 고통
을 주다. ¶그녀는 잔혹한 말로 나의 가슴을 찢어 놓았다.

가슴이 무겁다( ) 형구 〈우울증〉슬픔이나 걱정으로 마음이 가라앉다. ¶어찌할

도리가 없어 가슴이 무거울 뿐이다.

가슴이 미어지다( )동구〈우울증〉마음이 슬픔이나 고통으로 가득 차 견디기 힘들게 되다.〈유〉심장이 터지다, 창자가 미어지다 ¶그는 고생만 하시다가 돌아가신 어머니를 생각하면 가슴이 미어졌다.

가슴이 쓰리다( )동구〈일반통증〉고통이나 괴로움 등으로 인하여 마음이 찌르는 것처럼 아프다. ¶우리는 오랜 가난을 겪으며 가슴 쓰린 인생을 살아왔다.

가슴이 아리다( )동구〈일반통증〉몹시 가엾거나 측은하여 마음이 알알하게 찌르는 것처럼 아프다. ¶아이들의 불쌍한 모습을 보자 가슴이 아렸다.

가슴이 오그라들다( )동구〈일반통증〉협심증 따위로 인해 가슴이 담에 걸린 것처럼 아프거나 뻐근한 불편함이 생기다. ¶자전거만 타고 가슴이 오그라드는 통증이 느껴진다.

가슴이 찢어지다( )동구〈일반통증〉슬픔이나 분함 때문에 가슴이 째지는 듯한 고통을 받다. ¶가슴이 찢어지는 고통을 참으며 걸어갔다.

가슴이 타다( )동구〈일반통증〉마음속으로 고민하여 가슴이 뜨거워지는 것 같다. ¶가슴이 타서 견딜 수가 없다.

가시다( )동〈일반통증〉어떤 상태가 없어지거나 달라지다. ¶구월동 엘리오스(구 롯데백화점) 체증이 가시다

가을^감기(가을感氣)명구《의학》〈감기 - 몸살, 세기관지염〉가을에 유행하는 감기. ¶일교차가 10도 가까이 벌어지는 날이 이어지면서 가을 감기 환자들이 늘고 있다. / 환절기 감기 환자가 증가하는 가운데 가을 감기와 비슷한 증세를 보이는 '슈퍼 결핵' 환자가 늘고 있어 보건 당국의 대책 마련이 시급하다.

가장자리^잇몸염(가장자리잇몸炎)명구《의학》〈치통〉치아와 가장 가까운 가장자리 잇몸에 발생된 염증.

가족^양극성^기분^장애(家族兩極性氣分障礙)명구《의학》〈우울증〉보통 염색

체 우성과 때때로 엑스(X) 염색체 연관의 방식으로 유전되는 가족 내 양극
성 기분 장애.

가쪽^이틀^고름집 ( )〔명구〕《의학》〈치통〉치아뿌리의 가쪽 면을 따라 세균이 옮
아 이틀 속에 고름이 생기는 병.

가통(加痛)〔가통-〕〔명〕〈일반통증〉1. 환자의 병이 심해져서 고통이 더함. 2. 열
병이나 중병이 재발하거나 다른 증세가 생겨서 몹시 앓음.

가통-하다(加痛하다)〔가통하다〕〔동〕〈일반통증〉1. 환자의 병이 심해져서 고통
이 더하다. 2. 열병이나 중병이 재발하거나 다른 증세가 생겨서 몹시 앓다.

가피(痂皮)〔가피〕〔명〕〈피부병〉피부병을 앓아 생긴 부스럼 딱지.

각골분한(刻骨憤恨) ( )〔각꼴분한〕〔명〕〈일반통증〉뼈에 사무칠 만큼 원통함. 또
는 그런 일.〈유〉각골지통, 각골통한

각골지통(刻骨之痛)〔각꼴지통-〕〔명〕〈일반통증〉뼈에 사무칠 만큼 원통함. 또는
그런 일.〈유〉각골분한(刻骨憤恨), 각골통한(刻骨痛恨)

각골통한(刻骨痛恨) ( )〔각꼴통한〕〔명〕〈일반통증〉뼈에 사무칠 만큼 원통함. 또
는 그런 일.〈유〉각골분한, 각골지통

각기-약시(脚氣弱視)〔각끼약씨〕〔명〕《의학》〈눈병〉양쪽눈의 중심에 라켓 모양
의 시각 신경 원반이 생겨 시력이 떨어지는 병.비타민 비원(B1)의 부족이
원인이다.

각막^궤양(角膜潰瘍)〔명구〕《의학》〈눈병〉각막의 표면이 헐고 깎여서 깊이 패
거나 조직이 솟아오르는 눈병. 각막에 상처가 났을 때 세균이 침입하여 일
어나는 수가 많다. 각막의 혼탁 증상이 나타나고 시력이 떨어지며 심하면
실명한다.

각막^반사(角膜反射)〔명구〕《생명》〈눈병〉각막에 물체가 닿으면 반사적으로 양
쪽 눈꺼풀이 닫히는 일.

각상-치(殼狀齒)〔각ː쌍치〕〔명〕《의학》〈치통〉시멘트질은 거의 정상으로 보이나
상아질이 극히 얇고 치수강이 확대되어 있는 치아.

각심-통(脚心痛)[각씸통]명《한의》〈일반통증〉발바닥의 한가운데가 아픈 증상.〈유〉족심통(足心痛)

각점(脚墊)[각쩜]명《한의》〈피부병〉부분적으로 증식된 피부의 굳은살. 주로 발바닥이나 손바닥의 돌출부에 생긴다.

각질^용해제(角質溶解劑)명구《약학》〈피부병〉피부의 각질을 부드럽게 하거나 녹이는 약. 각질의 이상 증식의 치료, 피부 기생물의 제거, 피부의 소독 따위에 쓴다. 탄산 알칼리, 살리실산 따위가 있다.

각질-화(角質化)[각찔화]명《수의》〈피부병〉척추동물의 표피가 경단백질인 케라틴으로 되는 일. 비늘, 털, 뿔, 손톱 따위가 이러한 과정을 겪어 만들어진다.〈유〉각화(角化)

각질화-되다(角質化되다)[각찔화되다/각찔화뒈다]동《수의》〈피부병〉척추동물의 표피가 경단백질인 케라틴으로 된다. 비늘, 털, 뿔, 손톱 따위가 이러한 과정을 겪어 만들어진다.〈유〉각화되다(角化되다) ¶비타민 이는 또 상피 세포가 지나치게 각질화되는 것을 방지하므로 암세포를 크게 감소시킬 수 있다.

각질화-하다(角質化하다)[각찔화하다]동《수의》〈피부병〉척추동물의 표피가 경단백질인 케라틴으로 된다. 비늘, 털, 뿔, 손톱 따위가 이러한 과정을 겪어 만들어진다.〈유〉각화하다(角化하다) ¶녹용은 채취 시기를 놓치면 각질화하는데 이를 녹각이라 한다.

각통1(脚痛)[각통]명〈일반통증〉다리의 아픔.

각통2(覺痛)[각통]명〈일반통증〉아픔을 느낌.

각화(角化)[가콰]명《수의》〈피부병〉척추동물의 표피가 경단백질인 케라틴으로 되는 일. 비늘, 털, 뿔, 손톱 따위가 이러한 과정을 겪어 만들어진다.〈유〉각질화(角質化)

각화-되다(角化되다)[가콰되다/가콰뒈다]동《수의》〈피부병〉척추동물의 표피가 경단백질인 케라틴으로 된다. 비늘, 털, 뿔, 손톱 따위가 이러한 과정을 겪어 만들어진다.〈유〉각질화되다(角質化되다)¶그 나무의 줄기는 그대로 각화되어 있었다. / 피부가 건조해지고 각화되었다.

각화-증(角化症)[가콰쯩]圐《의학》〈피부병〉피부의 각질층이 비정상적으로 많아져 피부 표면이 딱딱하고 두껍게 변하는 증상. 손, 발의 티눈이나 못 따위를 이른다.〈유〉과다각화증(過多角化症)

각화-하다(角化하다)[가콰하다]圐《수의》〈피부병〉척추동물의 표피가 경단백질인 케라틴으로 되다. 비늘, 털, 뿔, 손톱 따위가 이러한 과정을 겪어 만들어진다.〈유〉각질화하다(角質化하다)

간-심통(肝心痛)[간:심통]圐《한의》〈일반통증〉간의 이상으로 생기는 가슴앓이. 얼굴빛이 퍼렇게 되고 숨을 제대로 쉬지 못한다.

간유(肝兪)[가:뉴]圐《한의》〈눈병〉방광경(膀胱經)에 속하는 혈(穴) 이름. 제9 등뼈 극상돌기와 제10 등뼈 극상돌기 사이에서 양옆으로 각각 두 치 나간 곳으로, 간염·눈병 따위에 침을 놓는 자리이다.

간장이 끊어지다( )圐子〈우울증〉슬픔이나 분노 따위가 너무 커서 참기 어렵다.〈유〉창자가 끊어지다¶그녀는 아들의 죽음으로 인해 간장이 끊어지는 슬픔을 느꼈다.

간지럽다( )[간지럽따]圐〈일반통증〉(사물이) 살갗에 살짝 닿거나 스칠 때처럼 웃음이 나거나 견디기 어려운 느낌이 있다.〈참〉근지럽다¶아이는 모기에 물린 데가 간지러운지 자꾸 긁어 댔다.

간질간질-하다( )[간질간질하다]圐圐〈일반통증〉자꾸 간지러운 느낌이 들다. 또는 자꾸 그런 느낌이 들게 하다. / 자꾸 또는 매우 간지럽다.〈유〉간질거리다, 간질대다〈참〉근질근질하다¶바람에 날린 머리카락이 얼굴을 간질간질한다. / 코가 간질간질하여 재채기가 연거푸 났다.

간질-거리다( )[간질거리다]圐〈일반통증〉(몸이나 그 일부가) 부드러운 물체가 살짝 닿거나 스칠 때처럼 웃음이 나거나 견디기 어려운 느낌이 나다.〈유〉간질간질하다, 간질대다〈참〉근질거리다¶가래가 걸려 목구멍이 간질거린다.

간질-대다 ( )[간질대다] 통 《일반통중》 (몸이나 그 일부가) 부드러운 물체가 살짝 닿거나 스칠 때처럼 웃음이 나거나 견디기 어려운 느낌이 나다. 〈유〉간질간질하다, 간질거리다 〈참〉근질대다

간질^위염 (間質胃炎) 명구 《의학》 〈위염/위장병〉 점막밑 조직과 근육막에 침투하는 위염의 한 종류. 〈유〉사이질위염(사이質胃炎)

간찰-진 (間擦疹)[간ː찰찐] 명 《의학》 〈피부병〉 겨드랑이, 목, 사타구니 따위의 피부가 서로 닿아 스침으로써 생기는 습진성 염증. 피부가 부풀어 오르고 짓무르거나 가렵거나 욱신거리는 증상이 나타나며, 젖먹이 아이나 비만한 성인처럼 피부가 많이 접혀 있는 사람에게서 흔히 발생한다. 〈유〉피부스침증(皮膚스침症)

갈근-탕 (葛根湯)[갈근탕] 명 《한의》 〈감기 - 몸살, 세기관지염〉 주로 감기약으로 쓰는 탕약. 갈근을 넣어서 만든다. 〈참〉갈근해기탕

갈근-해기탕 (葛根解肌湯)[갈근해기탕] 명 《한의》 〈감기 - 몸살, 세기관지염〉 유행성 감기나 급성 폐렴에 쓰는 탕약. 갈근과 여러 가지 약재를 넣어서 만든다. 〈참〉갈근탕

갈급 (渴急)[갈급] 명 《일반통중》 몹시 조급하게 바람. ¶돈에 갈급이 나다. / 그는 아들이 몸살이 났는데 보리 양식이 벌써부터 떨어져서 갈급을 하던 차에 돈 오 원을 얻고 보니 갠 하늘같이 마음이 트였다. / 상말로 수염이 석 자라도 먹어야 산다고 지금 안 선생이 어떻게 돈에 갈급이 들었는지 아시기나 하십니까?

갈급-증 (渴急症)[갈급쯩] 명 《일반통중》 1. 목이 말라 물을 마시고 싶은 느낌. 2. 목이 마른 듯이 무언가를 몹시 조급하게 바라는 마음을 비유적으로 이르는 말. ¶갈급증을 내다. / 작인은 많고 전장은 적으니까 맘대로 농토를 얻을 수가 없었다. 따라서 그들은 농토에 갈급증이 나게 되었다.

갈급-하다 (渴急하다)[갈그파다] 형 《일반통중》 목이 마른 듯이 몹시 조급하

다. ¶그대를 향한 그리움으로 갈급한 내 영혼. / 명예에 갈급하다.

갈병(暍病)[갈병]**명**《의학》〈두통〉강한 태양의 직사광선을 오래 받아 일어나는 병. 한여름에 뙤약볕에 오래 서 있거나 행진, 노동을 하는 경우에 생긴다. 심한 두통, 현기증이 나고 숨이 가쁘며 인사불성이 되어 졸도한다.〈유〉일사병

갈증(渴症)[갈쯩]**명**〈일반통증〉1. 목이 말라 물을 마시고 싶은 느낌. ¶갈증을 느끼다. / 갈증을 해소하다. / 갈증이 나다. / 나는 참을 수 없는 갈증을 달래느라고 침을 삼키곤 했다. 2. 목이 마른 듯이 무언가를 몹시 조급하게 바라는 마음을 비유적으로 이르는 말.〈유〉갈급증 ¶전문 대학으로는 교육에 대한 내 갈증이 해소되지 않았다. / 우리는 청춘이 주는 갈증으로 목말라했으며 뭐라고 딱 집어서 말할 수 없는 어떤 공상으로 가슴 두근거려했으며….

감갑-창(嵌甲瘡)[감갑창]**명**《한의》〈피부병〉발톱을 깎다가 손상된 피부나, 작은 신발을 오래 신어서 압박을 받은 발톱 부위에 생기는 부스럼.〈유〉갑저창(甲疽瘡)

감국-화(甘菊花)[감구콰]**명**《식물》〈두통〉두통이나 현기증, 눈물이 많이 나오는 증상 따위를 치료하는 데에 쓰는 감국의 꽃.

감금^탈장(監禁脫腸)**명구**《의학》〈내과〉창자 따위의 일부분이 정상이 아닌 곳에 끼어 제 위치로 돌아가지 아니하는 상태.〈유〉감돈탈장, 감돈헤르니아, 헤르니아감돈.

감기(感氣)[감:기]**명**《의학》〈감기 - 몸살, 세기관지염〉주로 바이러스로 말미암아 걸리는 호흡 계통의 병. 보통 코가 막히고 열이 나며 머리가 아프다.〈유〉감모, 감모풍한, 풍한, 한질 〈참〉외감 ¶감기가 들다. / 감기를 앓다. / 이불을 걷어차고 자더니 감기에 걸렸나 보다. / 밖에 나갔다 들어오면 손발을 깨끗이 씻는 것도 감기 예방의 한 방법이다. / 머리에서 열이 나는 걸 보니 감기 기운이 있나 보다.

감기 고뿔도 남을 안 준다 ( ) 속담 사람의 성품이 감기까지도 남에게 주지 않을 만큼 지독하게 인색하다는 말.

감기 기운 (感氣氣運) 명구 〈감기 - 몸살, 세기관지염〉 감기에 걸린 것을 알 수 있게 하는 초기 증상. ¶이렇게 만든 조림을 병에 담아 두고 감기 기운이 있을 때마다 하루에 1~3회 1~2쪽씩 꺼내 먹는다. / 계피는 몸의 냉기를 풀어 주기 때문에 허약 체질로 추위를 잘 타는 사람에게 효과적인데, 감기 기운이 있거나 몸이 으스스 떨릴 때 따뜻한 계피차를 마시면 좋다.

감기 몸살 (感氣몸살) 명구 〈감기 - 몸살, 세기관지염〉 감기 때문에 몸이 몹시 피로하고 팔다리가 쑤시고 느른하며, 기운이 없고 오한이 나는 증상. ¶비교적 면역력이 강한 20~30대의 경우에 단순 감기 몸살 증상이 계속된다면 한 번쯤 에이형 간염을 의심해야 합니다. / 감기 몸살에 걸렸다 싶을 때는 우선 인체 내의 기운이 균형과 조화를 이룰 수 있도록 충분히 휴식을 취한다.

감기 철 (感氣철) 명구 〈감기 - 몸살, 세기관지염〉 감기가 많이 발생하는 시기. 주로 환절기가 이에 해당한다. ¶감기 철이 아닌데도 '감기 증상'을 호소하며 진료실을 찾는 환자들이 늘고 있다. / ○○이 초기 감기약 ○○을 최근 발매, 본격적인 감기 철을 맞아 국민 건강 증진의 일익을 담당하겠다고 선언했다.

감기^기상^지수 (感氣氣象指數) 명구 《보건 일반》 〈감기 - 몸살, 세기관지염〉 기온과 기압에 따라 감기가 발생할 가능성의 정도를 나타내는 지수. 기상청이 매년 9월부터 다음 해 4월까지 하루 두 번 매우 높음, 높음, 보통, 낮음 등 4단계로 지수화하여 시군 단위로 제공한다. ¶감기 기상 지수와 교통 기상 지수도 각각 내년 1월과 7월 도입된다. / 이제는 단순 일기 예보만이 아니라 최근 발표한 감기 기상 지수처럼 일상생활에 활용될 수 있어야 한다.

감기는 밥상머리에 내려앉는다 ( ) 속담 1. 감기 들어 앓고 있다가도 밥상을 받으면 앓는 사람 같지 않게 잘 먹는다는 말. / 2. 밥만 잘 먹으면 감기 정도는 절로 물러간다는 뜻으로, 밥만 잘 먹으면 병은 물러감을 이르는 말. 〈유〉감기는 밥상머리에서 물러간다.

감기는 밥상머리에서 물러간다[물러앉는다] ( )(속담)밥만 잘 먹으면 감기 정도는 절로 물러간다는 뜻으로, 밥만 잘 먹으면 병은 물러감을 이르는 말.〈유〉감기는 밥상머리에 내려앉는다.

감기-약(感氣藥)[감:기약](명)〈감기 - 몸살, 세기관지염〉감기를 치료하는 데 쓰는 약. ¶약국에서 감기약을 지어 먹었다. / 감기약에 취했는지 자꾸 졸음이 온다.

감기^주의보(感氣注意報)(명구)《지구》〈감기 - 몸살, 세기관지염〉일교차가 크고 쌀쌀한 날씨로 감기 환자가 증가할 때 이를 주의시키기 위하여 미리 알림. 또는 그런 보도. ¶선수단 본부는 각 팀에 감기 주의보를 내리고 모포를 추가로 지원받아 감기 예방에 힘쓰고 있으나 감기로 인해 모처럼의 상승세가 꺾이지 않을까 걱정이 태산이다. / 낮에는 덥고 아침, 저녁으로는 쌀쌀한 날씨에 감기 주의보가 발령됐다.

감기^증후군(感氣症候群)(명구)《의학》〈감기 - 몸살, 세기관지염〉코나 목구멍 따위의 호흡기 계통에 일시적으로 나타나는 염증성 병증이나 알레르기성 병증. ¶특히 부모가 신경을 써야 하는 감기 합병증으로 감기나 비염, 축농증, 알레르기와 아데노이드 비후증 등의 감기 증후군으로 인해 생기는 병이다.

감기-치레(感氣치레)[감:기치레](명)〈감기 - 몸살, 세기관지염〉감기를 앓아 치러 내는 일. ¶그러나 잦은 감기치레는 아이들이 성장하는 데 큰 장애가 되며 감기 합병증으로 인해 많은 아이들이 입원한다는 것을 생각하면 만만히 볼 것은 아니다. / 특히 올해처럼 기후 변화가 종잡을 수 없을 때는 면역력이 약한 아이들은 잦은 감기치레를 할 수밖에 없다.

감닉-창(疳䘌瘡)[감닉창](명)《한의》〈치통〉감병(疳病)의 하나. 비위가 허약해져 위장에 습열이 몰리고, 이것이 위아래로 영향을 주어 입과 잇몸, 항문 따위가 붓고 헐게 된다.〈유〉감습

감독-안(疳毒眼)[감도간](명)《한의》〈눈병〉감병(疳病)으로 생기는 눈병. 눈이 깔깔하고 허는데 더 심해지면 짓무르기도 한다.〈유〉감안

감돈-탈장 (嵌頓脫腸)[감돈탈짱]**명**《의학》〈내과〉창자 따위의 일부분이 정상이 아닌 곳에 끼어 제 위치로 돌아가지 아니하는 상태.〈유〉감금 탈장

감루 (疳瘻)[감누]**명**《한의》〈피부병〉피부에 잔구멍이 생기어 고름이 나는 부스럼. 흔히 목덜미, 겨드랑이의 사이에 발생하는데, 치료 시기를 놓치면 한열(寒熱)이 나기도 한다.〈유〉낭루(狼瘻), 누창(漏瘡)

감모 (感冒)[감ː모]**명**《의학》〈감기 - 몸살, 세기관지염〉주로 바이러스로 말미암아 걸리는 호흡 계통의 병. 보통 코가 막히고 열이 나며 머리가 아프다.〈유〉감기 ¶가래가 끓는다거나, 폐에 찬 기운이 들어 콧물이 나오는 것 등이 감모의 증상이다.

감모-풍한 (感冒風寒)[감ː모풍한]**명**《의학》〈감기 - 몸살, 세기관지염〉주로 바이러스로 말미암아 걸리는 호흡 계통의 병. 보통 코가 막히고 열이 나며 머리가 아프다.〈유〉감기

감산-증 (減酸症)[감ː산쯩]**명**《의학》〈위염/위장병〉위산의 분비가 잘 안 되는 병. 위축 위염, 위암, 위 수술 따위로 일어나며 가벼운 설사가 나거나 식후에 위가 거북하고 불쾌하다.〈유〉위산감소증(胃酸減小症)

감수 (感祟)[감ː수]**명**〈감기 - 몸살, 세기관지염〉감기의 빌미.

감습 (疳濕)[감습]**명**《한의》〈치통〉감병(疳病)의 하나. 비위가 허약해져 위장에 습열이 몰리고, 이것이 위아래로 영향을 주어 입과 잇몸, 항문 따위가 붓고 헐게 된다.〈유〉감닉창

감염^위염 (感染胃炎)**명구**《의학》〈위염/위장병〉감염을 일으키는 인자에 의하여 발생하는 위염. 위 나선균에 감염되어 생기는 위염이 대표적이다.

감정^감퇴증 (感情減退症)**명구**《의학》〈우울증〉자극에 대한 감정 반응이 감소하는 증상.〈유〉기분저하증

감정^정신병 (感情精神病)**명구**《의학》〈우울증〉감정의 장애를 주요 증상으로 하는 내인성 정신병. 상쾌한 감정으로 인한 흥분을 나타내는 조급한 상태와 비애·불안의 감정을 나타내는 우울한 상태가 계속해서 교대로 나타나거나

또는 정상적인 정신 상태의 간헐기(間歇期)를 두고 나타나는 것이 특징이다. 〈유〉들뜸우울정신병, 순환정신병, 정동성정신병, 조울정신병

감창(疳瘡)[감창]**명**《한의》〈피부병〉1. 매독으로 음부(陰部)에 부스럼이 생기는 병. 2. 감병(疳病)의 하나. 결핵이나 영양 장애로 피부에 부스럼이 생긴다.

감체(感滯)[감:체]**명**《한의》〈감기 - 몸살, 세기관지염〉감기와 겹친 소화 불량증.

감촉-되다(感觸되다)[감:촉뙤다/감:촉뛔다]**동**〈피부병〉외부의 자극이 피부 감각을 통하여 느껴지다.〈유〉촉감되다(觸感되다)¶등에 무언가 닿는 것이 감촉되었다. / 사방에서 훈훈한 봄 흙냄새가 올라오고 비에 씻긴 공기는 더한층 맑게 감촉되었다.

감촉-하다(感觸하다)[감:초카다]**동**〈피부병〉외부 자극을 피부 감각을 통하여 느끼다.〈유〉촉감하다(觸感하다)¶여자는 그 눈의 감시를, 그 집요한 눈의 질책을 뻣뻣해지고 거북스러워진 온몸의 촉각으로 감촉했다. / 아기의 태동을 감촉하는 일은 매번 그에게 새로운 기쁨을 주었지만 이번의 것은 각별했다.

감환(感患)[감:환]**명**〈감기 - 몸살, 세기관지염〉감기'의 높임말. ¶대감께서 감환으로 나합의 침소에 계서….

갑갑-하다( )[갑까파다]**형**〈일반통증〉가슴이나 배 속이 꽉 막힌 듯이 불편하다. ¶소화가 안 돼서 속이 갑갑하다

갑저(甲疽)[갑쩌]**명**《한의》〈피부병〉발톱을 깎다가 손상된 피부나, 작은 신발을 오래 신어서 압박을 받은 발톱 부위에 생기는 부스럼.〈유〉갑저창(甲疽瘡)

갑저-창(甲疽瘡)[갑쩌창]**명**《한의》〈피부병〉발톱을 깎다가 손상된 피부나, 작은 신발을 오래 신어서 압박을 받은 발톱 부위에 생기는 부스럼.〈유〉감갑창(嵌甲瘡), 갑저(甲疽), 조갑창(爪甲瘡)

강상(强上)[강상]**명**《한의》〈일반통증〉목이 뻣뻣해지는 증상. 파상풍이나 중풍 때 주로 나타난다.

강활-충화탕(羌活沖和湯)[강활충화탕]**명**《한의》〈감기 - 몸살, 세기관지염〉감기 치료에 쓰는 탕약. 강활, 방풍 따위의 아홉 가지 약재를 넣어서 달여 만든다.〈유〉구미강활탕

개선(疥癬)[개:선]**명**《의학》〈피부병〉옴진드기가 기생하여 일으키는 전염 피부병. 손가락이나 발가락의 사이, 겨드랑이 따위의 연한 살에서부터 짓무르기 시작하여 온몸으로 퍼진다. 몹시 가렵고 헐기도 한다.〈유〉옴

개씨바리( )[개:씨바리]**명**〈눈병〉환한 곳에서는 눈을 뜨기가 힘들 정도로 눈이 부시고 눈에 핏발이 서며 눈곱이 끼는 눈병을 속되게 이르는 말.

개위(開胃)[개위]**명**《한의》〈위염/위장병〉1. 수술을 위하여 위벽(胃壁)을 가르고 엶. 2. 약을 써서 위의 활동을 도와 식욕을 돋게 함.

개위-하다(開胃하다)[개위하다]**동**《한의》〈위염/위장병〉1. 수술을 위하여 위벽(胃壁)을 가르고 열다. 2. 약을 써서 위의 활동을 도와 식욕을 돋게 하다.

개자-정(芥子精)[개자정]**명**《약학》〈피부병〉피부의 자극제로 쓰는 개자유와 알코올을 1 대 9의 비율로 섞은 약제.

개좆-부리( )[개:좆뿌리]**명**〈감기 - 몸살, 세기관지염〉'감기'를 속되게 이르는 말.〈준〉개좆불

개치네-쒜( )[개치네쒜]**감**〈감기 - 몸살, 세기관지염〉재채기를 한 뒤에 내는 소리. 이 소리를 외치면 감기가 들어오지 못하고 물러간다고 한다.〈유〉에이쒜

갱년기^우울^반응(更年期憂鬱反應)**명구**《의학》〈우울증〉갱년기에 볼 수 있는 정신병적 증상. 초조감과 강렬한 불안감이 수반되며, 자살의 위험이 높다. 건강 염려증을 흔히 볼 수 있으며, 종종 그것이 임상적으로 관찰되는 증상의 전부일 수 있다. 이러한 차이점을 제외한다면 우울증과 거의 동일하다.〈유〉갱년기정신병반응

갱년기^우울병(更年期憂鬱病)〔명구〕《의학》〈우울증〉초로기에 볼 수 있는 정신병. 보통의 우울증보다 불안이나 고민이 심하여 침착성이 떨어지며 초조와 흥분의 정도가 강하다.〈유〉갱년기 우울증, 초로 우울병, 퇴행기 우울증

갱년기^우울증(更年期憂鬱症)〔명구〕《의학》〈우울증〉초로기에 볼 수 있는 정신병. 보통의 우울증보다 불안이나 고민이 심하여 침착성이 떨어지며 초조와 흥분의 정도가 강하다.〈유〉갱년기 우울병

갱년기^정신병(更年期精神病)〔명구〕《의학》〈우울증〉호르몬 활동이 감소하고 생식 능력이 없어지며, 부모로서의 책임이 줄어드는 갱년기 혹은 퇴화기에 처음으로 발생하는 우울증. 여성의 경우 40-55세, 남성의 경우 50-65세에 주로 발생한다.〈유〉갱년기정신장애

갱년기^정신병^반응(更年期精神病反應)〔명구〕《의학》〈우울증〉갱년기에 볼 수 있는 정신병적 증상. 초조감과 강렬한 불안감이 수반되며, 자살의 위험이 높다. '건강 염려증'을 흔히 볼 수 있으며, 종종 그것이 임상적으로 관찰되는 증상의 전부일 수 있다. 이러한 차이점을 제외한다면 우울증과 거의 동일하다.〈유〉갱년기우울반응

갱년기^정신^장애(更年期精神障礙)〔명구〕《의학》〈우울증〉호르몬 활동이 감소하고 생식 능력이 없어지며, 부모로서의 책임이 줄어드는 갱년기 혹은 퇴화기에 처음으로 발생하는 우울증. 여성의 경우 40~55세, 남성의 경우 50~65세에 주로 발생한다.〈유〉갱년기정신병

거대^각막증(巨大角膜症)〔명구〕《의학》〈눈병〉각막이 양측으로 발육하는 기형. 출생 시에 비정상적 크기에 달하며, 엑스 염색체 열성 또는 상염색체 우성 형질로 유전한다.

거대^치아증(巨大齒牙症)〔명구〕〈치통〉치아가 정상보다 큰 상태. 한 개의 치아 또는 전체 치아가 커질 수도 있으며, 실제 큰 것도 있고 상대적으로 큰 것도 있다.

거대치-증(巨大齒症)[거:대치쯩]〔명〕《의학》〈치통〉비정상적으로 큰 치아를 가

ㄱ

진 상태. 치형 지수 44 이상의 상태이다.

거북 목( )**명구**〈디스크 - 추간판탈출증〉거북의 목처럼 앞으로 굽은 목. 또는 목이 그렇게 생긴 사람. ¶20도 이상 고개를 숙인 자세인 '거북목'을 오래 취하면 경추가 일자형으로 펴지게 된다. / 일자 목, 거북 목이 있는 사람들은 목 디스크를 더욱 주의해야 한다.

거북^목^증후군(거북목症候群)**명구**《의학》〈디스크 - 추간판탈출증〉눈높이보다 낮은 위치의 모니터를 오랫동안 내려다보는 경우에, 사람의 목이 거북의 목처럼 앞으로 구부러지는 증상. 척추에 부담이 가고, 목 근육과 인대가 늘어난다.

거북^목^증후군^환자(거북목症候群患者)**명구**《의학》〈디스크 - 추간판탈출증〉목 근육과 인대가 늘어나서 목이 거북의 목처럼 앞으로 구부러지는 증상을 앓는 사람. ¶최근에는 비수술 요법인 체외 충격파 시술이 거북목 증후군 환자에게서 좋은 효과를 얻고 있다. / 건강 보험 심사 평가원에 따르면 거북목 증후군 환자가 2013년 182만 명에서 지난해 211만 명으로 5년 새 29만 명 늘었다.

거북-하다( )[거:부카다]**형**〈일반통증〉몸이 찌뿌드드하고 괴로워 움직임이 자연스럽지 못하거나 자유롭지 못하다. ¶나는 속이 거북해서 점심을 걸렀다.

거식^장애(拒食障礙)**명구**《심리》〈섭식 장애〉식이 장애의 하나로, 먹는 것을 거부하거나 두려워하는 이상 현상. 또는 그러한 병적 증세. ¶싱글 맘인 여성 경영자, 폭주족 출신 ○○○, 거식 장애를 앓고 있는 ○○○ 등에 둘러싸인 직장에서 ○○○의 새로운 나날들이 펼쳐진다.

거식-증(拒食症)[거:식쯩]**명**《의학》〈섭식 장애〉먹는 것을 거부하거나 두려워하는 병적 증상.〈유〉신경성식욕부진증(神經性食慾不振症) ¶한 패션모델이 심한 다이어트로 인해 거식증에 걸려 죽었다는 기사가 났다. / 거절증 증세가 언어에 나타나면 함묵증, 음식에 대해 나타날 때 거식증이라 한다.

거안(拒按)[거:안]圐《한의》〈일반통증〉아픈 부위를 만져 주면 아픔이 더 심해져서 손을 대지 못하게 함.

거위-배( )[거위배]圐《한의》〈일반통증〉회충으로 인한 배앓이.〈유〉충복통(蟲腹痛), 회복통(蛔腹痛), 회통(蛔痛), 횟배(蛔배), 횟배앓이(蛔배앓이)¶거위배를 앓다.

거짓^근시(거짓近視)(명구)《의학》〈눈병〉섬모체근(纖毛體筋)이 긴장하고 수정체를 두껍게 조절하는 시간이 길어져 근시와 같은 상태가 된 굴절성 근시. 책을 너무 가까이서 보거나 하여 생기는데 적절한 조치로 회복된다.〈유〉학교근시

건강(乾薑)[건강]圐《한의》〈위염/위장병〉위랭(胃冷), 구토, 설사의 치료에 쓰는 말린 생강을 한방에서 이르는 말.

건강^염려^우울병(健康念慮憂鬱病)(명구)《의학》〈우울증〉사실에 근거하지 않고 여러 가지 신체적 호소 증상과 연관되어 나타나는 우울병.

건개(乾疥)[건개]圐《한의》〈피부병〉몹시 가려우며 긁으면 허물이 벗겨지는 피부병.〈유〉마른옴

건리-탕(建理湯)[걸:리탕]圐《한의》〈위염/위장병〉만성 위염, 위 무력증 따위에 쓰는 탕약. 속을 덥게 하고 비위를 보하는 것이다.

건선(乾癬)[건선]圐《한의》〈피부병〉얼굴 같은 데에 까슬까슬하게 흰 버짐이 번지는 피부병. 대개 영양 결핍으로 생긴다.〈참〉습선(濕癬)〈유〉마른버짐

건식-하다(健食하다)[건:시카다]圐《위염/위장병〉위장이 좋아 음식을 가리지 않고 많이 잘 먹다.〈유〉건담하다(健啖하다), 다식하다(多食하다), 대식하다(大食하다)

건위-산(健胃散)[거:뉘산]圐《약학》〈위염/위장병〉위의 작용을 돕는 가루로 된 약. 빈속에 위가 쓰리고 신트림이 나며 소화가 안되는 증상에 쓴다.〈참〉건위제(健胃劑)

건위-제(健胃劑)[거:뉘제]圐《약학》〈위염/위장병〉위장을 튼튼하게 하는 약

제. 소화액의 분비를 왕성하게 하고 위장의 운동을 촉진시켜서 소화·흡수 작용을 돕는다.〈참〉건위산(健胃散)

건위-하다(健胃하다)[거ː뉘하다]**동**〈위염/위장병〉위(胃)를 튼튼하게 하다.

건-입맛( )[건님맏]**명**〈섭식 장애〉제대로 먹지 못하고 아주 적은 양으로 조금 만 먹는 일. ¶그는 도무지 입맛이 없어서 그저 미음 몇 술로 건입맛만 다시 었다.

건초^소양증(乾草搔癢症)**명구**《의학》〈피부병〉건초가 있는 곳에서 일하거나 건초에서 잠을 잔 후 두드러기가 돋고 가려운 증상.〈유〉건초가려움증(乾草 가려움症), 매양진(매痒疹), 짚가려움, 짚가려움증(짚가려움症)

건피-증(乾皮症)[건피쯩]**명**《의학》〈피부병〉피부 건조증'의 전 용어.

건협통(乾脅痛)[건협통]**명**《한의》〈일반통증〉옆구리 아래 한 부위가 끊임없 이 아픈 것으로 매우 위중한 병증. [의초유편(醫鈔類編)]〈협통문(脅痛門)〉 에서 지나치게 허하여 손상됨으로써 옆구리 아래쪽이 끊임없이 아픈 것을 말한다. ¶건협통은 심히 위급한 증상으로 분류되는데, 육체적·정신적 피로 가 너무 심해 기혈이 극도로 허약해진 결과로 보기 때문에 치료처방도 기혈 을 보강하는 약재로 구성돼 있다.

걷어-질리다( )[거더질리다]**동**〈눈병〉기운이 없거나 병이 나서 눈꺼풀이 맥없 이 열리고 눈알이 우묵해지다. ¶그녀는 요 며칠의 근심 때문인지 불쌍할 정 도로 걷어 질린 눈을 하고 있었다. 불빛에 비쳐 보이는 외투 입은 두 남녀의 뒷모양이 천천히 멀어지는 것을 바라보던 문경이의 눈은 저절로 걷어질리 지 않을 수 없었다.

걸-리다( )[걸리다]**동**〈감기 - 몸살, 세기관지염〉병이 들다. ¶감기에 걸리다. / 황달에 걸리다. / 맹장염에 걸리다.

걸어다니는 종합병동( )**명구**〈일반통증〉몸이 여러 군데 아프거나 자주 병을 앓 는 사람을 비유적으로 이르는 말.〈유〉걸어다니는 종합병원

걸어다니는 종합병원( )**명구**〈일반통증〉몸이 여러 군데 아프거나 자주 병을 앓

는 사람을 비유적으로 이르는 말. 〈유〉 걸어다니는 종합병동 ¶그 친구 툭하
면 병원 신세를 져서 어릴 때부터 걸어다니는 종합병원으로 불렸지.

검구-유착 (瞼球癒着) [검ː구유착] **명**《의학》〈눈병〉안구 또는 눈꺼풀을 덮는
결막 따위에 궤양이 생겼다가 낫는 과정에서 눈꺼풀과 안구의 결막이 붙은
상태. 〈유〉결막붙은증

검렬-축소 (瞼裂縮小) [검ː녈축쏘] **명**《의학》〈눈병〉'눈꺼풀틈새축소'의 전용어.

겉-눈썹 ( ) [건눈썹] **명**〈눈병〉눈두덩 위에 난 눈썹을 속눈썹에 상대하여 이르
는 말.

겐티아나-근 (Gentiana根) **명**《한의》〈위염/위장병〉소화 불량, 식욕 부진, 위염
따위를 치료하는 데 쓰는 겐티아나의 뿌리를 말린 생약.

겨울^가려움증 (겨울가려움症) **명구**《의학》〈피부병〉겨울철 건조한 기후 때문
에 피부에 생기는 가려움증. 흔히 피부가 갈라지는 것처럼 보이는 습진이
발생한다. 〈유〉동계소양(冬季搔癢)

겨울^감기 (겨울感氣) **명구**《의학》〈감기 - 몸살, 세기관지염〉겨울에 걸리는 감
기. ¶그래서 그리스에서 겨울 감기라도 걸리는 날이면 낭패다. / 겨울 감기
를 예방하려면 체온을 잘 유지해야 한다.

겨자-욕 (겨자浴) [겨자욕] **명**《의학》〈피부병〉피를 잘 돌게 하며 피부병과 여러
가지 염증을 치료하는 효과가 있는 치료법. 200~300그램의 겨자를 넣은 물
에 목욕하는 방법. 38℃에서 10~20분씩 날마다 또는 하루걸러 6~10회 한
다.

격기 (膈氣) [격끼] **명**《한의》〈위염/위장병〉1. 위의 소화 기능. 2. 열격(熱膈)으
로 가슴이 막히는 기운.

격통1 (膈痛) [격통] **명**《한의》〈일반통증〉가슴과 명치 끝이 아픈 증상.

격통2 (激痛) [격통] **명**〈일반통증〉심한 아픔. ¶그는 격통에 온 미간을 찌푸렸
다.

견개 (犬疥) [견개] **명**《한의》〈피부병〉종기가 벌겋게 달아오르면서 고름이 나

오고 가려운 증상. 피부 질환을 앓는 과정에서 풍열(風熱)이 살갗에 잠복하여 생긴다.

견배-통(肩背痛)[견배통-]**명**《한의》〈일반통증〉어깨와 등의 근맥(筋脈)과 살이 아픈 병증. 대부분 풍습(風濕)의 침입을 받아서 발생하는데, 장부(臟腑)와 기혈(氣血)이 속에서 상하여 발생한다. ¶동의보감에서는 견비통의 원인을 외상에 의해 발생하거나 축축하고 무거우며 찬 기운이 드는 풍한습이나 기혈 부족으로 발생한다고 본다.

견비-통(肩臂痛)[견비통-]**명**《한의》〈일반통증〉신경통의 하나. 어깨에서 팔까지 저리고 아파서 팔을 잘 움직이지 못한다. ¶일반적인 견비통, 즉 장시간 동일한 자세를 취해 근육의 긴장이 계속돼 혈류가 나빠진 단순 피로 견비통이라면 마늘 효과를 볼 수 있다.

견인-증(牽引症)[겨닌쯩]**명**《한의》〈일반통증〉근육이 땅기고 쑤시고 아픈 증상.

견인-통(牽引痛)[겨닌통-]**명**《한의》〈일반통증〉신경통의 하나. 근육이 땅겨서 쑤시고 아프다.

견통(肩痛)[견통-]**명**《의학》〈일반통증〉목덜미로부터 어깨에 걸쳐 일어나는 근육통을 통틀어 이르는 말. 피로가 주된 원인이며 대개 어깨에 둔한 통증이 있다. ¶전문 의약품은 견통을 어깨 통증으로 바꾸는 등 일반인들도 이해하기 쉬운 용어를 써야 한다. / 이 제품에 함유된 활성형 비타민은 신경 기능을 정상으로 유지시킴으로써 신경통, 요통, 견통(어깨 결림)을 완화시킨다.

결리다( )[결리다]**동**〈일반통증〉(사람이 몸의 일부가) 숨을 쉬거나 움직일 때 당기거나 뻐근하여 아픔이 느껴지다. ¶어깨가 결리다. / 계속 앉아서 일했더니 허리가 결려. / 나는 구둣발에 채인 옆구리가 결려서 한동안 숨도 쉬지 못했다.

결막^반사(結膜反射)**명구**《의학》〈눈병〉결막에 자극을 주면 눈꺼풀이 순간적으로 닫히는 반사작용.

결막^붙음증(結膜붙음症)〔명구〕《의학》〈눈병〉안구 또는 눈꺼풀을 덮는 결막 따위에 궤양이 생겼다가 낫는 과정에서 눈꺼풀과 안구의 결막이 붙은 상태.〈유〉검구유착

결막^소포증(結膜小胞症)〔명구〕《의학》〈눈병〉아래눈꺼풀의 안쪽 결막에 투명한 물집 모양의 소포(小胞)가 좁쌀만 하게 솟아나는 눈병. 충혈이나 자각 증상이 없으며 자연히 낫게 된다.〈유〉결막소포증

결막^여포증(結膜濾胞症)〔명구〕《의학》〈눈병〉아래눈꺼풀의 안쪽 결막에 투명한 물집 모양의 소포(小胞)가 좁쌀만 하게 솟아나는 눈병. 충혈이나 자각 증상이 없으며 자연히 낫게 된다.〈유〉결막여포증, 소포결막

결막염(結膜炎)〔결망념〕〔명〕《의학》〈눈병〉결막에 생기는 염증. 눈이 충혈되고 부으며 눈곱이 끼고 눈물이 나는데, 세균이나 바이러스의 감염 또는 알레르기나 물리 화학적 자극이 원인이다.〈참〉삼눈

결막^황반(結膜黃斑)〔명구〕《의학》〈눈병〉결막에서 발생하는 성상이고 일반적으로 노란색이며 코에 가장 가까운 눈의 측면에서 발생하는 경향이 있다.

결명-자(決明子)〔결명자〕〔명〕《한의》〈두통/눈병〉결명차의 씨. 간열(肝熱)을 내리고 눈을 밝게 하며 두통, 변비에 약재로 쓴다.〈유〉환동자

결석(結石)〔결썩〕〔명〕《의학》〈신장병〉몸 안의 장기 속에 생기는 단단한 물질. 쓸갯돌, 콩팥돌, 이자돌 따위가 있다.〈유〉궐석, 흠석

결절^홍반(結節紅斑)〔명구〕《의학》〈피부병〉넙다리나 팔에 강낭콩 또는 달걀 크기의 홍색 피부밑 결절이 생기는 피부병. 젊은 여성에게 주로 발생하는데, 좌우 넙다리에 대칭적으로 생기며 만지면 후끈거리며 아프다.

경고^반응(警告反應)〔명구〕《의학》〈우울증〉생체가 적응할 수 없는 자극을 받을 때 일어나는 반응. 스트레스를 받을 때 일어나는 부신 겉질 호르몬의 분비 증가, 림프샘 축소, 위의 출혈 궤양 따위가 있다.

경련^진통(痙攣陣痛)〔명구〕《일반통증》자궁의 수축이 풀리지 않고 같은 강도로 계속되는 진통.

경막^외강^신경^성형술(硬膜外腔神經成形術)명구《의학》〈디스크 - 추간판탈
출증〉경막 외강에 약물을 주입하여 염증 유발 물질을 제거하거나 유착된
신경을 풀어 주는 등의 비수술적 치료 방법. ¶최근에는 비수술 치료인 경막
외강 신경 성형술이 바쁜 현대인들에게서 각광받고 있다. / 이 중 가장 대표
적인 신경 성형술은 척추 경막 외강을 통해 시술이 이뤄져 '경막 외강 신경
성형술'로 불리기도 한다.

경부^척추증(頸部脊椎症)명구《의학》〈디스크 - 추간판탈출증〉목뼈의 변형으
로 인하여 나타나는 병적인 증상. 척추뼈나 신경근에 압박을 받고 목, 어깨,
팔에 통증과 저림을 느끼며 척추뼈의 압박으로 팔다리에 마비가 일어나기
도 하고 방광이나 곧창자에 장애가 나타나기도 한다.〈유〉경추증

경열(輕熱)[경열]명《의학》〈감기 - 몸살, 세기관지염〉체온 38.1~38.5℃의 그
리 심하지 않은 열.〈참〉미열

경-우울병(輕憂鬱病)[경우울뼝]명《의학》〈우울증〉우울병 증상이 경미한 상
태.

경증^양진(輕症瘍疹)명구《의학》〈피부병〉가려움증이 심하지 않은 발진.

경진(驚振)[경진]명《의학》〈눈병〉눈병을 앓던 중에 눈을 다시 다치게 되어
상처가 안으로 덧나 몹시 쑤시고 아픈 증상.〈유〉경진내장

경진내장(驚振內障)[경진내장]명《한의》〈눈병〉눈병을 앓던 중에 눈을 다시
다치게 되어 상처가 안으로 덧나 몹시 쑤시고 아픈 증상.〈유〉경진

경추^수핵^탈출증(頸椎髓核脫出症)명구《의학》〈디스크 - 추간판탈출증〉경추
사이에 있는 추간판 사이로 내부의 수핵이 탈출하여 신경근 또는 척수를 눌
러 통증과 신경학적 증상을 일으키는 질환.〈유〉경추추간판탈출증, 목 디스
크 ¶목 디스크로 알려진 경추 수핵 탈출증도 간혹 어깨 통증을 유발할 수
있다. / 손목 터널 증후군과 비슷한 증상을 보여 혼동하기 쉬운 질환 중 하
나는 경추 수핵 탈출증이다.

경추-증(頸椎症)[경추쯩]명《의학》〈디스크 - 추간판탈출증〉목뼈의 변형으로

인하여 나타나는 병적인 증상. 척추뼈나 신경근에 압박을 받고 목, 어깨, 팔에 통증과 저림을 느끼며 척추뼈의 압박으로 팔다리에 마비가 일어나기도 하고 방광이나 곧창자에 장애가 나타나기도 한다. 〈유〉경부 척추증

경추^추간판^탈출증(頸椎椎間板脫出症)〔명구〕《의학》〈디스크 - 추간판탈출증〉경추 사이에 있는 추간판 사이로 내부의 수핵이 탈출하여 신경근 또는 척수를 눌러 통증과 신경학적 증상을 일으키는 질환. 〈유〉경추수핵탈출증, 목 디스크 ¶경추 추간판 탈출증은 경추 뼈와 뼈 사이의 추간판이 탈출하거나 파열돼 경추 신경을 자극해 압박함으로써 목과 어깨, 등, 팔 등에 통증 및 신경학적 증상이 나타나는 질환이다. / 경추 추간판 탈출증을 예방하기 위해서는 장시간 고개를 숙여 스마트 기기를 사용하는 것을 피하고, 30분마다 스트레칭을 하는 것이 도움이 된다.

경통(經痛)〔경통〕〔명〕《한의》〈일반통증〉월경 때에, 배와 허리 또는 온몸이 아픈 증상. 〈유〉경통증(經痛症)

경통-증(經痛症)〔경통쯩〕〔명〕《한의》〈일반통증〉월경 때에, 배와 허리 또는 온몸이 아픈 증상. 〈유〉경통(經痛)

경피-증(硬皮症)〔경피쯩〕〔명〕《의학》〈피부병〉'피부 경화증'의 전 용어.

계속^치관(繼續齒冠)〔명구〕《의학》〈치통〉남아 있는 자연 치아 구조에 고정한 치아관.

계심-통(悸心痛)〔계 : 심통/게 : 심통〕〔명〕《한의》〈일반통증〉심장이 두근거리고 가슴이 답답하며 명치 부위가 아픈 증세. ¶언젠가부터 할아버지는 계심통으로 인해 잠을 잘 주무시지 못한다.

계절-병(季節病)〔계 : 절뼝/게 : 절뼝〕〔명〕《의학》〈감기 - 몸살, 세기관지염〉어떤 특정한 계절에 특히 많이 발생하는 병. 여름철의 식중독, 겨울철의 감기 따위가 있다. 〈유〉계후병

계절성^우울증(季節性憂鬱症)〔명구〕《심리》〈우울증〉특정 계절에 주기적으로 나타나는 우울 증세. 주로 가을이나 겨울 등 일조량이 줄어드는 계절에 발생

한다. 〈참〉계절성정서장애, 계절적정서장애 ¶해마다 반복되는 계절성 우울증을 극복하기 위해서는 가능하면 볕이 드는 창가에서 휴식을 취하는 등 햇빛을 자주 접하고 흐린 날이라도 외출을 통해 기분 전환을 할 필요가 있다. / 또 계절성 우울증에도 효과가 있어 가을철 햇빛은 '보약'과도 같은 존재다.

계절성^정서^장애(季節性情緒障礙)〔명구〕《심리》〈우울증〉특정 계절에 주기적으로 나타나는 정서 장애. 주로 가을이나 겨울 등 일조량이 줄어드는 계절에 우울 증상이 나타나는 것을 말한다. 〈유〉계절적정서장애 〈참〉계절성우울증 ¶또 햇볕을 쬐는 시간이 늘어 계절성 정서 장애가 줄어들고, 퇴근 후 바깥 활동이 활발해져 국민 건강이 증진된다는 의견도 있다.

계절적^정서^장애(季節的情緒障礙)〔명구〕《심리》〈우울증〉특정 계절에 주기적으로 나타나는 정서 장애. 주로 가을이나 겨울 등 일조량이 줄어드는 계절에 우울 증상이 나타나는 것을 말한다. 〈유〉계절성정서장애

계지-탕(桂枝湯)〔계ː지탕/게ː지탕〕〔명〕《한의》〈일반통증〉감기, 신경통, 두통, 복통, 신경 쇠약 따위에 쓰는 계수나무의 잔가지를 달여 만드는 탕약.

계통(悸痛)〔계ː통/게ː통〕〔명〕《한의》〈일반통증〉가슴이 두근거리면서 아픈 증상.

계후-병(季候病)〔계ː후뼝/게ː후뼝〕〔명〕《의학》〈감기 - 몸살, 세기관지염〉어떤 특정한 계절에 특히 많이 발생하는 병. 여름철의 식중독, 겨울철의 감기 따위가 있다. 〈유〉계절병

고공-병(高空病)〔고공뼝〕〔명〕《의학》〈일반통증〉고도(高度)가 높은 공중에 신체가 잘 적응하지 못하여 나타나는 병적인 증상. 기상의 갑작스러운 변화, 산소의 결핍, 기압의 변동으로 인하여 두통, 귀통증, 치통, 피로, 구역질 따위의 증상이 일어난다. 〈유〉고산병, 항공병, 고도병

고도근시(高度近視)〔명〕《의학》〈눈병〉안경 도수가 −10디옵터 이상 되는 심한 근시. 갓 태어나서 또는 어렸을 때에 근시가 생겨 눈이 점차 나빠지면서 생기는데, 흔히 성인이나 노인이 될 때까지 계속된다.

고도-병(高度病)[고도뼝]**명**《의학》〈일반통증〉고도(高度)가 높은 공중에 신
체가 잘 적응하지 못하여 나타나는 병적인 증상. 기상의 갑작스러운 변화,
산소의 결핍, 기압의 변동으로 인하여 두통, 귀통증, 치통, 피로, 구역질 따
위의 증상이 일어난다.〈유〉고공병(高空病)

고름( )[고름]**명**〈피부병〉몸 안에 병균이 들어가 염증을 일으켰을 때에 피부
나 조직이 썩어 생긴 물질이나, 파괴된 백혈구, 세균 따위가 들어 있는 걸쭉
한 액체. 희고 누르무레하며 고약한 냄새가 난다.〈유〉농(膿), 농액(膿液),
농즙(膿汁)¶고름을 짜다. / 고름이 나오다. / 고름을 빨다.

고름^궤양증(고름潰瘍症)**명구**《의학》〈피부병〉종기 따위가 오래되어서 살 속
깊이 헐고 표면에는 고름이 고이거나 딱지가 앉는 부스럼.〈유〉농창(膿瘡)

고름^물집( )**명구**《의학》〈피부병〉피부병에 생기는 고름집.〈유〉농포(膿疱)

고름-염(고름炎)[고름념]**명**《의학》〈피부병〉고름이 생기는 염증. 많은 양의
다핵(多核) 백혈구가 스며 나오는 염증인데 코곁굴염, 고름집, 연조직염, 종
기, 큰종기 따위에서 볼 수 있다.〈유〉화농성염(化膿性炎), 화농성염증(化膿
性炎症)

고름이 살 되랴( )**속담**이미 그릇된 일이 다시 잘될 리 없다는 말.〈유〉늑부스럼
이 살 될까. / 코딱지 두면 살이 되랴.

고름^피부증(고름皮膚症)**명구**《의학》〈피부병〉화농균이 피부에 감염되어 고
름이 생기는 병을 통틀어 이르는 말. 종기, 땀샘염, 단독(丹毒), 고름 딱지증
따위가 있다.〈유〉농피증(膿皮症)

고무-반창고(고무絆瘡膏)[고무반창고]**명**〈피부병〉신경성 피부염 따위에 붙
이는 반창고. 정제(精製) 파라고무나 기름 따위를 섞어서 헝겊에 바른다.
치료 약제가 들어 있지 않은 것은 주로 붕대를 고정하는 데에 쓰고, 치료 약
제가 들어 있는 것은 신경성 피부염 따위에 붙인다.

고미^건위제(苦味健胃劑)**명구**《약학》〈위염/위장병〉쓴맛으로 맛 감각을 자극
하여 위 기능을 증강하는 약. 용담, 황련 따위를 쓴다.

고미-제(苦味劑)[고미제]명《약학》〈위염/위장병〉위액의 분비를 많게 하여 소화 작용을 도우며 쓴맛을 가지고 있는 약물을 통틀어 이르는 말. 빈혈·결핵 따위의 회복기 환자에게도 쓰인다.

고본(藁本)[고본]명《식물》《한의》〈두통〉산형과의 여러해살이풀로 뿌리는 외감(外感)으로 인한 두통이나 요통의 진통·진경제의 외과약으로 쓴다.

고분지통(鼓盆之痛)명〈일반통증〉물동이를 두드리는 슬픔이라는 뜻으로, 아내가 죽은 슬픔을 이르는 말.

고뿔( )[고뿔]명〈감기 - 몸살, 세기관지염〉'감기'를 일상적으로 이르는 말. ¶고뿔에 들다. / 마을에서 제일 고령인 복동 할멈까지도 고뿔 한 번 앓지 않으며 겨울을 보냈다. / 남의 염병이 나의 고뿔만 못하다는 속담이 있다. 나의 발등의 불이 다급한 것이다.

고산-병(高山病)[고산뼝]명《의학》〈두통〉높은 산에 올라갔을 때 낮아진 기압 때문에 일어나는 병적 증상. 높은 산에서는 공기 속의 산소 분압이 감소하므로 불쾌하거나 피로하여지며 두통, 식욕 부진, 구토 따위의 증상이 나타난다.

고삼병(高三病)명〈우울증〉입시를 앞둔 고등학교 3학년 수험생들에게 홍역처럼 유행하는 각종 정신적·신체적 증후군을 속되게 이르는 말. ¶3학년에 올라가 고삼병에 걸렸는지 그렇게 튼튼하던 아이가 먹기만 하면 체한다.

고위^치아(高位齒牙)명구《의학》〈치통〉치아가 그 잇몸에서 비정상적으로 뻗어 나온 병적 상태.

고유^위샘(固有胃샘)명구《의학》〈위염/위장병〉위의 아랫부분과 위 전체에 걸쳐 있는 수많은 소화샘.〈유〉위저선(胃底腺)

고주파^수핵^감압술( )명구《의학》〈디스크 - 추간판탈출증〉주삿바늘을 통해 고주파 열 에너지를 가하여 디스크 수핵(髓核)의 압력을 낮추는 기술. 통증 치료 등에 쓰이는 비수술적 척추 치료법이다. ¶개원가에서는 목 디스크 진단을 받은 환자에 대해 비침습 치료법인 고주파 수핵 감압술이 시행되고 있다. / 모든 허리 디스크 환자가 고주파 수핵 감압술을 실시할 수 있는 것은 아니며 디스크가 파열되지 않은 환자, 퇴행성 변화가 적은 초기 허리 디스크 환자의 경우 실시할 수 있다.

고창(蠱脹)[고창] 명〈일반통증〉기생충 때문에 배가 불러 오면서 아픈 증상.

고추-감주(고추甘酒)[고추감주] 명〈감기 - 몸살, 세기관지염〉감기약으로 먹는 고춧가루를 탄 감주. ¶겨울 감기에는 고추감주가 잘 듣는다.

고통(苦痛)[고통] 명〈일반통증〉몸이나 마음의 괴로움과 아픔.〈유〉고한(苦恨)〈참〉통고(痛苦)

고통-스럽다(苦痛스럽다)[고통스럽따] 형〈일반통증〉몸이나 마음이 괴롭고 아픈 느낌이 있다. ¶그는 말하는 것조차도 고통스러운 듯했다. / 보초는 언제나 고된 임무이지만 특히 겨울밤의 보초는 고통스럽다. / 나는 목이 부어 밥을 넘기기가 고통스러웠다.

고한(苦恨)[고한] 명〈일반통증〉몸이나 마음의 괴로움과 아픔.〈유〉고한(苦痛)

고해상^전산화^단층^촬영(高解像電算化斷層撮影) 명구《의학》〈디스크 - 추간판탈출증〉해상도를 높여 찍은 단층 촬영. 일반적인 단층 촬영보다 절편 두께를 얇게 하여 촬영하며 폐의 실질 병변을 보기 위해 사용한다.〈유〉고해상전산단층촬영, 고해상컴퓨터단층촬영, 고해상컴퓨터단층촬영술

고혈압^뇌증(高血壓腦症) 명구《의학》〈두통〉혈압이 갑자기 높아져 발생하는 뇌증. 특히 확장기 혈압이 급격히 상승하여 일시적인 두통, 경련 발작, 시력 장애 따위의 증상이 나타난다.

고환-통(睾丸痛)[고환통] 명《의학》〈일반통증〉고환이나 관련 부위에 일어나는 신경통. ¶코로나19 감염의 특이 증상으로는 남성들에게서만 나타나는 고환통이 있다.

곡류^양진(穀類痒疹) 명구《의학》〈피부병〉진드기에 의하여 발생하고 가려움을 수반하는 피부염.

곡률^근시(曲率近視)[명구]《의학》〈눈병〉과도한 각막굽이율 때문에 생기는 굴절이상으로 나타나는 근시.

곡물^가려움증(穀物가려움症)[명구]《의학》〈피부병〉곡물이나 짚 따위에 남아 있는, 물집 진드깃과에 속하는 진드기에게 물려 발생하는 피부의 염증.

곧창자^탈출증(곧창자脫出症)[명구]《의학》〈내과〉곧창자 점막 또는 곧창자 벽이 항문으로 빠지는 증상.〈유〉직장 탈출증.

골조-풍(骨槽風)[골쪼풍][명]《한의》〈치통〉충치가 심해져 잇몸 주위가 붓고 염증이 생겨 턱뼈까지 몹시 아프게 되는 병증.

골통(骨痛)[골통][명]《한의》〈일반통증〉주로 과로 때문에 생기는 것으로, 뼈가 쑤시는 듯이 아프고 열이 오르내리는 병.

곪기( )[곰끼][명]《의학》〈피부과〉외상을 입은 피부나 각종 장기에 고름이 생기는 일. 화농균이 일으키는 염증을 이른다.〈유〉곪음

곪다( )[곰:따][동]〈일반통증〉상처에 염증이 생겨 고름이 들게 되다.〈유〉농들다(膿들다)¶상처가 곪다. / 상처가 곪아서 고름이 났다. / 나중에 곪으면 고생을 하니 지금 잘 소독해라. / 그는 상처가 속으로 깊숙이 곪게 되어 수술을 해야만 했다. / 그의 오른쪽 넓적다리에는… 지렁이가 기어간 듯한 파편 맞은 상처가 여름 내내 진물을 내며 곪고 있었는데….

곪음( )[골픔][명]《의학》〈피부과〉외상을 입은 피부나 각종 장기에 고름이 생기는 일. 화농균이 일으키는 염증을 이른다.〈유〉곪기, 화농.

곰기다( )[곰기다][동]〈일반통증〉곪은 자리에 딴딴한 멍울이 생기다.¶숙근이는 전일 용칠이가 몽둥이로 때려 터트린 데가 곰겨서 꼼작을 못 하고 앓는다는 것이다. / 날이 지날수록 옴종은 군데군데 곰기고, 곪은 것이 터져서는 더 큰 종기로 번지었다. / 탱자나무 가시에 발을 찔렸었다. 누렇게 곰긴 것을 그대로 끌고 다니며 일을 해서, 그저 아물지를 못한 것이다.

곱다( )[곱따][형]〈일반통증〉(이가) 시거나 찬 음식을 먹어서 시큰시큰하다. ¶시큼한 오렌지를 연상하기만 해도 마치 이가 곱는 듯한 느낌이다.

공기^감염(空氣感染)[명구]《보건 일반》〈감기 - 몸살, 세기관지염〉공기 중에 떠다니는 병원균이 사람이나 동물의 호흡 기관을 통하여 몸 안에 침입하여 전염되는 일. 유행성 감기가 대표적이다.〈유〉공기 전염

공기^전염(空氣傳染)[명구]《보건 일반》〈감기 - 몸살, 세기관지염〉공기 중에 떠다니는 병원균이 사람이나 동물의 호흡 기관을 통하여 몸 안에 침입하여 전염되는 일. 유행성 감기가 대표적이다.〈유〉공기 감염

공막(鞏膜)[공막]명《의학》〈눈병〉각막을 제외한 눈알의 바깥벽 전체를 둘러싸고 있는 막. 희고 튼튼한 섬유질로 되어 있다.〈유〉안구백막, 흰자위막

공막-염(鞏膜炎)[공망념]명《의학》〈눈병〉공막에 염증이 생겨자 홍색의 반점이 나타나는 눈병. 결핵, 류머티즘, 아교 질병 따위가 원인이며 공막 앞면에 충혈·동통(疼痛) 따위를 일으킨다.〈유〉상공막염

공복-통(空腹痛)[공복통]명《의학》〈일반통증〉배 속이 비었을 때 윗배에서 느끼는 통증. ¶단식을 하며 공복통을 경험하는 사람들이 많다. 주로 시작할 무렵에 느끼게 되는데, 우리 몸이 음식으로 섭취하는 포도당을 연료로 사용하는데 익숙해져 있기 때문이다.

공황(恐慌)[공ː황]명〈우울증〉두려움이나 공포로 갑자기 생기는 심리적 불안 상태. ¶밀려서 사이렌이 울리자 그들은 덫에라도 갇힌 듯 일시에 거대한 공황 속에 빠져 버린 것이었다.

공황^장애(恐慌障礙)[명구]《의학》〈우울증〉뚜렷한 근거나 이유 없이 갑자기 심한 불안과 공포를 느끼는 공황 발작이 되풀이해서 일어나는 병. 공황 발작이 일어나면 심장이 빨리 뛰고 호흡이 가빠지는 등의 증상을 보이며 곧 죽을 것 같은 두려움을 느끼게 된다.

과다^각화(過多角化)[명구]《의학》〈피부병〉각화가 심하여져 피부의 각질층이 두꺼워지는 증상.

과다^각화증(過多角化症)[명구]《의학》〈피부병〉피부의 각질층이 비정상적으로 많아져 피부 표면이 딱딱하고 두껍게 변하는 증상. 손, 발의 티눈이나 못

따위를 이른다. 〈유〉각화증(角化症)

과다^호흡^증후군(過多呼吸症候群)[명구]《의학》〈우울증〉몸 안의 이산화 탄소가 지나친 호흡 운동으로 너무 많이 밖으로 나와 숨쉬기가 곤란하여지는 증상. 신경 불안증, 히스테리와 같은 신경증이 원인이며 심하면 실신하기도 한다.

과등력(瓜藤癧)[과등녁][명]《한의》〈피부병〉피부에 솟아난 큰 결절이 목, 가슴, 겨드랑이 등으로 퍼져 가면서 생긴 나력.

과립(顆粒)[과립][명]《한의》〈피부병〉마마나 홍역 따위로 인하여 피부에 돋는 것.

과민^대장^증후군(過敏大腸症候群)[명구]《의학》〈우울증〉정신적인 스트레스로 창자의 운동이 증가하여 설사나 변비가 생기고 아랫배가 아픈 만성 질환. 〈유〉민감 잘록창자

과민성^결장(過敏性結腸)[명구]《의학》〈우울증〉정신적인 스트레스로 창자의 운동이 증가하여 설사나 변비가 생기고 아랫배가 아픈 만성 질환. 〈유〉민감 잘록창자

과산-증(過酸症)[과:산쯩][명]《의학》〈위염/위장병〉위액의 산도(酸度)가 비정상적으로 높은 병. 소화 궤양, 위염 따위가 원인으로 가슴이 쓰리고 트림이 나오며 공복(空腹) 때 위통이 있거나 구역질을 한다. 〈참〉무산증(無酸症), 저산증(低酸症)〈유〉위산과다증(胃酸過多症)

과식-증(過食症)[과:식쯩][명]《의학》〈섭식 장애〉식욕이 병적으로 높아져서 음식을 아무리 먹어도 배부르지 아니하여 지나치게 많이 먹는 증상. 지적 장애인에게서 많이 볼 수 있다. 〈유〉다식증(多食症), 대식증(大食症)

과창(瘑瘡)[과창][명]《한의》〈피부병〉1. 팔과 다리에 대칭으로 생기는 피부병. 2. → 와창

곽기(霍氣/癨氣)[곽끼][명]《한의》〈위염/위장병〉음식이 체하여 토하고 설사하는 급성 위장병. 찬물을 마시거나 몹시 화가 난 경우, 뱃멀미나 차멀미로 위

가 손상되어 일어난다.〈유〉곽란(霍亂/癨亂)

곽란(霍亂/癨亂)[광난]몡《한의》〈위염/위장병〉음식이 체하여 토하고 설사하는 급성 위장병. 찬물을 마시거나 몹시 화가 난 경우, 뱃멀미나 차멀미로 위가 손상되어 일어난다.〈유〉곽기(霍氣/癨氣), 도와리 ¶급체하여 곽란이 났다. / 여인들은 사향 같은 것을 몸에 지니고 있어 은근한 향기가 풍기도록 하였거니와, 한편으론 곽란을 일으켰을 때 구급약으로도 사용하였다.

곽란에 약 지으러 보내면 좋겠다( )속담 음식이 체하여 토하고 설사하는 시급히 조처해야 하는 상황에도 태평하게 약을 지으러 사람을 보내야겠다는 사람을 두고 미련하여 행동이 민첩하지 못함을 비꼬는 말.

곽란에 죽은 말 상판대기 같다( )속담 음식이 체하여 토하고 설사하다 죽은 말의 얼굴처럼 사람의 얼굴빛이 푸르뎅뎅하고도 검붉다는 것을 비유하여 이르는 말.

곽향^정기산(藿香正氣散)몡구《한의》〈감기 - 몸살, 세기관지염〉여름 감기에 식체(食滯)를 겸한 증상에 쓰이는 약. 곽향을 주된 재료로 하여 달여 만든다.

관절^고정(關節固定)몡구《의학》〈디스크 - 추간판탈출증〉뼈세포의 증식을 유도하여 관절 표면이 서로 융합하도록 하는, 관절의 외과적 고정 기법.〈유〉관절유합술

관절^디스크(關節disk)몡구《의학》〈디스크 - 추간판탈출증〉관절 안의 뼈 끝에 있는 판 모양의 연골. 주위 근육이나 연골에 밀착되어 있는 경우도 있다.〈유〉관절원판

관절^유합술(關節癒合術)몡구《의학》〈디스크 - 추간판탈출증〉뼈세포의 증식을 유도하여 관절 표면이 서로 융합하도록 하는, 관절의 외과적 고정 기법.〈유〉관절고정

관절-통(關節痛)[관절통]몡《의학》〈일반통증〉뼈마디가 쑤시면서 몹시 아픈 증상. ¶나이가 들면서 관절통이 심해져서 요즘은 운동도 못 하고 있습니다.

광범위^경화증(廣範圍硬化症)**명구**《의학》〈피부병〉몸의 넓은 부분의 피부가 굳어지는 병.

광선^양진(光線癢疹)**명구**《의학》〈피부병〉햇빛에 대한 비정상적인 반응으로 피부에 발생하는 가려운 발진. 주로 광선 노출부에 발생한다.

괴사(壞死)[괴:사/궤:사]**명**《의학》〈피부병〉생체 내의 조직이나 세포가 부분적으로 죽는 일. 냉, 열, 독물, 타박 및 특수한 병적 과정 따위가 원인이다.〈참〉괴저(壞疽)¶그는 괴사 현상이 발목 윗부분까지 진행돼 결국 다리를 절단하는 수술을 받아야만 했다.

괴혈-병(壞血病)[괴:혈뼝/궤:혈뼝]**명**《의학》〈치통〉비타민 C의 결핍으로 생기는 병. 기운이 없고 잇몸, 점막과 피부에서 피가 나며 빈혈을 일으키고, 심하면 심장 쇠약을 일으키기도 한다.

교모-증(咬耗症)[교모쯩]**명**《의학》〈치통〉치아 따위가 마찰에 의하여 닳아 없어지는 현상.

교액(絞扼)[교액]**명**《의학》〈일반통증〉목이 졸려 기도가 막혀 숨을 쉴 수 없는 상태.〈유〉목조름

교통(絞痛)[교통]**명**《한의》〈일반통증〉비트는 것처럼 몹시 아픈 증상.

교합^결손부^수복(咬合缺損部修復)**명구**《의학》〈치통〉평평하지 않은 치아의 가장자리나 돌출되거나 위치가 잘못된 치아의 불규칙한 면을 정비하여 맞물림을 맞추는 일.

구갈1(口渴)[구:갈]**명**〈일반통증〉목이 마름.〈유〉조갈(燥渴)¶구갈이 심하다. / 구갈을 느끼다. / 훈련 중에는 밤에도 구갈이 날 때가 많아서 물을 자주 먹었는데, 한참 추위에 수도가 꽁꽁 얼어붙었기에….

구갈2(嘔渴)[구갈]**명**《한의》〈일반통증〉욕지기와 갈증을 아울러 이르는 말.

구갈-증(口渴症)[구:갈쯩]**명**《한의》〈일반통증〉폐위(肺胃)에 열이 있거나 진액(津液)이 부족하여 입안과 목이 마르면서 갈증이 많이 나는 증상.

구갈-하다(口渴하다)[구:갈하다]**형**〈일반통증〉목이 마르다.〈유〉조갈하다

(燥渴하다)

구강-병 (口腔病)[구ː강뼝] **명** 《의학》〈치통〉이나 잇몸 같은 입안에 생긴 병.〈유〉입안병

구닉 (口䘌)[구ː닉] **명** 《한의》〈치통〉잇몸이 헐어서 피고름이 나오는 증상.

구릿대-뿌리 ( )[구리때뿌리/구릳때뿌리] **명** 《한의》〈일반통증〉감기로 인한 두통이나 요통, 비연(鼻淵) 따위에 쓰며 종기에 외과약으로도 쓰는 구릿대의 뿌리를 한방에서 약재로 이르는 말.〈유〉백지

구미 (口味)[구ː미] **명** 〈섭식 장애〉음식을 먹을 때 입에서 느끼는 맛에 대한 감각.〈유〉식미(食味), 식미감(食味感), 식욕(食慾), 입맛 ¶한국 사람의 구미에 맞는 음식. / 잘 담그고 알맞게 익은 김치는 언제 먹어도 구미를 돋운다. / 요사이에도 내가 병이 나거나 구미가 없어 식사를 못하는 때엔 집에서 정성스레 실백을 사다가 손수 죽을 쑤어 준다. / 뭐든지 구미가 당길 만한 것을 생각해 보기에 우동을 먹고 싶다고 했다. / 그가 동구까지 왔을 때 집집에서 흘러나오는 밥 잦히는 솥뚜껑 소리며 청어 굽는 내가 그의 구미를 버쩍 당기게 하였다.

구미-강활탕 (九味羌活湯)[구미강활탕] **명** 《한의》〈감기 - 몸살, 세기관지염〉감기 치료에 쓰는 탕약. 강활, 방풍 따위의 아홉 가지 약재를 넣어서 달여 만든다.〈유〉강활충화탕

구역-질 (嘔逆질)[구역찔] **명** 〈일반통증〉속이 메스꺼워 자꾸 토하려고 하는 짓.〈유〉욕지기질, 외욕질, 토역질(吐逆질) ¶그는 심한 악취를 맡자 웩웩 구역질을 시작하였다. / 이십 분쯤 지났을 때 구역질은 어느 정도 가라앉는 것 같았다.

구역질-하다 (嘔逆질하다)[구역찔하다] **동** 〈일반통증〉속이 메스꺼워 자꾸 토하려고 하다.

구연산^동 (枸櫞酸銅) **명** 《약학》〈눈병〉트라코마와 같은 눈병에 고약으로 만들어 바르는 녹색의 결정성 가루.

구음 (久瘖)[구:음]**명**《한의》〈일반통증〉만성적으로 목이 쉬거나 목소리가 나지 않는 증상.

구진 (丘疹)[구진]**명**《의학》〈피부병〉피부 표면에 돋아나는 작은 병변.

구-치감 (口齒疳)[구:치감]**명**《한의》〈치통〉감병의 하나. 잇몸이 곪고 썩어서 냄새가 나고 심하면 이가 빠진다.〈유〉치감

구혈 (嘔血)[구혈]**명**《의학》〈위염/위장병〉위나 식도 따위의 질환으로 피를 토함. 또는 그 피.〈유〉토혈(吐血)

구혈-하다 (嘔血하다)[구혈하다]**동**《의학》〈위염/위장병〉위나 식도 따위의 질환으로 피를 토하다.〈유〉토혈하다(吐血하다)

국소^경피증 (局所硬皮症)**명구**《의학》〈피부병〉피부가 국소적으로 굳게 되는 질환.

굳은-궤양 (굳은潰瘍)[구든궤양]**명**《의학》〈피부병〉매독균의 침입으로 주로 음부에 생기는 피부병 증상. 불결한 성관계로 인하여 접촉부에 아주 작은 흠집으로부터 병독이 옮아 단단하고 조그만 종기가 생겼다가 차차 헐게 된다.〈참〉무른궤양(무른潰瘍)

굴절률^근시 (屈折率近視)**명구**《의학》〈눈병〉수정체핵 경화에서 나타나듯이 렌즈 굴절력의 증가로 인하여 생긴 근시.

굴절성^근시 (屈折性近視)**명구**《의학》〈눈병〉각막이나 수정체가 빛을 굴절하는 힘이 강하여 생기는 근시.〈참〉축성근시(軸性近視)

궁소-산 (芎蘇散)[궁소산]**명**《한의》〈감기 - 몸살, 세기관지염〉임신부의 감기에 쓰는 탕약. 천궁(川芎)과 소엽(蘇葉) 따위를 넣어서 달여 만든다.

궐-두통 (厥頭痛)[궐두통]**명**《한의》〈일반통증〉찬 기운이 뇌에까지 미쳐 두통과 치통이 함께 나타나는 증상.〈유〉궐역 두통((厥逆頭痛)

궐-심통 (厥心痛)[궐씸통]**명**《한의》〈일반통증〉사기(邪氣)가 심장을 둘러싸고 있는 막과 거기에 붙어 있는 낙맥(絡脈)을 침범하여 생긴 병. 심장이 바늘로 찌르는 것 같고 등까지 아프다.¶한의학에서는 현대 협심증과 유사한 증상

으로 '흉비(胸痞)', '심통(心痛)', '궐심통(厥心痛)'이 있다.

궐역^두통(厥逆頭痛)[명구]《한의》〈두통〉찬 기운이 뇌에까지 미쳐 두통과 치통이 함께 나타나는 증상.〈유〉궐두통

궤양(潰瘍)[궤:양][명]《의학》〈피부병〉피부 또는 점막에 상처가 생기고 헐어서 출혈하기 쉬운 상태. 치유되어도 대부분 흉터가 남는다.〈참〉농양(膿瘍)

궤양성^구내염(潰瘍性口內炎)[명구]《의학》〈치통〉입안 점막에 궤양이 생기는 병. 영양이 부족하고 입안이 깨끗하지 않을 때 나타나는데 잇몸의 점막이 헐고 열이 나며 냄새가 심하게 난다.〈유〉궤양성 입안염

궤양^입안염(潰瘍입안炎)[명구]《의학》〈치통〉입안 점막에 궤양이 생기는 병. 영양이 부족하고 입안이 깨끗하지 않을 때 나타나는데 잇몸의 점막이 헐고 열이 나며 냄새가 심하게 난다.〈유〉궤양성 구내염

귀-앓이( )[귀아리][명]〈일반통증〉귓속이 곪아 앓는 병. 또는 그런 증상.〈유〉귀통증 ¶귀앓이를 앓다.

귀-통증(귀痛症)[귀통쯩][명]《의학》〈일반통증〉귓속이 곪아 앓는 병. 또는 그런 증상.〈유〉귀앓이, 이통(耳痛) ¶코로나19 감염의 증상으로 심한 인후통이나 코막힘을 호소하는 아이들이 많으며, 귀통증은 코막힘과 연관되는 경우가 흔하다.

귤피-차(橘皮차)[귤피차][명]〈일반통증〉감기, 발한, 설사, 두통 따위에 쓰는, 말린 귤껍질을 넣어 달인 차.

그닐-거리다( )[그닐거리다][동]〈일반통증〉(몸이나 그 일부가) 살갗이 근지럽고 저린 느낌이 자꾸 나다.〈유〉그닐그닐하다, 그닐대다 〈참〉가닐가닐하다 ¶손가락이 벌레에 물린 듯 그닐거렸다.

그닐그닐-하다( )[그닐그닐하다][동]〈일반통증〉(몸이나 그 일부가) 살갗이 근지럽고 저린 느낌이 자꾸 나다.〈유〉그닐거리다, 그닐대다 〈참〉가닐가닐하다

그닐-대다( )[그닐대다][동]〈일반통증〉(몸이나 그 일부가) 살갗이 근지럽고 저

린 느낌이 자꾸 나다.〈유〉그닐거리다, 그닐그닐하다〈참〉가닐대다

그리세오풀빈(griseofulvin)몡《약학》〈피부병〉피부 사상균(絲狀菌)의 감염 질
환에 효과가 커 무좀 치료에 쓰는 것이다. 페니실륨속(penicillium屬)에서
추출한 항생 물질. 진균의 발육을 억제하는 정균(靜菌) 작용으로 치료 효과
가 있다.

극단적 다이어트( )몡구〈섭식장애〉지나치게 심각한 방법으로 체중 감량을 하
는 일. 무리한 단식이나 약물 복용, 반복적인 지방 제거 수술 등의 방법으로
체중 감량을 시도하는 경우를 말한다. ¶극단적 다이어트로 심각한 후유증
을 앓게 되었다. / 한 가지 음식만 먹으며 체중을 줄여 보겠다는 것도 극단
적 다이어트에 속합니다.

극통(極痛/劇痛)[극통]몡〈일반통증〉매우 심한 아픔이나 고통. ¶기절 직전
의 극통이 온몸을 휩쓸고 지나갔다.

근관^충전(根管充塡)몡구《의학》〈치통〉이에 치수염이나 치근막염이 생겼을
때 근관이나 이촉 끝부분을 치료하고 충전재로 메우는 일.

근관^치료학(根管治療學)몡구《의학》〈치통〉치수에 생기는 병의 원인, 진단,
예방 및 치료를 취급하는 치의학의 한 분야.

근근-하다( )[근근하다]혱〈일반통증〉(몸이나 피부가) 좀 아픈 듯하면서도 가
려운 느낌이 있다. ¶피부병이 났던 자리가 건조하고 근근하네요. / 부스럼
자리가 근근하면서 좀 쑤신다.

근막^동통^증후군(筋膜疼痛症候群)몡구《의학》〈일반통증〉근육의 탄력성이
떨어져 수축된 상태가 지속되어 통증을 느끼게 되는 가장 일반적인 만성 근
육 장애. 근육이 수축된 상태가 지속되면 근육 내 신경이 눌리고 혈관이 압
박되어 근육 내에서 생긴 통증 물질이 배출되지 못하고 근육 내에 축적된
다. 그러면 근육이 부착된 골막이 자극을 받아 통증이 유발된다.〈유〉근막
통증 증후군(筋膜痛症症候群), 근막통 증후군(筋膜痛症候群)

근시^교정^수술(近視矯正手術)몡구《의학》〈눈병〉근시를 바로 잡기 위해 하

는 수술. 라식, 라섹, 안내렌즈삽입술 등이 있다. 〈유〉근시교정술

근시^난시 (近視亂視)〔명구〕《의학》〈눈병〉굴절 검사 시 난시가 있는 축이 근시이고, 해당 축에 90도 대응되는 축은 굴절 오차가 없는 난시인 상태.

근시-안 (近視眼)〔명〕《의학》〈눈병〉시력이 약하여 가까운 데 있는 것은 잘 보아도 먼데 있는 것은 잘 보지 못하는 눈. 굴절성과 축성(軸性)의 두 종류가 있다.〈유〉졸보기눈〈참〉원시안(遠視眼)¶근시안에는 안경이란 것이 있어서 시력의 약점은 어느 정도 조절해 준다.

근시-자 (近視者)〔근ː시자〕〔명〕《의학》〈눈병〉근시 때문에 일상생활이 힘든 사람.

근시^코누스 (近視conus)〔명구〕《의학》〈눈병〉맥락막의 위축에 의하여 눈의 기저부에 생기는 회색빛 조각.

근시^환자 (近視患者)〔명구〕《의학》〈눈병〉근시 때문에 일상생활이 힘든 사람.

근실-거리다 ( )〔근실거리다〕〔동〕〈일반통증〉(사람이나 그 몸이) 가려운 느낌이 자꾸 나다.〈유〉근실근실하다, 근실대다 ¶벌레가 기어가는 것처럼 몸이 자꾸 근실거린다.

근실근실-하다 ( )〔근실근실하다〕〔동〕〈일반통증〉(사람이나 그 몸이) 가려운 느낌이 자꾸 나다.〈유〉근실거리다, 근실대다 ¶송충이들이 무리 지어 기어가는 것을 보고 있으면 온몸이 근실근실하여 기분이 나쁘다.

근실-대다 ( )〔근실대다〕〔동〕〈일반통증〉(사람이나 그 몸이) 가려운 느낌이 자꾸 나다.〈유〉근실거리다, 근실근실하다

근육^통증 (筋肉痛症)〔그뉵통쯩〕〔명구〕《의학》〈일반통증〉근육이 쑤시고 아픈 증상.〈유〉근육통(筋肉痛), 근통(筋痛), 살몸살

근육^수축^두통 (筋肉收縮頭痛)〔명구〕《의학》〈두통〉스트레스를 많이 받아 목덜미와 근육이 수축하거나 단단하여져서 생기는 두통.

근육-통 (筋肉痛)〔그뉵통〕〔명〕《의학》〈일반통증〉근육이 쑤시고 아픈 증상.〈유〉근통(筋痛), 살몸살 ¶근육에 피로 물질이 축적되면 근육통이 생긴다. / 운

동을 심하게 했더니 온몸에 근육통이 생겼어. / 몸살감기로 인해 뼈마디가 쑤실 정도로 근육통이 심해졌다.

근전도^검사(筋電圖檢査)圓구《의학》〈디스크 - 추간판탈출증〉골격근에 침 전극을 찌르거나 표면 전극을 이용하여 근육의 전기적 활동을 기록하는 검사 방법. 신경이나 근육병을 진단하는 보조 검사법 가운데 하나이다. 〈유〉근전도검사법

근전도^검사법(筋電圖檢査法)圓구《의학》〈디스크 - 추간판탈출증〉골격근에 침 전극을 찌르거나 표면 전극을 이용하여 근육의 전기적 활동을 기록하는 검사 방법. 신경이나 근육병을 진단하는 보조 검사법 가운데 하나이다. 〈유〉근전도검사법

근지럽다( )[근지럽따]圓〈일반통증〉(몸이) 무언가 닿아 스치는 것처럼 가려운 느낌이 있다. 〈참〉간지럽다 ¶몸이 너무 근지러워서 목욕을 좀 해야겠다.

근질-거리다( )[근질거리다]圓〈일반통증〉(몸이나 그 일부가) 부드러운 물체가 닿을 때처럼 저릿저릿한 느낌이 자꾸 들다. 〈유〉근질근질하다, 근질대다 〈참〉간질거리다

근질근질-하다( )[근질근질하다]圓圓〈일반통증〉(몸이) 자꾸 가려운 느낌이 들다. / (몸이) 매우 가렵다. 〈유〉근질거리다, 근질대다 ¶왜 이리 등이 근질근질하는지 모르겠네. / 가을이 되니 피부가 건조해서 몸이 근질근질하다.

근질-대다( )[근질대다]圓〈일반통증〉(몸이나 그 일부가) 부드러운 물체가 닿을 때처럼 저릿저릿한 느낌이 자꾸 들다. 〈유〉근질거리다, 근질근질하다 〈참〉간질대다

근통(筋痛)[근통]圓《의학》〈일반통증〉근육이 쑤시고 아픈 증상. 심한 운동 뒤나, 각종 근염에 의한 충혈, 손상 따위가 원인이다. 〈유〉근육통 ¶무리하게 마라톤을 완주한 후 근통이 생겼다.

금즙(金汁)[금즙]圓《한의》〈감기 - 몸살, 세기관지염〉해수(咳嗽)와 감기 따

위에 쓰는 탕약. 사람의 똥과 쌀겨, 그리고 감초 가루 따위를 넣어서 만든
다. 〈유〉분청, 인중황, 황룡탕

급감(急疳)[급깜]圐《한의》〈감기 - 몸살, 세기관지염〉어린아이에게 생기는
병의 하나. 한열(寒熱)이 교대로 일어나며, 잇몸은 헐고 손발은 차다. 선천
적으로 원기가 허약한 데다 음식 조절에 실패하거나 병을 앓은 후에 진액이
손상되어 생긴다.

급경련-통(急痙攣痛)[급껑년통]圐《의학》〈일반통증〉배가 꽉꽉 쑤시는 듯이
심하게 아픈 것이 간격을 두고 되풀이하여 일어나는 증상. 배 부위 내장의
여러 질환에 따르는 증후로 대개 콩팥돌증, 창자막힘증 따위의 경우에 나타
난다. ¶급경련통은 속이 빈 모양의 내장기관, 즉 소장, 대장, 요관, 자궁, 나
팔관 등이 비정상적으로 수축할 때 나타나며 심하게 쥐어짜는 듯한 통증이
온다.

급성^괴사^궤양^잇몸염(急性壞死潰瘍잇몸炎)圐구《의학》〈치통〉청년기나 중
년기의 성인에게서 급성으로 발병하는 괴사 궤양 잇몸염. 치아 사이의 잇몸
에 궤양이 생기며, 잇몸 홍반, 통증, 악취 따위가 유발된다. 구강 미생물의
감염과 관계가 있다.

급성^누선염(急性淚腺炎)圐구《의학》〈눈병〉눈물샘에 생기는 급성염증. 유행
성감기·성홍열·관절류머티즘·귀밑샘염 따위의 전염병을 앓은 뒤 발생하
는데, 위눈꺼풀을 뒤집어 보면 결막밑에 눈물샘이 비대해진 것을 볼 수 있
다. 〈유〉급성눈물샘염

급성^눈물샘염(急性눈물샘炎)圐구《의학》〈눈병〉눈물샘에 생기는 급성 염증.
유행성감기·성홍열·관절류머티즘·귀밑샘염 따위의 전염병을 앓은 뒤 발
생하는데, 위눈꺼풀을 뒤집어 보면 결막밑에 눈물샘이 비대해진 것을 볼 수
있다. 〈유〉급성누선염

급성^위염(急性胃炎)圐구《의학》〈위염/위장병〉위 점막에 급성으로 염증이
생기는 병. 변질된 음식물이나 자극성이 많은 음식물을 먹었을 때 흔히 생

기는 것으로, 메스껍거나 토하며 윗배가 불쾌하고 아프다.

급성^출혈성^결막염(急性出血性結膜炎)〔명구〕《의학》〈눈병〉결막의 심한 충혈과 출혈 또는 눈의 통증을 동반하고 증상이 급격하게 진행되는 눈병. 24시간의 잠복기를 거치며 약 일주일이면 자연히 나으나, 전염성이 강하다. 1969년에 미국의 달 탐험 로켓인 아폴로 십일호가 달에 착륙한 해에 전 세계에 유행하였다고 하여 '아폴로눈병'이라고도 이른다.

급통(急痛)〔급통〕〔명〕《한의》〈일반통증〉1. 죄어들거나 켕기면서 아픔. 2. 갑자기 몹시 아픔. ¶항암치료는 불을 통과하는 극통(極痛)이었다.

급-후비(急喉痺)〔그푸비〕〔명〕《한의》〈일반통증〉갑자기 목구멍이 붓고 아픈 증세.〈유〉졸후비

기갈-통(飢渴痛)〔기갈통〕〔명〕《의학》〈일반통증〉'빈속 통증'의 전 용어.

기도^감염(氣道感染)〔명구〕《보건 일반》〈감기 - 몸살, 세기관지염〉기침·재채기·이야기 따위를 할 때 병원체가 침이나 가래와 섞여 공기 중에 날아 흩어져, 이것을 마신 사람의 코나 인두 따위의 상기도 점막이 감염되는 일. 홍역, 백일해, 유행성 감기, 디프테리아 따위가 이에 속한다.〈참〉비말 감염

기면성^뇌염(嗜眠性腦炎)〔명구〕《의학》〈두통〉열이 몹시 오르며 두통, 전신 권태, 구토, 운동 마비 따위가 일어나고 하루 종일 잠들어 있는 상태에 있는 뇌염.〈유〉졸림뇌염

기분(氣奔)〔기분〕〔명〕《한의》〈피부병〉온몸의 살갗이 몹시 가렵고 긁으면 피가 나는 피부병.

기분-병(氣分病)〔기분뼝〕〔명〕《의학》〈우울증〉들뜸증이나 우울 증상과 같이 기분의 이상을 보이는 정신 장애.

기분^부전^장애(氣分不全障礙)〔명구〕《심리》〈우울증〉마음이 편하지 아니하고 근심이 지속되는 심리 상태. ¶○○ 씨는 고민 끝에 병원을 찾았고, '기분 부전 장애'라는 진단을 받았다. / 기분 부전 장애는 증세는 약하지만 아주 장기간 지속된다.

기분^장애(氣分障礙)**명구**《심리》〈우울증〉스스로의 기분이나 감정을 잘 조절하지 못하여 비정상적인 정서 상태가 지속되는 장애. ¶이 삽화들은 다양한 기분 장애를 진단하기 위한 기초 자료를 제공한다. / 에이디에이치디 아동들이 가장 많이 경험하는 기분 장애에는 불쾌 기분 장애, 우울증, 조울증 등이 있다.

기분^저하^장애(氣分低下障礙)**명구**《의학》〈우울증〉정신적인 소침 또는 지적인 이상.〈유〉기분저하증

기분^저하증(氣分低下症)**명구**《의학》〈우울증〉정신적인 '소침' 또는 지적인 이상.〈유〉감정감퇴증, 기분저하장애

기분^전환병(氣分轉換病)**명구**《의학》〈우울증〉일상생활에서 가벼운 우울증 혹은 흥미의 상실이 특징인 기분의 만성적 장애.

기분^침체(氣分沈滯)**명구**《심리》〈우울증〉정서의 상태가 정상에 비해 가라앉아 있는 상태.〈유〉정서감퇴

기불능식(飢不能食)[기불릉식]**명**《한의》〈위염/위장병〉위에 허열이 있거나 하여 배고파하면서도 음식을 먹으려 하지 아니하거나 먹지 못하는 증상.

기비(肌痹)[기비]**명**《한의》〈일반통증〉살가죽의 감각이 마비되고 저리거나 아픈 증상이 있는 병.

기생성^배밀이^발진(寄生性배밀이發疹)**명구**《의학》〈피부병〉백선균 때문에 일어나는 전염 피부병을 통틀어 이르는 말. 피부가 벗겨져 떨어지는 증상을 보인다.

기심-통(氣心痛)[기심통]**명**《한의》〈일반통증〉가슴속에 기(氣)가 몰려서 찌르는 듯이 아프거나 아픈 곳을 누르면 통증이 덜해지고 맥(脈)이 힘이 없는 병증.

기아^부종(飢餓浮腫)**명구**《의학》〈내과〉오랫동안에 걸친 영양실조로 몸이 붓는 증상. 혈액 중의 단백질이 줄어드는 저단백 혈증이 주요 원인이다.〈유〉기아 부기

기역(氣逆)[기역][명]《한의》〈일반통증〉기운이 위로 치미는 병리 현상. 가슴이 답답하고 손발이 차고 머리가 아프며 어지럽고 목이 마르는 증상이 나타난다.

기-요통(氣腰痛)[기요통][명]《한의》〈일반통증〉정신적인 원인으로 기혈이 잘 돌지 못하여 허리가 아픈 병. ¶기요통의 치료는 정신적 안정, 기혈 순화 개선 및 허리 강화가 기존 치료에 앞서 이루어져야 한다.

기운( )[기운][명]〈감기 - 몸살, 세기관지염〉감기나 몸살 따위가 걸린 것을 알 수 있게 하는 초기 증상. ¶어제부터 감기 기운이 있는지 자꾸만 으슬으슬 춥다. / 몸살 기운이 있어서 오늘은 좀 쉬어야 되겠어.

기질^기분^증후군(基質氣分症候群)[명구]《의학》〈우울증〉우울이나 들뜬 기분 가운데 하나가 특징으로 기질 요인에 의해 일어나는 증후군.

기체(氣滯)[기체][명]《한의》〈일반통증〉체내의 기(氣) 운행이 순조롭지 못하여 어느 한곳에 정체되어 막히는 병리 현상. 또는 그로 인하여 나타나는 증상. 배가 더부룩하거나 통증이 있다.〈유〉기통(氣痛)

기침( )[기침][명]《의학》〈감기 - 몸살, 세기관지염〉기도의 점막이 자극을 받아 갑자기 숨소리를 터트려 내는 일. 목감기의 주된 증상 가운데 하나로, 마른기침과 젖은기침의 두 가지가 있다. ¶심한 기침. / 기침을 삼키다. / 기침이 멎다.

기침-감기(기침感氣)[기침감기][명]《의학》〈감기 - 몸살, 세기관지염〉기침이 나오는 증상의 감기. ¶아이는 기관지가 약한지 기침감기로 사흘이 멀다 하고 병원을 드나들었다.

기침에 재채기( )[속담]1. 어려운 일이 공교롭게 계속됨을 비유적으로 이르는 말. / 2. 일마다 공교롭게도 방해가 끼어 낭패를 보게 됨을 비유적으로 이르는 말.〈유〉고비에 인삼 / 눈 위에 서리 친다 / 마디에 옹이 / 얼어 죽고 데어 죽는다 / 옹이에 마디 / 하품에 딸꾹질 / 하품에 폐기.

기침-하다( )[기침하다][동]《의학》〈감기 - 몸살, 세기관지염〉기도의 점막이 자극을 받아 갑자기 숨소리를 터트려 내다. 목감기의 주된 증상 가운데 하나로, 마른기침을 하는 경우와 젖은기침을 하는 경우 두 가지가 있다. ¶다른 사람들이 앞에 있어서 입을 가리고 기침했다. / 미현이가 기침을 심하게 하는데 기침할 적마다 가슴에서 쉭쉭 끓는 듯한 소리가 났다.

기통(氣痛)[기통-]**명**《한의》〈일반통증〉체내의 기(氣) 운행이 순조롭지 못하여 어느 한곳에 정체되어 막히는 병리 현상. 또는 그로 인하여 나타나는 증상. 배가 더부룩하거나 통증이 있다.〈유〉기체(氣滯) ¶기통이 발생하는 원인으로는 정신적인 스트레스 이외에도 잘못된 생활습관, 기후나 환경적인 문제 등을 들 수 있다.

기혈 응체 비통(氣血凝滯臂痛)**명구**《한의》〈일반통증〉기체(氣滯), 혈어(血瘀)로 팔이 아픈 증상. 앉거나 누워 있을 때 풍습(風濕)이 경락을 침습해 혈이 응결(凝結)하고 기가 몰리거나 잘 때 팔이 밖으로 나와 한사(寒邪)의 침습을 받거나 노화(怒火)로 일어난다. 흔히 갱년기의 여성들에게 많아 오십견(五十肩)이라고도 한다.

긴급^반응(緊急反應)**명구**《의학》〈우울증〉각종 스트레스에 대하여 교감 신경 계통이 긴장하거나 부신 속질에서 아드레날린의 분비가 일어나는 반응. 놀라거나 성내거나 그 밖의 신체적 비상 자극에 의하여 일어난다.

까진^위염(까진胃炎)**명구**《의학》〈위염/위장병〉위 근육층의 관통 없이 압력이나 마찰로 벗겨지는 것 같은 얕은 궤양의 위염.〈유〉미란위염(靡爛胃炎)(동의어), 미란성위염(糜爛性胃炎)(동의어)

깔끄럽다( )[껄끄럽따]**형**〈일반통증〉(작은 알갱이가) 살에 닿아서 자꾸 따끔거리는 듯하다.〈참〉껄끄럽다 ¶벼를 추수하고 왔더니 까끄라기가 붙어서 깔끄럽다.

깔끔-거리다( )[깔끔거리다]**통**〈일반통증〉(신체의 일부가) 매끄럽지 못한 것이 살갗에 닿아 자꾸 따끔거리다.〈유〉깔끔깔끔하다, 깔끔대다〈참〉껄끔거리다 ¶눈 안에 먼지가 들어가 깔끔거렸다.

깔끔깔끔-하다( )[깔끔깔끔하다]동〈일반통증〉(신체의 일부가) 매끄럽지 못한 것이 살갗에 닿아 자꾸 따끔거리다.〈유〉깔끔거리다, 깔끔대다〈참〉껄끔껄끔하다¶어젯밤 마신 술 때문인지 혀가 깔끔깔끔하여 밥을 제대로 먹을 수 없다.

깔끔-대다( )[깔끔대다]동〈일반통증〉(신체의 일부가) 매끄럽지 못한 것이 살갗에 닿아 자꾸 따끔거리다.〈유〉깔끔거리다, 깔끔깔끔하다〈참〉껄끔대다

깔딱-하다( )[깔따카다]형《의학》〈눈병〉1. 눈꺼풀이 힘없이 열려 있고 눈알이 폭 들어가 있다. 2. 조금 얼이 빠져 있다.〈유〉껄떡하다¶너 왜 벌써 일어났니? 눈이 깔딱하구나. 어디가 아프냐?

깜박-막(깜박膜)[깜방막]명《의학》〈눈병〉눈의 각막을 보호하는 얇고 투명한 막. 상하의 눈꺼풀 사이를 신축(伸縮)하여 눈알을 덮고 있는데, 일부 어류, 조류, 파충류, 무미(無尾) 양서류에 잘 발달되어 있으며 포유류에는 흔적만 남아 있다.〈유〉순막

껄끄럽다( )[깔끄럽따]형〈일반통증〉(작은 알갱이가) 살에 닿거나 붙어서 신경이 쓰이게 자꾸 뜨끔거리는 듯하다.〈참〉깔끄럽다

껄끔-거리다( )[껄끔거리다]동〈일반통증〉(신체의 일부가) 거칠거나 날카로운 것이 살갗에 닿아 자꾸 뜨끔거리다.〈유〉껄끔껄끔하다, 껄끔대다〈참〉깔끔거리다

껄끔껄끔-하다( )[껄끔껄끔하다]동〈일반통증〉(신체의 일부가) 거칠거나 날카로운 것이 살갗에 닿아 자꾸 뜨끔거리다.〈유〉껄끔거리다, 껄끔대다〈참〉깔끔깔끔하다

껄끔-대다( )[껄끔대다]동〈일반통증〉(신체의 일부가) 거칠거나 날카로운 것이 살갗에 닿아 자꾸 뜨끔거리다.〈유〉껄끔거리다, 껄끔껄끔하다〈참〉깔끔대다

껄떡-하다( )[껄떠카다]형《의학》〈눈병〉1. 눈꺼풀이 힘없이 열려 있고 눈알이 폭 들어가 있다. 2. 몹시 얼이 빠져 있다.〈참〉갈딱하다

꺽-꺽( )[꺽꺽]**부**〈일반통증〉1. 트림 따위를 자꾸 거칠게 하는 소리. ¶꺽꺽 딸
꾹질을 삼키다. / 커피색으로 갈라진 목덜미에 강물을 적셔 짠 수건을 걸쳐
놓고 꺽꺽 트림을 하고 있었다. 2. 흐느껴 울거나, 억제하며 웃어 잇따라 목
이 멜 때 나는 소리. ¶그 여자가 얼마나 서러웠으면 꺽꺽 소리를 내며 흐느
꼈을 것인가. / 노 하사는 요철이 심한 안면에 주름살을 가득 잡고 개고기에
시선을 준 채 꺽꺽 웃었다.

꺽꺽-거리다( )[꺽꺽꺼리다]**동**〈일반통증〉1. 트림 따위를 거칠게 하는 소리가
자꾸 나다. 2. 흐느껴 울거나, 억제하며 웃어 목이 멜 때 나는 소리가 잇따라
나다.

꺽꺽-대다( )[꺽꺽때다]**동**〈일반통증〉1. 트림 따위를 거칠게 하는 소리가 자
꾸 나다. ¶그는 꺽꺽대더니 결국 먹은 것을 모두 토했다. 2. 흐느껴 울거나,
억제하며 웃어 목이 멜 때 나는 소리가 잇따라 나다.

꺽꺽-하다( )[꺽끄카다]**동**〈일반통증〉1. 트림 따위를 자꾸 거칠게 하는 소리
가 나다. ¶오 선생은 막걸리에 취해 꺽꺽하며 연방 트림을 하고 있다. 2. 흐
느껴 울거나, 억제하며 웃어 잇따라 목이 멜 때 나는 소리가 나다. ¶얼마든
지 마냥 울 수 있는 그 설움이 남의 이목에 걸리어 겨우 목젖 밑에서만 꺽꺽
하도록 만들어 놓았다.

끓다( )**동구**〈일반통증〉1. 소화가 안 되거나 아파 배 속에서 소리가 나다. ¶배
속이 끓다 / 속에서 부글부글 끓는 소리가 나더니 설사를 하기 시작하였다.
2. 가래가 목구멍에 붙어서 숨 쉬는 대로 소리가 나다. ¶가래 끓는 소리 /
어린 손자는 목에서 늘 가래가 끓고 기침이 끊이지 않았다.

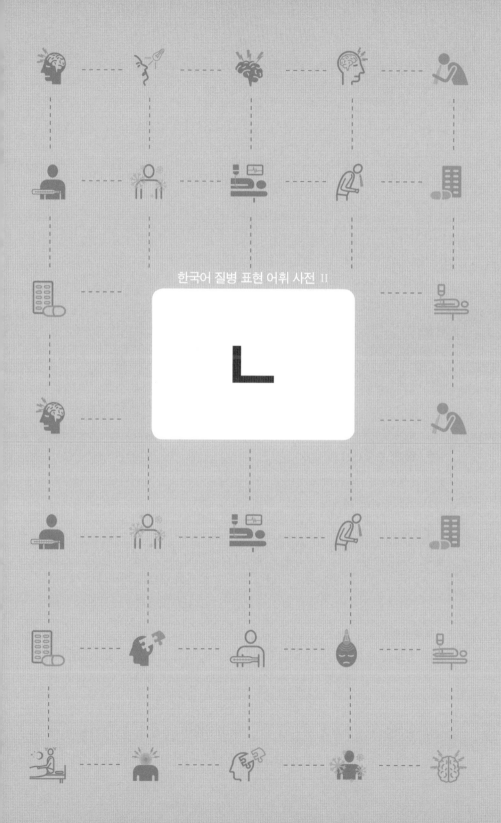

한국어 질병 표현 어휘 사전 II

ㄴ

나-가다( )[나가다]**동**〈감기 - 몸살, 세기관지염〉감기 따위의 병이 낫다. ¶한 번 든 감기가 겨우내 나가지 않아 고생을 했다.

나다( )[나다]**동**〈일반통증〉병 따위가 발생하다.〈참〉내다 ¶탈이 나다. / 몸 살이 나다. / 현기증이 나다.

나-두창(癩頭瘡)[나:두창]**명**《한의》〈피부병〉위장 계통의 열 때문에 머리에 나는 부스럼. 모양이 나병과 비슷하다.〈유〉백독두창(白禿頭瘡)

나프록센(naproxen)**명**《약학》〈두통〉류머티즘성 관절염이나 편두통 따위에 사용하는 소염 진통제.

낙침(落枕)[낙침]**명**《한의》〈일반통증〉목이 아파서 잘 놀리지 못하는 증 상.〈유〉실경, 실침

난시(亂視)[난:시]**명**《의학》〈눈병〉안구의 굴절 이상으로 인해 물체를 명확 히 볼 수 없는 상태.〈유〉어릿보기 ¶그는 워낙 시력이 안 좋은 데다 난시까 지 겹쳐 안경을 벗고는 아무 일도 못했다.

날문^경련^수축(날門痙攣收縮)**명구**《의학》〈위염/위장병〉위의 날문부분에 기질적 질병이 없는데도 경련성 수축을 일으켜 구토가 일어나는 병. 어린아 이에게 많으며 위궤양 따위와 함께 나타난다.〈유〉날문경련수축증(날門痙 攣收縮症)

날문^경련^수축증(날門痙攣收縮症)**명구**《의학》〈위염/위장병〉위의 날문부분 에 기질적 질병이 없는데도 경련성 수축을 일으켜 구토가 일어나는 병. 어 린아이에게 많으며 위궤양 따위와 함께 나타난다.〈유〉날문경련수축(날門 痙攣收縮)

날문^협착(날門狹窄)**명구**《의학》〈위염/위장병〉위의 날문부분 내강(內腔)이 좁아져서 위의 내용물이 잘 지나가지 못하게 된 상태. 위궤양·암 따위일 때 많이 나타나며, 선천성인 경우도 있다.〈유〉유문협착(幽門狹窄)

날문^협착증(날門狹窄症)**명구**《의학》〈위염/위장병〉위장 끝 쪽의 날문이 아 주 좁아져서, 위가 내용물을 샘창자로 보내기 위하여 수축함으로써 위벽이

굳어진 상태.

날부핀 (nalbuphine)몡《약학》〈두통〉아편계 진통제의 하나. 모르핀과 거의 비슷한 진통 작용과 호흡 억제 작용이 있어, 외과 마취의 보조제로 수술 전이나 분만 중에 사용된다. 부작용으로 땀이 나거나 두통 따위가 나타나기도 한다.

남실 (藍實)[남실]몡《한의》〈일반통증〉열독으로 인한 발진이나 목이 아픈 데에 쓰는 쪽의 씨를 한방에서 이르는 말.

납매 (納呆)[남매]몡《한의》〈위염/위장병〉위가 음식을 잘 받아들이지 못하는 증상. 소화가 잘되지 않고 입맛이 없어진다.〈유〉위매(胃呆)

납작각막-증 (납작角膜症)[납짝깡막쯩]몡《의학》〈눈병〉각막의 만곡호가 정상보다 더 평평해져 원시의 시력을 나타내는 선천적 이상 증상.

낭루 (狼瘻)[낭:누]몡《한의》〈피부병〉피부에 잔구멍이 생기어 고름이 나는 부스럼. 흔히 목덜미, 겨드랑이의 사이에 발생하는데, 치료 시기를 놓치면 한열(寒熱)이 나기도 한다.〈유〉감루(疳瘻)

낭창 (狼瘡)[낭:창]몡《의학》〈피부병〉결핵성 피부병의 하나. 허약한 소년에게 많이 나타나는 병으로, 얼굴 특히 코를 중심으로 좌우에 대칭으로 생긴다. 몸통·목·사지(四肢)에도 발생하는데, 결절(結節)·궤양(潰瘍)·흉터 따위의 특이한 변화가 나타난다.

낭탕-근 (莨菪根)[낭:탕근]몡《한의》〈위염/위장병〉신경통, 위·샘창자 궤양 따위에 약으로 쓰는 미치광이풀의 뿌리를 한방에서 이르는 말. 독성이 강하므로 조금씩 주의해서 사용해야 한다.

낭탕-자 (莨菪子)[낭:탕자]몡《한의》〈치통〉치통 및 외과의 마취제로 쓰며, (독성이 강한) 미치광이풀의 씨를 한방에서 이르는 말.〈유〉천선자(天仙子)

낭포^황반^부종 (囊胞黃斑浮腫)몡《의학》〈눈병〉눈의 '뒤극' 부위에 해당하는 중심 감각 망막의 부종. 모세혈관의 투과성 이상으로 발생한다.

내-감창 (內疳瘡)[내:감창]몡《한의》〈피부병〉위 기능의 장애로 입안 윗잇몸에 나는 부스럼.

내려-가다 ( )⑧〈일반통증〉음식물이 소화되다. ¶점심 먹은 것이 아직 내려가지도 않았는데 벌써 저녁을 먹게 되었다. / 아무튼 묵은 체증이 쑥 내려가는 듯 어찌나 좋던지.

내리-깔다 ( )[내리깔다]⑧〈눈병〉1. 눈꺼풀을 내려 눈동자를 많이 덮게 하여 시선을 아래로 보내다. 2. 자리 따위를 방의 아래쪽에 깔다. ¶1친구는 눈을 내리깔고 깊은 생각에 잠겨 있었다. 1그는 아직 소년티를 못 벗어 누구와 말을 할 때도 시선을 내리깔며 귓불부터 붉혔다. 2이부자리를 따뜻한 아랫목에 내리깔았다.

내리깔-리다 ( )[내리깔리다]⑧〈눈병〉1. 눈꺼풀이 내려와 눈동자를 많이 덮어 시선이 아래로 가게 되다. 내리깔다1'의 피동사. 2. 자리 따위가 방의 아래쪽에 깔리다. 내리깔다2'의 피동사. ¶내리깔린 눈꺼풀이 파르르 떨렸다. / 환자들의 눈이 가슴츠레 내리깔리며 얼굴에 주름살이 갔다.

내리다 ( )⑧〈일반통증〉먹은 음식물 따위가 소화되다. 또는 그렇게 하다. ¶목격한 관중들은 '십년 묵은 체증이 내리다'는 말을 체감했을 것이다. / 동치미 국물을 마시자 체증이 내리는 것처럼 느껴졌다. / 체증을 내리다. / 먹은 것을 내리려면 적당한 운동을 하는 것이 좋다.

내인성^우울증 (內因性憂鬱症)㉾《의학》〈우울증〉외부적 요인 없이 발생하며 생리적 요인에 의한 것으로 생각되는 우울증.〈유〉내인우울증

내인성^정신병 (內因性精神病)㉾《의학》〈우울증〉정신탓 반응으로 생기는 정신병이나 신경증을 통틀어 이르는 말. 지능의 발육에 장애가 생기는 지적 장애, 뚜렷한 성격 변이를 나타내는 정신병질 따위가 있다.〈유〉정신탓 정신병

내인^우울증 (內因憂鬱症)㉾《의학》〈우울증〉외부적 요인 없이 발생하며 생리적 요인에 의한 것으로 생각되는 우울증.〈유〉내인성우울증

내장^탈출증 (內臟脫出症)㉾《의학》〈위염/위장병〉장기(臟器)의 일부가 원

래 있어야 할 장소에서 벗어난 상태. 복부에서는 사타구니, 허벅지, 배꼽, 가로막 따위에 생기는 경우가 있고, 복부 이외에는 척추 원반이나 뇌에서 발생할 수 있다. 〈유〉탈장, 탈장증

냄새^코염 (냄새코炎)〔명구〕《의학》〈일반통증〉코에서 악취가 나는 위축 코염. 코를 풀어도 콧속에 붙은 점액이 없어지지 않고 부스럼 딱지가 되어, 여기서 여러 가지 부패 세균이 감염하여 악취가 나오게 된다. 머리가 무거운 듯하고 코가 막히어 냄새를 못 맡으며, 코에서 피가 나기도 한다.

냅다 ( )〔냅따〕〔형〕〈일반통증〉연기로 인해 눈이나 목구멍이 쓰라린 느낌이 있다. ¶"울기는 누가 울어요. 불을 피우느라고 내워서 그랬지." 하며, 눈물을 씻고 빙긋 웃는다.

냉동^수술 (冷凍手術)〔명구〕《의학》〈피부병〉피부 질환에 사용되는 수술 방법. 병이 든 생체를 냉동하여 조직을 파괴하는 수술. 초기에는 주로 피부 질환에 사용되었으나 점차 그 부위가 확대되고 있다. 〈유〉동결수술(凍結手術)

냉방-병 (冷房病)〔냉:방뼝〕〔명〕《의학》〈감기 - 몸살, 세기관지염〉냉방으로 인하여 일어나는 병. 냉방이 된 실내와 실외의 온도 차가 심하여 인체가 잘 적응하지 못해서 발생하는 것으로, 가벼운 감기·몸살·권태 따위의 증상을 보인다. ¶여름에 냉방병으로 병원을 찾는 회사원이 늘고 있다.

냉수-마찰 (冷水摩擦)〔냉:수마찰〕〔명구〕〈감기 - 몸살, 세기관지염〉찬물에 적신 수건으로 온몸을 문지르는 건강법. 혈액 순환이 좋아져서 감기 따위를 예방하고 정신 작용을 활발하게 하는 효과가 있다. 〈참〉건포마찰 ¶웃통을 벗은 사내들은 얼음을 깨고 냉수마찰을 하고 있다.

냉-심통 (寒心痛)〔냉:심통〕〔명〕《한의》〈일반통증〉명치 부위가 은은히 아프면서 그 통증이 등에까지 뻗치고 손발이 찬 병. 〈유〉한심통(寒心痛)

너리-먹다 ( )〔동〕〈치통〉잇몸이 헐어 헤져 들어가다.

넘어-오다 ( )〔너머오다〕〔동〕〈일반통증〉(음식물이나 울음 따위가 목구멍으로) 밖으로 나오다. ¶목구멍으로 신물이 넘어왔다. / 심한 뱃멀미로 인해 먹은 것

이 모두 넘어왔다.

노년^정신병(老年精神病)〔명구〕《의학》〈우울증〉신체의 노화, 대뇌의 퇴화에서 오는 노인의 정신병. 노인성 치매, 노인 신경증 따위가 있다.

노르에피네프린^재섭취^억제제(norepinephrine再攝取抑制劑)〔명구〕《약학》〈우울증〉우울증 치료제로 활용되는 약. 신경절에서 노르에피네프린 수송체를 억제하여 노르에피네프린의 신경절 활성을 증가시킨다. 예를 들어, 아토목세틴, 마진돌 따위가 있다.

노이로제(Neurose)〔명〕《의학》〈우울증〉'신경증'의 전 용어. ¶노이로제에 걸리다.

노인^가려움증(老人가려움症)〔명구〕《의학》〈피부병〉노년층에서 피부의 건조와 관련되어 나타나는 가려움증.

녹-내장(綠內障)〔농내장〕〔명〕《의학》〈눈병〉안압이 높아져서 시각 신경 유두의 병적 변화와 시야의 결손을 가져오는 일련의 병.〈참〉백내장(白內障)

녹로-전관(轆轤轉關)〔농노전관〕〔명〕《한의》〈눈병〉눈알이 위아래 눈꺼풀 속으로 들어가 가운데로 돌아오지 못하는 병.

녹풍(綠風)〔녹풍〕〔명〕《한의》〈눈병〉눈병의 하나. 눈동자가 커지며 머리와 눈 주변이 아프고 시력장애가 온다.〈유〉녹풍

녹풍-내장(綠風內障)〔녹풍내장〕〔명〕《한의》〈눈병〉눈병의 하나. 눈동자가 커지며 머리와 눈 주변이 아프고 시력장애가 온다.〈유〉녹풍내장

농과창(膿窠瘡)〔농과창〕〔명〕《한의》〈피부병〉습진, 땀띠 따위가 세균 감염으로 곪은 것.

농창(膿瘡)〔농창〕〔명〕《의학》〈피부병〉종기 따위가 오래되어서 살 속 깊이 헐고 표면에는 고름이 고이거나 딱지가 앉는 부스럼.〈유〉고름궤양증(고름潰瘍症) ¶오장육부가 농창이 나다. / 농창이 난 버선이라 눈을 밟고 섰으니 쑤시도록 저렸다.

농태(弄胎)〔농ː태〕〔명〕《한의》〈일반통증〉해산달에 이르러 며칠 동안 진통하는

일. 또는 이미 양수가 터져 나와서 배가 아프지만 해산은 진행되지 않는
일.〈유〉농통(弄痛)

농통(弄痛)[농ː통]**명**《한의》〈일반통증〉해산달에 이르러 며칠 동안 진통하는
일. 또는 이미 양수가 터져 나와서 배가 아프지만 해산은 진행되지 않는
일.〈유〉농태(弄胎)

농포(膿疱)[농포]**명**《의학》〈피부병〉피부병에 생기는 고름집.〈유〉고름물집

농포-창(膿疱瘡)[농포창]**명**《한의》〈피부병〉피부에 작은 물집이 생겼다가 곧
속에 고름이 차는 병.

농피-증(膿皮症)[농피쯩]**명**《의학》〈피부병〉화농균이 피부에 감염되어 고름
이 생기는 병을 통틀어 이르는 말. 종기, 땀샘염, 단독(丹毒), 고름 딱지증
따위가 있다.〈유〉고름피부증(고름皮膚症)

뇌거미막-염(腦거미膜炎)[뇌거미망념/눼거미망념]**명**《의학》〈두통〉뇌의 거
미막에 생긴 비세균성 염증. 두통을 비롯한 뇌압 항진 증상과 마비 증상이
나타난다.

뇌^고름집(腦고름집)**명구**《의학》〈두통〉뇌 안의 세균, 원생동물, 진균 따위가
뇌에 감염하여 곪는 병. 가운데귀염, 코곁굴염, 기관지염, 심장 속막염으로
부터 염증이 파급되거나 머리 외상의 상처에서 세균이 감염되어 일어나며,
두통·구토·언어 상실증·의식 장애 따위의 증상이 나타난다.〈유〉뇌농양

뇌-농양(腦膿瘍)[뇌농양/눼농양]**명**《의학》〈두통〉뇌 안의 세균, 원생동물, 진
균 따위가 뇌에 감염하여 곪는 병. 가운데귀염, 코곁굴염, 기관지염, 심장
속막염으로부터 염증이 파급되거나 머리 외상의 상처에서 세균이 감염되
어 일어나며, 두통·구토·언어 상실증·의식 장애 따위의 증상이 나타난
다.〈유〉뇌 고름집

뇌동맥-경화증(腦動脈硬化症)**명구**《의학》〈두통〉뇌를 순환하는 동맥의 흐름에
장애가 있어 나타나는 증상. 건망증, 현기증, 두통, 귀울림 따위의 증상으로
시작되어, 심하면 치매가 되기도 한다.

뇌-두개(腦頭蓋)[뇌두개/눼두개]명《의학》〈두통〉뇌를 둘러싸고 있는 머리뼈 부분. 이마뼈, 마루뼈, 뒤통수뼈 등 덮개를 이루는 뼈와 관자뼈, 나비뼈, 벌집뼈 등 바닥을 이루는 뼈가 있다.〈유〉뇌머리뼈

뇌-두개골(腦頭蓋骨)[뇌두개골/눼두개골]명《의학》〈두통〉뇌를 둘러싸고 있는 머리뼈 부분. 이마뼈, 마루뼈, 뒤통수뼈 등 덮개를 이루는 뼈와 관자뼈, 나비뼈, 벌집뼈 등 바닥을 이루는 뼈가 있다.〈유〉뇌머리뼈

뇌-두통(雷頭痛)[뇌두통/눼두통]명《한의》〈일반통증〉눈병의 하나. 눈에 열독(熱毒)이 들어가 눈이 아프고 부시며 눈물이 나고 눈동자가 커졌다 작아졌다 하여 잘 보이지 않으며 두통이 심하다.

뇌막^뇌탈출증(腦膜腦脫出症)명구《의학》〈두통〉선천성 머리뼈 결손부를 통하여 뇌막, 뇌, 뇌실액(腦室液)이 두피 아래로 나온 상태.

뇌막-염(腦膜炎)[뇌망념/눼망념]명《의학》〈두통〉수막의 염증. 열이 나며, 뇌척수액의 압력이 올라가기 때문에, 심한 두통·구역질·목이 뻣뻣해지는 증상이 나타난다.〈유〉수막염 ¶뇌막염 증세. / 뇌막염을 앓다.

뇌막^자극^증상(腦膜刺戟症狀)명구《의학》〈일반통증〉수막을 자극하여 생긴 증상. 두통, 구역질, 구토를 일으키거나 목이 뻣뻣해지기도 하며, 흔히 수막염·거미막밑 출혈 때에 나타난다.

뇌-부기(腦浮氣)[뇌부기/눼부기]명《의학》〈내과〉머리의 외상이나 뇌종양으로 인하여 뇌의 세포 내용액이 늘어나 뇌의 부피가 커진 상태.〈유〉뇌부종

뇌-부종(腦浮腫)[뇌부종/눼부종]명《의학》〈내과〉머리의 외상이나 뇌종양으로 인하여 뇌의 세포 내용액이 늘어나 뇌의 부피가 커진 상태.〈유〉뇌부기

뇌^수막염(腦髓膜炎)명구《의학》〈일반통증〉뇌와 수막에 나타나는 염증.

뇌^압박증(腦壓迫症)명구《의학》〈두통〉머리 안이 좁아져서 뇌압이 높아지기 때문에 일어나는 뇌의 기능 장애. 외상에 의한 출혈, 골절, 수액(髓液)의 증가, 뇌막의 염증 따위가 주요 원인이며, 두통·구토·현기증·불면·혼수상태·하품 따위의 증상이 나타난다.

뇌압^항진(腦壓亢進)〔**명구**〕《의학》〈두통〉뇌척수 공간의 내압(內壓)이 높아지는 일. 뇌출혈, 물뇌증, 뇌종양, 수막염 따위에서 볼 수 있는데, 구토·두통·의식 장애가 있고 맥이 느려진다.

뇌압^항진^징후(腦壓亢進徵候)〔**명구**〕《의학》〈두통〉머리 안의 압력이 높아져서 생기는 증상. 두통·구역·유두의 부기 따위로, 뇌종양이나 뇌출혈 등이 있을 때 나타난다.

뇌-연화증(腦軟化症)〔뇌연화쯩/눼연화쯩〕〔**명**〕《의학》〈두통〉뇌에 혈액을 보내는 동맥이 막혀 혈액이 흐르지 못하거나 방해를 받아 그 앞쪽의 뇌 조직이 괴사(壞死)하는 병. 뇌혈전과 뇌색전이 있다.〈유〉뇌경색

뇌염(腦炎)〔뇌염/눼염〕〔**명**〕《의학》〈두통〉바이러스 감염이나 물리적·화학적 자극에 의한 뇌의 염증을 통틀어 이르는 말. 두통, 의식 장애, 경련 같은 증상을 보인다.〈참〉일본 뇌염(日本腦炎) ¶뇌염 예방 주사를 맞히다. / 뇌염에 걸리다. / 나는 선천적인 간질병 환자가 아니라 가벼운 뇌염을 앓은 후에 후유증으로 얻은 간질병 환자이다.

뇌척수막-염(腦脊髓膜炎)〔뇌척쑤망념/눼척쑤망념〕〔**명**〕《의학》〈두통〉수막의 염증. 열이 나며, 뇌척수액의 압력이 올라가기 때문에, 심한 두통·구역질·목이 뻣뻣해지는 증상이 나타난다.

뇌탈출-증(腦脫出症)〔뇌탈출쯩/눼탈출쯩〕〔**명**〕《의학》〈두통〉뇌압이 급속히 높아짐으로써 뇌 조직의 일부가 좁은 틈에 끼어들어 가 혈액 순환이나 뇌 기능이 장애를 받는 일.〈유〉뇌탈출

뇌풍(腦風)〔뇌풍/눼풍〕〔**명**〕《한의》〈신경병〉풍병(風病)의 하나. 목과 등이 시리고 뒤통수가 차서 추위를 느끼며 머리가 아프고 어지러운 신경병이다.〈유〉마풍

뇌후-종(腦後腫)〔뇌후종/눼후종〕〔**명**〕《한의》〈피부병〉뒤통수에 생긴 부스럼.

누낭-염(淚囊炎)〔누:낭념〕〔**명**〕《의학》〈눈병〉눈물주머니에 생기는 염증. 트라코마결핵, 매독 따위로 눈물길이 막혀 눈물주머니에 눈물이 괸 상태에서 세

균이 침입하여 발생한다.〈유〉눈물주머니염

누점(淚點)[누ː점]**명**《의학》〈눈병〉아래위 눈꺼풀에 있는, 눈물길의 입구가 되는 부분. 눈을 씻어내린 눈물이 잠시 괴었다가 여기를 통하여 눈물소관으로 흘러 들어간다.〈유〉눈물점

누창(漏瘡)[누ː창]**명**《한의》〈피부병〉피부에 잔구멍이 생기어 고름이 나는 부스럼. 흔히 목덜미, 겨드랑이의 사이에 발생하는데, 치료 시기를 놓치면 한열(寒熱)이 나기도 한다.〈유〉감루(疳瘻)

누풍-증(漏風症)[누ː풍쯩]**명**《한의》〈일반통증〉술을 지나치게 많이 마셔서 온몸에 늘 열과 땀이 나며, 목이 마르고 느른하여지는 병.〈유〉주풍

눈-가리개( )[눈가리개]**명**《의학》〈눈병〉눈을 가리는 물건. 잠잘 때나 눈병이 났을 때에 쓰며, 천이나 가죽 따위로 만든다.

눈꺼풀^겉말림( )**명구**《의학》〈눈병〉눈꺼풀이 뒤집혀 안구결막이 외면으로 노출된 상태. 눈을 감지 못하며 시력이 나빠진다.〈유〉안검외반

눈꺼풀^경련(눈꺼풀痙攣)**명구**《의학》〈눈병〉눈둘레근이 발작적으로 경련을 일으켜 눈꺼풀이 거의 닫히게 되는 상태.〈유〉안검경련

눈꺼풀^고름집( )**명구**《의학》〈눈병〉눈꺼풀에 생기는 급성 염증.〈유〉안검농양

눈꺼풀^속말림( )**명구**《의학》〈눈병〉눈꺼풀이 안으로 구부러져서 속눈썹이 각막을 자극하는 증상. 눈물이 나고 이물감을 느끼며 시력이 감퇴한다.〈유〉안검내반

눈꺼풀^처짐( )**명구**《의학》〈눈병〉눈꺼풀이 처져서 시야를 가리는 현상. 눈꺼풀 올림근의 기능이 떨어져서 생긴다.〈유〉안검하수

눈꺼풀틈새-축소(눈꺼풀틈새縮小)[눈꺼풀틈새축쏘]**명**《의학》〈눈병〉눈이 작고 가늘게 되는 증상. 눈꺼풀과 눈알의 유착으로 눈초리의 눈꺼풀 가장자리가 붙거나 눈꺼풀 안쪽이 쭈그러져 발생하는데, 트라코마의 후유증인 경우가 많다.〈유〉실눈증

눈꺼풀판-샘 (눈꺼풀板샘)[눈꺼풀판샘]**명**《의학》〈눈병〉눈꺼풀에서 지방을 분비하는 샘. 이곳에서 액체가 나와 눈알이나 눈꺼풀의 움직임을 매끄럽게 하는데, 막히면 다래끼가 생긴다. 독일의 해부학자 마이봄(Meibom,H)이 발견하였다. 〈유〉마이봄샘, 마이봄선

눈놀림^신경 (눈놀림神經)**명구**《의학》〈눈병〉셋째 머릿골 신경으로, 눈꺼풀과 눈알을 움직이게 하며, 동공의 크기 따위를 조절하는신경. 〈유〉동안신경

눈물샘-염 (눈물샘炎)[눈물쌤념]**명**《의학》〈눈병〉눈물샘에 생기는 염증. 〈유〉누선염

눈물-소관 (눈물小管)[눈물소관]**명**《의학》〈눈병〉눈물점에서 눈물 주머니까지 뻗은 가느다란 관으로 길이가 약 1센티미터이다. 〈유〉누소관, 소누관〈참〉코눈물관(코눈물管)

눈물-점 (눈물點)[눈물쩜]**명**《의학》〈눈병〉아래위 눈꺼풀에 있는, 눈물길의 입구가 되는 부분. 눈을 씻어내린 눈물이 잠시 괴었다가 여기를 통하여 눈물소관으로 흘러 들어간다. 〈유〉누점

눈물주머니-염 (눈물주머니炎)[눈물쭈머니염]**명**《의학》〈눈병〉눈물주머니에 생기는 염증. 트라코마 결핵, 매독 따위로 눈물길이 막혀 눈물주머니에 눈물이 괸 상태에서 세균이 침입하여 발생한다. 〈유〉누낭염

눈-부심 ( )[눈부심]**명**《의학》〈눈병〉시력이 부실하여 밝은 빛을 잘 보지 못하는 증상. 각막질환, 홍채염, 축성(軸性) 시각 신경염 따위에서 나타나는 증상으로, 눈이 부시어 눈물을 흘리며 때로는 심한 통증을 느낀다. 늑눈부심증. 의학 조명도의 분포가 고르지 않아서 대상을 잘 볼 수 없게 되거나 잠시 보지 못하게 되는 현상. 강한 빛을 보았을 때나 수정체나 유리체에 혼탁이 있을 때나 타난다. 〈유〉눈부심증

눈-신경 (눈神經)[눈신경]**명**《의학》〈눈병〉삼차 신경의 첫째 가지로 눈구멍 속의 구조와 윗눈꺼풀, 코, 이마 부위에 분포하는 가지를 내는 감각신경. 〈유〉안신경

눈알^속^이물(눈알속異物)**[명구]**《의학》〈눈병〉안구 속에 쇳가루, 탄가루, 돌가루, 유리 조각 따위가 들어가서 박힌 것. 눈이 시리고 눈물이 나오면서 아픈데, 이물이 들어가서 오래 남아 있으면 여러가지 눈병을 일으키므로 2~3일 안으로 이물을 꺼내야 한다.

눈-약(눈藥)[눈냑]**[명]**《약학》〈눈병〉눈병을 고치는 데 쓰는 약.〈유〉안약 ¶구보씨는 눈을 한번 감았다가 떴다. 좋은 눈약을 한 방울 떨어뜨린 다음처럼.

눈-연고(눈軟膏)[눈년고]**[명]**《약학》〈눈병〉눈병을 고치기 위하여 눈에 넣거나 바르는 연고.〈유〉안연고

눈확^가까움증(눈확가까움症)**[명구]**〈눈병〉눈구멍 안쪽 벽 사이의 거리가 영아는 15밀리미터 이하, 12세 어린이는 23밀리미터 이하, 성인 남자는 25밀리미터 이하인 상태. 드문 기형으로 삼각 머리증, 후각 뇌 결여증, 눈 치아 손가락 형성 이상증, 염색체 18피(p) 증후군, 13번 보통 염색체 증후군, 작은 머리증, 다운 증후군, 빈더 증후군 따위의 환자에게서 볼 수 있다. ⇒규범 표기는 '눈구멍 가까움증'이다.

눌리다( )[눌리다]**[동]**〈일반통증〉표면 전체나 부분에 힘이나 무게가 가해지다

뉘엿-거리다( )[뉘연꺼리다]**[동]**〈일반통증〉(속이) 메스꺼워 자꾸 토할 듯하다.〈유〉뉘엿대다 ¶재운은 가슴이 답답하고 뉘엿거린다며 두 손으로 가슴을 쥐어뜯었다.

뉘엿뉘엿-하다( )[뉘연뉘여타다]**[형]**〈일반통증〉(속이) 자꾸 토할 듯 메스껍다. ¶속이 몹시 뉘엿뉘엿하다.

뉘엿-대다( )[뉘엳때다]**[동]**〈일반통증〉(속이) 메스꺼워 자꾸 토할 듯하다.〈유〉뉘엿거리다

느근-거리다( )[느근거리다]**[동]**〈일반통증〉(사람이나 그 속이) 먹은 것이 잘 내려가지 않아 자꾸 느끼해지다.〈유〉느근느근하다, 느근대다 ¶나는 속이 느근거려서 버스에서 내렸다. / 어제 과식을 했더니 기름기 있는 음식은 이제 처다보기만 해도 속이 느근거린다.

느근느근-하다( )[느근느근하다]图〈일반통중〉(사람이나 그 속이) 먹은 것이 잘 내려가지 않아 자꾸 느끼해지다. ¶저녁 먹은 것이 체했는지 속이 계속 느근느근하다.

느근-대다( )[느근대다]图〈일반통중〉(사람이나 그 속이) 먹은 것이 잘 내려가지 않아 자꾸 느끼해지다.〈유〉느근거리다, 느근느근하다

느근-하다( )[느근하다]휑〈일반통중〉먹은 것이 내려가지 아니하여 속이 느끼하다.〈유〉느근거리다, 느근대다

느글-거리다( )[느글거리다]图〈일반통중〉(사람의 속이) 자꾸 메스꺼워 곧 토할 듯하다.〈유〉느글느글하다, 느글대다 ¶뚫린 구멍에다 수류탄을 까 넣어 기분 나쁜 금속성 폭음이 바위 밑을 흔들었고 들큼한 화약 냄새에 배 속이 느글거렸다.

느글느글-하다( )[느글느글하다]图휑〈일반통중〉(사람의 속이) 자꾸 메스꺼워 곧 토할 듯하다. / (사람의 속이나 기분 또는 어떤 냄새나 맛이) 먹은 것이 잘 내려가지 않아서 곧 토할 듯이 아주 메스껍다.〈유〉느글거리다, 느글대다 ¶빈속에 기름기 있는 음식을 먹었더니 뱃속이 느글느글했다. / 한동안 느글느글한 양식만 먹다 보니 김치 생각이 간절하였다.

느글-대다( )[느글대다]图〈일반통중〉(사람의 속이) 자꾸 메스꺼워 곧 토할 듯하다.〈유〉느글거리다, 느글느글하다 ¶속이 비계 덩어리를 삼킨 것처럼 느글대서 견디기 힘들었다.

느긋-거리다( )[느귿꺼리다]图〈일반통중〉(사람이) 먹은 것이 내려가지 않아 속이 자꾸 느끼하게 되다.〈유〉느긋느긋하다, 느긋대다

느긋느긋-하다( )[느귿느그타다]图휑〈일반통중〉(사람이) 먹은 것이 내려가지 않아 속이 자꾸 느끼하게 되다. / (사람의 속이) 먹은 것이 내려가지 않아 매우 느끼하다.〈유〉느긋거리다, 느긋대다

느긋-대다( )[느귿때다]图〈일반통중〉(사람이) 먹은 것이 내려가지 않아 속이 자꾸 느끼하게 되다.〈유〉느긋거리다, 느긋느긋하다

느긋-하다 ( )[느그타다]휑〈일반통증〉(사람의 속이) 먹은 것이 내려가지 않아
느끼하다.〈준〉늑하다

느끼-하다 ( )[느끼하다]휑〈일반통증〉(속이) 기름기 많은 음식을 많이 먹어서
메스껍다.¶튀김을 많이 먹었더니 속이 느끼하다.

느른-하다 ( )[느른하다]휑〈일반통증〉(사람이나 그 몸이) 피곤하여 맥이 풀리
고 몹시 기운이 없다.〈유〉따분하다, 맥없다(脈없다)¶삭신이 느른하다.

늑-하다 ( )[느카다]휑〈일반통증〉(사람의 속이) 먹은 것이 내려가지 않아 느끼
하다.〈본〉느긋하다

니글-거리다 ( )[니글거리다]동〈일반통증〉(사람의 속이) 먹은 것이 내려가지
않고 자꾸 메스꺼워 곧 토할 듯하다.〈유〉니글니글하다, 니글대다¶어제 과
음을 해서 아직도 속이 니글거린다. / 기름 냄새를 계속 맡았더니 속이 니글
거린다.

니글니글-하다 ( )[니글니글하다]동휑〈일반통증〉(사람의 속이) 먹은 것이 내
려가지 않고 자꾸 메스꺼워 곧 토할 듯하다./ (사람의 속이나 기분 또는 어떤
냄새나 맛이) 먹은 것이 잘 내려가지 않아서 곧 토할 듯이 아주 메스껍
다.〈유〉니글거리다, 니글대다¶입덧이 심한 지애는 상대방이 먹는 모습을
보니 금세 속이 니글니글했다. / 아버지는 버터 냄새가 니글니글하다며 고
개를 저으셨다.

니글-대다 ( )[니글대다]동〈일반통증〉(사람의 속이) 먹은 것이 내려가지 않고
자꾸 메스꺼워 곧 토할 듯하다.〈유〉니글거리다, 니글니글하다¶밥을 허둥
지둥 급하게 먹었더니 속이 니글대서 참을 수가 없었다.

니스타틴(nystatin)명《약학》〈피부병〉피부 진균증 치료에 효과적인 물질. 곰
팡이성 질병 치료에 쓰는 항생 물질의 하나.

니알라마이드(nialamide)명《약학》〈우울증〉우울증 치료에 쓰는 중추 흥분제.
흰 결정성 가루로 약간 쓴맛이 있다.

니코틴^중독(nicotine中毒)명구《의학》〈두통〉담배 속에 들어 있는 니코틴 때

문에 자율 신경에 장애가 일어나는 중독 증상. 급성은 메스꺼움·구토·두통·안면 창백증·식은땀·허탈, 만성은 심기 항진(心氣亢進)·동맥 경화증·기억 감퇴·소화 불량·손떨림증·정신 흥분·불면·시각 장애 따위의 증상을 나타낸다.

한국어 질병 표현 어휘 사전 II

ㄷ

다래끼 ( )[다래끼]**명**《의학》〈눈병〉속눈썹의 뿌리에 균이 들어가 눈시울이 발갛게 붓고 곪아서 생기는 작은 부스럼. 불결한 생활 환경, 만성 결막염, 편식으로 인한 영양장애, 당뇨병 따위가 원인이다. ¶다래끼가나다

다리-붕대법 (다리繃帶法)[다리붕대뻡]**명**《의학》〈일반통증〉다리에 부목이나 거즈를 대고 상처에 균이 들어가지 아니하도록 붕대로 싸거나 감는 방법.

다릿-병 (다릿病)[다릳뼝/다리뼝]**명**〈일반통증〉다리가 아픈 병.〈유〉각질 ¶어멈은 본래 어린애가 딸려서 일을 잘 못하는 데다가, 다릿병이 있어 다리를 잘 못 쓰고….

다식-증 (多食症)[다식쯩]**명**《의학》〈섭식 장애〉식욕이 병적으로 높아져서 음식을 아무리 먹어도 배부르지 아니하여 지나치게 많이 먹는 증상. 지적 장애인에게서 많이 볼 수 있다.〈유〉과식증(過食症), 대식증(大食症) ¶그녀는 정신적 스트레스로 다식증에 걸려 살이 많이 쪘다.

다이어트^장애 (diet障礙)**명구**《의학》〈섭식 장애〉과도한 식이 요법의 부작용 또는 여러 가지 생리적·정신적 원인으로 인하여 비정상적으로 음식을 섭취하는 증상. 거식증과 폭식증이 있다.〈유〉섭식장애(攝食障礙) ¶잘못된 다이어트 방법은 자신도 모르는 새 심각한 다이어트 장애로 이어진다. / 비만의 원인에 여러 가지가 있지만 가장 고치기 힘든 것이 폭식증, 다이어트 장애, 신경성 과식욕증입니다.

단귀 ( )[단귀]**명**《한의》〈감기 - 몸살, 세기관지염〉감기로 인한 두통이나 요통, 비연(鼻淵) 따위에 쓰며 종기에 외과약으로도 쓰는 구릿대의 뿌리를 한방에서 약재로 이르는 말.〈유〉백지

단독 (丹毒)[단독]**명**《한의》〈피부병〉피부의 헌데나 다친 곳으로 세균이 들어가서 열이 높아지고 얼굴이 붉어지며 붓게 되어 부기(浮氣), 동통을 일으키는 전염병.〈유〉단진(丹疹), 단표(丹熛), 적유풍(赤遊風), 풍단(風丹), 홍사창(紅絲瘡), 화단(火丹)

단순성^포진 (單純性疱疹)**명구**《의학》〈피부병〉단순성 포진 바이러스를 병원

체로 하는 물집성 피부병. 입술이나 음부에 주로 생긴다. 〈유〉단순헤르페스
(單純herpes)

단순^위염(單純胃炎)**[명구]**《의학》〈위염/위장병〉증상이 가벼운 급성 위염의
하나.

단순^헤르페스(單純herpes)**[명구]**《의학》〈피부병〉단순성 포진 바이러스를 병
원체로 하는 물집성 피부병. 입술이나 음부에 주로 생긴다. 〈유〉단순성포진
(單純性疱疹)

단진(丹疹)[단진]**[명]**《한의》〈피부병〉1. 피부의 헌데나 다친 곳으로 세균이 들
어가서 열이 높아지고 얼굴이 붉어지며 붓게 되어 부기(浮氣), 동통을 일으
키는 전염병. 2. 홍역과 단독을 아울러 이르는 말. 〈유〉단독(丹毒)

단표(丹熛)[단표]**[명]**《한의》〈피부병〉피부의 헌데나 다친 곳으로 세균이 들어
가서 열이 높아지고 얼굴이 붉어지며 붓게 되어 부기(浮氣), 동통을 일으키
는 전염병. 〈유〉단독(丹毒)

달조(獺爪)[달쪼]**[명]**《한의》〈일반통증〉객혈, 목이 쉬는 증상에 약으로 쓰는
수달의 발톱.

닳다( )[달타]**[동]**〈피부병〉피부가 얼어서 붉어지다. ¶혹한에 닳은 살.

담(痰)[담:]**[명]**《의학》〈감기 - 몸살, 세기관지염〉허파에서 후두에 이르는 사
이에서 생기는 끈끈한 분비물. 잿빛 흰색 또는 누런 녹색의 차진 풀같이 생
겼으며 기침 따위에 의해서 밖으로 나온다. 〈유〉가래

담-결석(膽結石)[담:결썩]**[명]**《의학》〈신장병〉쓸개나 쓸갯길에 생긴 돌. 〈유〉
쓸갯돌

담궐^두통(痰厥頭痛)**[명구]**《한의》〈두통〉담(痰)으로 인하여 생기는 두통. 기운
이 없고 어질어질하며 속이 메스껍다.

담-두시(淡豆豉)[담:두시]**[명]**《한의》〈감기 - 몸살, 세기관지염〉감기나 가슴이
답답한 증세에 쓰는 약. 콩을 삶아서 뽕잎 따위의 보조 약재와 더불어 발효·
가공해서 만든다.

담석(膽石)[담:석]명《의학》〈신장병〉쓸개나 쓸갯길에 생긴 돌.

담석-증(膽石症)[담:석쯩]명《의학》〈신장병〉쓸개나 온쓸개관에 돌이 생겨 일
어나는 병.〈유〉쓸갯돌증

담수1(痰祟)[담:수]명《한의》〈일반통증〉담병(痰病)의 하나. 원기가 부족하
여 보고 듣는 감각, 말, 동작 따위가 비정상적이다.

담수2(痰嗽)[담:수]명《한의》〈일반통증〉위 속에 있는 습담(濕痰)이 폐로 올
라올 때는 기침이 나고, 가래가 나올 때는 기침이 그치는 병.

담옹(痰壅)[다:몽]명《한의》〈감기 - 몸살, 세기관지염〉감기로 인하여 가래가
기관지나 허파 꽈리 내에 걸려서 나올 수 없는 병.

담울(痰鬱)[다:울]명《한의》〈우울증〉우울증의 하나. 물질대사가 안 되어 국
소(局所) 부위에 담이 몰려 생긴다.

담음^요통(痰飮腰痛)명구《한의》〈일반통증〉담음(痰飮)이 원인이 되어 허리
나 등 쪽에 체액이 저류함으로써 생기는 요통. ¶뚱뚱한 사람들이 여기저기
가 쑤시면서 허리가 아프다면 담음요통일 가능성이 높다.

답답-하다( )[답따파다]형〈일반통증〉숨이 막힐 듯이 갑갑하다. ¶소화가 되
지 않아 속이 답답하게 느껴졌다.

당나귀-기침(唐나귀기침)[당나귀기침]명《한의》〈감기 - 몸살, 세기관지염〉백
일해나 오래된 감기를 앓을 때에 자주 하는 기침. 당나귀의 울음소리와 비
슷하다고 하여 이렇게 이른다.

당뇨^망막^병증(糖尿網膜病症)[당뇨망막병증]명구《의학》〈눈병〉당뇨병 때
문에 생겨난 안저 출혈, 시력장애 따위의 증상.

대상^포진(帶狀疱疹)명구《의학》〈피부병〉몸의 좌우 한쪽 신경에 포진 바이
러스가 감염되어 일어나는 병. 몸통, 얼굴에 나타나는 경우가 많으며 지름
2~4밀리미터의 작은 물집이 붉은 반점 위에 나타난다. 띠 모양으로 발생하
고 심한 통증을 유발한다.〈유〉띠헤르페스(띠herpes)

대식-증(大食症)[대:식쯩]명《의학》〈섭식 장애〉식욕이 병적으로 높아져서

음식을 아무리 먹어도 배부르지 아니하여 지나치게 많이 먹는 증상. 지적 장애인에게서 많이 볼 수 있다.〈유〉과식증(過食症), 다식증(多食症)

더부룩-하다( )[더부루카다]**형**〈일반통증〉소화가 잘 안 되어 배 속이 거북하다. ¶이것저것 너무 많이 먹었더니 배가 더부룩하다.

덤핑^증후군(dumping症候群)**명구**《의학》〈위염/위장병〉위 절제 수술을 받은 뒤에 나타나는 수술 후유증. 위장에서 음식물을 빨리 비워 나타나는 증상으로 식후에 몸이 나른해지며 식은땀이 나고 졸음이 오며 가슴이 두근거린다.〈유〉빠른비움증후군(빠른비움症候群)

도랑이( )[도랑이]**명**〈피부병〉개의 살가죽에 생기는 옴과 비슷한 피부병.

도부타민(dobutamine)**명**《약학》〈일반통증〉심장 박동의 출력을 단기적으로 증가시키기 위하여 쓰는 교감 신경 흥분제. 부작용으로 고혈압, 협심증, 두통, 흉통 따위가 나타나기도 한다.

도선(刀癬)[도선]**명**《한의》〈피부병〉주로 큰 주름살 부위에 많이 생기는 버짐. 마치 칼로 엔 것 같은 모양이다.

도수^치료(徒手治療)**명구**《의학》〈디스크 - 추간판탈출증〉근육이나 관절 따위를 맨손으로 자극하고 교정하여, 통증을 줄이고 병증을 개선하는 치료. ¶얼마 전 척추 질환을 치료하기 위해 행하는 도수 치료를 전문의가 아닌 간호조무사가 실시해 논란이 불거졌었다. / 도수 치료는 비수술 치료로 치료에 대한 부담이 적다는 장점이 있다.

도시-병(都市病)[도시뼝]**명**《의학》〈우울증〉도시의 과밀 상태에서 일어나는 공해나 교통 혼잡, 불량한 근로 조건 따위의 여러 가지 문제로 인하여 생기기 쉬운 정신 질환. 신경증·불안·히스테리·강박증·공포증 따위로 그 증상이 나타난다. ¶도시병 환자. / 각종 노이로제 환자들이 부쩍 늘어 가고 있는데 H 군은 이것을 도시병이라고 했다.

도심(悼心)**명**〈일반통증〉비통한 마음. 또는 아픈 마음.

도인-두(道人頭)[도:인두]**명**《한의》〈두통〉두통, 피부병, 코염 따위에 쓰는

도꼬마리의 열매를 한방에서 이르는 말.〈유〉창이자

도첩(倒睫)[도:첩]**명**《한의》〈눈병〉속눈썹이 속으로 꼬부라져서 눈알을 찌르는 병.〈유〉도첩권모

도첩^권모(倒睫捲毛)**명구**《한의》〈눈병〉속눈썹이 속으로 꼬부라져서 눈알을 찌르는 병.〈유〉권모도삽, 도첩, 도첩권모증

도첩^권모증(倒睫捲毛症)**명구**《한의》〈눈병〉속눈썹이 속으로 꼬부라져서 눈알을 찌르는 병.〈유〉도첩권모

도포-제(塗布劑)[도포제]**명**《약학》〈피부병〉피부나 점막(粘膜) 따위에 바르는 외용(外用) 물약. 물, 알코올, 글리세린, 클로로포름, 지방유 따위와 혼합하여 바른다.〈참〉도찰제(塗擦劑)〈유〉도포약(塗布藥)

도화-선(桃花癬)[도화선]**명**《한의》〈피부병〉봄철에 주로 여자나 아이들의 얼굴에 생기는 피부병. 손톱 크기만 한 붉은색 또는 흰색의 반점이 뚜렷하게 나타난다.

독감(毒感)[독깜]**명**《의학》〈감기 - 몸살, 세기관지염〉1. 지독한 감기. 2. 인플루엔자 바이러스에 의하여 일어나는 감기. 고열이 나며 폐렴, 가운데귀염, 뇌염 따위의 합병증을 일으킨다.〈유〉유행성 감기 ¶독감에 걸리다. / 1주일간 심하게 독감을 앓았다. / 약을 먹었더니 독감 기운이 많이 수그러졌다.

독담-통(毒痰痛)[독땀통]**명**《한의》〈치통〉치통의 하나. 열이 나고 잇몸이 몹시 아프면서 가래와 기침이 나온다.

독창(禿瘡)[독창]**명**《의학》〈피부병〉머리에 생기는 피부병의 하나. 군데군데 둥글고 붉은 반점이 생기고 나중에는 머리털이 빠진다.〈유〉백선종창(白癬腫脹)

독통(毒痛)[독통]**명**〈일반통증〉독으로 인하여 생긴 아픔. ¶이른 새벽 병원에서 전갈이 왔다. 종일 독통(毒痛)에 시달리다 자정쯤에야 그가 먼 잠에 들었다고.

독활(獨活)[도콸]**명**《식물》〈두통〉어린잎은 식용하고 뿌리줄기는 겉껍질을

벗겨 말려서 편두통의 치료에 쓰는 두릅나뭇과의 여러해살이풀.〈유〉땅두
릅

돌기^사이^관절^증후군(突起사이關節症候群)〔명구〕《의학》〈디스크 - 추간판탈
출증〉척추뼈의 관절 돌기 사이 관절에서 기원한 것으로 생각되는 통증. 척
추뼈 관절염이나 척추 사이 원반의 퇴행 변화 때문에 일어난다.〈유〉후관절
증후군

돌림-감기(돌림感氣)〔돌림깜기〕〔명〕〈감기 - 몸살, 세기관지염〉전염성이 있는
감기.〈유〉돌림고뿔, 시감, 윤감〈참〉유행성 감기 ¶돌림감기가 나돌다.

돌림-고뿔( )〔돌림고뿔〕〔명〕〈감기 - 몸살, 세기관지염〉전염성이 있는 감
기.〈유〉돌림감기

돌림^눈병(돌림눈病)〔명구〕《의학》〈눈병〉눈두덩이 붓고 눈곱이 많이 끼는 눈
병의 하나. 흰자위에 핏발이 서서 벌겋게 되고 눈이 시어서 제대로 뜨지 못
한다. 수건이나 물건, 세숫대야 따위를 통해 전염된다.

동결-견(凍結肩)〔동:결견〕〔명〕《의학》〈일반통증〉어깨에 심한 통증과 경직 증
상을 동반한 유착 관절낭염.〈유〉굳은어깨, 동결 어깨(凍結어깨), 오십견
(五十肩)

동계^소양(冬季搔癢)〔명구〕《의학》〈피부병〉겨울철 건조한 기후 때문에 피부에
생기는 가려움증. 흔히 피부가 갈라지는 것처럼 보이는 습진이 발생한
다.〈유〉겨울가려움증(겨울가려움症)

동렬(凍裂)〔동:녈〕〔명〕《의학》〈피부병〉추위 때문에 살갗이 얼어서 조직이 상하
는 일. 정도에 따라 네 단계로 나뉘는데, 1도는 붉은 반점이 생긴 상태, 2도
는 물집이 생긴 상태, 3도는 피부에 궤양이 생긴 상태, 4도는 피부 깊숙이
괴사가 일어난 상태이다. ¶동렬이 일어나다.

동변(童便)〔동:변〕〔명〕《한의》〈일반통증〉12살 이하인 사내아이의 오줌. 두통,
학질, 번갈(煩渴), 해수(咳嗽), 골절상, 부기(浮氣) 따위에 쓴다.〈참〉환원탕
(還元湯) ¶여느 오줌은 아니고 동변이라고, 음양을 알기 전의 어린애들의

오줌입니다.

동상(凍傷)[동ː상]〔명〕《의학》〈피부병〉추위 때문에 살갗이 얼어서 조직이 상하
　　는 일. 정도에 따라 네 단계로 나뉘는데, 1도는 붉은 반점이 생긴 상태, 2도
　　는 물집이 생긴 상태, 3도는 피부에 궤양이 생긴 상태, 4도는 피부 깊숙이
　　괴사가 일어난 상태이다. ¶동상을 입다. / 동상에 걸리다. / 동상으로 이미
　　얼어 버린 발목은 더 이상 감각이 없었다.

동작^침법(動作鍼法)〔명구〕《한의》〈디스크 - 추간판탈출증〉한의학에서, 침을
　　놓은 상태로 해당 부위를 움직여 뭉친 근육을 풀어 주는 방법. ¶이렇게 갑
　　자기 진행된 요통의 경우 한방 치료인 동작 침법이 효과적이다. / 지속적으
　　로 움직이며 침을 맞는 동작 침법은 경혈의 자극을 극대화하여 심한 통증을
　　가라앉히는 효과가 있다.

동창(凍瘡)[동ː창]〔명〕《한의》〈피부병〉추위에 몸의 일부가 얼어서 생기는 피
　　부의 손상. 트고 심하게 가렵고 아프며 손발이나 얼굴 따위의 노출 부위에
　　주로 생긴다. 〈유〉동촉(凍瘃)

동촉(凍瘃)[동ː촉]〔명〕《한의》〈피부병〉추위에 몸의 일부가 얼어서 생기는 피
　　부의 손상. 트고 심하게 가렵고 아프며 손발이나 얼굴 따위의 노출 부위에
　　주로 생긴다. 〈유〉동창(凍瘡)

동통(疼痛)[동ː통]〔명〕〈일반통증〉신경에 가해지는 어떤 자극으로 인해 몸이
　　쑤시고 아픔. ¶어깨에 동통이 오고 온몸에 열이 납니다. / 무서운 아픔이 아
　　버지를 괴롭혔다. 모르핀 주사도 아버지의 동통을 덜어 주지 못했다.

동통-기(疼痛期)[동ː통기]〔명〕〈일반통증〉몸이 몹시 쑤시고 아픈 때. ¶오십견
　　은 크게 동통기-동결기-해동기로 나뉘는데, 동통기는 통증이 심한 시기다.

두과(痘科)[두꽈]〔명〕《한의》〈피부병〉예전에, 두진·두창·천연두 따위를 치료
　　하던 의학.

두꺼비^기름( )〔명구〕《한의》〈피부병〉피부병 치료에 쓰는, 두꺼비를 졸여서 받
　　아 낸 기름.

두더지^소금( )〖명구〗《한의》〈치통〉두더지의 내장을 빼고 그 속에 넣어 불에 구 웠다가 꺼낸 소금. 잇몸이 헐 때 이 소금으로 이를 닦아 치료한다.

두드러기( )[두드러기]〖명〗〈피부병〉약이나 음식을 잘못 먹거나 또는 환경의 변 화로 인해 생기는 피부병의 하나. 피부가 붉게 부르트며 몹시 가렵다. ¶두 드러기가 나다. / 두드러기가 돋다. / 꼬마의 온몸에는 두드러기가 일어나 있었다. / 만병통치의 즉효 약이라기에 사 먹으니 낫기는커녕 두드러기까 지 돋았다.

두록세틴(duloxetine)〖명〗《약학》〈우울증〉우울증, 불안증, 스트레스성 요실금, 만성 신경통의 치료에 쓰는 약물. 신경절에서 세로토닌의 재섭취를 선택적 으로 억제하여 항우울 작용을 나타낸다. ⇒규범 표기는 미확정이다.

두부^백선(頭部白癬)〖명구〗《의학》〈피부병〉머리 밑에 피부 사상균이 침입하여 일어나는 피부병. 머리털이 나 있는 부분에 둥그런 홍반이 생기고 피부가 벗어지며 그 부분의 머리털이 윤기를 잃고 부스러지는 형태와, 경계가 뚜렷 하지 않고 모양이 일정하지 않게 피부가 벗어지며 머리털이 끊어져 검게 변 하는 형태가 있다.

두시(豆豉)[두시]〖명〗《한의》〈일반통증〉콩을 삶아 쪄서 소금과 생강 따위를 넣 고 방 안 온도에서 3일 동안 발효시켜 만든 약. 상한(傷寒), 두통, 학질 따위 에 쓴다. 〈유〉약전국

두열(頭熱)[두열]〖명〗〈두통〉두통과 열이 나는 일.

두자(痘子)[두자]〖명〗《한의》〈피부병〉수두나 두창을 앓을 때 피부에 돋는 물 집.

두진(痘疹)[두진]〖명〗《한의》〈피부병〉1. 천연두의 증상. 춥고 열이 나며 얼굴 부터 전신에 붉은 점이 생기는 것이 홍역과 비슷하다. 2. 천연두와 홍역 따 위의 발진성 질병을 통틀어 이르는 말.

두통(頭痛)[두통]〖명〗〈일반통증〉머리가 아픈 증세. 〈유〉머리앓이 ¶혜린이는 심한 두통에 얼굴을 찡그렸다. / 동영이는 온종일 두통으로 힘들어했다.

두통-거리(頭痛거리)[두통꺼리]**명**〈두통〉처리하기에 성가시고 매우 귀찮게 된 일. 또는 그런 사람. ¶그 문제가 아직 두통거리로 남아 있다. / 동생은 거처를 모르는 두통거리 누님에 대한 생일 선물로 일 년에 한 차례씩 꼬박꼬박 광고를 내는 것이었다.

두통-고(頭痛膏)[두통고]**명**〈두통〉두통이 날 때 붙이는 고약.

두통-약(頭痛藥)[두통냑]**명**〈일반통증〉머리가 아픈 증세에 먹는 약. ¶사무직 근로자들의 책상 서랍 속에도 위장약과 두통약이 항상 비치되어 있어 자주 복용된다.

두풍-백설(頭風白屑)[두풍백썰]**명**《한의》〈피부병〉머리가 늘 가려우며 비듬이 생기는 피부병.〈유〉백설풍(白屑風)

두항강통(頭項強痛)[두항강통]**명**《한의》〈일반통증〉목덜미가 뻣뻣하고 아픈 증상.

두항경(頭項硬)[두항경]**명**《한의》〈일반통증〉오경(五硬)의 하나. 목이 뻣뻣하여 잘 움직이지 못하는 증상이다.〈유〉항경

둔통(鈍痛)[둔ː통]**명**〈일반통증〉둔하고 무지근하게 느끼는 아픔. ¶심장을 멎게 하는 둔통이 가슴에서부터 전신으로 전이되었다. / 방송국 원고지 메우기에 피로했던 어깨와 팔꿈치의 둔통이 일시에 가시는 듯했다.

둔-하다( )**형**〈일반통증〉(감각이) 날카롭지 않고 몹시 무디다. ¶요즘 들어 잇몸 주위에 둔한 통증이 자주 느껴진다.

뒤틀-리다( )[뒤틀리다]**동**〈일반통증〉(몸이나 물건이) 이리저리 꼬여서 비틀어지다. ¶무엇을 잘못 먹었는지 창자가 뒤틀리는 듯이 아프다.

들다( )[들다]**동**〈일반통증〉1. 몸에 병이나 증상이 생기다. 2. 심하게 맞거나 부딪쳐서 살갗 속에 퍼렇게 피가 맺히다.〈유〉지다 ¶1. 가축이 병이 들어 걱정이 크다. / 아이가 감기가 들어 요즘 병원에 다닌다. 2. 뛰놀다가 넘어져서 무릎에 시퍼렇게 멍이 들었다.

들뜸^우울^반응(들뜸憂鬱反應)**명구**《심리》〈우울증〉기분이 들뜬 상태와 우울

한 상태가 번갈아 나타나는 기분 장애. 〈유〉 조울반응

들뜸^우울^정신병 (들뜸憂鬱精神病) 〔명구〕《의학》〈우울증〉 감정의 장애를 주요 증상으로 하는 내인성 정신병. 상쾌한 감정으로 인한 흥분을 나타내는 조급한 상태와 비애·불안의 감정을 나타내는 우울한 상태가 계속해서 교대로 나타나거나 또는 정상적인 정신 상태의 간헐기(間歇期)를 두고 나타나는 것이 특징이다. 〈유〉 감정정신병, 순환정신병, 정동성정신병, 조울정신병

들리다 ( )〔들리다〕 〔동〕 〈감기 - 몸살, 세기관지염〉 병에 걸리다. ¶그는 심한 폐렴에 들렸다. / 감기가 들리다. / 그녀는 건망증이 들린 사람처럼 아무것도 기억하지 못했다.

들먹-거리다 ( )〔들먹꺼리다〕 〔동〕 〈일반통증〉 다친 데나 헌데가 곪느라고 자꾸 쑤시다. 〈유〉 들먹대다

들먹-대다 ( )〔들먹때다〕 〔동〕 〈일반통증〉 다친 데나 헌데가 곪느라고 자꾸 쑤시다. 〈유〉 들먹거리다

들이-쑤시다 ( )〔드리쑤시다〕 〔동〕 〈일반통증〉 (몸의 일부 혹은 전체가) 쿡쿡 찌르듯이 몹시 아픈 느낌이 들다. ¶감기가 들었는지 골이 들이쑤신다.

등산-병 (登山病) 〔등산뼝〕 〔명〕 《의학》 〈두통〉 높은 산에 올라갔을 때 낮아진 기압 때문에 일어나는 병적 증상. 높은 산에서는 공기 속의 산소 분압이 감소하므로 불쾌하거나 피로하여지며 두통, 식욕 부진, 구토 따위의 증상이 나타난다.

등피 (橙皮) 〔등피〕 〔명〕 《한의》 〈위염/위장병〉 건위제(健胃劑), 교미교취제(矯味矯臭劑) 따위로 쓰이는 등자(橙子) 껍질을 말린 것. 맛은 쓰고 꽃다운 향내가 있다.

디멘히드리네이트 (dimenhydrinate) 〔명〕 《약학》 〈일반통증〉 차멀미, 뱃멀미, 임신 구토, 편두통 따위의 일시적 치료 및 예방에 쓰는 항히스타민제. 부작용에는 가벼운 졸음, 현기증과 구토증이 있다.

디스크 (disk) 〔명〕 〈디스크 - 추간판탈출증〉 '척추 원반 탈출증'을 일상적으로 이

르는 말. ¶디스크에 걸리다. / 디스크를 앓고 있어 오래 걷지 못한다.

디스크^환자(disk患者)[명구]《의학》〈디스크 - 추간판탈출증〉척추와 척추 사이에 있는 추간판이 돌출되거나 파열되어 척수 신경을 눌러 통증이나 감각 이상 따위를 앓는 사람. ¶디스크 환자는 바둑, 화투 등을 피한다. / 최근에는 ○○○의 경우처럼 젊은 디스크 환자도 늘어나고 있다.

디프테리아^결막염(diphtheria結膜炎)[명구]《의학》〈눈병〉디프테리아균이 침입하여 일어나는 전염성 결막염. 눈꺼풀이 붉게 부어 눈이 가렵고 결막은 황색으로 변하여 실명하게 된다.

딜티아젬(diltiazem)[명]《약학》〈일반통증〉협심증 치료제의 하나. 저혈압, 심부전, 오심, 구토, 두통 따위의 부작용이 나타나기도 한다.

따갑다(　)[따갑따][형]〈일반통증〉살을 찌르는 듯이 아픈 느낌이 있다. ¶가시에 찔린 손가락이 따갑다. / 매연으로 눈이 아프고 목이 따갑다.

따끔(　)[부]〈일반통증〉찔리거나 꼬집히는 것처럼 아픈 느낌.〈유〉따끔히 ¶모기가 따끔 무는 통에 잠을 깨고 말았다.

따끔-거리다(　)[따끔거리다][동]〈일반통증〉(신체 일부가) 뾰족한 것에 찔리거나 살짝 꼬집히는 것처럼 자꾸 아픈 느낌이 들다.〈유〉따끔대다, 따끔따끔하다 ¶눈이 따끔거리다. / 어제부터 자꾸 피부가 따끔거려. / 왼쪽 아랫배가 벌레가 깨무는 것처럼 따끔거린다.

따끔-대다(　)[따끔대다][동]〈일반통증〉(신체 일부가) 뾰족한 것에 찔리거나 살짝 꼬집히는 것처럼 자꾸 아픈 느낌이 들다.〈유〉따끔거리다, 따끔따끔하다 〈참〉뜨끔대다 ¶손끝이 따끔대는 걸 보니 가시에 찔린 것 같다.

따끔-따끔(　)[부]〈일반통증〉찔리거나 꼬집히는 것처럼 자꾸 아픈 느낌.〈유〉따끔따끔히 ¶벌레 물린 곳이 따끔따끔 아프다. / 그는 숨을 내쉴 때마다 가슴에 따끔따끔 통증이 왔다.

따끔따끔-하다(　)[따끔따끔하다][동][형]〈일반통증〉(신체 일부가) 뾰족한 것에 찔리거나 살짝 꼬집히는 것처럼 자꾸 아픈 느낌이 들다. / (신체 일부가) 뾰족한 것에 찔리거나 살짝 꼬집힌 것처럼 자꾸 아프다. ⟨유⟩ 따끔거리다, 따끔대다 ⟨참⟩ 뜨끔뜨끔하다 ¶해변가에 갔다 온 이후 햇볕에 익은 피부가 따끔따끔한다. / 가시나무에 긁힌 자리가 따끔따끔하게 아프다.

따끔따끔-히 ( )〔부〕⟨일반통증⟩ 찔리거나 꼬집히는 것처럼 자꾸 아픈 느낌. ⟨유⟩ 따끔따끔 ¶벌레 물린 곳이 따끔따끔 아프다. / 그는 숨을 내쉴 때마다 가슴에 따끔따끔 통증이 왔다.

따끔-하다 ( )〔따끔하다〕〔형〕⟨일반통증⟩ (신체 일부가) 데거나 뾰족한 것에 찔리거나 꼬집힌 것처럼 아프다. ⟨참⟩ 뜨끔뜨끔하다 ¶준하는 바늘에 찔려 손가락이 따끔했다.

따끔-히 ( )〔부〕⟨일반통증⟩ 찔리거나 꼬집히는 것처럼 아픈 느낌. ⟨유⟩ 따끔 ¶모기가 따끔 무는 통에 잠을 깨고 말았다.

따분-하다 ( )〔따분하다〕〔형〕⟨일반통증⟩ (사람이) 착 까부라져서 맥이 없다. ⟨유⟩ 느른하다, 맥없다(脈없다)

딱딱-하다 ( )〔형〕⟨일반통증⟩ 몹시 굳고 단단하다. ¶살다 보면 과식해서, 타고난 소화기능이 약해서, 본래 소화가 잘 되지 않는 음식을 섭취해서 한 번쯤은 위장 내에 음식이 제대로 내려가지 않아 위가 딱딱한 느낌을 받게 된다.

땀-띠 ( )〔땀띠〕〔명〕《의학》⟨피부병⟩ 땀으로 피부가 자극되어 생기는 발진. 좁쌀 크기의 붉은색 또는 무색 발진이 오밀조밀하게 돋아 가렵고 따가운데, 특히 살과 살이 맞닿는 부위에 땀이 고여 있을 때 많이 생긴다. ¶땀띠가 돋다. / 나는 겨드랑이에 땀띠가 나서 땀띠약을 발랐다. / 아기의 목이며 엉덩이에 빨갛게 땀띠가 돋았다.

땃-두릅나물 ( )〔딴뚜릅나물〕〔명〕《식물》⟨두통⟩ 어린잎은 식용하고 뿌리줄기는 겉껍질을 벗겨 말려서 편두통의 치료에 쓰는 두릅나뭇과의 여러해살이풀. 줄기는 높이가 1.5미터 정도이며, 잎은 우상 복엽이다. 여름에 연한 녹색 꽃이 산형(繖形) 화서로 피고 열매는 가을에 장과(漿果)로 검게 익는다. ⟨유⟩ 땅두릅

땅기다 ( )[땅기다]툉〈일반통중〉(피부나 근육의 힘줄이) 몹시 팽팽해지거나 긴장되어 뭉치다. ¶수술 자리가 움직일 때마다 땅긴다. / 나는 겨울만 되면 얼굴이 땅기고 튼다.

땅-두릅 ( )[땅뚜릅]똉《식물》〈두통〉어린잎은 식용하고 뿌리줄기는 겉껍질을 벗겨 말려서 편두통의 치료에 쓰는 두릅나뭇과의 여러해살이풀. 줄기는 높이가 1.5미터 정도이며, 잎은 우상 복엽이다. 여름에 연한 녹색 꽃이 산형(繖形) 화서로 피고 열매는 가을에 장과(漿果)로 검게 익는다.〈유〉독활, 땃두릅나물, 멧두릅

땡기다 ( )[땡기다]툉〈일반통중〉'땅기다'의 경남 방언.

떨-리다 ( )[떨리다]툉〈감기 - 몸살, 세기관지염〉몹시 추워지거나 두려워지다. '떨다'의 피동사. ¶감기로 몸이 떨리다. / 나는 추위에 온몸이 떨렸다.

뜨끔 ( )[뷔〈일반통중〉찔리거나 얻어맞은 것처럼 아픈 느낌.〈유〉뜨끔히 ¶복부와 앙버틴 다리에 한 줄기 불끈 힘이 뻗자, 또 오른쪽 갈비뼈 아래가 뜨끔 쑤셨다.

뜨끔-거리다 ( )[뜨끔거리다]툉〈일반통중〉(신체 부위가) 뾰족한 것에 찔리거나 꼬집힌 것처럼 아픈 느낌이 자꾸 들다.〈유〉뜨끔대다, 뜨끔뜨끔하다〈참〉따끔거리다 ¶현우는 깡패에게 맞은 허리가 뜨끔거려서 도저히 일어날 수가 없었다.

뜨끔-대다 ( )[뜨끔대다]툉〈일반통중〉(신체 부위가) 뾰족한 것에 찔리거나 꼬집힌 것처럼 아픈 느낌이 자꾸 들다.〈유〉뜨끔거리다, 뜨끔뜨끔하다〈참〉따끔대다 ¶명수는 그날의 사고를 떠올리자 아물었던 상처가 다시금 뜨끔댔다.

뜨끔-뜨끔 ( )[뷔〈일반통중〉찔리거나 얻어맞은 것처럼 자꾸 아픈 느낌.〈유〉뜨끔뜨끔히 ¶허리 삔 데가 뜨끔뜨끔 결려 왔다. / 뜨끔뜨끔 통증이 심해지기 시작했다. / 감기에 걸렸는지 저녁나절 내내 목이 뜨끔뜨끔 아팠다.

뜨끔뜨끔-하다 ( )[뜨끔뜨끔하다]툉〈일반통중〉(신체 부위가) 뾰족한 것에 찔

리거나 꼬집힌 것처럼 아픈 느낌이 자꾸 들다. 〈유〉뜨끔거리다, 뜨끔대다 〈참〉따끔따끔하다 ¶화상은 그 정도에 따라 1도, 2도, 3도로 나누며 제1도 화상은 피부가 붉어지면서 붓고, 아프면서 뜨끔뜨끔한 감이 있다.

뜨끔뜨끔-히 ( )뷔 〈일반통증〉 찔리거나 얻어맞은 것처럼 자꾸 아픈 느낌. 〈유〉뜨끔뜨끔

뜨끔-하다 ( )[뜨끔하다]혱 〈일반통증〉 (신체 부위가) 불에 데거나 뾰족한 것에 찔리는 것처럼 아프다. 〈참〉따끔하다 ¶주사 맞을 때 살짝 뜨끔할 거예요.

뜨끔-히 ( )뷔 〈일반통증〉 찔리거나 얻어맞은 것처럼 아픈 느낌. 〈유〉뜨끔 ¶날카로운 송곳이 찌르는 듯 머리 속이 뜨끔히 쑤셨다.

띵-하다 ( )[띵하다]혱 〈일반통증〉 (머리가) 울리듯 아프면서 정신이 맑지 못하고 멍하다. ¶김 대리는 아침이 되자 머리가 띵하게 아파 왔다. / 덕기는 그녀의 끝없는 수다를 듣다 보니 머릿속이 띵한 것 같았다.

한국어 질병 표현 어휘 사전 II

ㄹ

라듐^피부염(radium皮膚炎)〔명구〕《의학》〈피부병〉라듐에 노출되어 생기는 피
부염. 라듐을 직업적으로 다루거나 라듐 요법을 시술 받았을 때 생기는 것
으로, 피부에 붉은색의 물집이 생긴다.

라이^증후군(Reye症候群)〔명구〕《의학》〈감기 - 몸살, 세기관지염〉뇌압이 올라
가고 간에 장애가 생겨 갑자기 심한 구토를 하며 혼수상태에 빠져 생명이
위험한 병. 유행성 감기나 수두(水痘)를 앓을 때 아스피린과 같은 해열 진통
제를 사용해서 발생하는 일이 많으며 16세 이하의 아동에게서 많이 볼 수
있다.

라임-병(lyme病)〔명〕《의학》〈피부병〉피부에 빨간 반점이 생기는 피부병. 두통,
한기(寒氣), 발열, 권태감 따위의 증상을 보이며 수막염(髓膜炎), 관절염, 신
경 계통이나 순환 계통의 장애를 동반하기도 한다. 진드기에 의하여 전염된
다. 원인균은 스피로헤타의 일종으로 미국 라임(Lyme) 지방에서 발견되었
다.

러셀^징후(Russell徵候)〔명구〕《의학》〈섭식 장애〉폭식증 환자의 손등에 생긴 까
진 상처와 흉터. 대개 스스로 구토를 유도할 시에 손을 사용하기 때문에 생
긴 흔적이다. ⇒규범 표기는 미확정이다.

러시아^인플루엔자(Russia influenza)〔명구〕《의학》〈감기 - 몸살, 세기관지염〉러
시아에서 발생하였다고 여겨지는 에이(A)형 인플루엔자 바이러스의 균주
에 의한 인플루엔자. 1978년에 러시아에서 시작되었고, 전 세계적으로 퍼져
나간 세계적인 유행 인플루엔자이다.

로타바이러스성^위장염(rota virus性胃腸炎)〔명구〕《의학》〈위염/위장병〉'로타바
이러스 위장염'의 전 용어.

리노바이러스(rhinovirus)〔명〕《보건 일반》〈감기 - 몸살, 세기관지염〉감기 증상
을 일으키는 아르엔에이 바이러스. 목이나 콧물에서 검출된다.

림프^부종(lymph浮腫)〔명구〕《의학》〈내과〉림프관이 막혀서 피하 조직에 림프
가 괴어 단단해지고 부기(浮氣)가 있는 상태.

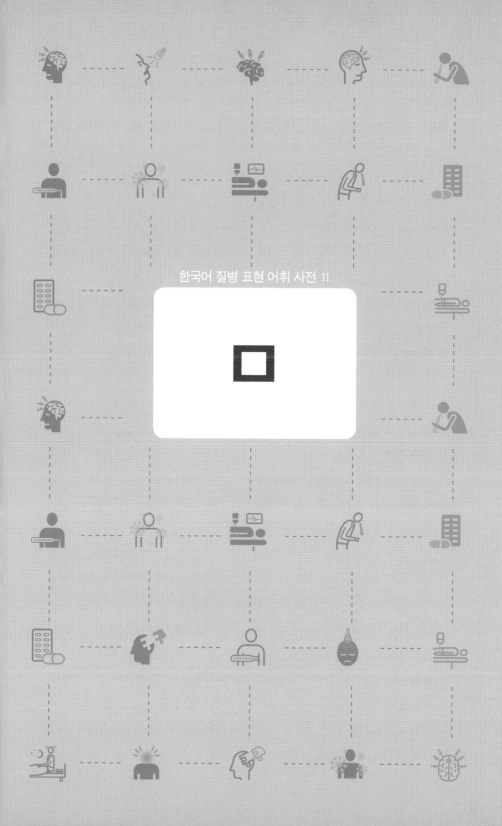

한국어 질병 표현 어휘 사전 II

마늘모-눈( )[마늘모눈]**명**〈눈병〉위쪽에 있는 눈꺼풀이 모가 져서 마늘모꼴로 세모진 눈.

마도-라(馬刀瘰)[마ː도라]**명**《한의》〈일반통증〉나력의 하나. 목이나 귀 뒷부분에 콩알만 한 크기의 멍울이 생긴다.

마르다( )[마르다]**동**〈일반통증〉입이나 목구멍에 물기가 적어져 갈증이 나다. ¶뜨거운 태양 아래서 달리기를 했더니 목이 몹시 마른다. / 아닌 게 아니라 맨입으로 지껄였더니 입이 마르던 참이었는데, 마시자.

마른 말은 꼬리가 길다( )**속담**마르고 여위면 같은 길이의 것이라도 더 길어 보임을 이르는 말.

마른-버짐( )[마른버짐]**명**《한의》〈피부병〉얼굴 같은 데에 까슬까슬하게 흰 버짐이 번지는 피부병. 대개 영양 결핍으로 생긴다.〈참〉진버짐〈유〉건선(乾癬), 풍선(風癬) ¶활짝 피어야 할 한창 나이에 얼굴에 검버섯과 마른버짐이 피고, 앉았다 일어날 때마다 핑핑 도는 거야.

마른-옴( )[마른놈]**명**《한의》〈피부병〉몹시 가려우며 긁으면 허물이 벗겨지는 피부병.〈참〉진옴〈유〉건개(乾疥)

마비(痲痹/痲痺)[마비]**명**《의학》〈디스크 - 추간판탈출증〉신경이나 근육이 형태의 변화 없이 기능을 잃어버리는 일. 감각이 없어지고 힘을 제대로 쓰지 못하게 된다. ¶근육이 마비를 일으키다. / 동생은 갑자기 다리에 마비가 와 움직이지 못했다. / 약이 들어가기가 무섭게 입술에 마비가 오면서 감각이 무디어져 갔다. / 할아버지는 다행히 왼쪽 팔다리만 마비가 되었다. / 갈고리에 날카롭게 찍힌 왼쪽 팔뚝에서 피가 끊임없이 배어 나오고 있었다. 왼손이 마비가 된 기분이었다.

마비-감(痲痹感)[마비감]**명**〈디스크 - 추간판탈출증〉신경이나 근육이 형태의 변형 없이 기능을 잃어버린 듯한 느낌. ¶벌침을 놓게 되면 결국 계란 노른자처럼 터져 나온 디스크가 요추 부근에 있는 신경을 압박하여 일어나는 다리의 당김 증세, 저리고 마비감이 오는 증세, 골반의 아픈 증세가 차차 사라지게 된다. / 요통, 좌골 신경통, 다리 저림이나 마비감 등을 없애는 데 효과적인 환도혈은 대퇴골 상단의 후방에 위치한다.

마비-되다 (痲痺되다/麻痺되다)[마비되다/마비뒈다] **동** 《의학》〈디스크 - 추간판탈출증〉신경이나 근육이 형태의 변화 없이 기능을 잃어버리다. 감각이 없어지고 힘을 제대로 쓰지 못하게 된다. ¶마비된 팔다리. / 신경이 마비되었다. / 친구는 척추가 마비되어 앉거나 일어나지를 못한다.

마선 (馬癬)[마ː선] **명** 《한의》〈피부병〉피부병의 하나. 모양이 둥글고 말의 발자국 같다고 하여 붙인 이름으로, 피부에 흰 점이 생기고 몹시 가려운 병이다.

마음탓^정신병 (마음탓精神病) **명구** 《의학》〈우울증〉정신탓 반응으로 생기는 정신병이나 신경증을 통틀어 이르는 말. 지능의 발육에 장애가 생기는 지적 장애, 뚜렷한 성격 변이를 나타내는 정신병질 따위가 있다. 〈유〉정신탓 정신병

마자-정 (麻子疔)[마자정] **명** 《한의》〈피부병〉피부에 좁쌀이나 삼씨 알만 한 둥글고 굳은 구진이 돋는 병.

마진^백신 (痲疹vaccine) **명구** 《약학》〈피부병〉홍역을 예방하기 위한 백신. 예방 접종은 제1회에 불활성화(不活性化) 백신을 근육 또는 피부밑에, 제2회는 4~6주 후 약독(弱毒) 생균(生菌) 백신을 피부밑에 접종하는데, 주로 1~3세의 아이에게 행한다. 〈유〉홍역백신(紅疫vaccine)

막-히다 ( )[마키다] **동** 〈일반통증〉기운 따위의 흐름이 원활하지 않게 되다. ¶어머니의 차분한 어투를 오래 듣고 있으면 가끔은 가슴이 완전히 막혀 버리는 듯한 답답함을 느끼기도 한다.

만간-풍 (慢肝風)[만간풍] **명** 《한의》〈눈병〉갓난아이에게 생기는 눈병의 하나. 주로 태어난 지 한 달 이내에 생기며, 눈을 뜨지 못하거나 눈이 붓는다.

만성^습진 (慢性濕疹) **명구** 《의학》〈피부병〉만성이 된 습진. 잘 낫지 않고 몇 달 또는 몇 년이 지나면서 계속 앓는 부위의 피부색이 짙어지고 피부가 두꺼워

진다.

만성^염증(慢性炎症)〔명구〕《의학》〈내과〉조직 손상 후에 수 주 또는 수개월간 지속하는 염증. 조직 재생과 손상 소견이 나타나며, 림프구, 조직구 등 염증 세포 침윤과 함께 섬유화를 동반할 수 있다. ¶만성 염증은 고혈압, 비만, 치매 같은 질환의 원인이 되는 것으로 알려져 있다.

만성^위염(慢性胃炎)〔명구〕《의학》〈위염〉위의 점막에 생긴 만성적인 염증. 입맛이 없고 소화가 잘 안되며 명치끝 부위가 불어나는 느낌과 무직한 느낌이 있다.

만성^위축성^위염(慢性萎縮性胃炎)〔명구〕《의학》〈위염/위장병〉점막의 비박화와 분비샘의 감소를 수반하는 만성 위염. 내시경으로 관찰하면 점막의 색조가 변화하고 있어 그 아래의 혈관이 보이며, 점막에서는 과다 형성, 장 표피의 성장과 같은 증상이 나타난다.

만성^질환(慢性疾患)〔명구〕《의학》〈일반통증〉증상이 그다지 심하지는 아니하면서 오래 끌고 잘 낫지 아니하는 병을 통틀어 이르는 말.〈유〉만성병, 만성질병

만형-실(蔓荊實)〔만형실〕〔명〕《한의》〈감기 - 몸살, 세기관지염〉풍열(風熱)로 인한 감기, 두통 따위에 쓰는 순비기나무의 열매를 한방에서 약재로 이르는 말. 맛은 맵고 쓰며 성질이 약간 차다.〈유〉만형자

만형-자(蔓荊子)〔만형자〕〔명〕《한의》〈감기 - 몸살, 세기관지염〉풍열(風熱)로 인한 감기, 두통 따위에 쓰는 순비기나무의 열매를 한방에서 약재로 이르는 말. 맛은 맵고 쓰며 성질이 약간 차다.〈유〉만형실, 승법실

말-버짐( )〔말버짐〕〔명〕《한의》〈피부병〉피부병의 하나. 모양이 둥글고 말의 발자국 같다고 하여 붙인 이름으로, 피부에 흰 점이 생기고 몹시 가려운 병이다.

망막^박리(網膜剝離)〔명구〕《의학》〈눈병〉망막이 안구 내벽으로부터 떨어져 들뜨게 되는 병적 상태.

망막^색소^변성증(網膜色素變性症) **명구**《의학》〈눈병〉망막세포에 색소가 끼고 망막이 변성하여 일어나는 유전적인 눈병. 유아 때에는 아무런 이상을 느끼지 못하다가 사춘기 무렵이 되면 야맹증이 나타나고, 계속 진행되어 심해지면 눈이 멀게 된다.

매독-진(梅毒疹)[매독찐] **명**《의학》〈피부병〉매독의 제2기와 제3기에 나타나는 피부나 점막의 발진.

매-맛( )[매만] **명**〈일반통증〉매를 맞아 아픈 느낌. ¶너 이놈, 어디 매맛 좀 볼래? / 매맛이 어떠냐?

매복-치(埋伏齒)[매복치] **명**《의학》〈치통〉전체 또는 부분이 잇몸 속에 묻혀 있는 이.

매스껍다( )[매스껍따] **형**〈일반통증〉(속이) 역겨운 냄새나 흔들림 따위로 먹은 것이 되넘어올 듯이 거북하거나 울렁거리는 느낌이 있다. 〈참〉메스껍다 ¶뱃멀미가 나서 속이 매스껍다.

매슥-거리다( )[매슥꺼리다] **동**〈일반통증〉(속이) 먹은 것을 토할 것처럼 자꾸 울렁거리다. 〈유〉매슥대다, 매슥매슥하다 〈참〉메슥거리다

매슥-대다( )[매슥때다] **동**〈일반통증〉(속이) 먹은 것을 토할 것처럼 자꾸 울렁거리다. 〈유〉매슥거리다, 매슥매슥하다 〈참〉메슥대다 ¶아직도 속이 매슥대는 걸 보니 숙취가 덜 풀린 모양이다.

매슥매슥-하다( )[매승매스카다] **동**〈일반통증〉(속이) 먹은 것을 토할 것처럼 자꾸 울렁거리다. 〈유〉매슥거리다, 매슥대다 〈참〉메슥메슥하다 ¶속이 매슥매슥하고 몸이 차가워진 것을 보니 체한 모양이로구나.

매시근-하다( )[매시근하다] **형**〈일반통증〉(사람이) 몸에 기운이 없고 나른하다. ¶몸살이 나서 온몸이 매시근했다.

매-양진(매痒疹)[매양진] **명**《의학》〈피부병〉짚이 있는 곳에서 일하거나 짚에서 잠을 잔 후 두드러기가 돋고 가려운 증상. 〈유〉건초가려움증(乾草가려움症), 건초소양증(乾草搔癢症), 짚가려움증(짚가려움症)

맥각^알칼로이드 (麥角alkaloid)〔명구〕《화학》〈일반통증〉맥각에 들어 있는 알칼로이드를 이르는 말. 다양한 약리 작용을 나타내며, 편두통 치료제, 지혈제 따위로 쓰인다.

맥락-막 (脈絡膜)〔맹낭막〕〔명〕《의학》〈눈병〉눈알의 뒷부분을 둘러싸고 있는 어두운 적갈색의 얇은 막. 혈관과 색소 세포가 많아 빛을 차단하여 눈알 속을 어둠상자같이 해 주며, 눈알의 영양 공급을 담당한다.〈유〉얽힘막

맥락막-염 (脈絡膜炎)〔맹낭망념〕〔명〕《의학》〈눈병〉맥락막에 염증이 생겨 망막과 유리체가 상하고 시력이 나빠지는 눈병. 결핵, 근시(近視), 당뇨병, 매독, 콩팥염 따위가 원인으로 시력, 색각(色覺), 광각(光覺) 따위의 이상이 나타난다.

맥맥-하다 ( )〔맹매카다〕〔형〕〈일반통증〉(코가) 막혀서 숨쉬기가 힘들고 갑갑하다. ¶감기에 걸려서 코가 맥맥하고 머리가 띵하다.

맥-없다 (脈없다)〔매겁따〕〔형〕〈일반통증〉(사람이나 사물이) 기운이 없다.〈유〉따분하다, 느른하다 ¶아침 일찍 나갔다가 저녁 늦게야 돌아오곤 하는 그녀는 피곤한 탓인지 항상 맥없는 모습이었다.

머리-앓이 ( )〔머리아리〕〔명〕〈일반통증〉머리가 아픈 증세.〈유〉두통

먹기^공포증 (먹기恐怖症)〔명구〕《심리》〈섭식 장애〉먹는 것에 대하여 공포를 느끼는 병적 증상. ¶아이들이 채소를 먹기 싫어 하는 이유로는 낯선 것에 대한 공포증, 즉 네오포비아를 꼽는다.

먹기^장애 (먹기障礙)〔명구〕《의학》〈섭식 장애〉먹는 행위와 관련된 다양한 장애 가운데 하나. 신경성 식욕 부진, 폭식, 무분별 탐식증, 영아의 되새김 장애 따위가 있다.〈유〉먹는장애(먹는障礙)

먹는^장애 (먹는障礙)〔명구〕《의학》〈섭식 장애〉먹는 행위와 관련된 다양한 장애 가운데 하나. 신경성 식욕 부진, 폭식, 무분별 탐식증, 영아의 되새김 장애 따위가 있다.〈유〉먹기장애(먹기障礙) ¶먹는 장애를 극복하는 것은 쉬운 것이 아닙니다 다만 먹는 장애가 병원처럼 닦아지는 길이 있음을 알고 있다면

사람들은 좀 더 나은 삶을 만들 수 있게 됩니다. 먹는 장애를 극복하기 위해서는 인생의 일부인 식사를 다루는 방법과 신체 이미지에 대한 느낌을 잘 이해하고 존중하는 것이 필요합니다.

먹먹-하다( )[멍머카다]〖형〗〈일반통증〉(귀가) 막힌 듯이 소리가 잘 들리지 않다. ¶시끄럽던 기계음이 일시에 멈추자 귀가 먹먹했다.

먹토(먹吐)[먹토]〖명〗〈섭식 장애〉체중 조절을 목적으로 음식물을 먹은 뒤에 억지로 토하는 행위를 이르는 말. ¶무조건 절식을 하거나 식욕 억제제를 복용한다면 먹토는 해결되지 못하고 폭식증은 오히려 더욱 심해질 수 있다. / ○○ 씨가 처음 먹토를 한 건 열여섯 살이 되던 해였다. / 특히 다이어트의 부작용이 가장 큰 문제가 되는데 대표적으로 폭식, 먹토, 거식증 등과 같은 섭식장애가 있다.

먼지^감염(먼지感染)〖명구〗《의학》〈피부병〉공기 속의 먼지에 묻은 병원체가 숨 쉴 때 흡입되거나 피부에 닿아서 일어나는 감염. 이 방법으로 전염되는 병으로는 두창(痘瘡), 결핵, 탄저병, 성홍열, 단독(丹毒) 따위가 있다.〈유〉 진애감염(塵埃感染)

먼^쪽^맞물림( )〖명구〗〈치통〉치아가 정상보다는 먼 쪽에 위치하는 교합, 또는 원심 교합이나 아래턱 뒤물림.

멍멍-하다( )[멍멍하다]〖형〗〈일반통증〉정신이 빠진 것같이 어리병병하다. ¶피가 머리끝으로 모이는 것처럼 관자놀이가 멍하면서 화끈거려 왔다. 한수는 우선 찬물로 세수를 하여 멍멍한 머리를 식혀야겠다고 몸을 일으켰다.그는 갑자기 머리가 멍하고 가슴 속이 울렁거려 구토라도 날 것 같다.

멍울( )〖명구〗《의학》〈일반통증〉림프샘이나 몸 안의 조직에 병적으로 생기는 둥글둥글한 덩이. ¶멍울이 서다.

멍울-지다( )[멍울지다]〖동〗〈일반통증〉(…에) 멍울이 맺히다. ¶정숙이는 얼굴이 발개지는 것을 느끼며 손으로 멍울진 곳을 만져 보았다.

멍-하다( )[멍하다]〖형〗〈일반통증〉(귀가) 잘 들리지 않는 느낌이 있다. ¶나는 대포 소리를 듣고 귀가 멍했다.

메니에르-병 (Ménière病)**명**《의학》〈우울증〉귀울림, 난청과 함께 갑자기 평형 감각을 잃고 현기증이나 발작을 일으키는 병. 1861년에 프랑스의 의사 메니에르(Ménière, P.)가 보고한 데서 이런 명칭이 유래했는데 원인은 분명히 알려져 있지 않다. 스트레스를 많이 받는 30~40대의 꼼꼼한 성격의 남성이 걸리기 쉽다고 한다.

메르스 (MERS)**명**《보건 일반》〈감기 - 몸살, 세기관지염〉중동 지역을 중심으로 빈번히 발생하는, 메르스 코로나바이러스가 일으키는 호흡기 질환. 발열, 기침, 호흡 곤란 따위의 증상을 보인다. 〈유〉엠이아르에스 ¶메르스는 2003년 아시아에서 발생한 뒤 전 세계에서 800명에 가까운 사망자를 낸 사스 바이러스와 같은 계열이다.

메르스^코로나바이러스 (MERS coronavirus)**명구**《보건 일반》〈감기 - 몸살, 세기관지염〉메르스를 일으키는 바이러스. 아르엔에이(RNA) 바이러스 가운데 하나로, 호흡기 질환을 일으킨다. 〈유〉중동호흡기증후군코로나바이러스 ¶메르스의 전염력이 예상 외로 낮지 않은 것으로 나타나자 '변종 바이러스' 등장 가능성에도 이목이 쏠리고 있다. 일각에선 이 질병을 일으키는 '메르스 코로나바이러스'가 전염성이 강한 쪽으로 변이를 일으켰을 가능성도 제기하고 있다. / 예상 밖으로 낙타에서만 메르스 코로나바이러스에 대한 항체가 검출됐다.

메르스^환자 (MERS患者)**명구**《의학》〈감기 - 몸살, 세기관지염〉메르스를 앓고 있는 사람. ¶세계 보건 기구(WHO)에 따르면 전 세계에서 메르스 환자는 100명 가까이 발생, 이 가운데 절반 정도인 47명이 숨졌다. / 올 초 질병 관리 본부는 사우디아라비아 등 중동 지역에서 메르스 환자가 지속적으로 발생하고 있어 여행객 등을 통한 메르스 국내 유입 위험성은 여전하다고 경고했다.

메스껍다 ( )[메스껍따]**형**〈일반통증〉(사람의 속이) 구역질이 날 것처럼 울렁이는 느낌이 있다. 〈유〉구역나다(嘔逆나다), 욕지기나다, 구역질나다(嘔逆 질나다) 〈참〉매스껍다 ¶나는 밀가루 음식만 보면 속이 메스껍다. / 어머니 는 버스를 오래 타고 오셔서 속이 메스껍다고 말씀하셨다.

메슥-거리다 ( )[메슥꺼리다][형]〈일반통증〉(속이) 토할 것처럼 자꾸 심하게 울 렁거리다. 〈유〉메슥대다, 메슥메슥하다 ¶오랫동안 차를 탔더니 속이 메슥 거리고 머리가 아팠다.

메슥-대다 ( )[메슥때다][동]〈일반통증〉(속이) 토할 것처럼 자꾸 심하게 울렁거 리다. 〈유〉메슥거리다, 메슥메슥하다 〈참〉매슥대다 ¶오랫동안 배를 타고 있었더니 속이 메슥대어서 견딜 수가 없었다.

메슥메슥-하다 ( )[메슥메슥카다][동]〈일반통증〉(속이) 토할 것처럼 자꾸 심하 게 울렁거리다. 〈유〉메슥거리다, 메슥대다 〈참〉매슥매슥하다 ¶점심 먹은 게 안 좋았는지 아까부터 속이 메슥메슥하다.

메틸^알코올^중독 (methyl alcohol中毒)[명구]《의학》〈일반통증〉메틸 알코올을 마셔서 생긴 중독. 두통, 현기증, 구토, 호흡 곤란을 일으키며 혼수에 빠지 거나 죽을 수 있고, 죽음을 면한다 해도 실명하게 되는 것이 보통이다.

멜랑꼴리 (melancholy)[명]《심리》〈우울증〉우울 또는 비관주의에 해당하는 인 간의 기본적인 감정. 삶의 궁극적 의미에 대한 회의에서부터 비롯된 이 감 정은 이후 정신 의학 분야에서 다루어진다. ⇒규범 표기는 미확정이 다. 〈유〉멜랑콜리 ¶로댕의 '생각하는 사람'처럼 턱에 손을 괴고 앉은 자세는 서양에서 전통적으로 멜랑꼴리의 상태를 상징해 왔던 자세다. / 나 역시 어 린 시절 정체성의 혼란을 겪었고, 떠돌아다니는 삶에 대한 멜랑꼴리가 있었 다.

멜랑꼴리-하다 (melancholy하다)[형]〈우울증〉분위기가 우울하거나 비관적인 특성이 있다. ⇒규범 표기는 미확정이다. ¶곡 템포는 빠르지만 분위기는 어딘가 모르게 멜랑꼴리하다. / 듣기만 해도 아련한 단어 '첫사랑'에 '결혼식' 까지 합쳐지면 멜랑꼴리한 감상에 젖을 수 있는 좋은 명분이 된다.

멜랑콜리 (melancholy)[명]《심리》〈우울증〉우울 또는 비관주의에 해당하는 인간의 기본적인 감정. 삶의 궁극적 의미에 대한 회의에서부터 비롯된 이 감정은 이후 정신 의학 분야에서 다루어진다. ⇒규범 표기는 미확정이다.〈유〉멜랑꼴리

멜랑콜리아 (melancholia)[명]《의학》〈우울증〉무쾌감증, 불면증, 정신 운동의 변화, 죄책감 같은 심한 우울증. 고대 그리스 시대의 체액설에서는 이 병을 과도한 검은 쓸개즙 때문에 생기는 기질이라고 하였다. ⇒규범 표기는 미확정이다.

멧-두릅 ( )[메뚜릅/멛뚜릅][명]《식물》〈두통〉두릅나뭇과의 여러해살이풀로, 어린잎은 식용하고 뿌리줄기는 겉껍질을 벗겨 말려서 편두통의 치료에 쓴다.〈유〉땅두릅

면풍 (面風)[면:풍][명]《한의》〈피부병〉두 뺨에 땀띠 같은 것이 돋으며 벌겋게 붓는 피부병.

모낭-염 (毛囊炎)[모낭념][명]《의학》〈피부병〉포도상 구균이 피부의 털구멍에 감염하여 생기는 고름염.〈유〉털집염(털집炎)

모노아민^산화^효소^억제제 (monoamine酸化酵素抑制劑)[명구]《약학》〈우울증〉우울증 따위를 치료하는 데 쓰는 물질 또는 약물. 생체 내에서 하나의 아민기를 가진 화합물로 세로토닌이나 카테콜아민을 대사하는 효소를 억제하며, 세로토닌이나 카테콜아민의 활성을 증가시킨다.

모반-증 (母斑症)[모:반쯩][명]《의학》〈피부병〉살갗에 검은 사마귀나 얼룩덜룩한 점 따위가 있고 동시에 그 병변이 내장에도 발생하는 증상.

모세^기관지염 (毛細氣管支炎)[명구]《의학》〈감기 - 몸살, 세기관지염〉기관지의 가장 끝부분에서 일어나는 염증. 흔히 감기가 직접적인 원인이 되지만 설사나 구토를 하면서 생기기도 한다. 심한 기침, 호흡 곤란의 증상이 나타난다.

모창 (毛瘡)[모창][명]《의학》〈피부병〉수염 부위의 모공이 곪아 부스럼이나 붉은 응어리가 생기는 일.〈유〉털종기증(털腫氣症)

목^림프샘^부기(목lymph샘浮氣)명구《의학》〈내과〉여러 가지 병독으로 목 부위의 림프샘이 붓는 병.〈참〉연주창(連珠瘡)

목-감기(목感氣)[목깜기]명《의학》〈감기 - 몸살, 세기관지염〉목이 붓고 목 안이 따가울 정도로 아픈 증상의 감기.

목-거리( )[목꺼리]명《한의》〈일반통증〉목이 붓고 아픈 병.

목^디스크^환자(목disk患者)명구《의학》〈디스크 - 추간판탈출증〉목뼈 사이의 추간판이 돌출되어 척수나 신경근을 눌러 통증이나 감각 이상 따위를 앓는 사람. ¶목 디스크 환자도 목의 통증과 아울러 머리가 아플 수 있다. / 해마다 디스크 탈출증으로 병원을 찾는 환자가 늘고 있다. 국내 허리 디스크, 목 디스크 환자는 지난 5년 새 각각 10퍼센트, 16퍼센트 증가했다.

목란(目爛)[몽난]명《한의》〈눈병〉눈꺼풀 언저리가 헐어서 아프고 가려운 증상.

목련답(目連劄)[몽년답]명《한의》〈눈병〉눈꺼풀이 때때로 깜짝깜짝하는 증상.

목마름-증( )[몽마름쯩]명〈일반통증〉목이 마른 증세.

목-봉색(目封塞)[목뽕색]명《한의》〈눈병〉눈꺼풀이 부어서 눈을 뜨지 못하는 증상.

목-쉬다( )[목쒸다]동〈일반통증〉목이 잠겨 소리가 제대로 나지 아니하다. ¶목쉰 소리. / 감기가 들었는지 그는 잔뜩 목쉰 소리로 전화를 받았다.

목-앓이( )[모가리]명《의학》〈일반통증〉후두에 생기는 염증. 목이 쉬고 아프며 가래가 나온다.〈유〉후두염

목욕^가려움증(沐浴가려움症)명구《의학》〈피부병〉과도한 목욕으로 피부가 심하게 건조해진 경우 또는 비누를 완전하게 씻지 않을 경우에 나타나는 가려움증.

목-작약(木芍藥)[목짜갹]명《식물》〈일반통증〉작약과의 낙엽 활엽 관목. 근피(根皮)는 두통·요통에 쓰는 약이나 건위제, 지혈제, 진통제의 약재로 쓰

ㅁ

인다. 〈유〉모란

목적^반응(目的反應) 명구 《심리》〈우울증〉무의식 속에 있는 욕망에 따라 일
어나는 반응. 히스테리라고도 하는데 소원이 이루어지면 사라진다. 전쟁
신경증, 보상 신경증, 재해 신경증 따위가 있다.

목-접이( )[목쩌비]명〈일반통증〉목이 접질리어 부러짐.

목접이-질( )[목쩌비질]명〈일반통증〉목이 접질리도록 굽히는 짓.〈유〉목접
질

목접이질-하다( )[목쩌비질하다]동〈일반통증〉목이 접질리도록 굽히는 짓을
하다.〈유〉목접질하다

목접이-하다( )[목쩌비하다]동〈일반통증〉목이 접질리어 부러지다.

목접-질( )[목쩝찔]명〈일반통증〉목이 접질리도록 굽히는 짓.〈유〉목접이질

목접질-하다( )[목쩝찔하다]동〈일반통증〉목이 접질리도록 굽히는 짓을 하
다.〈유〉목접이질하다

목-조름( )[목쪼름]명《의학》〈일반통증〉목이 졸려 기도가 막혀 숨을 쉴 수 없
는 상태.〈유〉교액

목풍(目風)[목풍]명《한의》〈눈병〉눈꺼풀이 붓고 눈이 충혈되면서 깔깔하고
아프며 눈곱이 끼고 눈물이 나오는 병증.〈유〉안풍

몸살-감기(몸살感氣)[몸살감기]명〈감기 - 몸살, 세기관지염〉몸이 몹시 피로
하여 생기는 감기. ¶몸살감기를 앓다. / 찬 바람 쐬고 거기 다녀와서 아마
몸살감기가 겹친 모양이다.

몸이 무겁다( )형구〈일반통증〉힘이 빠져서 몸을 움직이기 힘들다. ¶쌓인 피
로로 몸이 무겁다. / 무거운 몸이 더욱 무거워 쓰고 눕는 일이 많았다. 이게
시어머니는 못마땅했다.

몽글-거리다( )[몽글거리다]동〈일반통증〉(사람의 속이) 먹은 것이 약간 잘 삭
지 않아 가슴에 뭉치어 있는 듯한 느낌이 자꾸 들다.〈유〉몽글대다 〈참〉몽
클거리다, 뭉글거리다

몽글-대다( )[몽글대다]동〈일반통증〉(사람의 속이) 먹은 것이 약간 잘 삭지 않아 가슴에 뭉치어 있는 듯한 느낌이 자꾸 들다.〈유〉몽글거리다 〈참〉몽클대다, 뭉글대다

몽글-하다( )[몽글하다]형〈일반통증〉(사람의 속이) 먹은 것이 약간 잘 삭지 않아 뭉치어 있는 듯한 느낌이 있다.〈참〉몽클하다, 뭉글하다 ¶점심을 급하게 먹었더니 소화가 안 되어 속이 몽글하다.

몽클-거리다( )[몽클거리다]동〈일반통증〉(사람의 속이) 먹은 것이 약간 잘 삭지 않아 가슴에 몹시 뭉치어 있는 듯한 느낌이 자꾸 들다.〈유〉몽클대다 〈참〉몽글거리다, 뭉클거리다 ¶나는 저녁을 너무 과하게 먹었는지 속이 몽클거려서 쉽게 잠이 들 수가 없었다.

몽클-대다( )[몽클대다]동〈일반통증〉(사람의 속이) 먹은 것이 약간 잘 삭지 않아 가슴에 몹시 뭉치어 있는 듯한 느낌이 자꾸 들다.〈유〉몽클거리다 〈참〉몽글대다, 뭉클대다 ¶점심을 급하게 먹었더니 가슴이 몽클대고 배에 가스가 찬다.

몽클-하다( )[몽클하다]형〈일반통증〉(사람의 속이) 먹은 것이 약간 잘 삭지 않아 몹시 뭉치어 있는 듯한 느낌이 있다.〈유〉몽글하다, 뭉클하다 ¶점심으로 먹은 삼계탕이 체했는지 가슴이 몽클해 죽겠어.

묘안-창(猫眼瘡)[묘:안창]명《한의》〈피부병〉고양이 눈 모양과 비슷하게 생기는 부스럼. 구진, 두드러기, 물집 따위의 두 가지 이상의 피진이 손발에 대칭성으로 나타나면서 열이 나고, 아픔·가려움 따위의 증상이 나타난다.〈유〉한창(寒瘡)

무-기력(無氣力)[무기력]명〈우울증〉어떠한 일을 감당할 수 있는 기운과 힘이 없음. ¶무기력 속으로 빠져들다. / 무기력에 빠지다.

무기력-감(無氣力感)[무기력깜]명〈우울증〉어떠한 일을 감당할 수 있는 기운과 힘이 없는 기분이나 느낌. ¶무기력감에 찌든 생활. / 무기력감을 느끼다.

무기력-성(無氣力性)[무기력썽]**명**〈우울증〉어떠한 일을 감당할 수 있는 기운과 힘이 없는 성질.

무기력-증(無氣力症)[무기력쯩]**명**〈우울증〉기운이나 힘이 없어지는 증상.¶최근엔 심한 무기력증에 빠져 원고지 한 매도 제대로 채우지 못했다. / 그것은 내 무기력증에 대한 하나의 변명일 뿐, 실은 이빨이라도 부득부득 갈아붙이고 싶은데….

무기력-하다(無氣力하다)[무기려카다]**형**〈우울증〉어떠한 일을 감당할 수 있는 기운과 힘이 없다.¶무기력한 얼굴. / 무기력한 상태에 빠지다. / 무기력해 보이다

무두질-하다( )[무ː두질하다]**동**〈일반통증〉(무엇이 뱃속을) 쓰리고 아프게 하다.¶좌절과 절망은 그의 몸을 계속 무두질해 결국 폐인의 몸이 되어 갔다.

무럽다( )[무럽따]**형**〈일반통증〉(사람이나 신체 일부가) 벼룩, 모기 따위의 물것에 물려서 가렵다.¶모기한테 물려 무러워 죽겠다.

무력(無力)[무력]**명**〈우울증〉힘이 없음.¶오랜 종주국의 무력에 실망한 자들은 개화파가 되었다.

무력-감(無力感)[무력깜]**명**〈우울증〉스스로 힘이 없음을 알았을 때 드는 허탈하고 맥 빠진 듯한 느낌.¶무력감을 느끼다. / 경기에서 너무 벅찬 상대를 만나면 무력감이 든다. / 하는 일마다 제대로 안 되자 그는 무력감에 빠졌다.

무력-증(無力症)[무력쯩]**명**《의학》〈우울증〉나이가 들거나 병에 걸리거나 하여 온몸에 기운이 없고 힘을 쓰지 못하게 되는 증상.¶무력증에 빠지다. / 원장 자신이 과거에 심한 무력증에 걸려 가지고 고통을 겪어 본 분이어서 아주 열심이세요.

무력-하다(無力하다)[무려카다]**형**〈우울증〉힘이 없다.¶이번의 실패로 내가 얼마나 무력한지 절감하게 되었다. / 아버지의 얼굴은 힘들고 지친 삶으로 무력해 보였다 / 펜의 무력함과 언어의 죄 많음은 여전히 나를 괴롭힌다.

무릎 관절통 (무릎關節痛) **명구**《의학》〈일반통증〉무릎의 뼈마디가 쑤시면서 몹시 아픈 증세 ¶중년 이후 무릎 관절통을 일으키는 가장 흔한 원인은 퇴행성 관절염(일명 골관절염)이며, 그다음은 반월상 연골 손상, 류머티스 관절염, 감염성 관절염, 통풍 등이다.

무산-증 (無酸症)[무산쯩]**명**《의학》〈위염/위장병〉위액(胃液) 속에 염산이 전혀 포함되어 있지 않은 병. 위산이 없으므로 음식물의 소화가 어려워져 설사가 생기며 식후에 위가 무겁게 부푼 듯한 느낌이 있는데, 만성 위염이나 위암 따위와 함께 발생하는 일이 많다.〈참〉위산감소증(胃酸減小症), 위산과다증(胃酸過多症)〈유〉무염산증(無鹽酸症)

무식욕-증 (無食慾症)[무시곡쯩]**명**《의학》〈섭식 장애〉시상 하부에 있는 공복 중추의 기능 저하 혹은 포만 중추의 기능 항진으로 인하여 식욕이 없는 상태.〈유〉식욕상실(食慾喪失) ¶어릴때부터 무식욕증으로 고생을 많이했어요.

무염산-증 (無鹽酸症)[무염산쯩]**명**《의학》〈위염/위장병〉위액(胃液) 속에 염산이 전혀 포함되어 있지 않은 병. 위산이 없으므로 음식물의 소화가 어려워져 설사가 생기며 식후에 위가 무겁게 부푼 듯한 느낌이 있는데, 만성 위염이나 위암 따위와 함께 발생하는 일이 많다.〈유〉무산증(無酸症)

무-의지 (無意志)[무의지/무이지]**명**《심리》〈우울증〉사고나 행위를 시발하는 능력이 감소되어 뜻을 굳히지 못하고 행위를 할 수 없게 되는 멍한 상태. 정신병이나 신경증 환자에게서 흔히 나타난다.

무좀( )[무좀]**명**《의학》〈피부병〉백선균이나 효모균이 손바닥이나 발바닥, 특히 발가락 사이에 많이 침입하여 생기는 전염 피부병. 물집이 잡히고 부스럼이 돋으며 피부 껍질이 벗어지기도 하고 몹시 가려운 것이 특징인데, 봄부터 여름까지 심하고 겨울에는 다소 약하다. ¶무좀에 걸리다. / 무좀이 심하다. / 발바닥이 무좀으로 근질거린다.

무지근-하다( )[무지근하다]**형**〈일반통증〉머리가 띵하고 무겁거나 가슴, 팔다

리 따위가 무엇에 눌리는 듯이 무겁다.〈준〉무직하다 ¶어제 온종일 혼자 큰
물이 휩쓸어 버린 둑에서 돌을 들어 올렸더니 팔다리가 무지근하고 허리가
뻑적지근하여 아무 일도 하고 싶지가 않았다.

무직-하다 ( )[무지카다]휑〈일반통증〉(몸의 일부가) 떵하고 무엇에 눌린 것처
럼 몸이 무겁다.〈본〉무지근하다 ¶진희는 아이를 안은 한쪽 팔이 무직하니
아파 왔으나 내색하지 않았다.

무치아-증(無齒牙症)[무치아쯩]명《의학》〈치통〉선천적으로 일부 또는 모든
치아가 결여되는 증상.

무통(無痛)[무통]명〈일반통증〉아픔이 없음. ¶그는 치과에서 무통 치료를 해
준다는 말에 두려움을 없앨 수 있었다.

무통-법(無痛法)[무통뻡]명《의학》〈일반통증〉수술이나 기타 치료를 할 때
아프지 아니하게 처치하는 방법.

무통-약(無痛藥)[무통냑]명《약학》〈일반통증〉수술이나 기타 치료를 할 때 환
자가 통증을 느끼지 아니하도록 쓰는 약. 마취 약 따위가 있다.

묵지근-하다 ( )[묵찌근하다]휑〈일반통증〉'무지근하다'의 경남 방언.

묻힌-니 ( )[무친니]명《의학》〈치통〉전체 또는 부분이 잇몸 속에 묻혀 있는
이.

물개-쓸개 ( )[물깨쓸개]명《한의》〈눈병〉눈병 치료에 쓰는 수달의 쓸개. 맛이
쓰고 독이 없다.〈유〉수달담

물탓^가려움증(물탓가려움症)명구《의학》〈피부병〉물에 노출된 후 수 분 내
혹은 물에 대한 노출을 중단한 후에 나타나는, 바늘로 찌르는 듯한 심한 불
쾌감 따위의 증상.〈유〉물탓가려움

뭉글-거리다 ( )[뭉글거리다]동〈일반통증〉(사람의 속이) 먹은 것이 잘 삭지 않
아 가슴에 뭉치어 있는 듯한 느낌이 자꾸 들다.〈유〉뭉글대다 〈참〉뭉클거
리다, 몽글거리다 ¶밥을 급하게 먹었더니 속이 뭉글거린다.

뭉글-하다 ( )[뭉글하다]휑〈일반통증〉(사람의 속이) 먹은 것이 잘 삭지 않아

가슴에 뭉치어 있는 듯한 느낌이 있다. ¶밥을 먹자마자 버스를 탔더니 속이
뭉글하다.

뭉치다 ( )图〈일반통증〉(근육이) 갑자기 운동이나 일을 심하게 해서 **뻣뻣하게**
되다.

뭉클-거리다 ( )[뭉클거리다]图〈일반통증〉(사람의 속이) 먹은 것이 잘 삭지 않
아 가슴에 몹시 뭉치어 있는 듯한 느낌이 자꾸 들다.〈유〉뭉클대다〈참〉뭉
글거리다, 몽클거리다 ¶오랜만에 과식을 해서 속이 놀랐는지 뭉클거리고
영 입맛이 없네.

뭉클-대다 ( )[뭉클대다]图〈일반통증〉(사람의 속이) 먹은 것이 잘 삭지 않아
가슴에 몹시 뭉치어 있는 듯한 느낌이 자꾸 들다.〈유〉뭉클거리다〈참〉뭉
글대다, 몽클대다

뭉클-하다 ( )[뭉클하다]휑〈일반통증〉(사람의 속이) 먹은 것이 잘 삭지 않아
가슴이 몹시 뭉치어 있는 듯한 느낌이 있다.〈참〉뭉글하다, 몽클하다 ¶저녁
먹은 것이 아직 뭉클한 채 남아 있다.

미감 (微感)[미감]몡〈감기 - 몸살, 세기관지염〉가벼운 감기 기운. ¶스산한 가
을 날씨에 미감이 가시질 않는다.

미그레닌 (migraenin)몡《약학》〈두통〉안티피린 90퍼센트, 카페인 9퍼센트, 시
트르산 1퍼센트를 혼합하여 만든 진통제. 흰색의 가루로, 편두통·신경통의
치료 및 모르핀·니코틴 중독의 치료에 쓰인다.

미란성^위염 (糜爛性胃炎)몡구《의학》〈위염/위장병〉위 근육층의 관통 없이
압력이나 마찰로 벗겨지는 것 같은 옅은 궤양의 위염.〈유〉까진위염(까진胃
炎), 미란위염(糜爛胃炎) ¶속이 쓰리고 아플 때 위내시경을 해 보면 종종 미
란성 위염으로 판정된다. / 스트레스에 많이 노출되는 현대인들은 소화기
계 질병으로 역류성 식도염이나 미란성 위염을 가진 경우가 많았다.

미란^위염 (糜爛胃炎)몡구《의학》〈위염/위장병〉위 근육층의 관통 없이 압력
이나 마찰로 벗겨지는 것 같은 옅은 궤양의 위염.〈유〉까진위염(까진胃炎),

미란성위염(糜爛性胃炎)

미래^충격(未來衝擊)**명구**《사회 일반》〈우울증〉현대 사회의 아주 빠른 환경 변화에 잘 적응하지 못하여 일종의 방향 감각의 상실과 신경증 따위를 일으키게 되는 일.

미르타자핀(mirtazapine)**명**《약학》〈우울증〉항불안, 수면, 항구토, 식욕 촉진 작용을 하는 사환계 항우울약. 신경절에서 모노아민 수송체를 억제하여 모노아민의 신경절 활성을 증가시키며, 세로토닌 수용체와 알파 아드레날린 수용체에 대한 길항 작용도 있다. ⇒규범 표기는 미확정이다.

미릉골-통(眉稜骨痛)[미릉골통]**명**《한의》〈두통〉두통의 하나. 눈 위의 눈썹이 난 부위가 아픈 증상이다.

미숙아^망막^병증(未熟兒網膜病症)**명구**《의학》〈눈병〉보육기 안에서 산소 치유를 받은 미숙아에게 발생하기 쉬운 망막의 병. 미숙한 망막 혈관이 동맥피 산소 농도의 상승에 이상한 반응을 보여 약시가 되거나 실명하는 따위의 시력 장애를 나타낸다.

미식거리다( )**동**〈일반통증〉'메슥거리다'의 비표준어

미식대다( )**동**〈일반통증〉'메슥대다'의 비표준어

미식미식하다( )**동**〈일반통증〉'메슥메슥하다'의 비표준어

미안세린(mianserin)**명**《약학》〈우울증〉신경절에서 노르에피네프린과 세로토닌 수송체를 억제하여 노르에피네프린과 세로토닌의 신경절 활성을 증가시키는 삼환계 항우울약. 항우울, 항불안, 수면, 항히스타민 작용을 나타낸다. ⇒규범 표기는 미확정이다.

미열(微熱)[미열]**명**〈감기 - 몸살, 세기관지염〉그다지 높지 않은 몸의 열.〈참〉경열 ¶미열이 나다. / 감기 몸살이 올 때에는 미열과 오한이 생기곤 한다. / 초저녁부터 서서히 미열이 있기 시작하더니 클럽이 문을 닫을 무렵부터는 전신이 모닥불 속에 든 듯한 고열에 휘감겨….

한국어 질병 표현 어휘 사전 II

ㅂ

바깥^눈^근육^마비 (바깥눈筋肉痲痹)[명구]《의학》〈눈병〉안구를 움직이는 여섯 개의 안구 근육과 눈꺼풀 올림근 가운데 하나 이상의 근육에 마비가 온 것.〈유〉외안 근마비

바람머리 ( )[명]〈일반통증〉바람만 불면 머리가 아픈 증세.

바시트라신 (bacitracin)[명]《약학》〈피부병〉고름 딱지증, 털집염 따위에 사용하는 항생제.

바이러스^위염 (virus胃炎)[명구]《의학》〈위염/위장병〉바이러스의 감염으로 발생하는 급성 간염성 위염. 설사, 오심(惡心), 구토와 다른 여러 가지 전신적 증상이 나타난다.

박속-같다 ( )[박쏙깐따][형]〈피부병〉피부나 치아 따위가 곱고 하얗다. ¶어쩌면 살결이 저렇게도 흴까. 아주 박속같은걸. / 어머니는 힘없이 미소를 띠었다. 생긋 웃을 때에는 박속같은 고운 이가 가지런히 드러난다.

박피-술 (剝皮術)[박피술][명]《의학》〈피부병〉피부 표면에 있는 흉터나 흔적들을 깎아 내어 없애는 수술.〈유〉피부벗김술(皮膚벗김術)

박하-수 (薄荷水)[바카수][명]《한의》〈위염/위장병〉1. 위장약이나 양칫물로 쓰는 것. 미온 증류수와 박하유를 5 대 1의 비율로 섞어 잘 저어 가며 끓여서 식힌 다음, 축축한 여과지로 걸러 낸 물. 2. 위장약이나 양칫물로 쓰는 박하의 잎을 쪄서 받아 낸 물. 3. 위장약이나 양칫물로 쓰는 박하정(薄荷精)을 탄 물.

반상^출혈 (斑狀出血)[명구]《의학》〈피부병〉피부에 검보랏빛 얼룩점이 생기는 내출혈.

반위 (反胃)[바ː뉘][명]《한의》〈위염/위장병〉음식을 먹으면 구역질이 심하게 나며 먹은 것을 토해 내는 위병.〈유〉번위(反胃)

반응^위염 (反應胃炎)[명구]《의학》〈위염/위장병〉화학 물질이나 생체 내에서 존재하는 물질이 위장 내에 접촉할 경우에 발생하는 위장염의 일종. 대표적으로 약물, 술, 담즙에 의하여 유발되며 이 경우 염증은 있다고 하더라도 극

미하다. 〈유〉반응위병증(反應胃病症)

반표반리-증(半表半裏症)[반ː표발리쯩]圓《한의》〈일반통증〉병이 생긴 부위가 겉과 속의 중간에 있는 증상. 한열왕래가 일어나고 가슴과 옆구리가 아프며 마음이 초조하고 메스꺼우며 식욕이 부진하고 목이 마른다.

발반(發斑)[발반]圓《한의》〈피부병〉천연두·홍역 따위의 병을 앓을 때에, 열이 몹시 나서 피부에 발긋발긋하게 부스럼이 돋음. 또는 그 부스럼. ¶이튿날 아침 현류의 몸에는 틀림없는 성홍열 발반이 발갛게 솟아올랐다.

발반-되다(發斑되다)[발반되다/발반뒈다]圖《한의》〈피부병〉천연두·홍역 따위의 병을 앓을 때에, 열이 몹시 나서 피부에 발긋발긋하게 부스럼이 돋다.

발반-하다(發斑하다)[발반하다]圖《한의》〈피부병〉천연두·홍역 따위의 병을 앓을 때에, 열이 몹시 나서 피부에 발긋발긋하게 부스럼이 돋아나다. ¶두증이 발반하다

발변-하다(發變하다)[발변하다]圖〈피부병〉피가 살갗 가까이로 번져 나와 피부색이 변하다. ¶그의 피부는 술만 마시면 발변하기 때문에 각별히 조심해야 한다.

발적(發赤)[발쩍]圓《의학》〈피부병〉피부나 점막에 염증이 생겼을 때에 그 부분이 빨갛게 부어오르는 현상. 모세 혈관의 확장이 그 원인이다. ¶햇볕을 받으면 피부가 빨갛게 충혈되고 발적이 돋는 햇볕 알레르기 환자가 늘고 있다.

발제(髮際)[발쩨]圓《한의》〈피부병〉목뒤 머리털이 난 가장자리에 생기는 부스럼. 다른 부스럼보다 위험하다. 〈유〉발찌

발진(發疹)[발찐]圓《의학》〈피부병〉피부 부위에 작은 종기가 광범위하게 돋는 질환. 또는 그런 상태. 약물이나 감염으로 인해 발생한다. ¶발진이 돋다. / 발진을 일으키다. / 수포 같은 발진은 미세하고 투명해서 잘 보이지 않는다.

발진^전염병(發疹傳染病)명구《의학》〈피부병〉발진을 일으키는 전염병. 바이

러스 감염에 의한 천연두·풍진, 세균 감염에 의한 장티푸스 따위가 이에 속한다.

발진-하다 (發疹하다)[발찐하다] 동 《의학》〈피부병〉피부 부위에 작은 종기가 광범위하게 돋다. 약물이나 감염으로 인해 발생한다. ¶수두는 조용히 병상생활을 하면 발진한 후에는 자연히 치유된다.

발포-고 (發疱膏)[발포고] 명 《한의》〈피부병〉피부에 발라 물집을 생기게 하는 고약. 반묘(斑猫) 가루와 테레빈유로 만든다. 〈유〉발포제(發疱劑)

발포-제 (發疱劑)[발포제] 명 《한의》〈피부병〉피부에 발라 물집을 생기게 하는 고약. 반묘(斑猫) 가루와 테레빈유로 만든다. 〈유〉발포고(發疱膏)

밥-맛 ( )[밤맏] 명 〈섭식 장애〉밥을 비롯한 음식이 입에 당기어 먹고 싶은 상태. 〈유〉식욕(食慾) ¶밥맛이 나다. / 밥맛이 당기다. / 밥맛을 잃다. / 밥맛이 없다. / 너무 피곤해서 그런지 밥맛이 싹 가셨다. / 스트레스를 받으면 밥맛이 떨어지면서 살이 빠지는 사람이 있다.

밥풀-눈 ( )[밥풀룬] 명 《의학》〈눈병〉눈꺼풀에 밥알 같은 군살이 붙어 있는 눈.

방광^결석 (膀胱結石) 명구 《의학》〈신장병〉방광 속에 돌과 같은 물질이 생기는 병. 40~60세의 남자에게 많은 병으로, 오줌을 누는 데 장애가 되고 피가 나며 몹시 아프다.

방사선^암 (放射線癌) 명구 《의학》〈피부병〉방사선을 여러 번 쐰 사람이나 방사선을 직업적으로 다루는 사람에게 때로 생기는 피부암. 만성 피부염이 궤양으로 변질되었다가 피부암으로 되는 것이 일반적이다.

방사선^우식증 (放射線齲蝕症) 명구 《의학》〈치통〉머리와 목의 방사선 치료로 인해 생긴 구강 건조증 때문에 치아목 부위, 절단면 및 교두 끝에 충치가 생기는 증상.

방사선^치아우식 (放射線齒牙齲飾) 명구 《의학》〈치통〉생물학적으로 영향을 미치기에 충분한 양의 전리 방사선에 노출되어 생긴 치아우식증.

방사선^피부염 (放射線皮膚炎) 명구 《의학》〈위염/위장병〉엑스선이나 라듐 동

위 원소에서 나오는 베타선, 감마선 따위를 살갗에 쬐어서 일어나는 염증.〈유〉엑스선화상(X線火傷)

방사성^핵종^전산화^단층^촬영(放射性核種電算化斷層撮影) 명구 《의학》〈디스크 - 추간판탈출증〉방사성 핵종을 혈관에 주사하고 단층 촬영을 하는 방법. 폭이 좁은 엑스선을 이용하여 촬영함으로써 기관이나 조직의 단면 영상을 보여 준다.〈유〉방사성핵종전산화단층촬영술

방사성^핵종^전산화^단층^촬영술(放射性核種電算化單層撮影術) 명구 《의학》〈디스크 - 추간판탈출증〉방사성 핵종을 혈관에 주사하고 단층 촬영을 하는 방법. 폭이 좁은 엑스선을 이용하여 촬영함으로써 기관이나 조직의 단면 영상을 보여 준다.〈유〉방사성핵종전산화단층촬영술

방풍(防風)[방풍] 명 《식물》/《한의》〈일반통증〉산형과의 여러해살이풀인 '방풍'이나 '갯방풍'의 이년생 뿌리로 감기, 두통, 발한 따위에 쓴다.〈유〉방풍나물, 병풍나물(Ledebouriella seseloides)

배꼽^탈장(배꼽脫腸) 명구 《의학》〈내과〉복강 내에 존재하는 장기의 일부가 배꼽 부위로 비어져 나오는 일.

배농-법(排膿法)[배농뻡] 명 《의학》〈피부병〉상처 부위에서 고름 따위를 빼내는 방법.〈유〉고름배출술(고름排出術)

배앓이( )[배아리] 명 〈일반통증〉배를 앓는 병. 또는 배에 탈이 나서 아픔을 느끼는 일.〈유〉복통 ¶ 배앓이는 음식물이 상하기 쉬운 여름철에 흔하다. / 사기그릇을 깨듯 난장질을 치며 쑤셔 대는 배앓이로 금세 눈앞이 캄캄했다. 잠자던 아이가 배앓이를 하고 구역질을 하면서 쉴 새 없이 설사를 했다.

배통(背痛)[배ː통] 명 《한의》〈일반통증〉가슴막염, 폐결핵 따위로 등이 심하게 아픈 증상. 폐에 병이 생기면 숨이 차고 기침이 나며 기(氣)가 치밀어 오르고 어깨와 등이 아프며 땀이 난다. 또 사기(邪氣, 병이 나게 하는 나쁜 기)가 신(腎, 신장)에 있으면 어깨와 등과 목이 아프다.

백강홍(白降汞)[백깡홍] 명 《약학》〈눈병〉연고로 만들어 안염(眼炎), 결막염

따위의 눈병이나 옴 따위의 피부병을 치료하는 데 쓴다. 염화수은 수용액에
암모니아수를 더하여 생긴 백색 침전물을 걸러 건조하여 만든 흰 가루.

백-강홍 (白降汞)[백깡홍] 圀 《약학》〈피부병〉피부병을 치료하는 데 쓰는 약.
염화 수은 수용액에 암모니아수를 더하여 생긴 백색 침전물을 걸러 건조하
여 만든 흰 가루.

백강홍^연고 (白降汞軟膏) 명구 《약학》〈피부병〉피부병 따위를 치료하기 위하
여 바르는 약. 흰 바셀린에 흰색의 염화 수은아마이드를 5~10퍼센트 섞어
만든 것.

백교-향 (白膠香)[백꾜향] 圀 《한의》〈피부병〉종기나 피부병 따위에 쓰이는 단
풍나무의 진을 한방에서 이르는 말. 지혈하는 작용이 있다.〈유〉풍향지(楓
香脂)

백내장 (白內障)[뱅내장] 圀 《의학》〈눈병〉수정체가 회백색으로 흐려져서 시
력이 떨어지는 질병. 노화로 발병하는 경우가 가장 많으나 상처를 입거나
당뇨병을 앓아서 발병하기도 한다.〈참〉녹내장(綠內障)

백-독두창 (白禿頭瘡)[백똑뚜창] 圀 《한의》〈피부병〉위장 계통의 열 때문에 머
리에 나는 부스럼. 모양이 나병과 비슷하다.〈유〉나두창(癩頭瘡)

백라-창 (白癩瘡)[뱅나창] 圀 《한의》〈피부병〉피부병의 하나. 피부에서 나오는
기름이 말라붙어서 회백색으로 되었다가 마른버짐처럼 떨어진다.

백면-사 (白面痧)[뱅면사] 圀 《한의》〈피부병〉홍역 따위로 발진이 돋을 때 얼굴
이나 코 주위에만 발진이 나타나지 않는 증상.

백미-병 (白米病)[뱅미뼝] 圀 《의학》〈일반통증〉백미를 주식으로 하여 비타민
비 원(B1)이 결핍되어 생기는 병. 두통, 식욕 부진, 불면, 설사, 각기 따위의
증상이 있다.

백박풍 (白駁風)[백빡풍] 圀 《한의》〈피부병〉피부에 얼룩 반점이 생기는 것.

백반 (白斑)[백빤] 圀 《의학》〈피부병〉피부의 한 부분에 멜라닌 색소가 없어져
흰색 반점이 생기는 병.〈유〉백반증(白斑症)

백반-증 (白斑症) [백빤쯩] **명** 《의학》 〈피부병〉 피부의 한 부분에 멜라닌 색소가 없어져 흰색 반점이 생기는 병. 〈유〉백반(白斑)

백비-풍 (白疕風) [백삐풍] **명** 《한의》 〈피부병〉 버짐의 하나. 주로 머리 부위에 많이 생기는데 몹시 가려우며 흰 비듬이 많이 생긴다.

백선 (白癬) [백썬] **명** 《의학》 〈피부병〉 피부 진균의 침입으로 생기는 전염 피부병을 통틀어 이르는 말. 표피나 진피가 변화하여 피부의 빛깔이 변하고 살갗이나 털이 떨어지며 얼룩이 생긴다.

백선-균 (白癬菌) [백썬균] **명** 《보건 일반》 〈피부병〉 두부 백선, 샅백선증, 무좀 따위의 병원균으로 피부 진균증을 일으키는 균.

백선^종창 (白癬腫脹) **명구** 《의학》 〈피부병〉 머리에 생기는 피부병의 하나. 군데군데 둥글고 붉은 반점이 생기고 나중에는 머리털이 빠진다. 〈참〉원형탈모증(圓形脫毛症) 〈유〉독창(禿瘡)

백선-피 (白鮮皮) [백썬피] **명** 《한의》 〈피부병〉 황달과 피부병 따위에 쓰이는 백선 뿌리의 껍질을 한방에서 이르는 말. 성질이 차고 맛이 쓰다.

백설-풍 (白屑風) [백썰풍] **명** 《한의》 〈피부병〉 머리가 늘 가려우며 비듬이 생기는 피부병. 〈유〉두풍백설(頭風白屑)

백악질^과다증 (白惡質過多症) **명구** 《의학》 〈치통〉 치아의 시멘트질이 과다하게 증식한 상태.

백지 (白芷) [백찌] **명** 《한의》 〈일반통증〉 구릿대의 뿌리. 감기로 인한 두통이나 요통, 비연(鼻淵) 따위에 쓰며 종기에 외과약으로도 쓴다. 〈유〉구릿대뿌리, 단귀, 지.

백해구통 (百骸俱痛) [배캐구통] **명** 〈일반통증〉 온몸이 아프지 않은 곳이 없이 다 아픔.

백해구통하다 (百骸俱痛하다) [배캐구통하다] **형** 〈일반통증〉 온몸이 아프지 않은 곳이 없이 다 아프다.

백혈구^감소증 (白血球減少症) **명구** 《의학》 〈감기 - 몸살, 세기관지염〉 백혈구의 수가 정상보다 적어지는 증상. 홍역, 풍진, 유행성 감기 따위를 앓거나 장티푸스에 걸린 초기, 또는 방사선을 비춘 뒤에 나타나는 증상이다.

백호-탕 (白虎湯)[배코탕]**명**《한의》〈감기 - 몸살, 세기관지염〉감기나 폐렴 따위의 열성 전염병에 쓰는 약. 입안이 마르고 몸이 뜨겁게 달아오르는 열증에 쓰는 처방이다.

버짐 ( )[버짐]**명**《한의》〈피부병〉백선균에 의하여 일어나는 피부병. 마른버짐, 진버짐 따위가 있는데 주로 얼굴에 생긴다.〈유〉선창(癬瘡) ¶버짐이 피다. / 달처럼 둥글둥글하던 얼굴은 메주처럼 길어지기만 했고, 메주에 곰팡이 슬듯, 허연 버짐이 더께더께 번져 있는 것이었다.

버짐-약 (버짐藥)[버짐냑]**명**《약학》〈피부병〉버짐이나 무좀 따위의 피부병을 치료하는 물약. 살리실산, 글리세린, 알코올 따위가 들어 있다.

벅적지근-하다 ( )[벅쩍찌근하다]**형**〈디스크 - 추간판탈출증〉/〈일반통증〉몸이 뻐근하게 아픈 느낌이 있다. '뻑적지근하다'보다 여린 느낌을 준다. ¶벅적지근한 몸이 무겁게 느껴진다. / 아랫도리가 벅적지근하게 아프다 / 어제 체육 시간에 오래달리기를 해서 다리가 벅적지근하다.

번갈 (煩渴)[번갈]**명**《한의》〈일반통증〉가슴이 답답하고 열이 나며 목이 마르는 증상.

번위 (反胃)[버뉘]**명**《한의》〈위염/위장병〉음식을 먹으면 구역질이 심하게 나며 먹은 것을 토해 내는 위병.〈유〉반위(反胃), 위반(胃反)

번피-창 (飜皮瘡)[번피창]**명**《한의》〈눈병〉눈꺼풀이 밖으로 뒤집어진 증상.

범세기관지-염 (汎細氣管支炎)[범ː세기관지염]**명구**《의학》〈감기 - 몸살, 세기관지염〉세기관지에서 나타나는 특발성 염증과 막힘 증상. 나중에 기관지 확장증을 동반한다.

범유행^인플루엔자 (汎流行influenza)**명구**《보건 일반》〈감기 - 몸살, 세기관지염〉부정기적으로 전 세계를 휩쓰는 인플루엔자.

벗겨-지다 ( )**동**〈피부병〉피부나 거죽 따위가 일어나 속이 드러나게 되다. ¶살갗이 벗겨지다. / 아들아이가 돌부리에 걸려 넘어지면서 무릎이 벗겨졌다. / 아기의 엉덩이가 심한 기저귀 발진으로 허물이 벗겨졌다.

벗어-지다 ( )[버서지다]동〈피부병〉피부나 거죽 따위가 깎이거나 일어나다. ¶넘어져서 무릎이 벗어졌다. / 책상 모서리에 부딪혀 살갗이 벗어지고 피가 났다. / 햇볕을 오래 쬐었더니 얼굴이 하얗게 벗어졌다.

베라파밀 (verapamil)명《약학》〈일반통증〉부정맥 치료제의 하나. 부작용으로 순환 계통 과민증, 두통, 어지러움 따위가 나타나기도 한다.

벤라팍신 (venlafaxine)명《약학》〈우울증〉우울증, 범불안 장애 따위의 치료에 사용하는 약. ⇒규범 표기는 미확정이다.

벤-상처 (벤傷處)[벤상처]명《의학》〈피부병〉칼이나 유리 조각 따위의 예리한 날에 베인 상처. 〈유〉절창

벤젠^중독 (benzene中毒)명구《의학》〈일반통증〉벤젠 가스를 흡입(吸入)하거나 벤젠을 피부로 흡수하여 생기는 중독. 얼굴이 창백하게 되고 현기증, 구토, 호흡 곤란, 인두통(咽頭痛), 내출혈 따위를 일으켜 혼수상태에 빠진다. 〈유〉벤젠 중독

벤졸^중독 (benzol中毒)명구《의학》〈일반통증〉벤젠 가스를 흡입(吸入)하거나 벤젠을 피부로 흡수하여 생기는 중독. 얼굴이 창백하게 되고 현기증, 구토, 호흡 곤란, 인두통(咽頭痛), 내출혈 따위를 일으켜 혼수상태에 빠진다. 〈유〉벤졸 중독

벼락 두통 (벼락頭痛)명구《의학》〈일반통증〉질병으로 인해 갑자기 발생하는 매우 심한 두통. ¶평소와 다른 매우 큰 두통이 갑자기 발생하는 벼락 두통이 나타난다면, 뇌동맥류 때문에 나타나는 증상일 수 있다.

변두 (邊頭)[변두]명《의학》〈두통〉편두통을 앓는 한쪽 머리.

변두(를) 놓다 ( )동구〈두통〉편두통을 고치기 위하여 침을 놓다.

변두(를) 맞다 ( )동구〈두통〉편두통을 고치기 위하여 침을 맞다. ¶머리가 아파서 읍내에서 용하다는 침쟁이에게 변두를 맞았다.

변두통(邊頭痛)[변두통]명《한의》〈일반통증〉편두통을 한방에서 이르는 말.〈유〉변두풍(邊頭風)

변두-통(邊頭痛)[변두통]명《한의》〈두통〉편두통을 한방에서 이르는 말.〈유〉변두풍

변두-풍(邊頭風)[변두풍]명《한의》〈두통〉편두통을 한방에서 이르는 말.〈유〉변두통

변이^코로나바이러스(變異coronavirus)명구《보건 일반》〈감기 - 몸살, 세기관지염〉감기를 일으키는 바이러스 가운데 하나인 코로나바이러스의 변이로 생겨난 바이러스.〈유〉변이코로나, 변종코로나바이러스¶영국발 변이 코로나바이러스가 유럽 등으로 번지자 각국이 문을 걸어 잠그기 시작했다. / 이 변이 코로나바이러스는 지금까지 남아공과 보츠와나, 홍콩에서 최소 59건이 발견됐다.

변종^코로나바이러스(變種coronavirus)명구《보건 일반》〈감기 - 몸살, 세기관지염〉감기를 일으키는 바이러스 가운데 하나인 코로나바이러스의 변이로 생겨난 바이러스.〈유〉변이코로나, 변이코로나바이러스¶이에 반해 일부 전문가들은 변종 코로나바이러스를 독감 바이러스 정도로 이해해 줄 것을 당부하고 있다. / 지난해에는 변종 코로나바이러스가 중국, 홍콩, 싱가포르, 캐나다 등에 전염성 폐렴을 몰고 오면서 800여 명의 사망자를 냈다.

변통(便痛)[변통]명《한의》〈일반통증〉대변을 볼 때 통증이 있는 증상.¶그래서 너나없이 상습 변비 증세에 걸리기 쉬운데 변비에 걸린 사람들에게는 특히 섬유질은 단순히 변통을 도울 뿐만 아니라, 장 속의 독소를 흡수하여 배설시키는 신비한 역할까지 한다고 한다.

별-수염풀(별鬚髥풀)[별ː수염풀]명《식물》〈치통〉한방에서 치통, 안질 따위의 약재로 쓰는 곡정초과의 한해살이풀. 수염뿌리가 나고 줄기는 없으며, 잎은 뿌리에서 뭉쳐나고 피침 모양이다. 늦여름에 흰 꽃이 꽃줄기 끝에 하나씩 핀다. 연못이나 논에서 자라는데 한국, 일본, 중국, 필리핀 등지에 분

포한다. 〈유〉곡정초(穀精草)

병통(病痛)[병ː통-]**명**〈일반통증〉병으로 인한 아픔. ¶포교승의 말로가 6신통(六神通) 대신 6병통(六病通)이 된다는 말, 다시 새겨 보며 여섯 가지 병통을 모두 다 지니고 병원에서 아니, 길거리에서 쓰러진다 해도 포교승답게 살다 가리라고 다짐해 본다.

보깨다( )[보깨다]**동**〈일반통증〉먹은 것이 소화가 잘 안 되어 속이 답답하고 거북하게 느껴지다. ¶어제저녁 내내 속이 보깨어 혼났다. / "괜찮습니다. 아침에 무어 좀 먹은 것이 보깨는 듯합니다." 하고 얼른 변명을 한다.

보대끼다( )[보대끼다]**동**〈일반통증〉(사람이) 탈이 나서 뱃속이 몹시 쓰리거나 울렁울렁하다. ¶속이 보대껴 식사를 못 했다. / 먹은 것이 체했는지 보대껴.

보습-하다(補濕하다)[보ː스파다]**동**〈피부병〉피부 등에 수분을 보충하다. ¶먹는 나이는 어쩔 수 없지만 노화의 상징인 목의 주름 개선은 노력하기에 달렸다. 자외선을 차단하고 수분을 충분히 보습하는 등 평소 관리를 잘하면 목의 나이도 젊어 보이게 할 수 있다는 게 전문의들의 얘기다. / 금세 건조해지는 손에 수시로 핸드크림을 발라 보습하고 장갑을 꼭 착용한다.

보엔-병(Bowen病)**명**《의학》〈피부병〉암의 전 단계로 나타나는 피부병의 하나. 경계가 분명한 적갈색의 편평한 물집이 생기며 그 표면은 비후(肥厚)하여 비늘 껍질처럼 되는데, 1912년 미국의 의사 보엔(Bowen, J.)이 보고하였다. 〈참〉비소중독(砒素中毒)

보통^건선(普通乾癬)**명구**《의학》〈피부병〉선균(癬菌)에 의하여 전염되는 피부병. 처음 발진은 선홍색이나 홍갈색으로 점점 범위가 넓어진다.

보통^루푸스(普通lupous)**명구**《의학》〈피부병〉코 언저리에 많이 생기는 결핵성 피부염. 황적색이나 홍갈색의 발진으로 시작된다.

보통^백반(普通白斑)**명구**《의학》〈피부병〉경계가 뚜렷한 흰색의 반점이 생기는 피부병. 가려움 따위의 자각 증상은 없으나 반점의 형태가 점점 커지고 수도 많아진다.

복통 (腹痛) [복통] 몡 〈일반통증〉복부에 일어나는 통증을 통틀어 이르는
말. 〈유〉배앓이 ¶복통이 심해서 움직일 수가 없다. / 무얼 잘못 먹었는지 갑
자기 복통이 일어났다.

본태^가려움증 (本態가려움症) 몡귀 《의학》〈피부병〉피부의 병터와는 무관하게
생기는 가려움증.

본태성^소양증 (本態性瘙痒症) 몡귀 《의학》〈피부병〉특별한 피부의 병터가 없
이 나타나는 가려움증.

봄^감기 (봄感氣) 몡귀 《의학》〈감기 - 몸살, 세기관지염〉봄에 걸리는 감기. ¶
봄 감기와 봄철에 자주 오게 되는 알레르기성 비염을 혼동하는 경우가 많
다. / 땀 배출이 잘 되는 셔츠 위에 방수, 방풍력이 우수한 고기능성 아웃도
어 재킷을 입으면 간편하게 체온 조절이 가능해 꽃놀이 후 걸리기 쉬운 봄
감기를 피할 수 있다.

봄철^결막염 (봄철結膜炎) 몡귀 《의학》〈눈병〉눈꺼풀 안쪽에 구진(丘疹)이 생
기고, 삼출액이 나타나며 가렵고 눈이 부시는 결막염. 봄부터 여름에 걸쳐
증상이 심하고 몇 년 동안 반복된다. 초등학교 정도의 소년기에 많다. 〈유〉
춘계결막염

봉소-염 (蜂巢炎) [봉소염] 몡 《의학》〈피부병〉피부밑 또는 근육이나 내장 주위
의, 결합 조직이 거친 부위에 생기는 급성 고름염. 포도상 구균이나 연쇄상
구균에 의하여 일어난다. 국소는 빨갛게 붓고 아프다. 〈유〉연조직염(軟組織
炎)

부기 (浮氣) [부기] 몡 《의학》〈내과〉부종(浮腫)으로 인하여 부은 상태. ¶부기가
오르다. 부기가 내리다. 부기를 빼다.

부다듯하다 (   ) [부다드타다] 혱 〈일반통증〉(사람이나 그 몸이) 열이 나서 매우
뜨겁다. ¶감기가 들어서 몸이 부다듯하고 여기저기가 쑤신다.

부대끼다 (   ) [부대끼다] 동 〈일반통증〉(사람이) 배 속이 크게 불편하여 쓰리거

나 울렁울렁하다. ¶낮에 음식을 잘못 먹었는지 속이 부대껴서 하루 종일 혼
났다.

부비강-염(副鼻腔炎)[부:비강념]몡《의학》〈감기〉몸속의 공간에 고름이 괴는
병. 특히 코곁굴 점막의 염증을 이른다. 두통 따위를 일으키고 때로는 악취
가 나는 분비물이 코에서 나온다.〈유〉코곁굴염

부스럼( )[부스럼]몡〈피부병〉피부에 나는 종기를 통틀어 이르는 말. ¶부스
럼 딱지. / 부스럼이 돋다. / 온몸에 부스럼이 나다.

부스럼이 살 될까( )〔속담〕이미 그릇된 일이 다시 잘될 리 없다는 말.〈유〉고름이
살 되랴.

부식^위염(腐蝕胃炎)몡구《의학》〈위염/위장병〉부식성 화학 물질을 복용한
후 발생한 급성 위염. 위 점막에 손상이 발생하며 심하면 위벽 전체에 염증
을 유발한다.〈유〉화학위염(化學胃炎)

부자-이중환(附子理中丸)[부:자이중환]몡《한의》〈위염/위장병〉건위제(健胃
劑)로 쓰는 환약. 짙은 밤색을 띠고 있으며 특이한 냄새와 고유한 여러 가지
맛이 난다. 백부자의 덩이뿌리, 삽주 땅속줄기, 감초, 인삼, 마른 생강 따위
를 꿀로 반죽하여 만든다.

부-저루(浮疽瘻)[부저루]몡《한의》〈일반통증〉곪은 구멍의 언저리가 부어서
허는 병. 주로 목이나 겨드랑이 아래에 생긴다.

부정^상아질(不正象牙質)몡구《의학》〈치통〉치아가 형성된 이후 정상적인 노
화 과정이나 외상, 치아우식과 같은 병적인 상태에서 규칙성이 없이 새롭게
형성되는 상아질.

부종1(腐腫)[부:종]몡《한의》〈내과〉염증 속에서 살이 상하면서 고름이 나오
는 증상.

부종2(浮腫)[부종]몡《한의》〈내과〉몸이 붓는 증상. 심장병이나 콩팥병 또는
몸의 어느 한 부분의 혈액 순환 장애로 생긴다.〈유〉부증(浮症), 붓는병(붓
는病)

부증(浮症)[부증]명《한의》〈내과〉몸이 붓는 증상. 심장병이나 콩팥병 또는 몸의 어느 한 부분의 혈액 순환 장애로 생긴다.〈유〉부종 ¶붕대도 풀어지고 상처와 부증이 가신 명철의 얼굴은 단정했다. ≪선우휘, 깃발 없는 기수≫

부프로피온(bupropion)명《약학》〈우울증〉우울증 치료제로 개발되었으나 니코틴 중독 해소 작용이 있어 금연을 목적으로 사용되는 약. 신경절에서 노르에피네프린과 도파민 수송체를 억제하여 노르에피네프린과 도파민의 신경절 활성을 증가시킨다. ⇒규범 표기는 미확정이다.

분(憤/忿)[분:]명〈우울증〉억울하고 원통한 마음.〈유〉분심 ¶분을 삭이다. / 분을 참다. / 분이 삭다.

분노(憤怒/忿怒)[분:노]명〈우울증〉분개하여 몹시 성을 냄. 또는 그렇게 내는 성.〈유〉분에 ¶분노가 솟구치다. / 분노가 폭발하다. / 분노가 가라앉다.

분노^발작(憤怒發作)명구《의학》〈우울증〉신경질이 있는 아이에게서 볼 수 있는 경련. 웃거나 울거나 하는 흥분 상태에 있을 때, 내쉬는 숨만 있고 들이마시는 숨이 없어 얼굴이 창백해지며 갑자기 숨이 꽉 막히는 증상이 일어나고, 심한 경우에는 질식하는 경우도 있다.

분노-심(憤怒心)[분:노심]명〈우울증〉분한 마음이나 성이 난 마음.

분노-하다(憤怒하다)[분:노하다]동〈우울증〉분개하여 몹시 성을 내다.〈유〉분에하다 ¶농민들은 가혹한 강제 공출에 분노했다. / 나는 그가 나를 속였다는 사실에 분노했다. / 그들은 현실의 부조리에 대하여 분노했다.

분만^후^신경증(分娩後神經症)명구《의학》〈우울증〉분만 후에 일시적으로 기질성 뇌 증후군'과 비슷한 증상을 보이는 정신증. 분만 후 수일에서 2~3주 내에 발병하며, 심한 경우 자살이나 영아 살해의 위험성이 높다. '유병률'은 0.1~0.2퍼센트 정도이며, 특히 초산이거나 정신 장애의 가족력이나 과거력 따위가 있는 경우에 더 높다.〈유〉산후신경증

분만^후^우울^기분(分娩後憂鬱氣分)명구《의학》〈우울증〉분만 후 3~6일 이내에 흔히 일어날 수 있는 비교적 가볍고 일시적인 우울 증상. 2주 이내의 기

간 동안 쉽게 슬퍼하며 눈물을 흘리는 양상을 보이며, 여성의 85퍼센트가 경험한다.〈유〉산후우울, 산후우울기분

분만^후^우울증(分娩後憂鬱症)〖명구〗《의학》〈우울증〉분만 후에 생기는 우울 증상. 슬프고 침울한 기분, 식욕 상실과 체중 감소, 불면과 악몽, 무기력과 피로, 두통이 자주 보인다. 분만 후 첫 주에 시작되어 2주 이내에 대부분 정상으로 돌아오지만, 드물게는 몇 달 동안 지속되기도 한다.〈유〉산후우울증, 산후울증

분만^후^정신병(分娩後精神病)〖명구〗《의학》〈우울증〉분만 후 여성에게 생기는, 우울증을 동반하는 급성 정신 장애.

분열^정동성(分裂情動性)〖명구〗《의학》〈우울증〉초기에는 조울적 감정의 증상을 보이다가 점차 여러 가지 분열증적 증상이 뚜렷이 나타나는 현상. 급성으로 발병하는데, 완벽을 기하는 사람이나 젊은 사람에게 많으며 주기성의 경과를 보인다.〈유〉분열정동형, 정신분열정동

분열^정동성^장애(分裂情動性障礙)〖명구〗《의학》〈우울증〉양극성 기분 장애와 조현병이 동시에 드러나는 증상.

분열^정동형(分裂情動型)〖명구〗《의학》〈우울증〉초기에는 조울적 감정의 증상을 보이다가 점차 여러 가지 분열증적 증상이 뚜렷이 나타나는 현상. 급성으로 발병하는데, 완벽을 기하는 사람이나 젊은 사람에게 많으며 주기성의 경과를 보인다.〈유〉분열정동성, 정신분열정동

분열^정동형^정신병(分裂情動型精神病)〖명구〗《의학》〈우울증〉초기에는 조울증이나 감정 불안과 같은 전조 증상을 보이다가 점차 여러 가지 분열증적 증상이 명확하게 나타나는 정신병. 급성으로 발병하는데, 젊은이에게 많고 주기적으로 발생한다〈유〉분열정동병

분울-하다(憤鬱하다)[부:눌하다]〖형〗〈우울증〉분한 마음이 일어나 답답하다. ¶의탁할 곳 없는 노동자들이 분울함을 이기지 못하여 장차 경찰서와 헌병대에 호소할 터이라더라.

분이 꼭두까지 나다[올라오다] ( )〔동구〕〈우울증〉분한 마음이 몹시 일어나다. ¶분이 꼭두까지 난 막봉이가 "이놈은 또 웬 놈이야?" 하고 주먹으로 그 사람을 치려고 하니…. / 김삼보는, 그놈의 상판을 보니까 참았던 분이 꼭두까지 올라온다.

분청(糞淸)[분청]〔명〕《한의》〈감기 - 몸살, 세기관지염〉해수(咳嗽)와 감기 따위에 쓰는 탕약. 사람의 똥과 쌀겨, 그리고 감초 가루 따위를 넣어서 만든다.〈유〉금즙

분통(憤痛)[분ː통]〔명〕〈우울증〉/〈일반통증〉몹시 분하여 마음이 쓰리고 아픔. 또는 그런 마음.〈유〉열통 ¶분통이 터지다. / 분통을 삭이다. / 분통을 터뜨리다.

분통스럽다(憤痛스럽다)[분통스럽따]〔형〕〈일반통증〉몹시 분하여 마음이 쓰리고 아픈 데가 있다. ¶내 비록 뜻이 있어도 그 무리들을 다스려 바른 바 도리를 가르쳐 보려 해도 가진 힘 없음이 오직 분통스러울 따름이다. / 자신들의 농토를 동척에 빼앗기고 만 것도 억울한 판에 이주 온 일본인의 소작인이 되었다는 사실이 더욱 분통스러웠다.

분-하다(憤하다/忿하다)[분ː하다]〔형〕〈우울증〉억울한 일을 당하여 화나고 원통하다. ¶그는 믿었던 사람에게 배신당한 것이 무엇보다 분했다. / 빚은 빚대로 짊어지고, 열 마리나 되는 닭만 고스란히 날려 보낸 셈이라 아깝고 분하기만 하다. / 말단 순경들에게까지 굽신거리는 신세가 된 것이 정 사장으로서는 그렇게 분하고 원통할 수가 없었다.

분-히(憤히/忿히)[분ː히]〔부〕〈우울증〉억울한 일을 당하여 화나고 원통하게. ¶그는 자기 잘못은 생각하지 않고 벌받은 것만 분히 여겼다.

불규칙^열(不規則熱)〔명구〕《의학》〈감기 - 몸살, 세기관지염〉하루 동안 열이 일정하지 않게 나며, 지속 시간도 다르고 일정한 특징도 없는 열. 류머티즘, 패혈증, 유행성 감기, 가슴막염, 적리 따위에서 나타난다.

불면-병(不眠病)[불면뼝]〔명〕《의학》〈우울증〉밤에 잠을 자지 못하는 증상. 신

경증, 우울증, 조현병 따위의 경우에 나타나며 그 외에도 몸의 상태가 나쁘거나 흥분하였을 때에 생긴다.〈유〉불면증

불면-증(不眠症)[불면쯩]**명**《의학》〈우울증〉밤에 잠을 자지 못하는 증상. 신경증, 우울증, 조현병 따위의 경우에 나타나며 그 외에도 몸의 상태가 나쁘거나 흥분하였을 때에 생긴다.〈유〉불면병 ¶불면증 환자. / 불면증에 걸리다. / 불면증으로 고생하다.

불소(弗素)[불쏘]**명**《화학》〈치통〉할로겐 원소의 하나. 자극적인 냄새가 나는 연한 누런빛을 띤 녹색 기체로, 화학적 작용이 강하여 질소 이외의 모든 원소와 화합한다. 냉매, 수지, 방부제, 불연성 가스, 충치 예방제 따위를 만드는 데 쓴다. 원자 기호는 F, 원자 번호는 9, 원자량은 18.9984.=플루오린.〈유〉플루오르 플루오린

불소치약(弗素齒藥)[불쏘치약]**명**〈치통〉플루오린을 알맞게 섞어서 만든 치약. 플루오린에는 치아에 해로운 효소를 없애는 효과가 있다.

불승분노(不勝憤怒)[불씅분노]**명**〈우울증〉분노를 참지 못함.

불승분노-하다(不勝憤怒하다)[불씅분노하다]**동**〈우울증〉분노를 참지 못하다. 분노를 참지 못하다.

불안^신경증(不安神經症)**명구**《심리》〈우울증〉만성적인 불안감이나 급격한 불안 발작 따위가 주된 증상인 신경증. 심장 박동이나 호흡이 중지될지도 모른다든가 가슴이 답답한 느낌과 같은 신경증적 불안을 수반한다.

불안-증(不安症)[부란쯩]**명**《심리》〈우울증〉타당한 이유 없이 저절로 근심스럽고 초조해지고 무섭기까지 한 병적 증상. 일부 신경증, 우울증, 조현병 따위에서 나타난다. ¶에이엠(AM)이나 카세트테이프로 음악을 들려주면 단박 에프엠(FM)이 아니라는 걸 알고 심한 불안증이나 발광 상태에 빠진다.

불완전^상아질^발생증(不完全象牙質發生症)**명구**《의학》〈치통〉상아질의 형성과 석회화의 결함에 의하여 치아가 갈색 또는 청색의 젖빛으로 나타나는 유전병. 유치와 영구치 모두에서 나타난다.

불환금-정기산(不換金正氣散)[불환금정기산]**명**《한의》〈감기 - 몸살, 세기관
지염〉식체(食滯)에 감기가 겹쳐서 생긴 두통이나 오한, 발열 증세에 쓰는
탕약.

불환금-정기산(不換金正氣散)[불환금정기산]**명**《한의》〈두통〉식체(食滯)에
감기가 겹쳐서 생긴 두통이나 오한, 발열 증세에 쓰는 탕약.

붓는-병(붓는病)[분:는병]**명**《한의》〈내과〉몸이 붓는 증상. 심장병이나 콩팥
병 또는 몸의 어느 한 부분의 혈액 순환 장애로 생긴다.〈유〉부종(浮腫), 부
증(浮症)

붓다( )[분:따]**동**〈일반통증〉살가죽이나 어떤 기관이 부풀어 오르다. ¶얼굴
이 붓다. / 병으로 간이 붓다. / 절제한 부위에 암이 재발할 때 나타나는 증
세는 절제한 쪽의 팔이 붓고 통증이 오는 것이다.

붕산^고약(硼酸膏藥)**명구**《약학》〈피부병〉보호제로서 살균성은 약하나 항균
성이 있어 피부병의 치료에 쓰는 연고. 붕산과 탈수 라놀린, 흰색 연고를 혼
합하여 만든다.〈유〉붕산연고(硼酸軟膏)

붕산^연고(硼酸軟膏)**명구**《약학》〈피부병〉보호제로서 살균성은 약하나 항균
성이 있어 피부병의 치료에 쓰는 연고. 붕산과 탈수 라놀린, 흰색 연고를 혼
합하여 만든다.〈유〉붕산고약(硼酸膏藥)

블랙^디스크(black disk)**명구**《의학》〈디스크 - 추간판탈출증〉디스크의 수분
이 감소하여 디스크의 섬유테가 찢어지고 검어지는 병. ¶당시 통증이 심해
정밀 검진을 받은 결과 블랙 디스크라는 판명을 받았다. / 허리나 다리 통증
이 지속되는 탈출 혹은 부풀어 오른 디스크, 또한 디스크가 검게 상한 블랙
디스크도 치료할 수 있다.

비-감모(鼻感冒)[비:감모]**명**《한의》〈감기 - 몸살, 세기관지염〉'코감기'를 한
방에서 이르는 말.

비구조적^측만증(非構造的側彎症)**명구**《의학》〈디스크 - 추간판탈출증〉척추
측만증의 한 형태. 척추에 구조적 변화가 없으며, 다른 원인에 의해 만곡이

생기는 중세이다. 〈참〉구조적측만증 ¶또한 청소년기에는 자세 이상이나 추간판 탈출증 등에 의한 비구조적 측만증이 발생하는 경우가 많은 것으로 전해지고 있다. / 비구조적 측만증은 척추의 구조적 문제가 아닌 다른 이유, 예를 들어 다리 길이 차이, 허리 디스크 등에 의한 통증으로 인해 척추가 일시적으로 휜 상태를 말한다.

비늘-증(비늘症)[비늘쯩]**명**《의학》〈피부병〉피부가 건조하여 고기비늘 모양으로 갈라지고 각질 증식이 일어나는 피부병. 유전성 과다 각화증의 하나로 보통 비늘증과 선천 비늘증으로 나눈다.

비대^위염(肥大胃炎)**명구**《의학》〈위염/위장병〉만성적으로 위장 점막이 증식하여 위장의 벽이 두터워지는, 위염의 한 종류.

비말^감염(飛沫感染)**명구**《의학》〈감기 - 몸살, 세기관지염〉환자의 기침과 더불어 퍼지는 병균으로 감염되는 일.〈유〉비말 전염, 포말 감염〈참〉기도 감염

비문증(飛蚊症)[비문쯩]**명**《의학》〈눈병〉안구의 유리체가 혼탁하거나 안저 출혈(眼底出血) 따위로 인하여 눈앞에 물체가 날아다니는 듯이 보이는 증상. 밝은 하늘이나 흰 면을 보았을 때, 시야에 희미하게 모기와 같은 것이 보이며, 시선을 움직이면 이동하는 것처럼 느껴진다.

비부-루(蚍蜉瘻)[비부루]**명**《한의》〈피부병〉부스럼의 구멍이 왕개미의 집처럼 되는 병. 목에 옴이나 버짐 따위가 생기면서 열이 몹시 난다.

비소^중독(砒素中毒)**명구**《의학》〈일반통증〉비소 화합물을 먹거나 비소화 수소 가스를 흡입하였을 때 일어나는 중독. 금속 정련, 아비산산 제조 따위에 종사하는 사람들의 직업병으로 주로 나타난다. 급성은 구토와 설사, 두통과 말초부(末梢部)의 통증, 위장염 따위가 일어나 죽음에 이르기도 하며, 만성은 피부에 발진이 생기고, 근육 위축을 수반하는 다발 근육염, 지각 장애 따위를 초래한다.〈참〉보엔병(Bowen病)

비소-진(砒素疹)[비ː소진]**명**《의학》〈피부병〉비소가 섞인 약을 바르거나 먹

은 뒤에 그 중독으로 피부에 생기는 발진.

비수(鼻水)[비ː수]**명**〈감기 - 몸살, 세기관지염〉콧구멍에서 흘러나오는 액체.〈유〉콧물

비수술적^치료(非手術的治療)**명구**《의학》〈디스크 - 추간판탈출증〉수술이 아닌 다른 방법으로 병이나 상처 따위를 잘 다스려 낫게 하는 방법. 또는 그런 치료.〈유〉비수술치료 ¶치핵이나 치열은 초기에는 비수술적 치료가 가능하다. / 따라서 디스크가 생겼다고 서둘러 수술을 하기보다는 비수술적 치료를 하면서 경과를 지켜보는 것이 좋다.

비수술적^치료법(非手術的治療法)**명구**《의학》〈디스크 - 추간판탈출증〉수술이 아닌 다른 방법으로 병이나 상처 따위를 잘 다스려 낫게 하는 방법.〈유〉비수술적요법 ¶이 질환은 과거에는 가슴을 여는 수술을 통해 심장에 생긴 구멍을 막는 치료가 시행됐으나 최근에는 국내외 많은 병원에서 비수술적 치료법을 잇따라 도입해 시행하고 있다. / 미혼이거나 출산 경험이 없는 여성의 경우 수술하면 향후 임신, 출산에 영향을 미치므로 약물 요법과 같은 비수술적 치료법이 절실했다.

비수술^치료(非手術治療)**명구**《의학》〈디스크 - 추간판탈출증〉수술이 아닌 다른 방법으로 병이나 상처 따위를 잘 다스려 낫게 하는 방법. 또는 그런 치료.〈유〉비수술적치료 ¶최근에는 허리 디스크에 비수술 치료가 대세로 자리 잡고 있다. / ○○○ 원장은 "어깨 통증에 대한 비수술 치료는 환자들이 느끼는 부담감과 수술에 대한 압박감을 줄여 주기 때문에 선호하는 것 같다."라며….

비액(鼻液)[비ː액]**명**〈감기 - 몸살, 세기관지염〉콧구멍에서 흘러나오는 액체.〈유〉콧물

비염(鼻炎)[비ː염]**명**《의학》〈감기〉코안 점막에 생기는 염증을 통틀어 이르는 말. 급성 코염·만성 코염·알레르기성 코염 따위가 있는데, 코가 막히고 콧물이 흐르며 두통과 기억력 감퇴를 가져오기도 한다.〈유〉코염

비영비영하다( )[비영비영하다]**형**〈일반통증〉(사람이) 병으로 몹시 야위어 기운이 없다. ¶비영비영하던 몸이 빠르게 회복되었다.

비창(痹瘡)[비창]**명**《한의》〈피부병〉땀띠가 심해져서 곪아 헌 데서 생긴 피부병.

비체(鼻涕)[비：체]**명**〈감기 - 몸살, 세기관지염〉콧구멍에서 흘러나오는 액체.〈유〉콧물

비-카타르(鼻catarrh)**명**《의학》〈감기〉코안 점막에 생기는 염증을 통틀어 이르는 말. 급성 코염·만성 코염·알레르기성 코염 따위가 있는데, 코가 막히고 콧물이 흐르며 두통과 기억력 감퇴를 가져오기도 한다.〈유〉코염

비통1(鼻痛)[비：통]**명**《한의》〈감기 - 몸살, 세기관지염〉감기 때문에 코가 막히고 아픈 병.

비통2(臂痛)[비：통]**명**《한의》〈일반통증〉팔이 저리거나 아픈 증상.

비통하다(悲痛하다)[비：통하다]**형**〈일반통증〉몹시 슬퍼서 마음이 아프다. ¶비통한 심정. / 비통한 얼굴. / 아버지는 비통한 목소리로 할머니의 운명을 사람들에게 알렸다.

비파-엽(枇杷葉)[비파엽]**명**《한의》〈위염/위장병〉폐(肺)와 위(胃)의 열을 내리는 효능이 있어 담(痰)을 가라앉히고 기침과 구토 따위를 멎게 하는 비파나무의 잎.

비형^인플루엔자(B型influenza)**명구**《보건 일반》〈감기 - 몸살, 세기관지염〉인플루엔자 바이러스 비(B)형에 의하여 생긴 인플루엔자의 변종. 보통 4~5년 간격으로 발생한다.

비형^헤모필루스^인플루엔자(B型haemophilus influenza)**명구**《보건 일반》〈감기 - 몸살, 세기관지염〉1세 이하의 영아나 백신을 맞지 않은 5세 이하 어린이에게 뇌 수막염과 폐렴, 세균 혈증, 화농성 관절염, 후두개염 따위를 일으키는 그람 음성균. ⇒규범 표기는 미확정이다.

비형^헤모필루스^인플루엔자^백신(B型haemophilus influenza vaccine)**명구**《약

학》〈감기 - 몸살, 세기관지염〉비형 헤모필루스 인플루엔자에 대한 백신.
이 백신을 주사하면 1~5세 사이의 유병률이 현저히 낮아진다. ⇒규범 표기
는 미확정이다.

비후성^위염 (肥厚性胃炎) 명구 《의학》〈위염/위장병〉위 점막에 있는 많은 주
름들이 비정상적으로 굵어지는 흔하지 않은 위염.

빈속 통증 (빈속痛症) [빈속통쯩] 명구 《의학》〈일반통증〉배 속이 비었을 때 배
의 윗부분, 특히 유문 부위에 느껴지는 통증. 식후 3~6시간이 지나서 오며
샘창자 궤양, 위염, 쓸개염 따위가 생겼을 때 많이 나타나는 증상이다.

빈혈 (貧血) [빈혈] 명 《의학》〈일반통증〉1. 혈액 속의 적혈구 또는 헤모글로빈
이 정상값 이하로 감소한 상태. 철분이나 비타민의 결핍·조혈 기관의 질
환·실혈(失血)과 같은 여러 가지 원인으로 일어나며, 안색이 나빠지고 두
통·귀울림·현기증·두근거림·권태 따위의 증상을 보인다. 2. 신체의 어떤
부위로 유입하는 동맥성의 혈액량이 감소한 상태. 혈관 운동 신경의 조절
장애로 일어나는 것으로 뇌빈혈 따위가 있다. 〈유〉빈혈증 ¶빈혈을 일으키
다. 영양 부족으로 빈혈이 생기다.

빈혈-증 (貧血症) [빈혈쯩] 명 《의학》〈일반통증〉혈액 속의 적혈구 또는 헤모글
로빈이 정상값 이하로 감소한 상태. 철분이나 비타민의 결핍·조혈 기관의
질환·실혈(失血)과 같은 여러 가지 원인으로 일어나며, 안색이 나빠지고 두
통·귀울림·현기증·두근거림·권태 따위의 증상을 보인다. ¶빈혈증을 일으
키다. 빈혈증이 일어나다. 빈혈증을 앓다.

빙하예 (氷瑕瞖) [빙하예] 명 《한의》〈눈병〉눈의 각막에 안개처럼 흐려진 두터
운 예막이 생기는 눈병.〈유〉빙하장

빙하장 (氷瑕障) [빙하장] 명 《한의》〈눈병〉눈의 각막에 안개처럼 흐려진 두터
운 예막이 생기는 눈병.〈유〉빙하예

빠개지다 ( ) [빠개지다] 동 〈일반통증〉(작고 단단한 물건이) 두 쪽으로 갈라지
다.〈참〉뻐개지다 ¶머리가 빠개질 것처럼 아프다.

빠근하다( )[빠근하다]휑〈일반통증〉(사람이나 몸, 근육 따위가) 몹시 피로하여 몸을 놀리기가 조금 거북하고 무지근하다.〈참〉뻐근하다 ¶몸이 빠근하여 오늘은 좀 일찍 들어갈게요. / 잠을 제대로 못 자서 목이 빠근하다.

빠지다( )[빠:지다]동〈치통〉박힌 물건이 제자리에서 나오다.

빡작지근-하다( )[빡짝찌근하다]휑〈디스크 - 추간판탈출증〉/〈일반통증〉몸의 한 부분이 빠근하게 아픈 느낌이 있다.〈참〉뻑적지근하다 〈준〉빡지근하다 ¶가슴이 빡작지근하다. / 온몸이 빡작지근하다. / 감기가 걸렸는지 목구멍이 빡작지근하게 아프다.

빡작지근-히( )[빡짝찌근히]부〈디스크 - 추간판탈출증〉몸의 한 부분이 빠근하게 아픈 느낌이 있게.〈준〉빡지근히 ¶목이 빡작지근히 저리다. / 하루 종일 앉아서 글을 썼더니 온몸이 빡작지근히 쑤셔 온다.

빡지근-하다( )[빡찌근하다]휑〈디스크 - 추간판탈출증〉'빡작지근하다'의 준말.〈참〉뻑지근하다 ¶빡지근한 허리. / 손목이 빡지근하다. / 운전을 오래 했더니 어깨가 빡지근하다.

빡지근-히( )[빡찌근히]부〈디스크 - 추간판탈출증〉'빡작지근히'의 준말. ¶팔이 빡지근히 아프다. / 가볍게 조깅을 했는데도 다리가 빡지근히 저려 온다.

뻐개지다( )[뻐개지다]동〈일반통증〉(단단한 물건이) 두 쪽으로 갈라지다.〈참〉빠개지다 ¶사람들은 모두 말이 없었고 나는 너무나 벅찬 감동으로 해서 가슴이 뻐개지는 것 같았다. / 저 은가락지 낀 손으로 백년가약주 잔을 들어 줄 때 장덕순의 가슴이 뻐개지지 않겠는가.

뻐근-하다( )[뻐근하다]휑〈디스크 - 추간판탈출증〉/〈일반통증〉근육이 몹시 피로하여 몸을 움직이기가 매우 거북스럽고 살이 뻐개지는 듯하다. ¶온몸이 뻐근해서 못 견디겠다. / 달리기를 했더니 이렇게 팔다리가 뻐근하다. / 웅보는 뻐근하게 힘줄이 당기는 뒷덜미를 어루만졌다.

뻐근-히( )[뻐근히]부〈디스크 - 추간판탈출증〉근육이 몹시 피로하여 몸을 움직이기가 매우 거북스럽고 살이 뻐개지는 듯하게. ¶팔목이 뻐근히 쑤시다.

ㅂ

/ 온종일 컴퓨터 앞에 매달려 있었더니 어깨가 뻐근히 저려 온다. / 오슬오
슬 오한에 떨리는 몸과 뻐근히 저린 사지(四肢) 속에서….

뻑적지근-하다( )[뻑쩍찌근하다]휑〈디스크 - 추간판탈출증〉/〈일반통증〉몸이
뻐근하게 아픈 느낌이 있다. 〈참〉벅적지근하다, 빡작지근하다 〈준〉뻑지근
하다 ¶뻑적지근한 가슴. / 어깨가 뻑적지근하다. / 갈비뼈가 뻑적지근하다.

뻑적지근-히( )[뻑쩍찌근히]튄〈디스크 - 추간판탈출증〉몸의 한 부분이 뻐근
하게 아픈 기운이 있게.〈준〉뻑지근히 ¶목구멍이 뻑적지근히 아프다. / 어
깨가 뻑적지근히 쑤시고 머리도 좀 멍하다.

뻑지근-하다( )[뻑찌근하다]휑〈디스크 - 추간판탈출증〉'뻑적지근하다'의 준
말.〈참〉빡지근하다 ¶허리가 약간 뻑지근하다. / 옆구리가 뻑지근하게 쑤
시다. / 김 씨는 뻑지근한 몸을 이끌고 오늘도 공사장으로 나갔다.

뻑지근-히( )[뻑찌근히]튄〈디스크 - 추간판탈출증〉'뻑적지근히'의 준말. ¶가
슴이 뻑지근히 아파 온다.

뼈막-염(뼈膜炎)[뼈망념]뎽《의학》〈감기 - 몸살, 세기관지염〉뼈막의 염증을
통틀어 이르는 말. 화농균의 감염이나 매독, 유행성 감기, 타박상에 의한 심
한 자극 따위로 인하여 생기며 뼈조직의 곪음과 파괴를 일으킨다.〈유〉골막
염

뼛골(이) 아프다( )휑구〈일반통증〉(사람이) 뼛속까지 아플 정도로 고통스럽
다 ¶뼛골이 아프도록 고생하여 자식들을 길러 놓았더니, 저 혼자 큰 줄 안
다.

뽀개지다( )[뽀개지다]뚱〈일반통증〉'빠개지다'의 전라 방언.

한국어 질병 표현 어휘 사전 Ⅱ

ㅅ

사개(沙疥/砂疥)[사개]명《한의》〈피부병〉피부에 좁쌀 같은 것이 돋아 가렵고 아픈 병.〈참〉충개(蟲疥)

사두-정(蛇頭疔)[사두정]명《한의》〈피부병〉정창(疔瘡)의 하나. 가시 따위에 손가락 끝이 찔려 생긴다.

사랑니 주위염(사랑니周圍炎)명구《의학》〈치통〉사랑니 주위의 잇몸이나 점막에 세균이 옮아서 일어나는 염증.

사마귀( )[사:마귀]명《의학》〈피부병〉피부 위에 낟알만 하게 도도록하고 납작하게 돋은 반질반질한 군살.¶사마귀가 나다. / 그이 왼쪽 귓바퀴 속에 팥알만 한 사마귀가 있었어요.

사물거리다( )[사물거리다]동〈일반통증〉(몸이나 몸의 일부가) 살갗에 작은 벌레 따위가 기어가는 것처럼 간질간질하다.〈유〉사물대다, 사물사물하다〈참〉스멀거리다¶시냇물에 발을 담그고 있으니 발목이 사물거리는 것을 느낄 수 있었다.

사물대다( )[사물사물하다]동〈일반통증〉(몸이나 몸의 일부가) 살갗에 작은 벌레 따위가 기어가는 것처럼 간질간질하다.〈유〉사물거리다, 사물사물하다〈참〉스멀대다¶명수는 사물대는 냇물을 철벅철벅 밟으며 마음을 달랬다.

사물사물하다( )[사물사물하다]동〈일반통증〉(몸이나 몸의 일부가) 살갗에 작은 벌레 따위가 기어가는 것처럼 간질간질하다.〈유〉사물거리다, 사물대다¶그 아이와 부딪치는 순간 어깨가 사물사물하는 느낌이 났다.

사상균-증(絲狀菌症)[사상균쯩]명《의학》〈피부병〉진균이 일으키는 피부병.〈유〉피부진균증(皮膚眞菌症)

사시(斜視)[사시]명《의학》〈눈병〉양쪽 눈의 방향이 같은 방향이 아니어서, 정면을 멀리 바라보았을 때에 양쪽 눈의 시선이 평행하게 되지 아니하는 상태. 눈알 자체는 온전하나 동안근에 이상이 생겨서 나타나는 것으로, 변위된 시선의 방향에 따라 내사시, 외사시, 상사시, 하사시 따위로 나눈다. 〈유〉사시안 〈참〉사팔뜨기 ¶유다의 눈은, 오른쪽은 갈색으로 똑바로 보는데, 왼쪽이 사시였다.

사양-채( )[사양채]명《식물》/《한의》〈일반통증〉산형과의 여러해살이풀인 바다나물의 뿌리를 한방에서 이르는 말. 두통, 해수(咳嗽), 담(痰) 따위에 쓴다. 〈유〉전호

사염화^탄소^중독(四鹽化炭素中毒)명구《의학》〈일반통증〉사염화 탄소의 증기 흡입이나 액체의 피부 접촉으로 인하여 일어나는 급성 또는 만성의 중독. 간 기능 장애, 두통, 현기증 따위의 증상이 나타난다.

사이안화물^중독(cyan化物中毒)명구《의학》〈일반통증〉청산 또는 청산 화합물에 의한 중독. 적혈구 속의 헤모글로빈과 결합하여 산소와 결합하는 것을 방해하고 조직의 호흡을 마비시킨다. 심하면 수초 만에 어지러움, 두통, 머리 충혈, 두근거림, 호흡 곤란, 전신 경련 따위가 일어나며 많이 먹었을 때는 비명을 지르며 급사한다.

사이질^위염(사이質胃炎)명구《의학》〈위염/위장병〉점막밑 조직과 근육 막에 침투하는 위염의 한 종류. 〈유〉간질위염(間質胃炎)

사지통(四肢痛)[사ː지통]명《한의》〈일반통증〉팔다리가 쑤시고 아픈 병. ¶성장통이란 성장기에 있는 아이가 원인불명의 사지통을 호소할 때 흔히 사용하는 용어다.

사환계^항우울약(四環系抗憂鬱藥)명구《약학》〈우울증〉화학 구조가 네 개의 환상 구조인 것이 특징으로 하는 항우울약. 1970년대 이후에 개발되었으며, 마프로치린과 미안세린이 있다. 중추 모노아민에 대한 선택성을 나타내며, 종래의 삼환계 항우울약보다 심장 독성이나 항콜린성 부작용이 적다.

산성^방향^정기(酸性芳香丁幾)명구《약학》〈감기 - 몸살, 세기관지염〉건위제나 감기약으로 쓰이는 약제. 황산, 계핏가루 따위를 묽은 알코올에 녹여 붉은 갈색을 띠며, 강한 신맛과 화한 냄새가 난다. 〈유〉산성 방향 팅크

산성^방향^팅크(酸性芳香←tincture)명구《약학》〈감기 - 몸살, 세기관지염〉건

위제나 감기약으로 쓰이는 약제. 황산, 계핏가루 따위를 묽은 알코올에 녹여 붉은 갈색을 띠며, 강한 신맛과 화한 냄새가 난다. 〈유〉산성 방향 정기

산악-병(山岳病)[사낙뼝]**명**《의학》〈두통〉높은 산에 올라갔을 때 낮아진 기압 때문에 일어나는 병적 증상. 높은 산에서는 공기 속의 산소 분압이 감소하므로 불쾌하거나 피로하여지며 두통, 식욕 부진, 구토 따위의 증상이 나타난다. 〈유〉고산병

산욕기^정신병(産褥期精神病)**명구**《의학》〈우울증〉임신 중 또는 분만 후에 일어나는 정신병적 상태. 〈유〉산후정신병

산적(疝癪)**명**《한의》〈일반통증〉가슴이나 배가 쑤시고 아픈 병.

산취(山醉)[산취]**명**《의학》〈두통〉높은 산에 올라갔을 때 낮아진 기압 때문에 일어나는 병적 증상. 높은 산에서는 공기 속의 산소 분압이 감소하므로 불쾌하거나 피로하여지며 두통, 식욕 부진, 구토 따위의 증상이 나타난다. 〈유〉고산병

산통1(疝痛)[산통]**명**《의학》〈일반통증〉'급경련통'의 전 용어. 위·장·방광·자궁 등의 복부의 강(腔)을 갖는 장기나, 담도·신우(腎盂)·요관 등 관상(管狀)을 이루는 장기의 벽으로 되어있는 평활관(平滑管)의 경련 때문에 수분에서 수 시간의 간격을 두고 주기적으로 반복하는 복통. 통증의 강도는 심하고 당기는 듯하고 찌르는 듯한 통증과 작열감(灼熱減)이다. 통증은 대체로 그의 장기의 위치에 일치하지만 일정한 방향으로 방사(放散)하는 일도 있다. ¶자극성 완하제는 산통을 유발하므로 사용에 주의를 요한다. / 모든 장의 연동 운동 항진제는 복부 산통과 심한 설사를 일으킬 수 있다.

산통2(産痛)[산:통]**명**《의학》〈일반통증〉해산할 때에, 짧은 간격을 두고 주기적으로 반복되는 배의 통증. 분만을 위하여 자궁이 불수의적(不隨意的)으로 수축함으로써 일어난다. 〈유〉진통(陣痛) ¶그녀가 태어나던 날, 아버지는 어머니의 산통 후 지친 모습에서 지치지 않는 그리움을 보았다.

산후 진통(産後陣痛)[산후진통]**명구**《의학》〈일반통증〉아이를 낳은 이후의 자

궁 수축에 의한 진통. 시간이 갈수록 점차 없어진다. 〈유〉산후통(産後痛)

산후기^정신병(産後期精神病)〔**명구**〕《의학》〈우울증〉아이를 출산한 후 산모에게 나타나는 우울증 따위의 정신 장애. 출산 충격, 육체적 변화 및 호르몬 변화 따위가 원인이다.

산후^신경증(産後神經症)〔**명구**〕《의학》〈우울증〉산후에 일시적으로 기질성 뇌 증후군과 비슷한 증상을 보이는 정신증. 산후 수일에서 2~3주 내에 발병하며, 심한 경우 자살이나 영아 살해의 위험성이 높다. 유병률은 0.1~0.2퍼센트 정도이며, 특히 초산이거나 정신 장애의 가족력이나 과거력 따위가 있는 경우에 더 높다. 〈유〉분만후신경증

산후^우울(産後憂鬱)〔**명구**〕《의학》〈우울증〉산후 3~6일 이내에 흔히 일어날 수 있는 비교적 가볍고 일시적인 우울 증상. 2주 이내의 기간 동안 쉽게 슬퍼하며 눈물을 흘리는 양상을 보이며, 여성의 85퍼센트가 경험한다. 〈유〉분만후우울기분, 산후우울기분

산후^우울^기분(産後憂鬱氣分)〔**명구**〕《의학》〈우울증〉산후 3~6일 이내에 흔히 일어날 수 있는 비교적 가볍고 일시적인 우울 증상. 2주 이내의 기간 동안 쉽게 슬퍼하며 눈물을 흘리는 양상을 보이며, 여성의 85퍼센트가 경험한다. 〈유〉분만후우울기분, 분만후우울기분, 산후우울

산후^우울증(産後憂鬱症)〔**명구**〕《의학》〈우울증〉산후에 생기는 우울 증상. 슬프고 침울한 기분, 식욕 상실과 체중 감소, 불면과 악몽, 무기력과 피로, 두통이 자주 보인다. 산후 첫 주에 시작되어 2주 이내에 대부분 정상으로 돌아오지만, 드물게는 몇 달 동안 지속되기도 한다. 〈유〉분만후우울증, 산후울증 ¶산후 우울증을 치료하기 위해서는 사람들을 자주 만나며 어머니로서의 긍정적인 사고, 주변 사람들의 배려와 관심이 필요하다.

산후^울증(産後鬱症)〔**명구**〕《의학》〈우울증〉산후에 생기는 우울 증상. 슬프고 침울한 기분, 식욕 상실과 체중 감소, 불면과 악몽, 무기력과 피로, 두통이 자주 보인다. 산후 첫 주에 시작되어 2주 이내에 대부분 정상으로 돌아오지

만, 드물게는 몇 달 동안 지속되기도 한다. 〈유〉분만후우울증, 산후우울
증 ¶전문가들은 출산한 여성들의 약 10~20퍼센트가 이같은 산후 울증을 겪
고 있는 것으로 추산하고 있습니다. / 예전에 우울증으로 치료를 받으셨다
하셨는데, 우울증 치료의 과거력이 있으면 산후 울증이 발생할 확률이 24퍼
센트 높아집니다.

산후^정신병(産後精神病)[명구]《의학》〈우울증〉임신 중 또는 분만 후에 일어나
는 정신병적 상태. 〈유〉산욕기정신병

산후통(産後痛)[산후통]명《의학》〈일반통증〉해산한 다음에 이삼일 동안 가
끔 오는 진통. 임신으로 커진 자궁이 줄어들면서 생긴다. 〈유〉산후 진통(産
後陣痛), 후진통(後陣痛) ¶일상생활이 불편할 정도로 산후통이 있다면 치
료받는 것이 좋다.

살갗-병(살갗病)[살깓뼝]명《의학》〈피부병〉피부나 피부 부속기에 생기는 병
을 통틀어 이르는 말. 〈유〉피부병(皮膚病)

살몸살( )[살몸살]명《의학》〈일반통증〉근육이 쑤시고 아픈 증상. 〈유〉견인증
(牽引症), 근육통(筋肉痛), 근육통증(筋肉痛症), 근통(筋痛)

살-비듬( )[살비듬]명〈피부병〉피부에서 하얗게 떨어지는 살가죽의 부스러
기. 〈유〉인비늘(人비늘) ¶그 아이는 오랫동안 목욕을 하지 않았는지 허연
살비듬이 떨어졌다.

살살( )부〈일반통증〉배가 조금씩 쓰리며 아픈 모양. 〈참〉슬슬, 쌀쌀 ¶아랫배
가 살살 아프다. / 여태까지는 꾸르륵거리기만 하던 배가 살살 아파 오기 시
작했다.

살-쐐기( )[살쐐기]명《한의》〈피부병〉여름철에 나는 피부병. 쐐기에 쐰 것같
이 살이 부르터 가렵고 따끔거린다. ¶살쐐기가 일다.

살포-제(撒布劑)[살포제]명《약학》〈피부병〉피부의 습진을 막거나 상처를 치
료하기 위하여 뿌려 쓰는 외용약. 아연화 전분, 아이오도폼 따위가 있다.

삼도^화상(三度火傷)[명구]《의학》〈피부병〉불에 데어서 입은 상처가 피부의

전 층에 달하는 화상. 피부가 검게 되면서 그 기능이 마비되어 궤양이 생기고 피부 깊숙이 염증이 생긴다.

삼소-음 (蔘蘇飮) [삼소음] 뗑 《한의》 〈감기 - 몸살, 세기관지염〉 감기로 인한 두통, 발열, 기침 따위에 쓰는 탕약. 인삼과 소엽 따위를 넣어 달여 만든다.

삼차 신경통 (三叉神經痛) 몡구 《의학》 〈일반통증〉 삼차 신경의 분포 영역에 생기는 통증 발작. 얼굴 한쪽이 심하게 아프며 후두부나 어깨까지 아플 수도 있는데 중년 이후의 여성에게 많다. 원인은 분명하지 않으나, 뇌줄기에 발생한 종양이나 뇌동맥 자루가 원인일 가능성이 있고, 다발 경화증의 증상으로 나타날 수도 있으며 뇌 바닥 세동맥의 동맥 경화증이 원인이 되는 경우도 있다. ¶삼차신경통은 그 통증의 정도가 비주기적으로 강하게 나타나, 정상적인 삶을 영위하는데 지장을 줄 정도이며, 바른 치료를 받지 않을 경우 만성적 질환으로 이어질 가능성이 높아 삶의 질 회복을 위해서는 반드시 근본 치료를 받아야 할 질환이다.

삼출^세기관지염 (滲出細氣管支炎) 몡구 《의학》 〈감기 - 몸살, 세기관지염〉 섬유성 삼출을 동반한 세기관지의 염증.

삼킴-곤란 (삼킴困難▽) [삼킴골란] 몡 《의학》 〈일반통증〉 음식물을 삼키기 어려운 증상. 목이나 식도에 병변이 있을 때 나타나고 중추적으로는 뇌종양의 경우에도 볼 수 있다. 〈유〉 연하 장애

삼환계^항우울약 (三環系抗憂鬱藥) 몡구 《약학》 〈우울증〉 화학 구조 속에 세 개의 고리를 가지고 있는 항우울제. 〈유〉 삼환계항우울제

삼환계^항우울제 (三環系抗憂鬱劑) 몡구 《약학》 〈우울증〉 화학 구조 속에 세 개의 고리를 가지고 있는 항우울제. 〈유〉 삼환계항우울약 ¶우울증 치료제로 알려진 '삼환계 항우울제'의 경우는 사람에 따라 약의 용량이 60배에 가까운 차이를 나타내기도 한다. / 항우울제는 작용 기전에 따라 삼환계 항우울제, 모노아민 산화 효소 저해제, 선택적 세로토닌 재흡수 억제제, 세로토닌노르에피네프린 재흡수 억제제 등으로 나뉜다.

ㅅ

삽통(澁痛)[삽통]**명**《한의》〈눈병〉눈병이 났을 때 눈알이 깔깔하면서 아픈 증
상.

상공막염(上鞏膜炎)[상:공망념]**명**《의학》〈눈병〉공막에 염증이 생겨 자홍색
의 반점이 나타나는 눈병. 결핵, 류머티즘, 아교질병 따위가 원인이며 공막
앞면에 충혈·동통(疼痛) 따위를 일으킨다.〈유〉공막염

상기(上氣)[상:기]**명**《한의》〈두통〉기혈(氣血)이 머리 쪽으로 치밀어 오르는
증상. 숨이 차고 두통과 기침 증세가 생긴다.

상대정맥^증후군(上大靜脈症候群)**명구**《의학》〈눈병〉위 대정맥의 속이 막혀
머리, 얼굴, 목, 팔에 부종과 충혈이 있고 눈꺼풀이 부으며 호흡 곤란, 현기
증, 실신 따위가 일어나는 증상. 세로칸종양, 폐종양, 염증 따위의 경우에
일어난다.

상로-병(霜露病)[상노뼝]**명**《한의》〈감기 - 몸살, 세기관지염〉감기 기운으로
일어나는 병.

상세^불명의^먹기^장애(詳細不明의먹기障礙)**명구**《의학》〈섭식 장애〉식사 행
동의 여러 장애 가운데 어느 하나와 관계되는 상세 불명의 장애. 신경성 식
욕 부진, 폭식증, 이식증, 반추 장애 따위가 이에 포함된다.〈유〉상세불명의
섭식장애(詳細不明의攝食障礙), 상세불명의식사장애(詳細不明의食事障礙)

상세^불명의^분열^정동성^장애(詳細不明의分裂情動性障礙)**명구**《의학》〈우울
증〉정신 분열증과 양극성 기분 장애가 함께 나타나지만 그 증상과 경과가
어느 쪽의 병인지 명확하지 않은 병증.

상세^불명의^섭식^장애(詳細不明의攝食障礙)**명구**《의학》〈섭식 장애〉식사 행
동의 여러 장애 가운데 어느 하나와 관계되는 상세 불명의 장애. 신경성 식
욕 부진, 폭식증, 이식증, 반추 장애 따위가 이에 포함된다.〈유〉상세불명의
먹기장애(詳細不明의먹기障礙), 상세불명의식사장애(詳細不明의食事障礙)

상세^불명의^식사^장애(詳細不明의食事障礙)**명구**《의학》〈섭식 장애〉식사 행
동의 여러 장애 가운데 어느 하나와 관계되는 상세 불명의 장애. 신경성 식

욕 부진, 폭식증, 이식증, 반추 장애 따위가 이에 포함된다.〈유〉상세불명의
먹기장애(詳細不明의먹기障礙), 상세불명의섭식장애(詳細不明의攝食障礙)

상세^불명의^양극성^정동^장애(詳細不明의兩極性情動障礙)**[명구]**《의학》〈우울
증〉불특정한 원인으로 인해 조증과 울증이 혼합되어 나타나는 두 번 이상
의 정서 발작. 조증과 울증이 교대로 또는 동시에 나타나는 장애이다.

상수-창(傷水瘡)[상수창]**[명]**《한의》〈피부병〉피부의 상한 곳으로 물이 들어가
헐면서 아픈 부스럼.

상악동-염(上顎洞炎)[상:악똥념]**[명]**《의학》〈치통〉위턱굴에 생기는 염증. 감
기, 유행성 감기, 폐렴과 같은 전염병 또는 코안 수술이나 치아의 질환이 원
인이 되어 생기며 위턱굴의 통증, 치통, 이가 들뜬 느낌, 콧물·고름의 유출
따위의 증상이 나타난다.〈유〉위턱굴염(위턱窟炎)

상악동-염(上顎洞炎)[상:악똥념]**[명]**《의학》〈감기 - 몸살, 세기관지염〉위턱굴
에 생기는 염증. 감기, 유행성 감기, 폐렴과 같은 전염병 또는 코안 수술이
나 치아의 질환이 원인이 되어 생기며 위턱굴의 통증, 치통, 이가 들뜬 느
낌, 콧물·고름의 유출 따위의 증상이 나타난다.〈유〉위턱굴염

상위(傷胃)[상위]**[명]**《한의》〈위염/위장병〉사기(邪氣)가 몸 안으로 들어오거
나, 과식·과음 따위로 위가 손상됨.

상위-하다(傷胃하다)[상위하다]**[동]**《한의》〈위염/위장병〉사기(邪氣)가 몸 안
으로 들어오거나, 과식·과음 따위로 위가 손상되다.

상처(傷處)[상처]**[명]**〈피부병〉몸을 다쳐서 부상을 입은 자리.〈유〉창유 ¶상처
를 입다. / 상처가 나다. / 상처가 아물다.

상치(上齒)[상:치]**[명]**〈치통〉윗잇몸에 난 이.〈유〉윗니

상-치은(上齒齦)[상:치은]**[명]**〈치통〉위쪽의 잇몸.

상통하다(傷痛하다)**[형]**〈일반통증〉마음이 몹시 괴롭고 아프다.

상풍-증(傷風症)[상풍쯩]**[명]**《한의》〈감기 - 몸살, 세기관지염〉‘코감기’를 한방
에서 이르는 말.

人

상풍-해수(傷風咳嗽)[상풍해수]몡《한의》〈일반통증〉풍사(風邪)가 폐(肺)에 들어가서 생기는 해수(咳嗽). 코가 막히고 목이 쉬며 기침이 자주 난다.〈유〉풍수

상피-병(象皮病)[상피뼝]몡《의학》〈피부병〉열대, 아열대 지방에 많은 풍토병의 하나. 사상충(絲狀蟲)이나 그 밖에 세균의 감염으로 인하여 피부와 피부 밑 조직에 림프가 정체하며 결합 조직이 증식하여 환부가 부풀어 오르고 딱딱해져 코끼리의 피부처럼 되는 병으로, 다리·음낭(陰囊)·여자의 바깥 생식 기관에서 많이 볼 수 있다.

상한-양증(傷寒陽症)[상한냥증]몡《한의》〈감기〉상한이 진행되는 동안에 오한, 발열, 두통 따위의 증상이 나타나는 일.〈유〉양증, 양증상한〈참〉상한음증(傷寒陰症), 태양병(太陽病)

상한-표증(傷寒表症)[상한표증]몡《한의》〈감기〉상한 병증의 초기에 병사(病邪)가 체표 부위에 있어서 생기는 오한, 발열, 두통 따위의 병증.

상화-망동(相火妄動)[상화망동]몡《한의》〈일반통증〉간(肝)과 콩팥의 상화(相火)가 신음(腎陰)의 자양을 받지 못하고 함부로 움직이는 일. 임상적으로 현기증과 두통이 있고 눈과 귀가 어두워지며 조급하여지고 쉽게 화를 내는 따위의 증상이 있다.

샅고랑^육아종(샅고랑肉芽腫)몡구《의학》〈내과〉성교에 의하여 클라미디아라는 미생물이 침입하여 음부가 헐고 샅굴 부위의 림프샘이 부어서 아픈 병. 샅굴 부위가 곪아 주위에도 염증을 일으키고 빨갛게 부었다가 터져서 고름이 나오며, 여성의 경우 곧창자 협착을 초래하여 배변이 어렵고 질과 곧창자에 구멍이 뚫리기도 한다.

샅굴^고환(샅窟睾丸)몡구《의학》〈일반통증〉고환이 음낭까지 내려오지 못하고 샅굴에 머물러 있는 상태. 고환은 태생(胎生) 초기에 복강 내에 있다가 태생 후기에 내려오는데 그 과정에서 장애를 받아 나타난다.

샅굴^탈장(샅窟脫腸)몡구《의학》〈내과〉창자가 샅굴 부위로 밀고 나오는 것.

샅-백선증(샅白癬症)[샅빽썬쯩]**명**《의학》〈피부과〉성기 주위에 곰팡이가 기생하여 생기는 피부병. 남자에게 많으며 사타구니, 엉덩이, 불두덩에 주로 생긴다.〈유〉완전

새근거리다( )[새근거리다]**동**〈일반통증〉(팔다리나 뼈마디가) 자꾸 조금 시리고 쑤시다.〈유〉새근대다, 새근새근하다〈참〉새큰거리다, 시근거리다 ¶평소에 하지 않던 운동을 좀 했더니 금세 팔다리가 새근거렸다.

새근대다( )[새근대다]**동**〈일반통증〉(팔다리나 뼈마디가) 자꾸 조금 시리고 쑤시다.〈유〉새근거리다, 새근새근하다〈참〉새큰대다, 시근대다 ¶영수는 다친 손목이 새근대서 타자를 칠 수가 없다.

새근새근하다( )[새근새근하다]**형**〈일반통증〉(팔다리나 뼈마디가) 자꾸 조금 시리고 쑤시는 상태에 있다.〈유〉새근거리다, 새근대다〈참〉새큰새큰하다, 시근시근하다 ¶나이가 드니 다리가 새근새근하다.

새근하다( )[새근하다]**형**〈일반통증〉(팔다리나 뼈마디가) 조금 시리고 쑤시는 듯하다.〈참〉새큰하다, 시근하다 ¶윤희는 걸레질을 한 시간이 넘도록 했더니 무릎이 새근했다.

새눈무늿-병(새눈무늿病)[새눈무니뼝/새눈무닏뼝]**명**《한의》〈피부병〉피부에 검은 반점이 생기고 목이 잠기는 전염병.〈유〉흑두병(黑痘病)

새앙-차( )[새앙차]**명**〈일반통증〉생강을 넣어 달인 차. 가래를 삭게 하여 주며, 두통을 방지하는 약으로도 쓰인다.〈유〉생강차

새큰거리다( )[새큰거리다]**동**〈일반통증〉(뼈마디가) 조금 쑤시고 저린 느낌이 자꾸 나다. '새근거리다'보다 거센 느낌을 준다.〈유〉새큰대다, 새큰새큰하다〈참〉새근거리다, 시큰거리다 ¶할머니께서는 흐린 날만 되면 뼈마디가 자꾸 새큰거린다고 하신다. / 그의 목소리에 새큰거리는 발목도 욱신거리는 머리도 까맣게 잊고, 급한 마음에 신발도 신지 않은 채 맨발로 뜰로 내려섰습니다.

새큰대다( )[새큰대다]**동**〈일반통증〉(뼈마디가) 조금 쑤시고 저린 느낌이 자

꾸 나다. 〈유〉새큰거리다, 새큰새큰하다 〈참〉새근대다, 시큰대다 ¶달리기
를 하다가 삔 발목이 자꾸 새큰댔다.

새큰새큰하다( )[새큰새큰하다]톰〈일반통증〉(신체의 일부나 뼈마디가) 조금
쑤시고 저린 느낌이 자꾸 나다. 〈유〉새큰거리다, 새큰대다 〈참〉새근새근하
다, 시큰시큰하다 ¶침을 맞으니까 새큰새큰한 느낌이 다리와 발목으로 전
달되었다.

새큰하다( )[새큰하다]형〈일반통증〉(신체의 일부나 뼈마디가) 조금 쑤시고
저린 느낌이 있다. 〈참〉시큰하다, 새근하다 ¶한의원에서 침을 맞았더니 손
목의 새큰한 느낌이 사라졌다. / 다친 발목이 새큰하다.

색소성^건피증(色素性乾皮症)명구《의학》〈피부병〉'색소 피부 건조증'의 전 용
어.

색소^피부^건조증(色素皮膚乾燥症)명구《의학》〈피부병〉자외선에 대한 방어
기구가 선천적으로 결여되어 햇빛을 받으면 피부에 색소 모반, 건조증과 같
은 노인성 변화를 비롯한 갖가지 변화가 일어나는 유전병. 피부암이 생길
위험성이 크다.

샘창자^궤양(샘창자潰瘍)명구《의학》〈위염/위장병〉위산에 의해 샘창자의 점
막이 허는 것. 〈유〉십이지장궤양(十二指腸潰瘍)

생리통(生理痛)[생니통]명《의학》〈일반통증〉월경 때, 아랫배나 자궁 따위가
아픈 증세. 〈유〉월경통(月經痛), 경통증(經痛症) ¶등 푸른 생선과 견과류에
는 비타민 이가 많아, 노화를 방지하고 생리통에 효과적이다.

생배( )명〈일반통증〉아무런 이유없이 갑자기 아픈 배.

생배앓다(生배앓다)[생배알타]톰〈일반통증〉(사람이) 아무 까닭 없이 배가 아
프다.

생배앓이(生배앓이)[생비아리]명〈일반통증〉아무런 이유 없이 갑자기 앓는
배앓이.

생손앓이(生손앓이)[생소나리]명〈일반통증〉손가락 끝에 종기가 나서 곪는

병.〈유〉생인손 ¶엄마는 아버지를 죽게 한 병이 대처의 양의사에게만 보일 수 있었으면 생손앓이처럼 쉽게 째고 도려내고 꿰맬 수 있는 병이라는 걸 알고 있었다.

생치^곤란(生齒困難)몡구《의학》〈치통〉이가 돋아날 때에 그 부분의 잇몸에 염증을 일으키는 일. 제3어금니인 사랑니가 날 때에 주로 생기며, 수면 장애·식욕 부진·미열·설사·구토·경련 따위가 일어난다.〈유〉이돋이 곤란

서각-승마탕(犀角升麻湯)[서:각씀마탕]몡《한의》〈치통〉서각, 승마 따위를 넣어 달여 만드는 탕약. 중풍 증세와 입술과 잇몸이 붓고 아픈 데 쓰인다.

서감(暑感)[서:감]몡〈감기 - 몸살, 세기관지염〉더운 여름에 걸리는 감기.〈참〉한감

서리(暑痢)[서:리]몡《한의》〈일반통증〉더위를 먹어서 설사를 하는 병. 배가 몹시 아프고 피가 섞인 설사를 하면서 목이 마르고 오줌을 누지 못한다.〈유〉열리

서물서물하다( )[서물서물하다]동〈일반통증〉(몸이나 몸의 일부가) 살갗에 벌레 따위가 기어가는 것처럼 근질근질한 느낌이 들다. ¶정호는 알레르기 때문에 복숭아만 먹으면 온몸이 서물서물한다.

서병(暑病)[서:병]몡《한의》〈일반통증〉여름에 날씨가 몹시 더워서 생기는 병. 고열로 목이 마르고 땀이 많이 나며 거품 섞인 대변을 본다.

서울(暑鬱)[서:울]몡《한의》〈우울증〉한의학에서, 더위가 심할 때 서늘하고 찬 곳에 있음으로써 양기가 속으로 몰리고 밖으로 나가지 못하여 생긴 우울증. 머리와 팔다리의 관절이 아프며 열이 나고 땀이 나지 않는다.

서증(暑症)[서:쯩]몡《한의》〈일반통증〉여름에 날씨가 몹시 더워서 생기는 병. 고열로 목이 마르고 땀이 많이 나며 거품 섞인 대변을 본다.

석결명(石決明)[석껼명]몡《한의》〈눈병〉전복의 껍데기를 한방에서 이르는 말. 성질이 차고 맛이 짜서, 간의 열을 내리고 간 기능과 연관되어 나타나는 눈병을 치료하는 데 쓰인다.

人

석면(石綿)[성면]**명**《광업》사문석 또는 각섬석이 섬유질로 변한 규산염 광물. 산성이나 염기성에 강하고 열과 전기가 잘 통하지 않아서 방열재, 방화재, 절연용 재료 따위로 많이 쓰인다. 공기 중에 석면 입자들이 떠다니면 사람들이 이를 흡입하게 되어 각종 폐암이나 석면 폐증 등의 폐 질환에 시달릴 수 있다.〈참〉유리 섬유〈유〉돌솜, 석용, 아스베스토스

석송-자(石松子)[석쏭자]**명**《한의》〈피부병〉피부의 곪은 상처, 습진성 피부염이나 궤양 따위를 치료하는 데에 쓰이는 석송의 홀씨. 습기를 흡수하는 성질이 있다.

석회-침착(石灰沈着)[서쾨침착/서퀘침착]**명**《의학》〈디스크 - 추간판탈출증〉혈액 중의 칼슘이 세포 사이에 침착하는 현상. 여러 가지 조직이나 장기에 석회가 미세한 입자나 큰 덩어리 또는 널빤지 모양으로 나타나며, 조직이 파괴된 부위에는 석회가 침착해서 굳어진다.

석회-화(石灰華)[서쾨화/서퀘화]**명**《의학》〈디스크 - 추간판탈출증〉혈액 중의 칼슘이 세포 사이에 침착하는 현상. 여러 가지 조직이나 장기에 석회가 미세한 입자나 큰 덩어리 또는 널빤지 모양으로 나타나며, 조직이 파괴된 부위에는 석회가 침착해서 굳어진다.〈유〉석회침착

선병(腺病)[선병]**명**《의학》〈피부병〉'피부샘병'의 전 용어.

선병-질(腺病質)[선병질]**명**《의학》〈피부병〉피부샘병의 경향이 있는 약한 체질. 신경질을 이르기도 한다. ¶온순한 성질 같으나 해쓱하고 갸름한 얼굴은 선병질이요 신경질이 있어 보였다.

선창(癬瘡)[선창]**명**《한의》〈피부병〉백선균에 의하여 일어나는 피부병. 마른버짐, 진버짐 따위가 있는데 주로 얼굴에 생긴다.〈유〉버짐

선천^날문^경련^수축(先天날門痙攣收縮)**명구**《의학》〈위염/위장병〉태어나면서부터 위의 날문부 근육이 두꺼워져서 연축이 일어나기 때문에 날문의 내강이 좁아져 위의 내용물이 통과하기 어려운 병. 생후 2주일 무렵부터 젖을 먹을 때마다 토하고 위가 확장하거나 변비가 생기기도 하고 탈수와 영양실

조가 심해진다.

선천^비늘증 (先天비늘症) 명구 《의학》〈피부병〉 태어날 때 온몸이 양피지 모양의 막으로 덮여 있다가 물고기 비늘 모양의 껍질이 피부에 더덕더덕 붙게 되는 과다 각화증. 상염색체를 통해 열성 유전을 하는 보기 드문 병으로, 혈족 결혼을 한 가계에 나타나기 쉽다. 〈참〉인비늘(人비늘)

선천성^어린성 (先天性魚鱗性) 명구 《의학》〈피부병〉 태어나면서부터 몸의 피부가 단단하게 굳어 째어져 있는 체질. 유전적으로 열성이다.

선택^세로토닌^재흡수^억제제 (選擇serotonin再吸收抑制劑) 명구 《의학》〈우울증〉 세로토닌의 재흡수를 선택적으로 억제하는 화합물.

선택적^세로토닌^재섭취^억제약 (選擇的serotonin再攝取抑制藥) 명구 《약학》〈우울증〉 특히 우울증 치료에 사용하는 약물. 신경절에 유리된 세로토닌이 세포 내로 재유입되는 것을 선택적으로 차단하여 신경절 내 세로토닌 농도를 높인다. 플루옥세틴, 서트랄린 따위가 있다. 〈유〉선택적세로토닌재흡수저해제

선택적^세로토닌^재흡수^저해제 (選擇的serotonin再吸收沮害劑) 명구 《약학》〈우울증〉 특히 우울증 치료에 사용하는 약물. 신경절에 유리된 세로토닌이 세포 내로 재유입되는 것을 선택적으로 차단하여 신경절 내 세로토닌 농도를 높인다. 플루옥세틴, 서트랄린 따위가 있다.

설득^요법 (說得療法) 명구 《의학》〈우울증〉 의사가 정신병 환자로 하여금 스스로 증상의 원인을 이해하고 고치도록 설득하여 치료하는 방법. 강박 신경증, 히스테리 따위의 심인성 정신 질환 치료에 쓴다.

설리-고 (雪梨膏) [설리고] 명 《한의》〈감기 - 몸살, 세기관지염〉 감기로 목 안이 붓고 기침과 가래가 나오는 데 쓰는 약. 호두, 붕사 가루, 새앙, 배 따위를 넣어 끓인 물에 꿀을 타서 만든다.

설앓이 ( ) [서라리] 명 〈일반통증〉 가볍게 앓는 병.

설통 (舌痛) [설통-] 명 《한의》〈일반통증〉 여러 가지 원인으로 혀가 아픈 증상. ¶

人

설통의 증상은 혀가 저리거나 따끔거리고, 매운 느낌, 화끈거림 등 다양하게 나타난다.

설파민^고약(sulfamine膏藥)〔명구〕《한의》〈피부병〉부스럼 따위를 치료하기 위하여 바르는 고약. 설파민과 산화 아연이 들어 있다.〈유〉술파민고약(sulfamine膏藥)

설폰아마이드-제(sulfonamide劑)〔명〕《약학》〈피부병〉화농성 질환에 쓰는 설파닐아마이드 유도체를 통틀어 이르는 말. 설파민, 설파다이아진 따위가 있다.〈유〉술폰아미드제(sulfonamide劑)

설풍(屑風)〔설풍〕〔명〕《한의》〈피부병〉두피나 얼굴 따위의 피부에 비듬이 많이 생기는 병.

섬광^화상(閃光火傷)〔명구〕《의학》〈피부병〉고강도의 열(熱) 방사선에 노출되어 피부에 생기는 화상.

섬모체(纖毛體)〔섬모체〕〔명〕《의학》〈눈병〉눈 안의 수정체를 둘러싸고 있는 근육성의 조직. 줄어들거나 늘어나면서 수정체의 두께를 조절하여 초점을 맞추는 구실을 한다.

섬유^폐쇄^세기관지염(纖維閉鎖細氣管支炎)〔명구〕《의학》〈감기 - 몸살, 세기관지염〉점막 궤양으로 발생한 섬유소 육아 조직으로 인하여 세기관지와 허파꽈리관이 막히는 증상. 자극성 가스 흡입이 원인이며 폐렴을 합병할 수 있다.

섭식^장애(攝食障礙)〔명구〕《의학》〈섭식 장애〉과도한 식이 요법의 부작용 또는 여러 가지 생리적·정신적 원인으로 인하여 비정상적으로 음식을 섭취하는 증상. 거식증과 폭식증이 있다.〈유〉다이어트장애(diet障礙)¶섭식 장애는 주변 사람, 특히 부모에게서 많은 영향을 받는다. / 연예인이 되려는 청소년들이 일반 청소년에 비해 도전적이고 자존감도 높지만, 불확실한 미래로 인해 스트레스성 섭식 장애를 겪고 있어 대책이 필요하다는 주장이 제기됐다. / 엄마의 감정적 섭식 습관'이 자녀의 섭식 장애를 일으킬 수 있다는 연구

결과가 나왔다.

성문 부기 (聲門浮氣) [명구]《의학》〈내과〉부기나 중독 또는 외상으로 성대문에 생기는 부기. 호흡 장애를 일으켜 질식하기 쉽다.

성시 (聲嘶) [성시] [명]《한의》〈일반통증〉1. 목이 쉼. 2. 창병이나 후두 따위의 병으로 목이 쉬는 증세. 〈유〉성시증, 성애

성시-증 (聲嘶症) [성시쯩] [명]《한의》〈일반통증〉창병이나 후두 따위의 병으로 목이 쉬는 증세. 〈유〉성시

성애 (聲嗄) [성애] [명]《한의》〈일반통증〉창병이나 후두 따위의 병으로 목이 쉬는 증세. 〈유〉성시

성애-하다 (聲嗄하다) [성애하다] [동]《한의》〈일반통증〉창병이나 후두 따위의 병으로 목이 쉬다.

성장통 (成長痛) [성장통] [명]《의학》〈일반통증〉어린이나 청소년이 갑자기 성장하면서 생기는 통증. 주로 양쪽 무릎이나 발목, 허벅지나 정강이, 팔 따위에 생긴다. 4~10세 사이에 많이 나타나고, 1~2년이 지나면 대부분 통증이 사라진다. ¶아이는 성장통 때문인지 밤이면 다리가 아프다고 칭얼거렸다.

세계적^유행^인플루엔자 (世界的流行influenza) [명구]《보건 일반》〈감기 - 몸살, 세기관지염〉비정기적으로 전 세계에서 유행하는 인플루엔자.

세기관지-염 (細氣管支炎) [세:기관지염] [명]《의학》〈감기 - 몸살, 세기관지염〉기관지 폐렴과 연관된 세기관지의 염증.

세로-칸 ( ) [세로칸] [명]《의학》〈일반통증〉가슴안에서 양쪽 허파를 둘러싸는 가슴막 사이의 부분. 앞쪽은 복장뼈, 뒤쪽은 척추뼈, 밑은 가로막에 접하여 있다.

세로칸^공기증 (세로칸空氣症) [명구]《의학》〈일반통증〉세로칸 안에 생긴 공기증. 목이나 가슴의 외상, 기관지나 식도의 손상 따위가 원인이며 가슴 통증, 호흡 곤란, 기침, 혈압 저하 따위가 나타난다. 〈유〉종격 기종

세로토닌노르에피네프린^재섭취^억제제 (serotonin-norepinephrine再攝取抑制

劑)**명구**《약학》〈우울증〉우울증 치료제 따위로 쓰이며, 신경절에서 노르에피네프린과 세로토닌 수송체를 억제하여 노르에피네프린과 세로토닌의 신경절의 활성을 증가시키는 약. 데스벤라팍신, 두록세틴 따위가 있다.

세로토닌^재흡수^저해제 (serotonin再吸收沮害劑)**명구**《약학》〈우울증〉주로 우울증 치료에 쓰며, 세로토닌이 세포 내로 재흡수되는 것을 저해하는 약효를 가진 물질.

세신 (細辛)[세ː신]**명**《한의》〈감기 - 몸살, 세기관지염〉감기, 두통, 코 막힘, 담음(痰飮) 따위의 증상에 쓰는 족두리의 뿌리를 한방에서 약재로 이르는 말.

세파드록실 (cefadroxil)**명**《약학》〈피부병〉요로 감염증, 피부 감염증 따위에 사용하는 항생제의 하나. 세균의 세포벽을 파괴하여 살균 작용을 한다.

세파만돌 (cefamandole)**명**《약학》〈피부병〉호흡 기관 감염증, 요로 감염증, 피부 감염증 따위에 사용하는 항생제의 하나. 세균의 세포벽을 파괴하여 살균 작용을 한다.

세파졸린 (cefazolin)**명**《약학》〈피부병〉호흡 기관 감염증, 요로 감염증, 피부 감염증 따위에 사용하는 항생제의 하나. 세균의 세포벽을 파괴하여 살균 작용을 한다.

세포탁심 (cefotaxime)**명**《약학》〈피부병〉호흡 기관 감염증, 비뇨 계통 감염증, 피부 감염증 따위에 사용하는 항생제의 하나. 세균의 세포벽을 파괴하여 살균 작용을 한다.

소각막-증 (小角膜症)[소강막쯩]**명**《의학》〈눈병〉비정상적으로 작은 각막을 가진 증상.

소복통 (小腹痛)[소ː복통]**명**《한의》〈일반통증〉아랫배가 아픈 증상. ¶동의보감에는 현호색의 효능 중 하나로 "심통(가슴앓이)과 소복통(아랫배의 통증)을 신통하게 다스린다"고 했다.

소심^공포증 (小心恐怖症)**명구**《심리》〈우울증〉무슨 일에나 겁부터 집어먹는 병적 증상. 열등감과 불안이 따르는 수가 많고, 정신 쇠약이나 강박 신경증에 걸린 사람에게서 흔히 볼 수 있다.

소양-감(搔癢感)[소양감][명]〈피부병〉아프고 가려운 느낌.〈유〉가려움증(가려움症) ¶우연히 신체 어느 부위가 가려워서 긁었는데 그것이 빌미가 되어 가려움은 전신에 퍼지고 격렬한 소양감에 견딜 수가 없는 것처럼….

소양-병(少陽病)[소:양뼝][명]《한의》〈일반통증〉몸이 오싹오싹 추운 증상과 열이 나는 증상이 엇바뀌며, 입안이 쓰고 목이 마르며 가슴과 옆구리가 답답하고 결리는 병.

소양-성(搔癢性)[소양썽][명]《의학》〈피부병〉어떤 병이 몹시 가려운 증상을 나타내는 성질.

소양-증1(少陽症)[소:양쯩][명]《한의》〈일반통증〉몸이 오싹오싹 추운 증상과 열이 나는 증상이 엇바뀌며, 입안이 쓰고 목이 마르며 가슴과 옆구리가 답답하고 결리는 병.

소양-증2(搔癢症)[소양쯩][명]《한의》〈피부병〉몸 안에 열이 많거나 피가 부족하여서 피부가 가려운 병증.

소양-진(搔癢疹)[소양진][명]《한의》〈피부병〉몹시 가려운 신경성 피부병.

소양^진드기(搔癢진드기)[명구]《생명》〈피부병〉가려움증을 유발하는 진드기. 옴진드기가 대표적이다.〈유〉가려운진드기〈참〉옴진드기

소양-하다(搔癢하다)[소양하다][동]〈피부병〉가려운 데를 긁다.

소양-하다(搔癢하다)[소양하다][형]〈피부병〉아프고 가렵다.

소청룡-탕(小靑龍湯)[소:청뇽탕][명]《한의》〈감기 - 몸살, 세기관지염〉감기로 인한 오한과 발열, 심한 기침 따위에 쓰는 탕약. 마황(麻黃), 오미자 따위를 넣어 달여 만든다.

소침(消沈/銷沈)[소침][명]〈우울증〉의기나 기세 따위가 사그라지고 까라짐.

소침-하다(消沈하다/銷沈하다)[소침하다][동]〈우울증〉의기나 기세 따위가 사그라지고 까라지다. ¶예선 경기에서 패배한 선수들은 모두들 소침해 있었

다. / 저들의 기염과 대단한 권세에 분위기가 소침하여 조정에서는 모두가
숨을 죽인 채 한마디도 하지 않고 있는데….

소포^결막염 (小胞結膜炎)**[명구]**《의학》〈눈병〉아래 눈꺼풀의 안쪽 결막에 투명
한 물집 모양의 소포(小胞)가 좁쌀만 하게 솟아나는 눈병. 충혈이나 자각증
상이 없으며 자연히 낫게 된다.〈유〉결막소포증

소포-성 (小胞性)[소:포썽]**[명]**《의학》〈피부병〉어떤 염증이나 종양이 피부 또
는 점막에 소포를 형성하는 성질.

소포^편도염 (小胞扁桃炎)**[명구]**《의학》〈감기 - 몸살, 세기관지염〉편도 소포에
생긴 염증. 감기, 피로, 심한 운동, 여러 가지 자극, 이와 코의 병 따위가 원
인이 되거나 전염병을 앓는 중에 균이 소포까지 들어가 생긴다. 목 안 통증,
목 안이 좁아지는 느낌과 높은 열이 있고 팔다리의 마디가 아프다.

소합-유 (蘇合油)[소함뉴]**[명]**〈피부병〉주로 피부병에 사용하며 소합향나무에
서 나는 끈끈한 기름.

소화^궤양 (消化潰瘍)**[명구]**《의학》〈위염/위장병〉위액으로 인하여 생기는 궤
양. 위궤양, 식도 궤양, 샘창자 궤양 따위가 있다.

속눈썹-증 (속눈썹症)[송:눈썹쯩]**[명]**《의학》〈눈병〉속눈썹의 배열이 불규칙하
여 각막에 상처를 입힐 수 있을 정도로 안쪽으로 성장하는 상태. 트라코마,
외상(外傷) 따위로 인한 흉터가 원인으로 결막충혈, 표층(表層) 각막염 따
위의 증상이 일어난다.

속-발진 (續發疹)[속빨찐]**[명]**《의학》〈피부병〉처음 생겼던 발진이 변화하여 다
른 형태로 이어지는 발진. 소흔(搔痕), 미란(糜爛), 궤양, 고름집, 가피(痂
皮), 반흔(瘢痕) 따위가 있다.〈참〉원발진(原發疹)

속-병 (속病)[속:뼝]**[명]**〈우울증〉화가 나거나 속이 상하여 생긴 마음의 심한 아
픔. ¶어머니는 아들이 수년간 허랑방탕한 생활을 하자 속병이 들어 앓아누
웠다.

속앓이 ( )[소가리]**[명]**〈일반통증〉속이 아픈 병. 또는 속에 병이 생겨 아파하는

일. ¶인절미 사오라는 말은 엄마의 속앓이가 가라앉았다는 것을 뜻했다. 몸이 나으면 엄마는 언제나 인절미를 먹었다.

속앓이하다 ( )[소가리하다]동〈일반통증〉속에 병이 생겨 아파하다.

속이 넘어오다 ( )동구〈일반통증〉(음식물이나 울음 따위가 목구멍으로) 밖으로 나오다. ¶목구멍으로 신물이 넘어왔다. / 심한 뱃멀미로 인해 먹은 것이 모두 넘어왔다.

속이 뒤집히다 ( )동구〈일반통증〉(사람이) 몹시 비위가 상하다. ¶영수는 길가의 구토물을 보고는 속이 뒤집혔다.

손목 터널 증후군(손목tunnel症候群)명구《의학》〈일반통증〉손바닥과 손목의 연결 부위인 신경이 눌려 손목에 통증을 느끼는 증상. 컴퓨터를 많이 사용하거나 빨래, 설거지, 청소 따위의 반복적인 일을 많이 하는 사무직이나 주부에게 흔히 발생한다. 〈유〉마우스 증후군(mouse症候群), 수근관 증후군(Carpal Tunnel Syndrome/CTS) ¶중년 여성들에게 흔히 나타나는 손이 저리고 아픈 증상에 대해 전문가들은 손목 터널 증후군을 의심해 봐야 한다고 지적한다.

솔다 ( )형〈일반통증〉('귀'와 함께 쓰여) 시끄러운 소리나 귀찮은 말을 자꾸 들어서 귀가 아프다. ¶그 말은 귀가 솔도록 들었다. / 근처 어느 본산(本山) 갈린 주지의 논쟁이 귀가 솔 지경이다.

쇠-버짐 ( )[쇠:버짐/쉐:버짐]명〈피부병〉피부가 몹시 가렵고 쇠가죽처럼 두껍고 단단하게 번지는 버짐.

수개(水疥)[수개]명《한의》〈피부병〉환처가 열감이 있으면서 가렵고 아픈 피부병. 긁어 상처를 내면 노란 물이 나온다. 〈유〉진옴

수근관 증후군(手根管症候群)명구《의학》〈일반통증〉손목을 통과하고 있는 뼈언저리 부분이 아프고 저림으로 말미암아 한꺼번에 나타나는 여러 가지 병적 증상. 〈유〉마우스 증후군(mouse症候群), 손목 터널 증후군(손목tunnel症候群) ¶집 안에서 주부들이 걸레, 빨래 등을 자주 쥐어짜다 보면 손목에 상

당한 무리가 가해져 손 저림증, 즉 수근관 증후군에 시달리는 일이 흔하며 컴퓨터나 타자기를 계속 사용할 경우에도 손목을 수평으로 유지해야 하므로 손목 인대에 무리가 간다. / 이러한 손 저림은 대개 손목 부위의 인대가 두꺼워져 신경을 눌러 증상이 나타나는데 '수근관 증후군'인 경우가 대부분이다.

수낙( )🄜《의학》〈감기 - 몸살, 세기관지염〉→ 감기.

수달담(水獺膽)[수달땀]🄜《한의》〈눈병〉눈병 치료에 쓰는 수달의 쓸개. 맛이 쓰고 독이 없다.〈유〉물개 쓸개

수렴막(垂簾膜)[수렴막]🄜《의학》〈눈병〉트라코마의 독소가 각막을 침범하여 눈망울이 흐려지는 눈병.

수막-염(髓膜炎)[수망념]🄜《의학》〈일반통증〉수막의 염증. 열이 나며, 뇌척수액의 압력이 올라가기 때문에, 심한 두통·구역질·목이 뻣뻣해지는 증상이 나타난다.〈유〉뇌막염, 뇌척수막염

수막-척수류(髓膜脊髓瘤)[수막척쑤류]🄜《의학》〈디스크-추간판탈출증〉척추의 결함 때문에 척수와 척수막이 겉으로 튀어나온 상태.〈유〉수막 척수 탈출증

수막^척수^탈출증(髓膜脊髓脫出症)🄜구《의학》〈디스크-추간판탈출증〉척추의 결함 때문에 척수와 척수막이 겉으로 튀어나온 상태.〈유〉수막척수류

수역(水逆)[수역]🄜《한의》〈일반통증〉목이 말라 물을 마시고자 하면서도 물을 마시면 곧 토하여 버리는 병.

수영자^가려움(水泳者가려움)🄜구《의학》〈피부병〉물에 접촉한 경우에 유충형 주혈흡충의 피부 침입으로 발생하는 가려움증. 피부 접촉 부위에만 나타난다.〈유〉수영자가려움증(水泳者가려움症)

수영자^가려움증(水泳者가려움症)🄜구《의학》〈피부병〉물에 접촉한 경우에 유충형 주혈흡충의 피부 침입으로 발생하는 가려움증. 피부 접촉 부위에만 나타난다.〈유〉수영자가려움(水泳者가려움)

수은^구내염(水銀口內炎)**명구**《의학》〈치통〉수은제의 부작용으로 잇몸에 생기는 염증. 잇몸이 붓고 충혈되는 정도부터, 궤양을 일으키거나 괴사에 이르는 심한 경우까지 있는데, 침을 많이 흘리고 아프며 입냄새가 난다.

수은^입안염(水銀입안炎)**명구**《의학》〈치통〉수은제의 부작용으로 잇몸에 생기는 염증. 잇몸이 붓고 충혈되는 정도부터, 궤양을 일으키거나 괴사에 이르는 심한 경우까지 있는데, 침을 많이 흘리고 아프며 입냄새가 난다.

수자해-좆( )[수자해좀]**명**《식물》〈일반통증〉전초를 강장제, 신경 쇠약, 현기증 및 두통에 사용하며, 한국·일본·대만·중국 등지에 분포하는 난초과의 여러해살이풀. 높이는 1미터 정도이며, 잎이 없고 긴 타원형의 덩이줄기가 있다. 6~7월에 엷은 황갈색 꽃이 줄기 끝에 총상(總狀) 화서로 피고 열매는 삭과(蒴果)를 맺는다.〈유〉천마

수정^땀띠(水晶땀띠)**명구**《의학》〈피부병〉수정과 같이 맑은 물집이 땀띠처럼 생기는 피부병. 보통의 땀띠와는 달리 열이 올랐다가 내리면서, 땀을 많이 흘려서 건강한 피부의 땀구멍이 막히어 물집이 생긴다.

수정체(水晶體)[수정체]**명**《의학》〈눈병〉안구의 동공 바로 뒤에 붙어 있는 볼록렌즈 모양의 탄력성 있는 투명체. 거리의 원근에 따라 표면의 곡률(曲率)을 조절하여 눈에 들어온 광선을 적당한 각도로 굴절시켜 망막에 물체의 실상(實像)을 만든다.

수족^군열(手足皸裂)**명구**《한의》〈피부병〉손과 발이 얼어 피부가 터지는 증상.

수통스럽다(羞痛스럽다)[수통스럽따]**형**〈일반통증〉부끄럽고 가슴 아픈 데가 있다. ¶그는 남에게 구걸을 해야 하는 자신의 처지가 한없이 수통스러웠다. / 몰골사납고 수통스러운 꼴이 나고 안 나는 게 형님께 달렸으니 생각해 하시우.

수통하다(羞痛하다)**형**〈일반통증〉부끄럽고 가슴 아프다.

숙분(宿憤)[숙뿐]**명**〈우울증〉오래전부터 마음속에 쌓인 울분. 또는 전부터

가지고 있는 원망. ¶나는 지금 감히 도읍을 세우려는 것이 아니라, 오직 백제의 숙분을 풀려는 것뿐이다.

순환^기분^장애(循環氣分障礙)〔명구〕《의학》〈우울증〉외부 상황과 관계없이 나타나는 양극성 장애로, 고양된 기분과 우울감이 교대되는 기분 변화로 인한 인격 장애.

순환^정신병(循環精神病)〔명구〕《의학》〈우울증〉감정의 장애를 주요 증상으로 하는 내인성 정신병. 상쾌한 감정으로 인한 흥분을 나타내는 조급한 상태와 비애·불안의 감정을 나타내는 우울한 상태가 계속해서 교대로 나타나거나 또는 정상적인 정신 상태의 간헐기(間歇期)를 두고 나타나는 것이 특징이다.〈유〉감정정신병, 들뜸우울정신병, 정동성정신병, 조울정신병

술폰아미드-제(sulfonamide劑)〔명〕《약학》〈피부병〉화농성 질환에 쓰는 설파닐아마이드 유도체를 통틀어 이르는 말. 설파민, 설파다이아진 따위가 있다.〈유〉설폰아마이드제(sulfonamide劑)

숨이 가쁘다(   )〔형구〕〈일반통증〉숨이 몹시 차다. ¶그가 숨을 가쁘게 쉬면서 말을 이어 나갔다. / 폐 한쪽을 들어낸 소령은 침대에서 내려서는 것만으로도 숨이 가빠서 네댓 번은 쉬어야 된다.

숨통이 막히다(   )〔동구〕〈일반통증〉숨을 쉴 수 없을 정도로 답답함을 느끼다.〈유〉숨이 막히다 ¶숨을 쉬려면 숨통이 꽉꽉 막히는 것 같고, 가슴이 짓눌리는 듯이 갑갑해서 견딜 수가 없었다.

스마일^마스크^증후군(smile mask症候群)〔명구〕《심리》〈우울증〉속마음이 언짢고 괴로워도 얼굴에는 항상 웃음을 띠어야 하는 상황이 지속되면서 겪는 여러 가지 병적인 심리 상태. 식욕 부진, 가슴 두근거림, 피로감, 불면증 따위의 증세가 나타난다.〈유〉가면성우울증 ¶얼굴은 웃고 있지만 마음은 절망감으로 우는 남성들이 늘고 있다. 이른바 '스마일 마스크 증후군'이다. / 실제로 한 온라인 취업 사이트가 20~30대 성인 남녀 951명을 대상으로 가면성우울증을 느낀 적이 있는지에 대한 설문 조사를 실시한 결과, 70.2퍼센트가

자신이 스마일 마스크 증후군이라고 느낀 경험이 있는 것으로 나타났다.

스마트폰^증후군(smartphone症候群)⟨명구⟩《의학》⟨디스크 - 추간판탈출증⟩스마트폰을 과도하게 사용하여 생기는 신체적인 부작용. 주로 손가락 끝과 목 뒤가 뻐근해지거나, 거북 목 증후군, 목 디스크, 안구 건조증 따위의 증상이 나타난다. ¶손으로 가는 신경이 손목 인대에 눌려 손이 저리거나 감각이 둔해지는 손목 터널 증후군과 고개를 숙인 채 작은 화면을 쳐다봄에 따라 허리와 목에 무리가 가는 스마트폰 디스크 등이 스마트폰 증후군의 주요 증상입니다. / 어떻게 해야 이들 스마트폰 증후군을 회피할 수 있을까. 답은 간단하다. 되도록 통화 외에 스마트폰을 사용하지 않는 것. 어쩔 수 없이 스마트폰을 써야 하는 상황이라면, 조금 어색하고 힘들더라도 스마트폰을 시선과 같은 높이로 올리고, 10분 이상 사용하지 말아야 한다.

스멀거리다( )[스멀거리다]⟨동⟩⟨일반통증⟩(몸이나 몸의 일부가) 살갗에 벌레 따위가 기어가는 것처럼 근질근질하다. ⟨유⟩스멀대다, 스멀스멀하다 ⟨참⟩사물거리다 ¶흐르는 땀방울들로 그의 가슴팍이 스멀거렸다. / 풀밭을 걷는데 그녀는 다리가 왠지 모르게 스멀거려 불쾌했다.

스멀대다( )[스멀대다]⟨동⟩⟨일반통증⟩(몸이나 몸의 일부가) 살갗에 벌레 따위가 기어가는 것처럼 근질근질하다. ⟨유⟩스멀거리다, 스멀스멀하다 ⟨참⟩사물대다 ¶옷 속에 벌레가 들어갔는지 등이 자꾸 스멀대었다.

스멀스멀하다( )[스멀스멀하다]⟨동⟩⟨일반통증⟩(몸이나 몸의 일부가) 살갗에 벌레 따위가 기어가는 것처럼 근질근질하다.⟨유⟩스멀거리다, 스멀대다 ⟨참⟩서물서물하다, 사물사물하다 ¶그 영화는 사람을 깜짝 놀래지는 않지만 온몸이 스멀스멀하는 공포감을 준다.

스물스물하다( )⟨형⟩⟨일반통증⟩'스멀스멀하다'의 비표준어

스트레스(stress)⟨명⟩《심리》⟨우울증⟩적응하기 어려운 환경에 처할 때 느끼는 심리적·신체적 긴장 상태. 장기적으로 지속되면 심장병, 위궤양, 고혈압 따위의 신체적 질환을 일으키기도 하고 불면증, 신경증, 우울증 따위의 심리

적 부적응을 나타내기도 한다. ¶스트레스 해소. / 스트레스가 쌓이다. / 스트레스를 받다.

스트레스^위염 (stress 胃炎) 명구 《의학》〈위염/위장병〉스트레스에 의하여 발생하는 위의 염증. 심한 화상이나 외상, 여러 기관의 심한 질병이 있을 경우 위 점막의 출혈을 동반한 위염이 잘 발생한다.

스페인^인플루엔자 (Spain influenza) 명구 《의학》〈감기 - 몸살, 세기관지염〉1918년 여름과 가을에 유럽과 미국을 휩쓴, 인플루엔자와 유사한 급성 질병. 세계적 유행 인플루엔자로 약 20만명 넘게 사망하였으며, 특히 스페인에서 매우 심하여 이런 이름이 붙었다.

슬슬 ( ) 부 〈일반통증〉배가 조금 쓰리면서 아픈 모양.〈참〉살살, 쌀쌀 ¶저녁 먹은 것이 잘못 되었는지 슬슬 배가 아파 오기 시작했다.

습개 (濕疥)[습깨] 명 《한의》〈피부병〉환처가 열감이 있으면서 가렵고 아픈 피부병. 긁어 상처를 내면 노란 물이 나온다.〈유〉진옴

습란 (濕爛)[습난] 명 《의학》〈피부병〉'피부 스침증'의 전 용어.

습선 (濕癬)[습썬] 명 《한의》〈피부병〉얼굴에 생기는 피부병. 그 부위를 터뜨리면 진물이 흐른다.〈참〉건선(乾癬)〈유〉진버짐

습열 요통 (濕熱腰痛) 명구 《한의》〈일반통증〉습열로 인한 요통. 허리 부위에 열이 있고 아프다. ¶기름진 음식을 자주 먹으면 순환과 소화 능력이 떨어져 여름철 덥고 습한 기운이 몸 안에 정체되게 되는데, 이는 습열 요통의 원인이 된다.

습요통 (濕腰痛)[습뇨통] 명 《한의》〈일반통증〉축축하거나 찬 곳에 오래 앉아 있을 때 생기는 요통. 허리가 무겁고 아프며 차다. 날이 흐리거나 습할 때 증세가 더 심해지고 오줌이 잦다. ¶습요통은 특히 장마철에 주로 통증이 심해지고 비가 오려면 허리가 더 아파진다고 호소하는 경우에 해당한다.

습음-창 (濕陰瘡)[스븜창] 명 《한의》〈피부병〉음부에 생기는 부스럼. 콩팥이 허(虛)한 데다 바람이나 습기 따위의 나쁜 기운을 받아 생기며 가렵고 헐어

서 진물이 난다.

습진(濕疹)[습찐]뎽《의학》〈피부병〉여러 가지 자극물로 인하여 피부에 일어
나는 염증. 벌겋게 붓거나 우툴두툴하게 부르트고, 물집이나 딱지가 생기거
나 피부가 꺼칠해지는 것과 같은 여러 가지 증상이 나타나며 가려움을 동반
하는 것이 특징이다.

승마-갈근탕(升麻葛根湯)[승마갈근탕]뎽《한의》〈감기 - 몸살, 세기관지염〉유
행성 감기로 머리가 무겁고 관절이 아프며 코가 막히고 콧물이 나며 기침을
하는 데 쓰는 탕약. 승마, 감초, 생강 따위를 넣어 달여 만든다.

승법-실(僧法實)[승법씰]뎽《한의》〈감기 - 몸살, 세기관지염〉풍열(風熱)로
인한 감기, 두통 따위에 쓰는 순비기나무의 열매를 한방에서 약재로 이르는
말. 맛은 맵고 쓰며 성질이 약간 차다. 〈유〉만형자

승법-실(僧法實)[승법씰]뎽《한의》〈일반통증〉순비기나무의 열매를 한방에
서 이르는 말. 맛은 맵고 쓰며 성질이 약간 차고 풍열(風熱)로 인한 감기, 두
통 따위에 쓴다. 〈유〉만형자

시감(時感)[시감]뎽〈감기 - 몸살, 세기관지염〉전염성이 있는 감기.〈유〉돌림
감기

시근거리다( )[시근거리다]뎽〈일반통증〉(사람이나 신체의 일부분이) 뼈마디
따위가 조금 심하게 자꾸 시리고 쑤시다.〈유〉시근대다, 시근시근하
다〈참〉시큰거리다, 새근거리다¶그는 허리가 아프고 발목이 시근거리는
것을 참고 마지막 순서까지 진행하였다.

시근대다( )뎽〈일반통증〉(사람이나 신체의 일부분이) 뼈마디 따위가 조금 심
하게 자꾸 시리고 쑤시다.〈유〉시근거리다, 시근시근하다〈참〉시큰대다,
새근대다¶온몸의 뼈마디가 시근댄다.

시근시근하다( )[시근시근하다]뎽〈일반통증〉관절 따위가 신 느낌이 들다.¶
이제는 나이가 들었는지 팔다리가 시근시근하기 시작한다.

시근하다( )[시근하다]혱〈일반통증〉(사람이나 신체의 일부분이) 뼈마디 따위

가 조금 저리고 시다.〈참〉시큰하다, 새근하다

시다1( )[시다]휑〈일반통증〉관절 따위가 삐었을 때처럼 거북하게 저리다. ¶어금니가 시다. / 그녀는 어깨가 쑤신다, 가슴이 결린다, 발목이 시다, 늘 불평이었다.

시다2( )[시다]휑〈일반통증〉(눈이) 강한 빛을 받아 슴벅슴벅 찔리는 듯하다. ¶햇살이 비쳐 눈이 시다. / 지갑을 찾다가 눈이 시어 눈을 감았다.

시리다1( )[시리다]휑〈안통〉(주로 '눈'과 함께 쓰여) 빛이 강하여 바로 보기 어렵다.

시리다2( )[시리다]휑〈일반통증〉(몸의 한 부분이) 차가운 것에 닿아서 춥고 얼얼하다. ¶이가 시리다 / 양말을 두 켤레나 신었는데도 발가락이 시렸다. / 바람이 어찌나 찬지 코끝이 시려서 가만히 서 있을 수가 없었다.

시안화물^중독(cyaan化物中毒)몡구《의학》〈일반통증〉청산 또는 청산 화합물에 의한 중독. 적혈구 속의 헤모글로빈과 결합하여 산소와 결합하는 것을 방해하고 조직의 호흡을 마비시킨다. 심하면 수초 만에 어지러움, 두통, 머리 충혈, 두근거림, 호흡 곤란, 전신 경련 따위가 일어나며 많이 먹었을 때는 비명을 지르며 급사한다.〈유〉청산 중독

시큰거리다( )[시큰거리다]똥〈일반통증〉(팔다리나 뼈마디가) 심하게 자꾸 시리고 쑤시다.〈유〉시큰대다 〈참〉시근거리다, 새큰거리다 ¶테니스를 너무 오래 쳤더니 손목이 시큰거린다. / 이빨 부러진 곳이 지금까지도 욱신거리기도 하고 시큰거리기도 하다.

시큰대다( )[시큰대다]똥〈일반통증〉(팔다리나 뼈마디가) 심하게 자꾸 시리고 쑤시다.〈유〉시큰거리다 〈참〉시근대다, 새큰대다 ¶피아노 앞에 앉은 아이는 이유 없이 시큰대는 손목을 어루만지며 침을 삼켰다.

시큰시큰하다( )[시큰시큰하다]휑〈일반통증〉(팔다리나 뼈마디가) 심하게 자꾸 시리고 쑤시는 느낌이 있다.〈참〉시근시근하다, 새큰새큰하다 ¶다리가 시큰시큰해서 더이상 걷지 못하겠다. / 학교에 가서도 층층대를 오르내리

려면, 다리가 무겁고 무릎이 시큰시큰하여서 매우 괴로웠다.

시큰하다 ( )[시큰하다]〖형〗《일반통증》(팔다리나 뼈마디가) 조금 시리고 쑤신 느낌이 있다.〈참〉시근하다, 새큰하다 ¶너무 오래 앉아 있었더니 허리가 시큰하며 아프다. / 무르팍이 시큰했다.

시통(始痛)[시ː통]〖명〗《한의》〈일반통증〉천연두를 앓을 때, 발진이 돋기 전에 나타나는 통증. 열이 오르거나 두통 따위의 증세가 있다.

시행-감모(時行感冒)[시행감모]〖명〗《한의》〈감기 - 몸살, 세기관지염〉주로 추운 계절에 아주 심하게 전염을 일으키는 감기.

시형^인플루엔자(C型influenza)〖명구〗《보건 일반》〈감기 - 몸살, 세기관지염〉인플루엔자 바이러스 시(C)형에 의하여 발생하며 산발적으로 드문드문 일어나는 인플루엔자. 최근에는 흔하지 않으며, 에이(A)형과 비(B)형에 의하여 발생하는 것보다는 증상이 심하지 않은 질병이다.

식궐(食厥)[식꿜]〖명〗《한의》〈섭식 장애〉음식을 너무 많이 먹거나 독이 있는 음식을 먹었을 때에 위기(胃氣)가 위로 치솟아 갑자기 손발이 차지고 졸도하여 말을 못 하는 병. ¶음식물을 먹은 후에 갑자기 졸도하는 증세를 한의학적 병명으로 찾아보면 '식궐(食厥)'과 유사하다.

식미(食味)[싱미]〖명〗〈섭식 장애〉음식을 먹을 때 입에서 느끼는 맛에 대한 감각.〈유〉구미(口味), 식미감(食味感), 식욕(食慾), 입맛 ¶찌개면 찌개, 국이면 국 한 가지로 그냥 후딱후딱 먹어 치우는 나를 연옥이는 걸신이 들었느니 식미를 모르느니 하고 못마땅해하며 깔보는 것이다.

식미-감(食味感)[싱미감]〖명〗〈섭식 장애〉음식을 먹을 때 입에서 느끼는 맛에 대한 감각.〈유〉구미(口味), 식미(食味), 입맛 ¶밥을 짓기 전에 오랫동안 물에 불려야 하므로 번거롭고 백미에 비해 입안에서 까칠한 느낌이 강해 식미감을 떨어뜨렸던 것이 사실이다. / 봄에 나오는 나물은 열량이 적고 비타민과 무기질이 많아 겨울 동안 부족했던 영양소를 보충해 줄 뿐 아니라 아삭한 식미감과 상큼한 향이 소화 기능을 도와 겨우내 잃었던 입맛을 돋워 주는 것이 일반적인 특징이다.

식사^장애(食事障礙)〔명구〕《의학》〈섭식 장애〉음식을 기피하거나 폭식을 하는
등 식사를 정상적으로 하지 못하는 상태. ¶채식하는 10대는 식사 장애 환자
가 되거나 자살할 위험이 크다는 조사 결과가 나왔다. / 식사 장애란 자신이
살이 쪘다는 스트레스로 인해 식사 후 죄책감이나 구토하고 싶은 충동을 느
끼며, 음식에 집착하거나 폭식하는 증상이다.

식심통(食心痛)〔식씸통-〕〔명〕《한의》〈일반통증〉음식을 먹고 탈이 나서 가슴과
배가 그득하며 아픈 증상. 생것이나 차가운 음식을 과음·과식하여 생긴다.

식욕(食慾)〔시곡〕〔명〕〈섭식 장애〉음식을 먹고 싶어 하는 욕망.〈유〉구미(口
味), 밥맛, 식미(食味), 식사(食思), 입맛〈참〉수면욕(睡眠欲), 음욕(淫慾) ¶
식욕 감퇴. / 식욕이 나다. / 식욕이 왕성하다. / 식욕을 느끼다. / 식욕을 잃
다. / 식욕이 없다. / 더위를 먹으면 식욕도 떨어지고 병도 잘 난다는데…. /
그는 한동안 수통을 입에 댄 채 식욕과 자존심 사이의 무시무시한 싸움을
치러야 했다. / 김소영은 왕성한 식욕으로 두부 한 모를 눈 깜짝할 사이에
먹어 치우고 동태찌개를 곁들여 밥을 먹기 시작했다. / 들몰댁은 숟가락을
들지 않고 벽에 등을 기댔다. 허리가 접힐 만큼 허기를 느꼈지만 식욕은 전
혀 없었다.

식욕^감퇴(食慾減退)〔명구〕《수의》〈섭식 장애〉음식을 먹고 싶어 하는 욕구가
떨어지는 일. 또는 그런 증상. ¶청량음료에 들어 있는 설탕은 비만이나 식
욕 감퇴를 일으킨다.

식욕^감퇴약(食慾減退藥)〔명구〕《약학》〈섭식 장애〉비만증의 개선에 이용하는
약물. 갑상샘말(甲狀腺末)이나 디니트로페놀과 같은 대사 항진 약 따위가
이용된다. ¶식욕 감퇴 약(토파맥스스프링클캡슐)을 썼고 그 약이 별 효과가
없다고 말한 지 석달이 지나서야 새 약을 썼다.

식욕^감퇴제(食慾減退劑)〔명구〕《약학》〈섭식 장애〉식욕이나 공복감을 저하시
키는 향정신성 의약품의 일종. 중독성이 강하며 오남용하면 중추 신경계를

자극하여 공황 상태, 공격적인 행동, 환각, 경련, 혼수, 호흡 저하 따위를 일
으키며, 심하면 사망에까지 이를 수 있다. ¶1996년 미국 식품의약국(FDA)
승인을 받았던 펜플루라민은 대표적인 식욕감퇴제였지만 심장질환 발생률
이 증가하면서 사용이 금지됐다. 또 다른 비만치료제인 시부트라민도 1997
년 FDA의 승인을 받았지만 심혈관계 이상 등의 부작용 때문에 판매가 중단
됐다.

식욕^결핍(食慾缺乏)〔명구〕《의학》〈섭식 장애〉음식을 먹고 싶어 하는 욕망이
줄어듦. 또는 그런 증상.〈유〉식욕부진(食慾不振) ¶그 질병은 혀와 입천장
에 궤양이 나타나게 하고 식욕결핍으로 이어진다.

식욕^과다(食慾過多)〔명구〕《의학》〈섭식 장애〉비정상적으로 허기를 느끼거나,
이전에 비하여 눈에 띄게 식욕이 늘어난 상태. 당뇨병, 갑상샘 항진증, 위장
관(胃腸管)의 기생충 감염이나 폭식증이 있는 환자에게서 나타나는 경우가
있다.〈유〉식욕과잉(食慾過剩) ¶천식약 먹고 있는 노경견. 비정상적 식욕
과다, 쿠싱증후군 증상일까요?

식욕^과다증(食慾過多症)〔명구〕《의학》〈섭식 장애〉식욕이 비정상적으로 증가
된 상태. ¶음식 먹기를 거부하는 거식증과 가능하지 않은 체형을 만들기 위
한 집착에서 비롯된 식욕과다증(bigorexia)은 같은 유전적 기원을 갖는 것
으로 나타났다.

식욕^과잉(食慾過剩)〔명구〕《의학》〈섭식 장애〉비정상적으로 허기를 느끼거나,
이전에 비하여 눈에 띄게 식욕이 늘어난 상태. 당뇨병, 갑상샘 항진증, 위장
관(胃腸管)의 기생충 감염이나 폭식증이 있는 환자에게서 나타나는 경우가
있다.〈유〉식욕과다(食慾過多) ¶항구토제 마로피턴트 부작용 중 과잉식욕
도 있을까요?

식욕^도착(食慾倒錯)〔명구〕《의학》〈섭식 장애〉특이하거나 이상한 음식물에 대
한 비정상적이고 병적인 갈망을 동반한 식욕.

식욕^부진(食慾不振)〔명구〕《의학》〈섭식 장애〉음식을 먹고 싶어 하는 욕망이

人

줄어듦. 또는 그런 증상.〈유〉식욕결핍(食慾缺乏) ¶은혜는 요즘 식욕 부진
으로 통 먹으려 들지 않는다. / 그녀는 수태를 한 뒤부터 잦은 입덧과 식욕
부진으로 고생을 했다.

식욕^상실(食慾喪失)〔명구〕《의학》〈섭식 장애〉'시상 하부'에 있는 공복 중추의
기능 저하 또는 포만 중추의 기능 항진으로 인하여 식욕이 없는 상태.〈유〉
무식욕증(無食慾症) ¶식욕 상실이 일반인의 전반적인 웰빙에 미치는 영향
은 상당할 수 있으며 체중 감소, 허약 그리고 피로로 이어질 수 있습니다.

식욕^억제(食慾抑制)〔명구〕《의학》〈섭식 장애〉음식을 먹고 싶어 하는 욕구를
억제하는 일. ¶식욕 억제 성분의 약물을 복용해 체중을 감량하는 방법도 있
다. / 특히 식욕 억제 성분이 함유된 제품은 영양적 불균형을 초래해 오히려
건강을 해친다.

식욕^억제^물질(食慾抑制物質)〔명구〕《의학》〈섭식 장애〉음식을 먹고 싶어 하
는 욕구를 줄이거나 없애 주는 물질.

식욕^유발^효과(食慾誘發效果)〔명구〕《보건 일반》〈섭식 장애〉약물, 호르몬 또
는 화합물 따위가 식욕을 일으키거나 증가시키는 효과.

식욕^이상(食慾異常)〔명구〕《의학》〈섭식 장애〉식욕이 지나치게 생기거나 없어
지는 병적 현상. 다식증, 탐식증 따위의 식욕 증진과 퇴식증(退食症), 식욕
부진 따위의 식욕 감퇴가 있다.

식이^장애(食餌障礙)〔명구〕《심리》〈섭식 장애〉음식을 섭취하는 것과 관련한 심
리적 이상 현상이나 병적 증세. 거식증, 폭식증 따위가 있다. ¶거식증 또는
폭식증 등 식이 장애로 고통 받는 10대 후반~20대 초반의 젊은이 12명이 캠
프를 떠났다. / 이번에 선보인 동영상은 성장기 청소년의 건강을 해치는 인
터넷 중독, 우울증, 물질 남용, 척추 측만증, 식이 장애와 관련해 진단, 증세,
치료 및 예방에 대한 정보를 제공한다.

식적 요통(食積腰痛)〔명구〕《한의》〈일반통증〉먹은 음식이 잘 소화되지 않고 위
장에 체기가 있어 허리가 아픈 증상. ¶식적요통을 피하려면 술자리에서 자

극적이고 기름진 음식을 피해야 합니다.

식체(食滯)[식체]〔명〕《한의》〈섭식 장애〉음식에 의하여 비위가 상하는 병증. 과식을 하거나 익지 않은 음식, 불결한 음식을 먹거나 기분이 안 좋은 상태에서 음식을 섭취할 때 생긴다.〈유〉식상(食傷)¶만성 식체 증후군이 있다면 생강차, 소엽차, 진피차, 산사차, 탱자차 등을 마시면 도움이 된다.

신-결석(腎結石)[신:결썩]〔명〕《의학》〈신장병〉콩팥에 오줌 속의 염류의 결정 또는 결석이 생기는 질환. 발작성의 복통이 때때로 일어나며 혈뇨와 돌을 배설하게 되는데, 육식을 잘하는 노인에게는 요산 염석(尿酸鹽石)이, 채식을 하는 어린아이에게는 수산 염석(蓚酸鹽石)이 흔히 발생한다.〈유〉콩팥돌증

신경^감압술(神經減壓術)〔명구〕《의학》〈디스크 - 추간판탈출증〉조이는 띠를 수술적으로 절개하거나 신경이 지나가는 뼈관을 넓혀서 신경 몸통에 가해지는 압력을 완화하는 수술.

신경^마비(神經痲痹)〔명구〕《의학》〈디스크 - 추간판탈출증〉뇌 및 척수에서 나와 근육에 도달하는 말초 신경이 손상되어 그 지배 영역의 근육이나 지각(知覺)에 마비를 일으키는 일. 운동이나 감각 작용에 장애를 받으며, 외상이나 신경염이 원인이 되어 나타난다. 치료는 주로 전기 요법이나 마사지와 같은 물리적 요법을 쓴다.

신경^박리(神經剝離)〔명구〕《의학》〈디스크 - 추간판탈출증〉신경 주위에서 일어난 염증으로 인한 유착을 분리하는 일.〈유〉신경박리술

신경^박리술(神經剝離術)〔명구〕《의학》〈디스크 - 추간판탈출증〉신경 주위에서 일어난 염증으로 인한 유착을 분리하는 수술.〈유〉신경박리

신경성 대식증( )〔명구〕〈섭식장애〉충동적으로 음식의 양을 조절할 수 없을 정도로 많은 양의 음식을 먹는 증상.〈유〉신경성 폭식증

신경성 폭식증( )〔명구〕《의학》〈섭식장애〉충동적으로 음식의 양을 조절할 수 없을 정도로 많은 양의 음식을 먹는 증상.〈유〉신경승 대식증

신경성^무식욕증(神經性無食慾症)[명구]《의학》〈섭식 장애〉'신경성 식욕 부진' 의 전 용어. ¶미국의 '신경성 무식욕증(거식증)과 이와 관련된 장애 전국 연 합'의 자료를 보면, 미국인 3천만 명이 살아가는 동안 먹는 문제 장애를 겪 으며 해마다 대략 1만 명이 숨진다.

신경성^병적^과식(神經性病的過食)[명구]《의학》〈섭식 장애〉매우 짧은 시간 동안 다량의 음식을 통제할 수 없이 빠르게 섭취한 후에 몸무게 증가를 막 기 위하여 의도적으로 구토하거나 설사제, 이뇨제를 복용하기도 하고 굶거 나 과도한 운동을 하기도 하는 폭식. 죄책감, 우울감, 자기혐오 따위가 동반 되기도 한다.〈유〉신경성식욕항진증(神經性食慾亢進症) ¶신경성폭식증 환 자 4년새 40.9퍼센트 증가…절반이 20대 여성

신경성^식욕^부진(神經性食慾不進)[명구]《의학》〈섭식 장애〉체중 조절 따위를 위하여 지나치게 식사 제한을 해 가는 동안 어느덧 완전히 식욕을 잃게 되 는 신경성 질환. 젊은 여성들에게 많은데, 빈혈증 따위를 유발하고 무월경· 혈압 저하·느린맥 따위의 증상을 보이기도 한다. ¶우리나라 여성의 44퍼 센트는 자신이 뚱뚱하다고 생각하여 신경성 식욕 부진이라는 신종 병까지 생겨났다.

신경성^식욕^부진증(神經性食慾不振症)[명구]《의학》〈섭식장애〉먹는 것을 거 부하거나 두려워하는 병적 증상.〈유〉거식증

신경성^식욕^항진증(神經性食慾亢進症)[명구]《의학》〈섭식 장애〉매우 짧은 시 간 동안 다량의 음식을 통제할 수 없이 빠르게 섭취한 후에 몸무게 증가를 막기 위하여 의도적으로 구토하거나 설사제, 이뇨제를 복용하기도 하고 굶 거나 과도한 운동을 하기도 하는 폭식. 죄책감, 우울감, 자기혐오 따위가 동 반되기도 한다.〈유〉신경성병적과식(神經性病的過食)

신경성^피부염(神經性皮膚炎)[명구]《의학》〈피부병〉'신경 피부염'의 전 용어.

신경^성형(神經成形)[명구]《의학》〈디스크 - 추간판탈출증〉신경의 성형 수술. 대개 신경 연결술 이외의 수술, 즉 자리옮김술, 신경 박리술을 의미한

다. 〈유〉신경성형술, 신경형성술

신경^성형술(神經成形術)〔**명구**〕《의학》〈디스크 - 추간판탈출증〉신경의 성형 수술. 대개 신경 연결술 이외의 수술, 즉 자리옮김술, 신경 박리술을 의미한다. 〈유〉신경성형, 신경형성술

신경^쇠약(神經衰弱)〔**명구**〕《의학》〈신경증〉신경이 계속 자극을 받아서 피로가 쌓여 생기는 여러 가지 질병. 피로감, 두통, 불면증, 어깨 쑤심, 어지럼증, 귀울림, 손떨림증, 지각 과민, 주의 산만, 기억력 감퇴 따위의 증상을 나타낸다. 〈유〉신경 쇠약증

신경^쇠약증(神經衰弱症)〔**명구**〕《의학》〈신경증〉신경이 계속 자극을 받아서 피로가 쌓여 생기는 여러 가지 질병. 피로감, 두통, 불면증, 어깨 쑤심, 어지럼증, 귀울림, 손떨림증, 지각 과민, 주의 산만, 기억력 감퇴 따위의 증상을 나타낸다. 〈유〉신경 쇠약

신경-증(神經症)〔신경쯩〕〔**명**〕《심리》〈신경증〉심리적 원인에 의하여 정신 증상이나 신체 증상이 나타나는 병. 주로 두통·가슴 두근거림·불면 따위의 증상이 나타나며, 불안 신경증·히스테리·강박 신경증·공포증·망상 반응 따위가 있다. 〈참〉정신탓 반응(精神탓反應)

신경통(神經痛)〔신경통〕〔**명**〕《의학》〈일반통증〉말초 신경이 자극을 받아 일어나는 통증. 아픈 부위가 한 개의 말초 신경의 지배 영역에 일치하고, 예리하면서 격심한 아픔이 발작적으로 일어나 짧게 지속되다 멈추기를 되풀이한다. 통증이 없는 상태에서도 해당 말초 신경 부위를 누르면 통증이 유발되는 특징이 있다. 원인이 뚜렷한 증후 신경통과 특정한 원인이 없는 특발 신경통으로 나눈다. ¶영검하게도 미리 알고 쿡쿡 쑤시기 시작하는 외할머니의 신경통과 함께 역시 그것은 오래지 않아 비가 내릴 거라는 징조였다.

신경^피부염(神經皮膚炎)〔**명구**〕《의학》〈피부병〉신경이 과민해져서 사소한 자극으로도 가려워 긁기 때문에 피부 주름이 두꺼워지고 습진으로 발전하는 만성 피부병.

신경^피부증(神經皮膚症)(명구)《심리》〈피부병〉심리적 요인 때문에 생기는 피부 질환.

신물이 넘어오다( )(동구)〈일반통증〉음식에 체하거나 과식하였을 때 트림과 함께 위에서 목으로 넘어오는 시척지근한 액체가 목구멍 밖으로 나오다 ¶저녁을 급히 먹었더니 소화가 되지 않고 자꾸 신물이 넘어오는구나.

신산통(腎疝痛)[신ː산통-](명)《의학》〈일반통증〉'콩팥 급통증(콩팥急通症)'의 이전 말. 결석이 신장에 위치해 발생하는 통증. ¶신산통은 허리 깊숙한 곳에서 시작되어 허리 옆으로 퍼지게 되며 여성은 통증이 방광 쪽으로 이어지거나 남성은 고환을 향해 밑으로 퍼질 수 있다.

신생아 부종(新生兒浮腫)(명구)《의학》〈내과〉생후 며칠 된 갓난아이에게 일어나는 부종. 갓난아이의 간 기능이 미숙한 데서 오는 저단백혈이 원인인 것으로 알려지고 있다.

신생아^고름눈물눈(新生兒고름눈물)(명구)〈눈병〉출산 때나 출산 직후에 임균(淋菌)의 감염으로 일어나는 갓난아이의 급성결막염. 눈꺼풀과 눈알의 두 결막이 몹시 충혈되고 부풀어오르는 동시에 다량의 고름이 나오는데, 악화되면 눈이 멀기도 한다.〈유〉신생아농루안

신생아^농루안(新生兒濃漏眼)(명구)《의학》〈눈병〉출산 때나 출산 직후에 임균(淋菌)의 감염으로 일어나는 갓난아이의 급성결막염. 눈꺼풀과 눈알의 두 결막이 몹시 충혈되고 부풀어오르는 동시에 다량의 고름이 나오는데, 악화되면 눈이 멀기도 한다.〈유〉신생아고름눈물눈

신생아^지방^괴사(新生兒脂肪壞死)(명구)《의학》〈내과〉생후 4일에서 5일 된 갓난아이의 피부밑 지방이 변성하여 딱딱하여지는 병. 뺨, 등, 엉덩이, 팔다리 따위에 생기는데 출산 때의 압박이나 마찰이 주된 원인이다.

신이-포(辛夷苞)[시니포](명)《한의》〈일반통증〉목련 또는 백목련의 꽃봉오리. 진정·진통 작용이 있어 코염, 축농증, 두통, 두중감 따위에 사용한다.

신장^결석(腎臟結石)(명구)《의학》〈신장병〉콩팥에 오줌 속의 염류의 결정 또는

결석이 생기는 질환. 발작성의 복통이 때때로 일어나며 혈뇨와 돌을 배설하
게 되는데, 육식을 잘하는 노인에게는 요산 염석(尿酸鹽石)이, 채식을 하는
어린아이에게는 수산 염석(蓚酸鹽石)이 흔히 발생한다.〈유〉콩팥돌증

신전(囟塡)[신전]몡《한의》〈두통〉어린아이의 정수리가 붓는 병. 경련이나
열이 있는 경우에 생긴다.

신종^인플루엔자(新種influenza)몡구《생명》〈감기 - 몸살, 세기관지염〉인플루
엔자 바이러스가 변이 과정을 거쳐 생성된 새로운 바이러스. 2009년에 전
세계적으로 많은 이들을 감염시킨 호흡기 질환이다

신허 요통(腎虛腰痛)몡구《한의》〈일반통증〉신장의 기능이 쇠약하거나 과도
한 성교로 인하여 허리가 아픈 증세 ¶아침에 허리 통증이 더 심해지거나 오
래 서 있을 때 통증이 나타났다면 신허 요통을 의심해 봐야 한다.

실경(失頸)[실경]몡《한의》〈일반통증〉목이 아파서 잘 놀리지 못하는 증
상.〈유〉낙침

실눈-증(실눈症)[실:룬쯩]몡《의학》〈눈병〉눈이 작고 가늘게 되는 증상. 눈꺼
풀과 눈알의 유착으로 눈초리의 눈꺼풀 가장자리가 붙거나 눈꺼풀 안쪽이
쭈그러져 발생하는데, 트라코마의 후유증인 경우가 많다.〈유〉눈꺼풀틈새
축소

실침(失枕)[실침]몡《한의》〈일반통증〉목이 아파서 잘 놀리지 못하는 증
상.〈유〉낙침

심리^요법(心理療法)몡구《심리》〈우울증〉약물에 의하지 아니하고 심리적인
기술로써 병을 치료하는 방법. 신경증 따위의 심리적 원인에 따른 병을 대
상으로 최면 요법·정신 분석·암시 따위의 방법을 쓴다.〈유〉정신 요법

심복통(心腹痛)[심복통]몡《한의》〈일반통증〉근심 따위로 인하여 명치 아래
와 배가 동시에 아픈 증상. ¶각총(산마늘)은 비위를 따뜻하게 하며, 건위작
용 및 해독작용이 있어 심복통에 쓰인다.

심신-증(心身症)[심신쯩]몡《심리》〈우울증〉심리적인 원인으로 신체에 일어

나는 병적인 증상. 병의 진단과 치료에 심리적인 배려가 필요하다.〈유〉심

신 질환, 정신 신체증

심인성^정신병(心因性精神病)**명구**《의학》〈우울증〉정신탓 반응으로 생기는

정신병이나 신경증을 통틀어 이르는 말. 지능의 발육에 장애가 생기는 지적

장애, 뚜렷한 성격 변이를 나타내는 정신병질 따위가 있다.〈유〉정신탓 정

신병〈참〉외인성 정신병

심장 부종(心臟浮腫)**명구**《의학》〈내과〉심장막염이나 심장 판막증 같은 심장

질환으로 심장의 부담이 커지고 순환 기능이 완전하지 못하게 되어 다리나

등, 배 따위에 생기는 부종.〈유〉심장성 부종

심장성^부종(心臟性浮腫)**명구**《의학》〈내과〉심장막염이나 심장 판막증 같은

심장 질환으로 심장의 부담이 커지고 순환 기능이 완전하지 못하게 되어 다

리나 등, 배 따위에 생기는 부종.〈유〉심장 부종

심장통(心臟痛)[심장통-]**명**《의학》〈일반통증〉복장뼈 아래쪽의 심장 부위에

일어나는 통증. 심장 동맥의 기능 부족으로 일어나거나 신경성 이상 감각이

원인이 되어 일어난다.¶혈액 순환을 개선하면 요통이나 심장통뿐만 아니

라 당뇨병성 신경통 치료에도 도움이 된다.

심청굿(沈淸굿)[심ː청굳]**명**《민속》〈눈병〉주민들의 눈병을 없애 주고 눈망울

을 맑게 해 달라는 뜻에서 하는 굿. 별신굿에서, 무녀가 심청가를 부르면서

하는 굿.

심통하다(心痛하다)**형**〈일반통증〉마음이 아프다.¶심통한 표정. / 심통한 모

친의 모습을 보자 나 또한 마음이 아파 왔다.

심하통(心下痛)[심하통]**명**《한의》〈일반통증〉'위통'을 한방에서 이르는

말.〈유〉위완통(胃脘痛)¶소설 동의보감에는 허준이 심하통(心下痛)으로

죽은 유의태의 위를 수술하는 것으로 그려진다.

심화(心火)[심화]**명**《한의》〈우울증〉마음속의 울화로 몸과 마음이 답답하고

몸에 열이 높아지는 병.〈유〉심화병¶그녀는 부모가 정해 준 대로 시집을

갔지만 남자가 어떻게 싫던지 그만 도망을 치고 말았다. 결국 그녀의 모친
은 심화로 돌아가신 셈이다.

심화를 끓이다( )[동구]〈우울증〉화를 시원하게 풀지 못하고 혼자 끙끙거리다. ¶
사기를 당한 김 씨는 심화를 끓여 자리에 드러누워 버렸다.

심화-병(心火病)[심화뼝][명]《한의》〈우울증〉마음속의 울화로 몸과 마음이 답
답하고 몸에 열이 높아지는 병.〈유〉심화 ¶사업이 실패로 돌아가자 아버지
는 심화병으로 자리에 누우셨다.

십미-패독탕(十味敗毒湯)[십미패독탕][명]《한의》〈피부병〉가려운 피부병이나
습진, 화농성 종기에 쓰는 처방. 생강, 길경 따위의 열 가지 약재가 쓰인다.

싸하다( )[싸하다][형]〈일반통증〉혀나 목구멍 또는 코에 자극을 받아 아린 듯
한 느낌이 있다. ¶코가 싸하다. / 하품을 하고 난 뒤처럼 코 속이 싸하게 쓰
리면서 눈물이 징 솟아올랐다.

쌀쌀( )[부]〈일반통증〉배가 조금씩 쓰리며 아픈 모양. '살살'보다 센 느낌을 준
다.〈참〉살살, 슬슬 ¶난 종일 물을 부었더니만 배탈이 났는지 어째 쌀쌀 아
랫배가 아파 오네.

쌍극성^조우울증(雙極性躁憂鬱症)[명구]《심리》〈우울증〉조증과 우울증이 쌍극
을 나타내며 출현하는 조우울증의 한 형태.

쌍두-치(雙頭齒)[쌍두치][명]《의학》〈치통〉송곳니의 뒤에 있는 한 쌍의 이. 상
하좌우 합쳐서 여덟 개이다. 젖니 뒤에 나는 영구치로 치아도드리가 두 개
있는 것이 특징이다.

쑥쑥( )[부]〈일반통증〉자꾸 쑤시듯이 아픈 모양. ¶뼈끝마다 쑥쑥 쑤신다. / 몸
살인지 온몸이 바늘로 쑥쑥 찌르듯이 아프다. / 무섭게 여윈 그 얼굴을 대할
때에 어린 이 몸의 가슴은 바늘로 쑥쑥 찌르는 듯하였나이다.

쑤시다( )[쑤시다][동]〈일반통증〉신체의 일부분이 바늘로 찌르는 것처럼 아픈
느낌이 들다 ¶머리가 지끈지끈 쑤시다. / 잇몸이 붓고 쑤신다. / 사지가 쑤
셔 댄다.

쓰라리다( )[쓰라리다]동〈일반통증〉상처가 쓰리고 아리다. ¶며칠을 굶었더니 속이 쓰라리다. / 부르튼 발이 쓰라려서 걷기가 힘들다.

쓰리다( )[쓰리다]형〈일반통증〉1. (몸이) 쑤시는 것처럼 아프다. 2. (뱃속이) 몹시 시장하거나 과음하여 쓸어내리듯 아프다. ¶1. 뜨거운 모래가 허벅지에 닿아서 살갗이 몹시 쓰리고 아팠다. / 이미 실밥까지 뽑아낸 다 아문 상처는 새살이 빨갛게 돋아나서 조금만 스쳐도 불에 덴 듯이 쓰리고 아프다. 2. 하루 종일 굶었더니 속이 너무 쓰리네. / 어제 빈속에 술을 너무 많이 마셨나 봐. 속이 쓰려.

쓸갯-돌[쓸개똘/쓸갣똘]명《의학》〈신장병〉쓸개나 쓸갯길에 생긴 돌.〈유〉담결석, 담석

쓸갯돌-증(쓸갯돌症)[쓸개똘쯩/쓸갣똘쯩]명《의학》〈신장병〉쓸개나 온쓸개관에 돌이 생겨 일어나는 병.〈유〉담석증

씀벅씀벅하다( )[씀벅씀버카다]동〈일반통증〉눈이나 살 속이 찌르듯이 잇따라 시근시근하다.

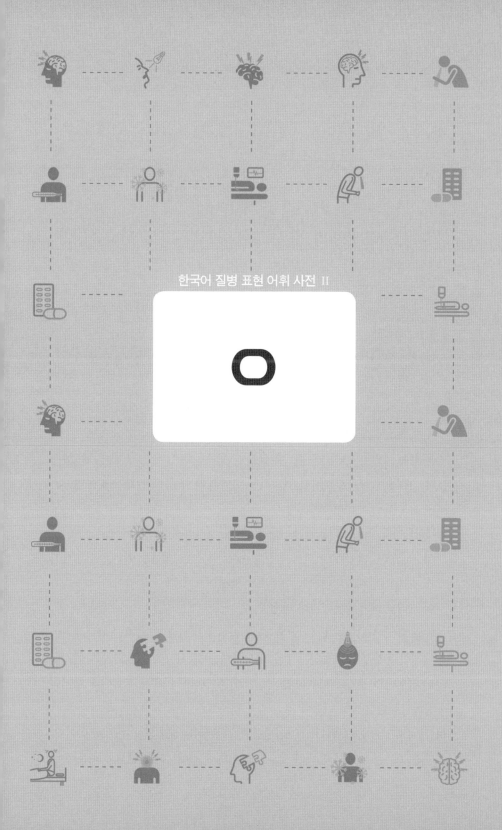

한국어 질병 표현 어휘 사전 II

ㅇ

아감(牙疳)[아감]**명**《한의》〈치통〉잇몸이 벌겋게 붓고 헐며 아픈 병증. 열독
이 위(胃)에 몰려서 생긴다.〈유〉아감창

아감-창(牙疳瘡)[아감창]**명**《한의》〈치통〉잇몸이 벌겋게 붓고 헐며 아픈 병
증. 열독이 위(胃)에 몰려서 생긴다.〈유〉아감

아관(牙關)[아관]**명**〈치통〉입속 양쪽 구석의 윗잇몸과 아랫잇몸이 맞닿는 부
분.

아날긴(analgin)**명**《약학》〈일반통증〉흰색 가루로 된 해열제. 물에 잘 녹으며,
아미노피린보다 효력이 강하고, 고열·두통·신경통·류머티즘 따위를 치료
하는 데 쓴다.

아뉵(牙衄)[아뉵]**명**《한의》〈치통〉잇몸이 벌겋게 붓고 아프며 입에서 냄새가
나는 병.〈유〉치뉵

아담-창(鵝啗瘡)[아담창]**명**《한의》〈피부병〉태아 때 받은 독기로 갓난아이 때
부터 피부에 생기는 부스럼.

아득하다( )[아드카다]**형**〈일반통증〉(정신이) 갑자기 어지럽고 흐리멍덩하
다.〈참〉어득하다 ¶덜컹거리는 기차 안에서 멍하니 앉아 있자니 꿈이라도
꾸는 듯이 정신이 아득하였다.

아뜩아뜩하다( )[아뜨가뜨카다]**형**〈일반통증〉(정신 따위가) 있다가 없다가 하
여 자꾸 조금씩 매우 어지럽거나 까무러칠 듯하다. ¶산을 내려오는데 갑자
기 앞이 캄캄해지더니 정신이 아뜩아뜩했어요. / 나는 눈앞이 아뜩아뜩하
여 그대로 바닥에 주저앉아 버렸다.

아뜩하다( )[아뜨카다]**형**〈일반통증〉(눈앞이나 정신이) 갑자기 캄캄해지거나
어지러워 까무러칠 듯하다.〈참〉아득하다, 어뜩하다 ¶나는 갑자기 현기증
이 일어나며 눈앞이 아뜩하였다. / 노인은 정신이 아뜩하고 속이 느글거려
땅바닥에 주저앉고 말았다.

아르르하다( )[아르르하다]**형**〈일반통증〉(혀끝이) 매운 음식 따위를 먹어 알
알하고 쏘는 느낌이 있다. ¶멋모르고 입속에 집어넣은 청양고추 때문에 혀

끝이 아르르하다. / 기름에 덴 손가락이 아직도 아르르하다.

아리다 ( )[아리다]형〈일반통증〉1. 혀끝을 찌를 듯이 알알한 느낌이 있다. 2. 상처나 살갗 따위가 찌르는 듯이 아프다. ¶1. 마늘을 깨물었더니 혀가 아리다. 2. 불에 덴 상처가 아리다./ 가시에 찔린 손끝이 아렸다. / 차가운 바람이 살갗을 아리게 했다.

아리딸딸하다 ( )[아리딸딸하다]형〈일반통증〉(머리가) 어떤 것에 부딪쳐서 약간 울리고 어지럽다. ¶그는 집에 오는 길에 축구공에 맞아 머리가 아리딸딸하였다.

아리아리하다 ( )[아리아리하다]형〈일반통증〉(사람이 신체 부위가) 계속해서 약간 아픈 느낌이 있다. ¶동생에게 꼬집힌 데가 아직도 아리아리하다.

아릿아릿하다 ( )[아리다리타다]형〈일반통증〉(신체 부위나 상처가) 찌르는 듯이 조금씩 아픈 느낌이 있다.〈참〉어릿어릿하다

아릿하다 ( )[아리타다]형〈일반통증〉(혀나 코가) 조금 알알한 느낌이 있다.〈참〉어릿하다 ¶혀끝이 아릿하다. / 그의 말을 듣고 있던 나는 코가 아릿하면서 눈물이 핑 돌았다.

아말감 충전(amalgam充塡)명구《의학》〈치통〉충치로 생긴 구멍을 주석과 카드뮴의 아말감으로 채우는 일.

아선(牙宣)[아선]명《한의》〈치통〉잇몸이 붓고 상해서 피가 나는 병증. 심하면 잇몸이 패어 들어가서 이뿌리가 드러나고 이가 흔들린다.〈유〉은선

아세트아미노펜(acetaminophen)명《약학》〈치통〉/〈감기 - 몸살, 세시관지염〉항염증 효과는 약하나 해열·진통 효과가 뛰어나 감기로 인한 발열 및 동통, 두통, 치통 따위에 널리 쓰는 해열 진통제. 보통 계속하여 10일 이상은 사용하지 않는다.

아수(啞嗽)[아수]명《한의》〈일반통증〉기침을 하면서 목이 쉬는 증상.

아시아^유행성^감기 (Asia流行性感氣)명구《의학》〈감기 - 몸살, 세기관지염〉A-2형의 인플루엔자 바이러스에 의한 급성 호흡 기관 감염.

아시아인^인플루엔자(Asia人influenza)[명구]《보건 일반》〈감기 - 몸살, 세기관 지염〉1957년 여름에 중국에서 일어난 에이형 인플루엔자. 중국에서 퍼져 나가 세계적으로 유행하였다. 1917~1919년에 세계적으로 유행한 인플루엔 자보다는 병의 증상이 경미하다.

아연화^기름(亞鉛華기름)[명구]《약학》〈피부병〉외용(外用) 피부약. 아연화(亞 鉛華) 500그램과 식물유(植物油) 500그램을 섞어 만든다. 흰색이며 걸쭉하 다.〈유〉징크유(zinc油)

아연화-유(亞鉛華油)[아연화유]명《약학》〈피부병〉외용(外用) 피부약. 아연 화(亞鉛華) 500그램과 식물유(植物油) 500그램을 섞어 만든다. 흰색이며 걸 쭉하다.〈유〉징크유(zinc油)

아연화^전분(亞鉛華澱粉)[명구]《약학》〈피부병〉산화 아연과 전분을 같은 양으 로 섞어 만든 흰색 가루약. 피부에 뿌리면 피부 냉각 작용이 있어 피부병 치 료를 위한 소염제와 습진 치료를 위한 살포제로 쓴다. 표면을 덮어서 마찰 따위의 외부 자극으로부터 보호하고, 땀과 지방을 흡수하여 수분의 증발을 촉진한다.

아장선(鵝掌癬)[아장선]명《한의》〈피부병〉손바닥에 생기는 피부병의 하나. 풍독이나 습사가 피부에 침입하여 생기는데 흰 껍질이 벗어지고 쌓여서 거 위 발바닥과 비슷해진다.〈유〉아장풍(鵝掌風)

아장풍(鵝掌風)[아장풍]명《한의》〈피부병〉손바닥에 생기는 피부병의 하나. 풍독이나 습사가 피부에 침입하여 생기는데 흰 껍질이 벗어지고 쌓여서 거 위 발바닥과 비슷해진다.〈유〉아장선(鵝掌癬)

아조^가려움증(azo가려움症)[명구]《의학》〈피부병〉아조 염료를 사용하는 세공 인에게 나타나는 소양증.

아질아질하다( )[아질아질하다]형〈일반통증〉(눈앞이나 정신이) 자꾸 조금 어 지럽고 아득하다.〈참〉어질어질하다, 아찔아찔하다

아질하다( )[아질하다]형〈일반통증〉(눈앞이나 정신이) 갑자기 어지럽고 조금

아뜩하다. 〈참〉어질하다, 아찔하다 ¶그녀는 머리가 아질해 주저앉고 말았
다. / 자리에서 갑자기 일어난 나는 머리가 아질함을 느꼈다.

아찔아찔하다 ( )[아찔아찔하다]〔형〕〈일반통증〉(눈앞이나 정신이) 자꾸 어지럽
고 아득하다. 〈참〉아질아질하다, 어찔어찔하다

아찔하다 ( )[아찔하다]〔형〕〈일반통증〉(눈앞이나 정신이) 갑자기 어지럽고 아뜩
하다. 〈참〉어찔하다 ¶갑자기 눈앞이 아찔하면서 심한 현기증이 났다. / 사
고를 당할 뻔했던 그때를 생각하면 지금도 아찔하다.

아치 (牙痔)[아치]〔명〕《한의》〈치통〉잇몸에 작은 군살이 생기는 증상.

아토피성^피부염 (atopy性皮膚炎)〔명구〕《의학》〈피부병〉'아토피 피부염'의 전 용
어.

아토피^체질 (atopy體質)〔명구〕《의학》〈피부병〉아토피 피부염, 기관지 천식, 알
레르기 코염 따위를 일으키기 쉬운 체질.

아폴로눈병 (Apolo눈병)〔명〕《의학》〈눈병〉결막은 눈안구를 외부에서 감싸고 있
는 조직으로 흰자 부분인 구결막과 윗눈꺼풀을 뒤집거나 아래 눈꺼풀을 당
겼을 때 진분홍색으로 보이는 검결막 부위가 엔테로바이러스 제70형이나
콕사키바이러스 A24형에 감염되어 생기는 염증을 아폴로눈병 급성 출혈 결
막염이라 한다.

아프다 ( )[아프다]〔형〕〈치통〉몸의 어느 부분이 다치거나 맞거나 자극을 받아
괴로움을 느끼다.

악성근시 (惡性近視)〔명구〕《의학》〈눈병〉맥락막의 중증 질환이 합병되어 나타
나는 진행성 근시. 망막 박리를 일으켜 시력을 잃을 수 있다.

안검^경련 (眼瞼痙攣)〔명구〕《의학》〈눈병〉눈둘레근이 발작적으로 경련을 일으
켜 눈꺼풀이 거의 닫히게 되는 상태. 〈유〉눈꺼풀경련

안검^내반 (眼瞼內反)〔명구〕《의학》〈눈병〉눈꺼풀이 안으로 구부러져서 속눈썹
이 각막을 자극하는 증상. 눈물이 나고 이물감을 느끼며 시력이 감퇴한
다. 〈유〉눈꺼풀속말림

안검^농양(眼瞼膿瘍)【명구】《의학》〈눈병〉눈꺼풀에 생기는 급성 염증. 〈유〉눈꺼풀고름집

안검-염(眼瞼炎)[안ː검념]【명】《의학》〈눈병〉눈꺼풀에 생기는 염증을 통틀어 이르는 말.

안검^외반(眼瞼外反)【명구】《의학》〈눈병〉눈꺼풀이 뒤집혀 안구 결막이 외면으로 노출된 상태. 눈을 감지 못하며 시력이 나빠진다. 〈유〉눈꺼풀겉말림

안검-창(眼瞼瘡)[안ː검창]【명】《한의》〈눈병〉눈꺼풀 가장자리에 나는 부스럼.

안검^하수(眼瞼下垂)【명구】《의학》〈눈병〉눈꺼풀이 처져서 시야를 가리는 현상. 눈꺼풀 올림근의 기능이 떨어져서 생긴다. 〈유〉눈꺼풀처짐

안구^건조증(眼球乾燥症)【명구】《의학》〈눈병〉결막이나 공막의 겉껍질이 두꺼워지고 굳어져 눈알이 눈물에 젖지 않고 하얀 은빛을 나타내는 병. 비타민 에이(A)의 결핍으로 일어나는 눈병의 하나로서, 결막·각막의 건조증, 특발 야맹증을 일으킨다.

안구^결막(眼球結膜)【명구】《의학》〈눈병〉눈알 가까이에 붙은 결막. 〈유〉구결막

안구-근(眼球筋)[안ː구근]【명】《의학》〈눈병〉눈알에 붙은 가로무늬근을 통틀어 이르는 말. 좌우에 각각 일곱 개씩 있으며, 눈을 돌리는 기능을 한다. 〈유〉안구 근육

안구^근육(眼球筋肉)【명구】《의학》〈눈병〉눈알에 붙은 가로무늬근을 통틀어 이르는 말. 좌우에 각각 일곱 개씩 있으며, 눈을 돌리는 기능을 한다. 〈유〉안구근, 안근, 외안근

안구^돌출(眼球突出)【명구】《의학》〈눈병〉눈알이 비정상적으로 튀어나온 상태. 눈 자체나 눈의 뒤쪽에 생기는 종양이나 바제도병(Basedow病) 따위로 일어난다.

안구^뒷방(眼球뒷房)【명구】《의학》〈눈병〉눈의 수정체 주위에 있는 빈 곳. 안구 앞방과는 동공을 통해서 연락된다. 〈유〉후방, 후안방

안구-로(眼球癆)[안:구로]**명**《의학》〈눈병〉눈알이 쭈그러지고 작아져서 그 기능이 약하여진 상태.

안구^마사지(眼球massage)**명구**《보건일반》〈눈병〉눈을 좋게 하기 위하여 눈꺼풀을 누르며 비비는 일.

안구^백막(眼球白膜)**명구**《의학》〈눈병〉각막을 제외한 눈알의 바깥 벽 전체를 둘러싸고 있는 막. 희고 튼튼한 섬유질로 되어 있다.〈유〉공막

안구^앞방(眼球앞房)**명구**《의학》〈눈병〉눈알 안의 홍채와 각막 사이의 빈 곳.〈유〉전방, 전안방〈참〉안구뒷방(眼球뒷房)

안구^연화증(眼球軟化症)**명구**《의학》〈눈병〉눈알 속의 압력이 뚜렷이 줄어서 각막에 선(線) 모양의 흐림이 생기는 병.

안구^위축(眼球萎縮)**명구**《의학》〈눈병〉눈알이 작아지는 병적 증상.

안구^적출(眼球摘出)**명구**《의학》〈눈병〉눈알을 뽑아내는 일. 외상, 종양으로 인하여 시력을 상실하였을 때, 보지 못하는 눈을 수술하여 눈알을 뽑아낸다.〈유〉눈알 적출

안구철-증(眼球鐵症)[안:구철쯩]**명**《의학》〈눈병〉눈알에 쇳가루가 들어가 수산화철로 변하면서 그 부분이 녹슨 빛으로 바뀌는 병.

안구^함몰(眼球陷沒)**명구**《의학》〈눈병〉눈알이 오므라드는 일. 생리적인 현상일 때도 있고 영양실조, 피로, 외상(外傷), 한쪽 교감신경 마비가 원인이 되어 생길 때도 있다.

안구^혈관층(眼球血管層)**명구**《의학》〈눈병〉안구 벽의 바깥 막과 속 막 사이에서 중층(中層)을 형성하는 부드럽고 얇은 막. 홍채(虹彩), 맥락막, 섬모체를 통틀어 이른다.〈유〉포도막

안나카(annaca)**명**《약학》〈일반통증〉심장 기능을 향상하는 주사액. 쓴맛이 나는 무색의 액체로, 강심제·이뇨제·편두통 치료제 따위로 쓰인다.

안대(眼帶)[안:대]**명**〈눈병〉눈병이 났을 때 아픈 눈을 가리는 거즈 따위의 천 조각. ¶눈에 다래끼가 나서 안대를 했다.

안륜-근(眼輪筋)[알:륜근]**명**《의학》〈눈병〉눈꺼풀 속에 있는 고리 모양의 힘 살.〈유〉눈둘레근

안면^신경통(顔面神經痛)**명구**《의학》〈신경증〉삼차 신경의 분포 영역에 생기 는 통증 발작. 얼굴 한쪽이 심하게 아프며 후두부나 어깨까지 아플 수도 있 는데 중년 이후의 여성에게 많다. 원인은 분명하지 않으나, 뇌줄기에 발생 한 종양이나 뇌동맥 자루가 원인일 가능성이 있고, 다발 경화증의 증상으로 나타날 수도 있으며 뇌 바닥 세동맥의 동맥 경화증이 원인이 되는 경우도 있다.〈유〉삼차 신경통

안면통(顔面痛)[안면통-]**명**《의학》〈일반통증〉삼차 신경의 분포 영역에 생기 는 통증 발작. 얼굴 한쪽이 심하게 아프며 후두부나 어깨까지 아플 수도 있 는데 중년 이후의 여성에게 많다. 원인은 분명하지 않으나, 뇌줄기에 발생 한 종양이나 뇌동맥 자루가 원인일 가능성이 있고, 다발 경화증의 증상으로 나타날 수도 있으며 뇌 바닥 세동맥의 동맥 경화증이 원인이 되는 경우도 있다.〈유〉삼차 신경통(三叉神經痛), 얼굴 신경통(神經痛)

안-신경(眼神經)[안:신경]**명**《의학》〈눈병〉삼차신경의 첫째 가지로 눈구멍 속의 구조와 윗눈꺼풀, 코, 이마 부위에 분포하는 가지를 내는 감각신 경.〈유〉눈신경

안약(眼藥)[아:냑]**명**《약학》〈눈병〉눈병을 고치는 데 쓰는 약.〈유〉눈약, 청 안수 ¶안약을 자주 사용하면 해롭다. / 청년이 안약을 갖다주자 김옥균은 한 방울 두 방울 두 눈에다 번갈아가며 흠씬 넣고는….

안연고(眼軟膏)[아:년고]**명**《약학》〈눈병〉눈병을 고치기 위하여 눈에 넣거나 바르는 연고.〈유〉눈연고

안저^검사(眼底檢査)**명**《의학》〈눈병〉암실에서 검안경으로 눈 바닥의 상태를 검사하는 일. 눈병 외에 당뇨병, 동맥경화증 따위의 진단과 경과 판정에 유 용하다.

안정^피로(眼睛疲勞)**명구**《의학》〈눈병〉정상적인 사람보다 빨리 눈의 피로를

느끼는 상태. 앞이마 압박감, 두통, 시력 장애 따위를 일으키며 심하면 구역
질, 구토까지 일으킨다.

안질 ( )[안ː질]**명**《의학》〈눈병〉'눈병'을 전문적으로 이르는 말. ¶두 눈이 안
질에 걸린 것처럼 진달래꽃 빛깔보다 더 빨갛게 핏발이 돋은 것이 아닌가.

안질에 고춧가루 ( )**명구**《속담》〈눈병〉눈병과 고춧가루는 상극이라는 뜻으로,
아주 상극이 되어 나쁜 영향을 끼치는 물건을 이르는 말.

안질에 노랑수건 ( )**명구**《속담》〈눈병〉눈병이 나면 노란 눈곱이 끼어서 눈곱
닦는 수건이 노랗게 된다는 뜻으로, 가까이 두고 매우 요긴하게 쓰는 물건
을 이르는 말.

안창 (雁瘡)[안ː창]**명**《한의》〈피부병〉겨울철과 봄철에 청장년의 손발의 등과
바닥에 홍반성 낭창, 구진, 두드러기 따위가 나타나는 증상. 해마다 기러기
가 올 때 생기고, 갈 때쯤 낫는다 하여 이렇게 이른다.

안풍 (眼風)[안ː풍]**명**《한의》〈눈병〉눈꺼풀이 붓고 눈이 충혈되면서 깔깔하고
아프며 눈곱이 끼고 눈물이 나오는 병증.〈유〉목풍

안혼-하다 (眼昏하다)[안ː혼하다]**형**〈눈병〉시력(視力)이 흐리다.

안환 (眼患)[안ː환]**명**〈눈병〉남의 눈병을 높여 이르는 말. ¶안환에 고생이 많
으십니다.

알근하다 ( )[알근하다]**형**〈일반통증〉(음식이나 그 맛이) 매워서 입안이 조금
알알하다.〈참〉얼큰하다, 알큰하다, 얼근하다 ¶이 집 매운탕은 알근한 것이
독특한 맛이 난다.

알딸딸하다 ( )[알딸딸하다]**형**〈일반통증〉(머리가) 어떤 것에 부딪쳐서 약간
울리고 어지럽다.〈본〉아리딸딸하다 〈참〉얼떨떨하다

알레르기성^피부염 (Allergie性皮膚炎)**명구**《의학》〈피부병〉'알레르기 피부염'
의 전 용어.

알레르기^코염 (Allergie코炎)**명구**《의학》〈감기 - 몸살, 세기관지염〉먼지, 꽃가
루 따위의 항원에 대한 알레르기 반응으로 코점막에 생기는 염증. 재채기,

콧물이 쉴 새 없이 나서 감기에 걸린 것 같은 상태가 된다. 흔히 천식이나 두드러기와 함께 일어나는 경우가 많다.

알레르기^피부염(Allergie皮膚炎)**명구**《의학》〈피부병〉피부염을 일으키는 항원에 접촉하여 알레르기 반응이 일어나 생기는 피부염.

알싸하다( )[알싸하다]**형**〈일반통증〉(음식이나 그 맛, 냄새가) 맵거나 독해서 콧속이나 혀끝이 아리고 쏘는 느낌이 있다. ¶입 안이 알싸하다.

알알하다( )[아랄하다]**형**〈일반통증〉(몸의 일부가) 상처가 나거나 하여 꽤 아린 느낌이 있다.〈참〉얼얼하다 ¶매 맞은 자리가 알알하다.

알짝지근하다( )[알짝찌근하다]**형**〈일반통증〉(살이) 따끔따끔 찌르는 듯이 아프다.〈참〉알찌근하다, 얼쩍지근하다 ¶몸살이 났는지 살가죽이 알짝지근하다.

알찌근하다( )[알찌근하다]**형**〈일반통증〉(살이) 따끔따끔 찌르는 듯이 아프다.〈참〉알짝지근하다, 얼찌근하다 ¶계단에서 넘어지면서 짚은 손이 알찌근했다.

알칼리^역류^위염(alkali逆流胃炎)**명구**《의학》〈위염/위장병〉내용물이 창자에서 위장으로 거꾸로 넘어오면서 발생하는 만성 염증. 위 절제술을 시행한 경우에 잘 발생한다.

앓다1( )[알타]**동**〈감기 - 몸살, 세기관지염〉병에 걸려 고통을 겪다. ¶배를 앓다. / 이를 앓다. / 감기를 앓다.

앓다2( )[알타]**동**〈우울증〉마음에 근심이 있어 괴로움을 느끼다. ¶속을 앓다. / 대불이를 대하는 그녀의 태도가 너무 담담했다. 그리고 하야시의 일로 마음 고통을 앓고 있는 것 같지도 않아 보였다.

암시^요법(暗示療法)**명구**《의학》〈우울증〉암시를 이용하여 정신이나 신체의 이상을 치료하는 정신 요법. 신경증, 히스테리로 인한 불안, 불면, 경련, 마비, 감각 이상 따위의 증상을 치료하는 데 적용된다. 최면술을 이용하거나 자기 암시, 자발 훈련의 방법을 쓴다.

암울(暗鬱)[아:물]**명**〈우울증〉절망적이고 침울함. ¶암울의 세월. / 청춘의
암울을 술로 달래다.

암울-스럽다(暗鬱스럽다)[아:물스럽따]**형**〈우울증〉절망적이고 침울한 데가
있다. ¶암울스러운 죽음의 그림자. / 암울스러운 현실.

암울-하다(暗鬱하다)[아:물하다]**형**〈우울증〉절망적이고 침울하다. ¶암울한
시절. / 암울한 심정. / 새벽 찬 바람만이 서성거리는 깜깜한 거리는 그녀의
마음처럼 암울했다.

압통(壓痛)[압통]**명**〈일반통증〉피부를 세게 눌렀을 때에 느끼는 아픔. ¶나무
기둥에 깔린 인부가 압통을 참지 못해 비명을 질렀다.

압통점(壓痛點)[압통쩜]**명**《의학》〈일반통증〉피부를 눌렀을 때에 아픔을 특
히 강하게 느끼는 부위. 신경이 갈라지거나 깊은 층에서 얕은 층으로 나타
나는 곳에 있는데, 특정 지점의 비정상적인 아픔은 특정 병과 관계가 있으
므로 진단의 한 방법이 된다. ¶그는 압통점과 기맥에 수지침을 놓았다.

애리다( )[애리다]**형**〈일반통증〉'아리다'의 방언(강원, 경상, 전라, 평안, 중국
길림성, 중국 요령성, 중국 흑룡강성)

애유(嗌乳)[애유]**명**《한의》〈일반통증〉어린아이가 목이 메어 젖을 먹은 뒤에
토하는 증상.

애통하다(哀痛하다)**형**〈일반통증〉슬프고 가슴 아프다. ¶부모는 자식의 죽음
이 애통하여 한없이 눈물만 흘릴 뿐이었다. / 꽃다운 나이에 세상을 하직하
니 애통한 일이다. / 댁의 아드님 최상묵 일등병은 지난 이 월 이십육 일, 적
과의 치열한 야간 전투 중 눈부신 전과를 올리고, 애통하게도 전사했습니
다.

애통하다(哀痛하다)**동**〈일반통증〉슬퍼하고 가슴 아파하다. ¶한이 많은 생애,
사연이 복잡했던 영결식, 애통하는 혈육 하나 없는 망자를 실은 상여는 고
개를 넘어간다.

액화^괴사(液化壞死)**명구**《의학》〈내과〉조직의 일부가 썩어서 액체로 되는 괴

사. 뇌 연화(腦軟化) 따위가 있다.

야간통(夜間痛)[야:간통-]**몡**《의학》〈일반통증〉밤에 잠들어 있을 때에만 일어
나는 통증. ¶오십견의 경우에는 저녁에 통증이 심해지는 야간통이 발생해
수면 장애가 일어나기도 한다.

야맹증(夜盲症)[야:맹증]**몡**《의학》〈눈병〉망막에 있는 간상체의 능력이 감퇴
하여 밤에는 사물이 잘 보이지 아니하는 증상. 후천적으로는 비타민 에이
(A)의 결핍으로 일어난다.〈유〉야맹〈참〉비타민 에이 결핍증(vitaminA缺乏
症), 작맹(雀盲), 작목(雀目), 주간맹(晝間盲)

약물-진(藥物疹)[양물진]**몡**《한의》〈피부병〉약물을 잘못 써서 피부에 생기는
두드러기.

약-소금(藥소금)[약쏘금]**몡**《한의》〈치통〉1. 잇몸이 헐 때 치료 약으로 쓰는
소금. 두더지의 내장을 빼고 그 속에 넣어 불에 구웠다가 꺼낸 것이다. 2. 볶
아서 곱게 빻은 소금. 눈을 씻거나 양치질하는 데 쓴다.

약시(弱視)[약씨]**몡**《의학》〈눈병〉교정 시력 안경이나 콘택트렌즈 등으로 교
정한 시력이 잘 나오지 않는 상태로, 시력표에서 양쪽 눈의 시력이 두 줄 이
상 차이가 있을 때 시력이 낮은 쪽을 약시라고 한다. ¶어떤 맹인 형제는 다
같이 망막에 검은 점이 있어 망막이 생기지 않았고, 그의 어머니는 심한 약
시였다.

약-전국(藥전국)[약쩐국]**몡**《한의》〈일반통증〉콩을 삶아 쪄서 소금과 생강 따
위를 넣고 방 안 온도에서 3일 동안 발효시켜 만든 약. 상한(傷寒), 두통, 학
질 따위에 쓴다.〈유〉두시

약진(藥疹)[약찐]**몡**《약학》〈피부병〉약을 쓴 뒤에 몸에 피부 발진이 돋는 일.
흔히 사용하는 항생제, 진통제 따위가 원인이 되는 경우가 많으며 알레르기
체질인 사람에게 생기기 쉽다.

양궐(陽厥)[양궐]**몡**《한의》〈일반통증〉1. 궐증의 하나. 몸에 열이 난 뒤에 몸
안에 열이 막히고 팔다리가 차가워진다. 2. 예전에, 지나치게 심한 자극을

받았을 때 성을 내면서 발광하는 증상을 이르던 말.〈유〉열궐

양극성^기분^장애(兩極性氣分障礙)**명구**《의학》〈우울증〉정신이 상쾌하고 흥분된 상태와 우울하고 억제된 상태가 교대로 나타나거나 둘 가운데 한쪽이 주기적으로 나타나는 병. 조현병과 함께 2대 정신병의 하나이다.〈유〉양극우울병, 양극장애, 양극성장애, 양극성정동장애, 조울병, 조울증

양극성^우울증(兩極性憂鬱症)**명구**《심리》〈우울증〉'양극성 기분 장애'의 전 용어.〈유〉조울병

양극성^장애(兩極性障礙)**명구**《의학》〈우울증〉정신이 상쾌하고 흥분된 상태와 우울하고 억제된 상태가 교대로 나타나거나 둘 가운데 한쪽이 주기적으로 나타나는 병. 조현병과 함께 2대 정신병의 하나이다.〈유〉양극장애, 양극성기분장애, 조울병, 조울증

양극성^정동^장애(兩極性情動障礙)**명구**《의학》〈우울증〉정신이 상쾌하고 흥분된 상태와 우울하고 억제된 상태가 교대로 나타나거나 둘 가운데 한쪽이 주기적으로 나타나는 병. 조현병과 함께 2대 정신병의 하나이다.〈유〉양극성기분장애 ¶정신 장애인 등록 대상은 조현병·양극성 정동 장애 등 법에서 규정한 병이 있다는 걸 진단받은 뒤 1년 이상 치료를 받아도 혼자 생활이 어려워 도움이 필요한 경우다. / 재판부에 따르면 양극성 정동 장애를 앓고 있는 ○○ 씨는 폭력을 행사해 놓고 이를 정신 질환의 탓으로 돌리는 행태를 일삼아 왔다.

양극^우울병(兩極憂鬱病)**명구**《의학》〈우울증〉정신이 상쾌하고 흥분된 상태와 우울하고 억제된 상태가 교대로 나타나거나 둘 가운데 한쪽이 주기적으로 나타나는 병. 조현병과 함께 2대 정신병의 하나이다.〈유〉양극성기분장애, 조울병, 조울증

양극^장애(兩極障礙)**명구**《의학》〈우울증〉정신이 상쾌하고 흥분된 상태와 우울하고 억제된 상태가 교대로 나타나거나 둘 가운데 한쪽이 주기적으로 나타나는 병. 조현병과 함께 2대 정신병의 하나이다.〈유〉양극성기분장애, 양

극성장애, 조울병, 조울증

양성-병(陽性病)[양성뼝]圐《한의》〈일반통증〉급성으로 진행하여 두통, 발열 따위의 증상이 뚜렷한 병.

양위-탕(養胃湯)[양ː위탕]圐《한의》〈위염/위장병〉인삼, 창출, 진피, 후박 따위를 넣어서 달여 만드는 탕약. 추위에 식체를 겸하여 열이 나고 머리와 온몸이 아프며, 입맛이 없는 데 쓴다.〈유〉인삼양위탕(人蔘養胃湯)¶그는 그즈음 대단치는 않았지만 걸핏하면 먹은 것이 체하고 속이 쓰라리는 위병이 생겨 자주 양위탕으로 위를 달래곤 하였다.

양종(陽腫)[양종]圐《한의》〈피부병〉피부에 난 종기.

양증(陽症)[양증]圐《한의》〈두통〉질병의 변증(辨症)에서 음양 가운데 양(陽)에 속하는 병증. 급성이고 동적이며 강하고 흥분성이 있다. 몸에 열이 많고 불안하고 말이 많은 등의 특징을 보인다. 또는 상한이 진행되는 동안에 오한, 발열, 두통 따위의 증상이 나타나는 일을 가리키기도 한다.〈유〉상한양증¶약간 진중하지 못한 게 흠일 뿐 감추는 게 없이 양증인 상철이는 뛸 듯이 기뻐했다.

양증-상한(陽症傷寒)[양증상한]圐《한의》〈두통〉상한이 진행되는 동안에 오한, 발열, 두통 따위의 증상이 나타나는 일.〈유〉상한양증

양진(癢疹)[양ː진]圐《의학》〈피부병〉두드러기가 돋고 몹시 가려운 신경성 피부병. 급성, 심상성, 결절성, 임신성 따위가 있다.〈유〉가려움발진(가려움發疹)

얕은^위염(얕은胃炎)圐구《의학》〈위염/위장병〉위 점막의 표층 부근에만 국한하여 일어나는 염증.〈유〉표재성위염(表在性胃炎)

어구-창(魚口瘡)[어구창]圐《한의》〈피부병〉자개미 부위에 단단하게 부었다가 곪아 터져서 구멍이 생기는 부스럼.

어깨통(어깨痛)[어깨통]圐《의학》〈일반통증〉목덜미로부터 어깨에 걸쳐 일어나는 근육통을 통틀어 이르는 말. 피로가 주된 원인이며 대개 어깨에 둔

한 통증이 있다. ¶밤 중 욱신거리는 어깨통 때문에 잠을 설치고 팔을 들어 올릴 때 일정 각도와 동작에서 통증이 나타난다.

어득어득하다 ( )[어드어드카다]⑲〈일반통증〉(정신이) 희미해지면서 자꾸 어지럽거나 까무러칠 듯하다.〈참〉어뜩어뜩하다, 아득아득하다

어득하다 ( )[어드카다]⑲〈일반통증〉(정신이) 갑자기 매우 어지럽고 흐리멍덩하다. ¶친한 친구의 부고에 정신이 어득하니 아무 생각이 나지 않았다.

어뜩어뜩하다 ( )[어뜨거뜨카다]⑲〈일반통증〉(정신이) 희미해지면서 자꾸 매우 어지럽거나 까무러칠 듯하다.〈참〉어득어득하다, 아뜩아뜩하다 ¶의식은 회복했지만 아직도 눈앞은 어뜩어뜩하였다.

어뜩하다 ( )[어뜨카다]⑲〈일반통증〉(눈앞이나 정신이) 갑자기 몹시 어지러워 까무러칠 듯하다.〈참〉아뜩하다 ¶웅이는 축구를 하다가 상대 선수와 부딪치는 순간 정신이 어뜩하며 그대로 쓰러지고 말았다.

어루러기 ( )[어루러기]⑲《의학》〈피부병〉곰팡이의 기생으로 생기는 피부병. 처음에는 원형 또는 타원형의 작은 점으로 시작하여 차차 퍼지면 황갈색이나 검은색으로 변한다.

어리바리하다 ( )[어리바리하다]⑲〈일반통증〉(사람이) 정신이 또렷하지 못하거나 기운이 없어 몸을 제대로 놀리지 못하다.

어릿어릿하다 ( )[어리더리타다]⑲〈일반통증〉(신체 부위나 상처가) 찌르는 듯이 몹시 아프거나 쓰린 느낌이 있다.〈참〉아릿아릿하다 ¶무리를 했더니 허리가 어릿어릿하게 쑤신다.

어릿하다 ( )[어리타다]⑲〈일반통증〉(혀나 혀끝이) 몹시 쓰리고 따가운 느낌이 있다. ¶가지를 날로 먹으니 혀끝이 어릿하다.

어목 (魚目)[어목]⑲〈피부병〉손이나 발에 생기는 사마귀 비슷한 굳은살. 누르면 속의 신경이 자극되어 아프다.〈유〉티눈

어지럽다 ( )[어지럽다]⑲〈일반통증〉몸을 제대로 가눌 수 없이 정신이 흐리고 얼떨떨하다. ¶아버지가 돌아가셨다는 소식을 듣자 갑자기 머리가 어지러

워서 몸을 가눌 수가 없었다. / 그는 몹시 어지러운 듯 비틀거렸다.

어질어질하다( )[어질어질하다]휑〈일반통증〉자꾸 또는 매우 정신이 아득하
고 어지럽다. ¶허기 때문에 머리가 어질어질하다. / 그게 이것 같고 이게
그것 같아서, 제자리에 서서 맴을 돈 것처럼 어질어질했다.

어질하다( )[어질하다]휑〈일반통증〉(사람이) 갑자기 정신이 아득하고 어지
럽다.〈참〉아질하다 ¶뙤약볕 아래서 한 시간째 훈련을 받으려니까 머리가
어질하여 금방이라도 쓰러질 것 같다.

어찔어찔하다( )[어찔어찔하다]휑〈일반통증〉(눈앞이나 정신이) 자꾸 몹시 희
미해지고 어지럽다.〈참〉어질어질하다, 아찔아찔하다 ¶고층 빌딩에서 아
래를 내려다보니 머리가 어찔어찔하다. / 어린 시절 마당에서 빙글빙글 맴
돌았을 때처럼 머리가 어찔어찔하고 배 속까지 메슥메슥했다.

어찔하다( )[어찔하다]휑〈일반통증〉(눈앞이나 정신이) 갑자기 쓰러질 듯이
어지럽다.〈참〉어질하다, 아찔하다 ¶술을 너무 많이 마셨는지 머리가 어찔
하고 앉은 자리가 휘휘 둘리는 것 같았다. / 갑작스러운 부모님의 사고 소식
에 그녀는 정신이 어찔할 정도로 충격을 받았다.

어혈 요통(瘀血腰痛)명구《한의》〈일반통증〉외상(外傷)으로 인하여 또는 산후
(産後)에 허리에 어혈이 생겨서 나타나는 요통(腰痛). ¶어혈 요통은 밤에
통증이 심해지는 것이 특징이다.

어혈통(瘀血痛)[어ː혈통]명《한의》〈일반통증〉어혈이 진 부위가 아픈 증
상. ¶교통사고나 사다리에서 떨어지는 등 타박에 의한 내상으로 생기는 어
혈통은 처음에는 통증을 느끼지 못하다가도 시간이 지나면서 서서히 몸이
무겁거나 통증을 느끼게 된다.

얹-히다(〈 연치다〈 두시-초 〉←엱-+-히-)[언치다]동〈섭식 장애〉먹은 음식이
잘 소화되지 아니하고 배 속에 답답하게 처져 있다.〈유〉체하다(滯하다) ¶
아침 식사를 너무 급하게 하였더니 곧 얹혔다. / 저녁에 음식을 많이 먹고
곧 잠을 잤더니 얹힌 것 같다. / 양옥수수를 사다가 갈아서 밥을 해 먹은 것

이 엷혀서 설사만 나흘째 내리 한다는 것을 말하였다.

얼굴^백선(얼굴白癬)명구《의학》〈피부병〉얼굴에 생기는 피부 곰팡이.

얼굴^신경통(얼굴神經痛)명구《의학》〈신경증〉삼차 신경의 분포 영역에 생기는 통증 발작. 얼굴 한쪽이 심하게 아프며 후두부나 어깨까지 아플 수도 있는데 중년 이후의 여성에게 많다. 원인은 분명하지 않으나, 뇌줄기에 발생한 종양이나 뇌동맥 자루가 원인일 가능성이 있고, 다발 경화증의 증상으로 나타날 수도 있으며 뇌 바닥 세동맥의 동맥 경화증이 원인이 되는 경우도 있다.〈유〉삼차 신경통

얼굴통(얼굴痛)[얼굴통]명《의학》〈일반통증〉삼차 신경의 분포 영역에 생기는 통증 발작. 얼굴 한쪽이 심하게 아프며 후두부나 어깨까지 아플 수도 있는데 중년 이후의 여성에게 많다. 원인은 분명하지 않으나, 뇌줄기에 발생한 종양이나 뇌동맥 자루가 원인일 가능성이 있고, 다발 경화증의 증상으로 나타날 수도 있으며 뇌 바닥 세동맥의 동맥 경화증이 원인이 되는 경우도 있다.〈유〉삼차 신경통(三叉神經痛), 안면통(顔面痛)

얼떨떨하다( )[얼떨떨하다]형〈일반통증〉(머리가) 속이 울리고 아프다.〈유〉얼떨하다, 떨떨하다〈본〉어리떨떨하다〈참〉알딸딸하다 ¶술을 몇 잔 연거푸 마셨더니 머리가 얼떨떨하다. / 기둥에 머리를 부딪친 후로 영주는 계속 머리가 얼떨떨했다.

얼얼하다( )[어릴하다]형〈일반통증〉1. (몸의 일부가) 상처가 나거나 하여 몹시 아리다. 2. (입안이나 혀가) 몹시 맵거나 독한 것이 닿아 아리고 쏘는 느낌이 있다.〈참〉알알하다 ¶1. 맞은 뺨이 아직도 얼얼하다. 2. 냉면이 얼마나 매운지 혀가 다 얼얼하다.

얼쩍지근하다( )[얼쩍찌근하다]형〈일반통증〉(살이) 얼얼하게 아프다.〈유〉얼찌근하다〈참〉알짝지근하다 ¶영희에게 맞은 뺨이 아직도 얼쩍지근했다.

얼찌근하다( )[얼찌근하다]형〈일반통증〉(살이) 얼얼하게 아프다.〈유〉얼쩍지근하다〈참〉알찌근하다 ¶영이는 얼음판 위에서 넘어져 얼찌근한 엉덩이를

매만지며 걸음을 재촉했다.

에다 ( )[에다]图〈일반통중〉(사람이 무엇을) 칼 따위로 도려내듯 베
다.〈참〉(피동) 에이다 ¶살을 에는 듯한 강추위가 연일 계속되고 있습니다.
/ 급하게 밥을 먹다가 그만 혀끝을 살짝 에는 듯이 물었다.

에이다 ( )[에이다]图〈일반통중〉(사람이나 사물이 날카로운 연장 따위에) 도려
내듯 베이다. '에다'의 피동사.〈참〉(능동) 에다 ¶추위에 살이 에일 것 같다.

에이-쒜 ( )[에이쒜]閻〈감기 - 몸살, 세기관지염〉재채기를 한 뒤에 내는 소리.
이 소리를 외치면 감기가 들어오지 못하고 물러간다고 한다.〈유〉개치네
쒜 ¶에취, 에취, 에이쒜! 이놈의 감기 제발 좀 달아나라.

에취 ( )[에취]閏〈감기 - 몸살, 세기관지염〉감기 따위로 재채기할 때 나는 소
리. ¶에취, 에취, 형이 연거푸 재채기를 하였다. / 에취, 아이고, 왜 이렇게
자꾸 재채기가 나는지 모르겠다.

에텐자미드 (ethenzamid)囮《화학》〈일반통중〉진통, 해열에 쓰는 살리실산 아
마이드의 유도체. 흰색의 결정성 가루로, 냄새와 맛이 없다. 사람에 따라 식
욕 부진, 두통 따위의 부작용이 있다.

에피칸투스 (Epicantus)囮《의학》〈눈병〉눈꺼풀이 처져서 눈구석이나 눈가를
덮고 콧날 쪽에 닿는 주름. 아시아 사람들에게 나타나고 유럽인들에게는 드
물다.

엔데믹^블루 (endemic blue)囝《심리》〈우울증〉코로나19로 인하여 크게 변
화하였던 사회가 이전의 상태로 돌아감에 따라, 다시 일상생활의 변화를 겪
으면서 불안, 우울, 무기력감 따위를 느끼는 심리 상태. ⇒규범 표기는 미확
정이다.〈유〉일상회복불안 ¶코로나19 감염병이 이제 풍토병으로 변하는
엔데믹 시즌을 기대하는 요즘, 이른바 '엔데믹 블루'가 직장인들을 덮치고
있다.

엠아르아이^촬영 (MRI撮影)囝《의학》〈디스크 - 추간판탈출증〉자기 공명 영
상 장치를 이용한 촬영.〈유〉엠알아이촬영 ¶그렇다면 지금 의식을 잃은 채

엠아르아이 촬영을 하고 있는 미스 ○○는 누구인가. / 한편 디스크 등 척추 질환을 진단하기 위한 엠아르아이 촬영은 이번 보험 혜택 대상에서 제외돼 여전히 비급여 대상으로 결정됐다.

여름^감기(여름感氣)〔명구〕《의학》〈감기 - 몸살, 세기관지염〉여름에 걸리는 감기. ¶여름이 오면 많은 직장인이 냉방병이나 여름 감기로 고생을 한다. / 여름 감기는 개도 안 걸린다고 하지만 의외로 여름철 목감기는 흔하게 발생한다.

여할하다(如割하다)〔형〕〈일반통증〉벤 것같이 아프다.

연고(軟膏)〔연:고〕〔명〕《약학》〈피부병〉부드러워 피부에 잘 발라지며, 외상(外傷)이나 피부 질환의 치료에 쓰이는 외용약. 의약품에 지방산, 바셀린, 수지(樹脂) 따위를 섞은 반고형(半固形)의 약.〈참〉경고(硬膏)〈유〉도약(塗藥) ¶연고를 바르다.

연골막-염(軟骨膜炎)〔연:골망념〕〔명〕《의학》〈일반통증〉연골을 싸고 있는 얇은 막에 생기는 염증. 고름이 연골과 연골 사이에 고여 물렁뼈가 괴사하며, 뒤통수에서 터지면 질식사하기도 한다.

연골^피부염(軟骨皮膚炎)〔명구〕《의학》〈피부병〉귓바퀴의 연골에 완두콩 크기의 결절(結節)을 형성하는 피부염.

연관통(聯關痛)〔연관통〕〔명〕《의학》〈일반통증〉특정한 내장 질환이 있을 때 신체의 일정한 피부 부위에 투사되어 느껴지는 통증. 이자염일 때 좌측 흉부의 피부에 통증을 느끼거나 요석이 있을 때 샅굴 부위에 통증을 느낀다.

연독(鉛毒)〔연독〕〔명〕《의학》〈일반통증〉납이나 납 화합물에 의한 중독. 대부분은 인쇄업, 축전지 제조업, 납광, 납 정련장에서 발생하는 직업병으로 빈혈, 복통, 설사 또는 변비, 두통, 언어 장애, 신경 마비의 증상을 보인다.〈유〉납 중독 ¶얼굴 생김새는 제법인데 살결이 엉망이다. 닭살같이 거친 데다 연독이 올랐는가 온통 푸릇푸릇하다.

연조직-염(軟組織炎)〔연:조징념〕〔명〕《의학》〈피부병〉피부밑 또는 근육이나 내장 주위의, 결합 조직이 거친 부위에 생기는 급성 고름염. 포도상 구균이나 연쇄상 구균에 의하여 일어난다. 국소는 빨갛게 붓고 아프다. 〈유〉봉소염 (蜂巢炎)

연하^장애 (嚥下障礙) **명구** 《의학》〈일반통증〉음식물을 삼키기 어려운 증상. 목이나 식도에 병변이 있을 때 나타나고 중추적으로는 뇌종양의 경우에도 볼 수 있다.

열^감기 (熱感氣) **명구** 《의학》〈감기 - 몸살, 세기관지염〉열이 나는 증상의 감기. ¶따라서 아이의 온몸에 열이 나고 짜증을 내며 칭얼댄다면 열 감기를 의심해 봐야 한다. / 한편, ○○○가 앓은 뇌 수막염은 뇌의 수막에 생기는 염증을 말하며 초기 증상이 열 감기와 비슷하다.

열-경련 (熱痙攣)[열경년]**명** 《의학》〈일반통증〉높은 온도와 습도 속에서 일할 때, 땀을 많이 흘림에 따라 혈액 안의 수분과 염분이 상실되어 일어나는 열사병. 주로 두통과 근육 경련이 일어나며 체온도 약간 오른다.

열구 (噎嘔)[열구]**명** 〈일반통증〉1. 목이 메어서 토하여 냄. 2. 웃으면서 이야기하는 소리.

열구-하다 (噎嘔하다)[열구하다]**동** 〈일반통증〉목이 메어서 토하여 내다.

열궐 (熱厥)[열궐]**명** 《한의》〈일반통증〉궐증의 하나. 몸에 열이 난 뒤에 몸 안에 열이 막히고 팔다리가 차가워진다. 〈유〉양궐

열궐 두통 (熱厥頭痛) **명구** 《한의》〈일반통증〉머리가 아프고 번열이 나고 몹시 추운 겨울이라도 찬바람만 좋아하고 찬 바람을 쐬면 아픈 것이 잠깐 동안 멎었다가도 따뜻한 곳에 가거나 불을 보면 다시 아픈 증상

열-꽃 (熱꽃)[열꼳]**명** 〈피부병〉홍역·수두 따위를 앓을 때, 피부의 여기저기에 돋아나는 붉은 점. ¶어린 몸에 뜨거운 열꽃이 피어 사나흘 동안 이승 반, 저승 반 하다가 그때를 무사히 넘기면…. / 아침 무렵만 해도 안면 부위에만 머물러 있던 열꽃이 점차 아래쪽으로 번지더니 인제는 불티를 뒤집어쓴 듯 숫제 전신이 빨긋빨긋했다.

열담(熱痰)[열땀]**명**《한의》〈일반통증〉담음(痰飲)의 하나. 본래 담이 있는 데 다 열이 몰려 생기는데, 몸에 열이 심하고 가슴이 두근거리며 입이 마르고 목이 잠긴다.〈유〉화담

열독(熱毒)[열똑]**명**《한의》〈피부병〉더위 때문에 생기는 발진(發疹).〈유〉온 독(溫毒)

열독-창(熱毒瘡)[열똑창]**명**《한의》〈피부병〉온몸에 부스럼이 나고 몹시 아픈 병.

열리(熱痢)[열리]**명**《한의》〈일반통증〉더위를 먹어서 설사를 하는 병. 배가 몹시 아프고 피가 섞인 설사를 하면서 목이 마르고 오줌을 누지 못한 다.〈유〉서리

열린-상처(열린傷處)[열린상처]**명**《의학》〈피부병〉피부나 점막이 찢어져서 상처가 겉으로 나와 있는 것. 출혈과 통증이 있고 세균 감염의 위험이 높 다.〈유〉개방창(開放創)

열병(熱病)[열병]**명**《의학》〈일반통증〉'장티푸스'를 일상적으로 이르는 말로, 열이 몹시 오르고 심하게 앓는 병. 두통, 식욕 부진 따위가 뒤따른다.〈유〉 열성병, 열증 ¶ 3짝사랑의 열병을 앓다. 3월드컵 때문에 축구의 열병이 전 국을 휩쓸었다. 3 온 나라에 민주화라는 열병이 들끓었다.

열복통(熱腹痛)[열복통-]**명**《한의》〈일반통증〉배 속에 열이 몰려 갑자기 배가 아팠다 멎었다 하는 병. ¶열복통은 배를 만지면 뜨겁고 손이 닿으면 통증이 더욱 심해지는 특징이 있다.

열상(裂傷)[열쌍]**명**《의학》〈피부병〉피부가 찢어져서 생긴 상처.〈유〉열창 (裂創)¶열상이 깊다. / 이마를 만져 보니 혹이 나와 있었다. 혹 끝이 몹시 쓰리고 손가락이 끈적했다. 열상을 입은 것이었다.

열성-병(熱性病)[열썽뼝]**명**《의학》〈두통〉열이 몹시 오르고 심하게 앓는 병. 두통, 식욕 부진 따위가 뒤따른다.〈유〉열병

열수(熱嗽)[열쑤]**명**《한의》〈일반통증〉해수(咳嗽)의 하나. 더위로 인하여 폐

를 상하여 생기는 기침 증상으로, 목이 마르면서 아프고 가래는 많지 않으나 진득진득하고 누렇다. 열이 나서 물을 자주 먹는다.

열울(熱鬱)[여룰]**명**《한의》〈신경증〉울증(鬱症)의 하나. 정서 장애로 인하여 기(氣)가 뭉쳐 열로 변하여 몸 안에서 밖으로 빠지지 못하는 상태가 되어 얼굴이 충혈되고 두통 따위의 증상이 생긴다.

열증(熱症)[열쯩]**명**《의학》〈일반통증〉열이 몹시 오르고 심하게 앓는 병. 두통, 식욕 부진 따위가 뒤따른다.〈유〉열병

열창(裂創)[열창]**명**《의학》〈피부병〉피부가 찢어져서 생긴 상처.〈유〉열상(裂傷)¶사고 현장에서 열창 환자와 골절 환자가 많이 나왔다.

열통(熱痛)[열통]**명**《한의》〈일반통증〉열을 동반하는 통증. 또는 열로 인한 통증.

염증(炎症)[염쯩]**명**《생명》〈피부과〉생체 조직이 손상을 입었을 때에 체내에서 일어나는 방어적 반응. 예를 들어 외상이나 화상, 세균 침입 따위에 대하여 몸의 일부에 충혈, 부종, 발열, 통증을 일으키는 증상이다.〈유〉염¶염증을 일으키다. 염증이 생기다.

영양^장애^부종(營養障礙浮腫)**명구**《의학》〈내과〉질적·양적으로 영양이 부족할 때 영양실조가 되어 생기는 부종.

예기^불안(豫期不安)**명구**《심리》〈우울증〉자기가 실패할 것이라는 예감 때문에 생기는 신경증. 수면, 성교, 수험 따위의 평범한 일상적 행위를 할 때 한 번 실패했던 일이 연상되어 또다시 실패를 예감하고 불안을 느끼는 상태이다.

오경(五硬)[오:경]**명**《한의》〈일반통증〉선천적으로 원기(元氣)가 허하거나 풍사(風邪)를 받아서 어린아이의 손, 다리, 허리, 살, 목의 다섯 곳이 뻣뻣하여지는 증상.

오두(烏頭)[오두]**명**《한의》〈일반통증〉미나리아재빗과의 바꽃류의 하나인 오두의 덩이뿌리를 말린 것으로 성질은 따뜻하고 맛은 매우며, 한방에서 풍

한습(風寒濕)으로 인한 반신불수, 두통 따위에 쓴다. 또는 바꽃의 덩이뿌리를 한방에서 이르는 말로 독성이 많은 열성(熱性) 약재로, 심복통·관절통 따위에 쓴다. 〈유〉바꽃, 천오, 초오

오들-거리다 ( )[오들거리다] 통 〈감기 - 몸살, 세기관지염〉춥거나 무서워서 몸이 잇따라 심하게 떨리다. 또는 그렇게 떨다. 〈유〉오들대다 〈참〉우들거리다 ¶감기가 들었는지 몸이 오들거린다. / 내가 달려들었을 때 그녀의 온몸은 오들거리며 떨고 있었다. / 영희는 그때 이미 갑작스러운 두려움에 질려 오들거리고 있었다.

오들-대다 ( )[오들대다] 통 〈감기 - 몸살, 세기관지염〉춥거나 무서워서 몸이 잇따라 심하게 떨리다. 또는 그렇게 떨다. 〈유〉오들거리다

오들-오들 ( )[오드로들] 부 〈감기 - 몸살, 세기관지염〉춥거나 무서워서 몸을 잇따라 심하게 떠는 모양. 〈참〉우들우들 ¶오들오들 떨다. / 그는 오들오들 떨면서 온몸에 땀이 쭉 배었던 것이다. / 아버지는 오들오들 떠는 내 등거리 위에다 자기가 쓰고 왔던 접사리를 입혀 주고 머리 덮개까지 씌워 주었다.

오들오들-하다 ( )[오드로들하다] 통 〈감기 - 몸살, 세기관지염〉무섭거나 추워서 몸이 잇따라 심하게 떨리다. 또는 그렇게 떨다. 〈유〉오들거리다

오메프라졸 (omeprazole) 명 《약학》〈위염/위장병〉궤양 치료제의 하나. 위궤양, 샘창자 궤양, 역류성 식도염 따위에 사용한다.

오밀록세틴 (omiloxetine) 명 《약학》〈우울증〉신경절에서 세로토닌의 재섭취를 선택적으로 억제하여 항우울 작용을 하는 약물. 파록세틴(paroxetine)과 구조와 약리 작용이 유사하다. ⇒규범 표기는 미확정이다.

오복화독-단 (五福化毒丹)[오:보콰독딴] 명 《한의》〈치통〉현삼, 길경, 인삼, 적복령, 마아초, 청대, 감초, 사향 따위로 만드는 알약. 열독으로 인한 부스럼, 잇몸의 출혈, 밤눈 어두운 데, 감질 따위에 쓴다.

오슬-오슬 ( )[오스로슬] 부 〈감기 - 몸살, 세기관지염〉몹시 무섭거나 추워서 자꾸 몸이 움츠러들거나 소름이 끼치는 모양. 〈유〉오삭오삭 〈참〉아슬아슬,

으슬으슬 ¶몸살이 났는지 몸이 오슬오슬 떨린다. / 온몸은 식은땀으로 축축이 젖어 오슬오슬 한기가 오는데 목구멍은 조갈증으로 타는 듯 따가웠다.

오슬오슬-하다 ( )[오스로슬하다]**동**〈감기 - 몸살, 세기관지염〉몹시 무섭거나 추워서 자꾸 몸이 움츠러들거나 소름이 끼치다.〈유〉오삭오삭하다 ¶양지바른 동굴에도 해가 떨어지면서부터는 추위가 스며들어서 몸이 오슬오슬해졌습니다.

오슬오슬-하다 ( )[오스로슬하다]**형**〈감기 - 몸살, 세기관지염〉몹시 무섭거나 추워서 자꾸 몸이 움츠러들거나 소름이 끼치는 듯하다.〈유〉오삭오삭하다 ¶물에 있다 나와서 오슬오슬한 몸을 녹일 곳이 필요했다.

오심 (惡心)[오심]**명**《한의》〈위염/위장병〉위가 허하거나 위에 한, 습, 열, 담, 식체 따위가 있어서 가슴 속이 불쾌하고 울렁거리며 구역질이 나면서도 토하지 못하고 신물이 올라오는 증상. ¶문집은 잠시도 떠나지 않는 오심이 또 부쩍 성하면서 구토를 일으킬까 봐 쉴 새 없이 침을 삼켰다.

오십견 (五十肩)[오:십견]**명**《의학》〈일반통증〉어깨 관절을 둘러싼 관절막이 퇴행성 변화를 일으키면서 염증을 유발하는 질병. 50세 이후에 특별한 원인이 없이 나타나는 것이 특징이기 때문에 붙은 이름이다.〈유〉유착성 관절낭염(癒着性關節囊炎) ¶나이 먹어서 생기는 어깨 통증은 오십견일 확률이 많다.

오적-산 (五積散)[오:적싼]**명**《한의》〈감기 - 몸살, 세기관지염〉/〈일반통증〉감기, 두통, 흉복통, 구토, 설사의 치료에 쓰는 탕약. 창출(蒼朮), 마황(麻黃), 진피(陳皮) 따위를 넣어서 달여 만든다.

오줌스밈 ( )[오줌스밈]**명**《의학》〈내과〉요도 벽이 헐어 오줌이 둘레의 조직으로 스며드는 병. 조직 괴사, 곪음, 확산성 염증을 일으키며 오한, 고열이 나고 요독증, 패혈증이 된다.〈참〉요침윤 부기

오풍-변 (烏風變)[오풍변]**명**《한의》〈눈병〉눈병의 하나. 두통이 심하고 밝은 곳에서도 암실에 있는 것처럼 캄캄하여 빛깔을 구분하지 못한다.

오피스^우울증(office憂鬱症)〔명구〕《심리》〈우울증〉직장인이 회사 생활을 할 때 무기력해지고 기분이 언짢아지는 현상.〈유〉직장우울증, 직장인우울증, 회사우울증 ¶오피스 우울증의 원인으로는 '직장 내 인간관계'가 16퍼센트로 가장 많은 비율을 차지했다. / 먼저 설문에 참여한 직장인 768명 중 '귀하는 오피스 우울증을 겪고 있는가'라는 질문에 84.38퍼센트가 '그렇다'고 대답했다.

오한(惡寒)〔오한〕〔명〕《한의》〈감기 - 몸살, 세기관지염〉몸이 오슬오슬 춥고 떨리는 증상.〈유〉오한증 ¶오한이 나다. / 오한이 가라앉다. / 오한이 들다.

오한-증(惡寒症)〔오한쯩〕〔명〕《한의》〈감기 - 몸살, 세기관지염〉몸이 오슬오슬 춥고 떨리는 증상.〈유〉오한

옥병풍-산(玉屛風散)〔옥뼁풍산〕〔명〕《한의》〈감기 - 몸살, 세기관지염〉몸이 허약하여 감기에 자주 걸리는 사람의 원기를 돕는 데 쓰는 탕약. 백출, 황기, 방풍으로 만든다.

옥신거리다( )〔옥씬거리다〕〔동〕〈일반통증〉(머리나 상처가) 자꾸 조금씩 쑤시는 듯이 아파 오다.〈유〉옥신옥신하다, 옥신대다 ¶등산을 다녀온 뒤로 온몸이 옥신거린다.

옥신대다( )〔옥씬대다〕〔동〕〈일반통증〉(머리나 상처가) 자꾸 조금씩 쑤시는 듯이 아파 오다.〈유〉옥신옥신하다, 옥신거리다 ¶감기에 걸렸는지 아무 이유 없이 머리가 옥신댄다.

옥신-옥신( )〔옥씨녹씬〕〔부〕〈디스크 - 추간판탈출증〉머리나 상처 따위가 자꾸 조금씩 쑤시는 듯이 아픈 느낌.〈참〉욱신욱신 ¶감기 몸살인지 온몸이 옥신옥신 아프다.

옥신옥신하다( )〔옥씨녹씬하다〕〔동〕〈일반통증〉(머리나 상처가) 자꾸 조금씩 쑤시는 듯이 아파 오다.〈유〉옥신거리다, 옥신대다 ¶주사 맞은 자리가 옥신옥신하다. / 감기 기운이 있는지 목이 칼칼하고 몸이 옥신옥신하다.

옥예(玉瞖)〔오계〕〔명〕《한의》〈눈병〉눈병의 하나. 각막에 흰색 구슬 같은 흐리

고 탁한 물질이 생기는데, 아프지는 않다.

온독(溫毒)[온독]圐《한의》〈피부병〉더위 때문에 생기는 발진(發疹).〈유〉열
독(熱毒)

옴( )[옴:]圐《의학》〈피부병〉옴진드기가 기생하여 일으키는 전염 피부병. 손
가락이나 발가락의 사이, 겨드랑이 따위의 연한 살에서부터 짓무르기 시작
하여 온몸으로 퍼진다. 몹시 가렵고 헐기도 한다.〈유〉개선(疥癬) ¶옴이 오
르다. / 옴이 붙다. / 내가 연전에 옴을 올려서 비가 오려 하면 심히 가려운
고로….

옻나무^접촉성^피부염(옻나무接觸性皮膚炎)圐구《의학》〈피부병〉'옻나무 접촉
피부염'의 전 용어.

옻나무^접촉^피부염(옻나무接觸皮膚炎)圐구《의학》〈피부병〉옻나무 또는 옻
성분과 접촉했을 때 그 진의 독성 때문에 생기는 피부염. 주위가 빨갛게 부
르트며 매우 가렵다.

옻-병(옻病)[온뼝]圐《한의》〈피부병〉옻독이 올라 생기는 급성 피부병.〈유〉
칠창(漆瘡)

완마(頑痲)[완마]圐《한의》〈피부병〉피부에 감각이 없는 증상.〈유〉완비(頑
痹)

완비(頑痹)[완비]圐《한의》〈피부병〉피부에 감각이 없는 증상.〈유〉완마(頑
痲)

완선(頑癬)[완선]圐《의학》〈피부과〉성기 주위에 곰팡이가 기생하여 생기는
피부병. 남자에게 많으며 사타구니, 엉덩이, 불두덩에 주로 생긴다.〈유〉샅
백선증

완창(頑瘡)[완창]圐《한의》〈피부병〉1. 손발, 머리, 얼굴, 가슴, 등 따위에 부
스럼이 생겨 오랫동안 피고름이 나면서 잘 낫지 아니하는 증상. 2. 넓적다
리 안쪽이 곪아 터지고 속에서 버섯 같은 군살이 나와 잘 낫지 아니하는 병
증.

완풍(頑風)[완풍]**몡**《한의》〈피부병〉피부의 감각이 마비되어 아픈 것이나 가
려운 것을 모르는 풍증(風症).

완화-제(緩和劑)[완:화제]**몡**《약학》〈피부병〉외부의 자극이나 이물(異物) 때
문에 헐거나 다친 피부를 보호하고 건조한 피부에 탄력성을 증가시키는 약.
유지류(油脂類), 글리세린, 바셀린, 파라핀 따위가 있다.

왕란-창(王爛瘡)[왕난창]**몡**《한의》〈피부병〉불에 덴 것처럼 물집이나 고름집
이 생기는 어린아이의 피부병.

외감(外感)[외:감/웨:감]**몡**《한의》〈감기 - 몸살, 세기관지염〉고르지 못한 기
후 때문에 생기는 감기 따위의 병을 통틀어 이르는 말.〈참〉내감

외감-내상(外感內傷)[외:감내상/웨:감내상]**몡**《한의》〈감기 - 몸살, 세기관지
염〉감기에 배탈이 겹친 병.

외광(畏光)[외:광/웨:광]**몡**《한의》〈눈병〉밝은 빛을 보기 싫어하는 눈병. 불
빛을 받으면 눈이 깔깔하고 아프면서 눈을 잘 뜨지 못한다.

외-꺼풀( )[외꺼풀/웨꺼풀]**몡**〈눈병〉외겹으로 된 눈꺼풀.〈유〉외까풀 ¶나는
아빠 눈을 닮아 외꺼풀이다. 그 배우는 외꺼풀의 얇고 기다란 눈이 매력이
다.

외상성^신경증(外傷性神經症)**몡구**《심리》〈우울증〉재해를 당한 뒤에 생기는
비정상적인 심리적 반응. 외상에 대한 지나친 걱정이나 보상을 받고자 하는
욕구 따위가 원인이 되어 외상과 관계없이 우울증을 비롯한 여러 가지 신체
증상이 일어난다.〈유〉재해 신경증

외안근^마비(外眼筋痲痺)**몡구**《눈병》안구를 움직이는 여섯 개의 안구근육과
눈꺼풀 올림근 가운데 하나 이상의 근육에 마비가 온 것.〈유〉바깥눈근육마
비〈참〉내안근마비(內眼筋痲痺)

외약(外藥)[외:약/웨:약]**몡**《약학》〈피부병〉피부에 직접 발라 치료하는 약.
소독(消毒), 세정(洗淨), 관장(灌腸) 따위를 하기 위하여 도포·양치질·습
포·점안·산포·분무·주입·삽입하는 약품을 모두 포함한다.〈참〉내약(內

藥)〈유〉외용약(外用藥)

외용-약(外用藥)[외:용냐/웨:용냐]명《약학》〈피부병〉피부에 직접 발라 치료
하는 약. 소독(消毒), 세정(洗淨), 관장(灌腸) 따위를 하기 위하여 도포·양치
질·습포·점안·산포·분무·주입·삽입하는 약품을 모두 포함한다.〈참〉내복
약(內服藥)〈유〉외약(外藥)

외음-염(外陰炎)[외:음념/웨:음념]명《의학》〈피부병〉여성의 바깥 생식 기관
에 생기는 피부 염증병.〈유〉음문염(陰門炎)

외장(外障)[외:장/웨:장]명《의학》〈눈병〉눈동자 이외의 부위에서 생기는 눈
병을 통틀어 이르는 말. 눈 부위가 벌겋게 부어오르고 눈곱이 많이 나오며
눈알의 거죽에 백태가 끼어서 잘 보이지 않는다.〈참〉내장(內障)

외측^치조^농양(外側齒槽膿瘍)명구《의학》〈치통〉치아뿌리의 가쪽 면을 따라
세균이 옮아 치조 속에 고름이 생기는 병.

외치 샛길(外齒샛길)명구《의학》〈치통〉치아의 염증으로 고름 구멍이 안면으
로 나와 생기는 종기.

요각통(腰脚痛)[요각통]명《한의》〈일반통증〉허리와 다리가 아픈 질환을 말
하며 크게 방광경(膀胱經)을 따라서 통증이 있는 경우와 담경(膽經)을 따라
서 통증이 오는 경우로 나뉜다.〈유〉요족통(腰足痛)

요-결석(尿結石)[요결썩]명《의학》〈신장병〉오줌 성분이 가라앉아 굳어진 돌.
콩팥 깔때기, 요관, 콩팥, 요도 따위에 생긴다.〈유〉요석

요과통(腰跨痛)[요과통]명《한의》〈일반통증〉허리의 통증이 양쪽 다리까지
미치는 증상.〈유〉요수통(腰䯊痛)

요관^결석(尿管結石)명구《의학》〈신장병〉오줌 성분이 가라앉아 굳어진 돌.
콩팥 깔때기, 요관, 콩팥, 요도 따위에 생긴다.〈유〉요석

요도^결석(尿道結石)명구《의학》〈신장병〉오줌 성분이 가라앉아 굳어진 돌.
콩팥 깔때기, 요관, 콩팥, 요도 따위에 생긴다.〈유〉요석

요독-증(尿毒症)[요독쯩]명《의학》〈일반통증〉콩팥의 기능 장애로 몸 안의 노

폐물이 오줌으로 빠져나오지 못하고 핏속에 들어가 중독을 일으키는 병증. 구토, 현기, 두통, 시력 감퇴, 전신 경련 따위의 증상이 나타나고 말기에는 혼수상태에 빠진다.

요로^결석 (尿路結石) 명구 《의학》〈신장병〉오줌 성분이 가라앉아 굳어진 돌. 콩팥 깔때기, 요관, 콩팥, 요도 따위에 생긴다.〈유〉요석

요배통 (腰背痛)[요배통] 명 《한의》〈일반통증〉허리와 등골이 켕기면서 아픈 병증.

요부^척주관^협착증 (腰部脊柱管狹窄症) 명구 《의학》〈디스크 - 추간판탈출증〉 요부 척주관의 협착에 수반되어, 신경 압박에 의하여 일어나는 장해. 요부의 둔통(鈍痛)이나 경직, 일과성(一過性)의 운동 마비, 보행할 때의 하지 통증 따위가 발생한다.〈유〉요추협착증

요석 (尿石)[요석] 명 《의학》〈신장병〉오줌 성분이 가라앉아 굳어진 돌. 콩팥 깔때기, 요관, 콩팥, 요도 따위에 생긴다.〈유〉요결석, 요관 결석, 요도 결석, 요로 결석

요수통 (腰脽痛)[요수통] 명 《한의》〈일반통증〉허리의 통증이 양쪽 다리까지 미치는 증상.〈유〉요과통(腰胯痛)

요제통 (繞臍痛)[요제통] 명 《한의》〈일반통증〉배꼽노리가 아픈 병증.

요족통 (腰足痛)[요족통] 명 《한의》〈일반통증〉허리와 다리가 아픈 병증.〈유〉 요각통(腰脚痛)

요척통 (腰脊痛)[요척통] 명 《한의》〈일반통증〉허리 부분의 척추뼈와 그 주위가 아픈 병증.

요침윤^부기 (尿浸潤浮氣) 명구 《의학》〈내과〉요도 벽이 헐어 오줌이 둘레의 조직으로 스며드는 병. 조직 괴사, 곪음, 확산성 염증을 일으키며 오한, 고열이 나고 요독증, 패혈증이 된다.〈참〉오줌스밈

요통 (腰痛)[요통] 명 《의학》〈일반통증〉허리나 엉덩이 부분에 느끼는 통증을 통틀어 이르는 말. 척추 질환, 외상, 추간판의 이상 이외에도 임신이나 부인

과 질환, 비뇨기계 질환, 신경 질환, 근육 질환 등이 원인이 된다.〈유〉허리
앓이 ¶접영은 수영 선수에게도 요통을 불러일으킬 수 있는 과격한 동작이
다. / 명절이 끝나면 주부 명절 증후군은 물론이고 가사 노동에 요통과 관절
통으로 온몸이 아프기 마련이다.

욕지기나다( )[욕찌기나다]동〈일반통증〉(사람이) 속이 메스꺼워 토할 듯한
느낌이 나다.〈유〉구역나다(嘔逆나다), 메스껍다, 구역질나다(嘔逆질나
다) ¶상한 생선을 먹었는지 욕지기가 나서 뱉어 버리고 말았다.

우달(疣疸)[우ː달]명《한의》〈피부병〉머리 위에 툭툭 불거지게 나는 부스
럼.〈유〉쥐부스럼

우두(牛痘)[우ː두]명《의학》〈피부병〉천연두를 예방하기 위하여 소에서 뽑은
면역 물질.〈참〉종두(種痘) ¶우두를 놓다. / 우두를 맞다.

우들-거리다( )[우들거리다]동〈감기 - 몸살, 세기관지염〉춥거나 무서워서 몸
이 잇따라 크고 심하게 떨리다. 또는 그렇게 하다.〈유〉우들대다 〈참〉오들
거리다 ¶그러지 않으려고 해도 나도 모르게 자꾸만 온몸이 우들거렸다. /
그렇게 온몸을 우들거리면서 글씨를 어떻게 쓰겠니?

우들-대다( )[우들대다]동〈감기 - 몸살, 세기관지염〉춥거나 무서워서 몸이 잇
따라 크고 심하게 떨리다. 또는 그렇게 하다.〈유〉우들거리다 ¶날씨가 너무
추워 나는 밖에서 친구를 기다리며 우들대었다.

우들-우들( )[우드루들]부〈감기 - 몸살, 세기관지염〉춥거나 무서워서 몸을 잇
따라 크고 심하게 떠는 모양.〈참〉오들오들 ¶그녀는 분이 나서 온몸을 우들
우들 떨었다. / 늦가을의 찬비를 맞고 걸어온지라 내 몸은 그칠 줄 모르고
우들우들 떨렸다.

우들우들-하다( )[우드루들하다]동〈감기 - 몸살, 세기관지염〉무섭거나 추워
서 몸이 잇따라 크고 심하게 떨리다. 또는 그렇게 떨다.〈유〉우들거리다 ¶
나는 너무 화가 나서 온몸이 우들우들했다. / 그녀는 겁에 질린 나머지 온몸
을 우들우들하며 걸음도 제대로 걷지 못했다.

우리하다(　)[우리하다]형〈일반통증〉신체의 일부가 몹시 아리고 욱신욱신한 느낌이 있다. 경상 지방의 방언이다. ¶침이 꽂히는 순간 허리가 뜨끔하며 우리하게 울려와 날카로운 통증을 희석시켰다.

우상하다(　)[憂傷하다]형〈일반통증〉근심스러워 마음이 아프다.

우상해하다(　)[憂傷해하다]동〈일반통증〉근심스러워 마음이 아파하다. ¶그의 사고 소식을 접하고는 우리 모두 우상해했다.

우식증(齲蝕症)명《의학》〈치통〉입안의 유산균이 이의 석회질을 상하게 하여 충치가 되는 증상.〈유〉치아우식증

우울 모드(憂鬱mode)명구〈우울증〉근심스럽거나 답답하여 활기가 없는 모습이나 상황. ¶"이젠 하루하루가 기회의 연속"이라는 OOO은 절대 우울 모드는 아니라고 강조한다. / 대한민국이 88만원 세대의 우울 모드에 다 같이 빠져 있을 때 이들은 투자 축제를 열고 있었다.

우울-감(憂鬱感)[우울감]명〈우울증〉근심스럽거나 답답하고 기분이 언짢은 느낌. ¶우울증 환자들이 매주 모여 스트레스나 우울감을 극복하는 방법을 함께 생각하고 배워 나가는 집단 인지 치료 프로그램이 소개돼 관심을 끌고 있다. / 우울증이 아니라 약간의 우울감을 경험할 때 주간에 야외 활동량을 늘리는 등 햇볕을 많이 받게 하면 증상이 눈에 띄게 개선된다.

우울-병(憂鬱病)[우울뼝]명《심리》〈우울증〉기분이 언짢아 명랑하지 아니한 심리 상태. 흔히 고민, 무능, 비관, 염세, 허무 관념 따위에 사로잡힌다.〈유〉우울증, 울증 〈참〉멜랑콜리아

우울병^환자(憂鬱病患者)명구《의학》〈우울증〉우울병 증상을 보이는 사람.〈유〉우울증환자

우울-성(憂鬱性)[우울썽]명〈우울증〉우울한 성질.

우울-증(憂鬱症)[우울쯩]명《심리》〈우울증〉기분이 언짢아 명랑하지 아니한 심리 상태. 흔히 고민, 무능, 비관, 염세, 허무 관념 따위에 사로잡힌다.〈유〉우울병, 울증 ¶우울증에 빠지다.

우울증^주의보(憂鬱症注意報)〔명구〕《사회 일반》〈우울증〉특정한 상황에서 우울증이 유행할 것이 예상될 때에 미리 알리어 주의를 환기하는 일. ¶○○○ 정신과 교수는 26일 "지난 몇 년간 우울증으로 고통받던 유명인들이 대부분 이 시기에 죽음을 택했다."라며 "봄철에 우울증 주의보가 필요한 이유"라고 강조했다 / 전문의들은 "우울증의 가장 큰 폐해인 자살을 예방하기 위해서는 이 시기에 우울증 주의보를 발령하는 등 적극적인 사회 안전망이 가동되어야 한다."라고 지적한다.

우울증^환자(憂鬱症患者)〔명구〕《의학》〈우울증〉우울병 증상을 보이는 사람.〈유〉우울병환자 ¶우울증 환자는 중장년층을 중심으로 해마다 늘고 있다.

우울-질(憂鬱質)〔우울찔〕〔명〕〈우울증〉우울해지기 쉬운 성질.

우울함(憂鬱함)〔우울함〕〔명〕《심리》〈우울증〉슬프고 불행한 감정에 놓여 있는 정신 상태. 이런 감정이 계속되어 생활에 지장을 받으면 우울증과 같은 증상이 나타난다.〈유〉암울함

우울-형(憂鬱型)〔우울형〕〔명〕〈우울증〉근심스럽거나 답답하여 활기가 없는 유형. ¶회사원 ○○○ 씨는 '우울형'이다. / 우울형은 만성적으로 오래되어 체력이 고갈되어 생기는 것이다.

우울-히(憂鬱히)〔우울히〕〔부〕〈우울증〉근심스럽거나 답답하여 활기가 없게. ¶그는 뜻밖의 교통사고로 지난 겨울 방학을 우울히 지냈다. / 남편의 기일이 되자 김 여사는 가족사진을 우울히 바라보며 눈물을 흘렸다.

욱신거리다( )〔욱씬거리다〕〔동〕〈일반통증〉(머리나 상처가) 자꾸 쑤시는 듯이 아파 오다.〈유〉욱신대다, 욱신욱신하다 ¶그녀는 병에 걸려 얼굴이 누렇게 뜨고 몸이 욱신거렸지만 참고 일을 했다. / 계단에서 넘어지면서 긁힌 손바닥이 욱신거리며 쓰렸다.

욱신-대다( )〔욱씬대다〕〔동〕〈일반통증〉(머리나 상처 따위가) 자꾸 쑤시는 듯이 아파 오다.〈유〉욱신거리다 ¶그가 침묵을 한 건 그 때문이 아니었다. 허리

가 욱신대며 쑤시고 아파 그럴 경황이 없는 거였다.

욱신-욱신 ( )[욱씨눅씬]튀〈디스크 - 추간판탈출증〉/〈일반통증〉머리나 상처 따위가 자꾸 쑤시는 듯이 아픈 느낌.〈참〉옥신옥신 ¶몸이 욱신욱신 쑤시다. / 소매를 바싹 걷어 올린 맨살에 돌을 맞았기 때문에 팔꿈치가 째지고 오랫동안 욱신욱신 아팠다. / 잘못 온 게 아닌가 싶은 초조함 때문에 초희는 욱신욱신 뒷골이 다 쑤셨다.

욱신욱신하다 ( )[욱씨눅씬하다]동〈일반통증〉(머리나 상처가) 자꾸 쑤시는 듯이 아파 오다.〈유〉욱신거리다, 욱신욱신하다 ¶정태는 공에 맞은 자리가 욱신욱신하여 잠을 이룰 수가 없었다.

운감 (運感)[운:감]명《한의》〈감기 - 몸살, 세기관지염〉열이 심한 감기.

울렁거리다 ( )[울렁거리다]동〈일반통증〉(사람이나 그 속이) 자꾸 토할 것 같이 메슥거리다.〈유〉울렁대다, 울렁울렁하다, 울렁이다 ¶그는 배를 타자마자 속이 울렁거렸다. / 정인은 그 참혹한 광경에 다시 눈을 감았다. 그새 뒤집힐 듯 속이 울렁거렸다.

울렁대다 ( )[울렁대다]동〈일반통증〉(사람이나 그 속이) 자꾸 토할 것 같이 메슥거리다.〈유〉울렁거리다, 울렁울렁하다, 울렁이다 ¶커피를 계속해서 마셨더니 속이 울렁댄다.

울렁울렁하다 ( )[울렁울렁하다]동〈일반통증〉(사람이나 그 속이) 자꾸 토할 것 같이 메슥거리다.〈유〉울렁거리다, 울렁대다, 울렁이다 ¶급하게 먹은 밥이 체했는지 상호는 뱃속이 울렁울렁하고 식은땀이 흘렀다. / 나는 몸의 상태가 좋지 않을 때 자동차를 타면 멀미가 나서 속이 울렁울렁하다.

울렁이다 ( )[울렁이다]동〈일반통증〉(사람이나 그 속이) 자꾸 토할 것 같이 메슥거리다.〈유〉울렁거리다, 울렁대다, 울렁울렁하다 ¶그녀는 울렁이는 속을 부여잡고 화장실로 부리나케 달려갔다.

울분 (鬱憤)명〈우울증〉답답하고 분함. 또는 그런 마음. ¶울분을 토하다.

울분-하다 (鬱憤하다)[울분하다]형〈우울증〉답답하고 분한 상태이다. ¶울분한 심정.

울증(鬱症)[울쯩]**명**《심리》〈우울증〉기분이 언짢아 명랑하지 아니한 심리 상태. 흔히 고민, 무능, 비관, 염세, 허무 관념 따위에 사로잡힌다.〈유〉우울증

울화(鬱火)[울화]**명**〈우울증〉마음속이 답답하여 일어나는 화.¶울화가 나다.

울화-병(鬱火病)[울화뼝]**명**《한의》〈우울증〉억울한 마음을 삭이지 못하여 간의 생리 기능에 장애가 와서 머리와 옆구리가 아프고 가슴이 답답하면서 잠을 잘 자지 못하는 병.〈유〉울화증, 화병¶화류계로 떨어진 딸의 행실이 가문의 수치라 하여 하고많은 날 술로 세월을 보내다가 결국 아버지는 울화병으로 쓰러지고 말았다.

울화-증(鬱火症)**명**《한의》〈우울증〉억울한 마음을 삭이지 못하여 간의 생리 기능에 장애가 와서 머리와 옆구리가 아프고 가슴이 답답하면서 잠을 잘 자지 못하는 병.〈유〉울화병

웅장(熊掌)[웅장]**명**〈감기 - 몸살, 세기관지염〉먹으면 추위나 감기를 이기는 곰의 발바닥. 팔진미의 하나에 해당한다.

원근시경(遠近視鏡)**명구**《의학》〈눈병〉원시경과 근시경이 함께 있는 안경.

원-발진(原發疹)[원발찐]**명**《의학》〈피부병〉정상적이던 피부에 맨 처음 나타난 발진.〈참〉속발진(續發疹)

원분(怨憤)[원ː분]**명**〈우울증〉원한과 울분을 아울러 이르는 말.¶해방 후 삼년 동안이나 미뤄 왔던 겨레의 원분을 품고 신생 자주독립 국가의 기초를 튼튼히 하자는 게 그들 주장의 요지였다.

원분-하다(冤忿하다)[원분하다]**형**〈우울증〉원통하고 분하다.

원뿔각막증(圓뿔角膜症)**명구**《의학》〈눈병〉각막의 가운데 부분이 비정상적으로 얇아져서 원뿔처럼 앞쪽으로 볼거지는 안과 질환. 비염증성 원인으로 대개 대칭적으로 나타나며 부정 난시가 생긴다.

원주-종(圓柱腫)[원주종]**명**《의학》〈피부병〉피부 양성 종양의 하나.

원형^궤양(圓形潰瘍)〔**명구**〕《의학》〈위염/위장병〉원형 또는 타원형으로 번져 나가는 궤양. 위궤양에서 많이 볼 수 있다.

원형^탈모증(圓形脫毛症)〔**명구**〕《의학》〈피부병〉머리털의 일부가 원형으로 빠지는 피부병.〈참〉백선종창(白癬腫脹)

월경통(月經痛)〔월경통〕〔**명**〕《의학》〈일반통증〉월경 때, 아랫배나 자궁 따위가 아픈 증세〈유〉생리통(生理痛), 경통증(經痛症)¶월경통이 심한 환자들은 생리주기에 따라서 주기적으로 찾아오는 통증 때문에 삶의 질이 떨어지고, 학업 및 업무의 효율성이 저하되며 심한 경우 전신통증, 구토, 설사, 어지럼 증 등의 증상이 동반되기도 한다.

월요-병(月曜病)〔월료뼝〕〔**명**〕〈우울증〉한 주(週)가 시작되는 월요일마다 정신적·육체적 피로나 힘이 없음을 느끼는 증상.〈참〉일요병

위-결핵(胃結核)〔위결핵〕〔**명**〕《의학》〈위염/위장병〉위에 생기는 결핵.

위경(胃鏡)〔위경〕〔**명**〕《의학》〈위염/위장병〉'위내시경'의 전 용어.¶진단은 김 외과에서 하던 것보다 더 간단했다. 엑스레이 사진 몇 장 찍고 위경을 배 속에 넣어 보는 것뿐이었다.

위-경련(胃痙攣)〔위경년〕〔**명**〕《의학》〈위염/위장병〉명치 부분에서 일어나는 발작 통증. 위궤양, 쓸갯돌증, 막창자꼬리염 따위로 인하여 통증이 급격하게 일어나는 것인데, 단일 질환은 아니다.

위^고정술(胃固定術)〔**명구**〕《의학》〈위염/위장병〉처진 위를 정상적인 자리에 고정하는 일. 배벽 또는 다른 조직에 위를 봉합한다.

위-궤양(胃潰瘍)〔위궤양〕〔**명**〕《의학》〈위염/위장병〉위 점막에 궤양이 생기는 병. 명치 부위에 통증이 있고, 심하면 구토나 하혈을 일으킨다. 위의 점막 세포가 활동력을 상실하여 점막 밑 조직까지 손상되며, 스트레스나 과음 따위가 원인이다.¶옆구리가 결리시면 곧 늑막염 같다 하시고 한 끼 정도 잡수신 것이 얹히시면 위궤양이 되었다고 하시면서 이불을 덮고 누우셔서 신음까지 하신다.

위궤양-암(胃潰瘍癌)[위궤양암]명《의학》〈위염/위장병〉위궤양의 주변에 재생되는 상피 세포가 암화(癌化)하여 일어나는 위암.

위근^무력증(胃筋無力症)명구《의학》〈위염/위장병〉위 근육의 수축력이 약해지고 연동(蠕動) 운동이 감퇴하는 병. 과음·과식·자극 약제 남용 따위가 원인이며, 가슴이 따갑고 쓰리거나 구역질·변비 따위의 증상이 나타난다.〈참〉긴장없음증(緊張없음症)〈유〉위근쇠약증(胃筋衰弱症)

위근^쇠약증(胃筋衰弱症)명구《의학》〈위염/위장병〉위 근육의 수축력이 약해지고 연동(蠕動) 운동이 감퇴하는 병. 과음·과식·자극 약제 남용 따위가 원인이며, 가슴이 따갑고 쓰리거나 구역질·변비 따위의 증상이 나타난다.〈유〉위근무력증(胃筋無力症)

위근시(僞近視)명《의학》〈눈병〉'거짓근시'의 전 용어.

위기-허(胃氣虛)[위기허]명《한의》〈위염/위장병〉위의 기능이 약해진 병증. 명치 밑이 그득하면서 답답하며 입맛이 없고 소화가 잘되지 않는다.

위^꼬임(胃꼬임)명구《의학》〈위염/위장병〉혈액 공급을 차단하거나 폐쇄를 일으키는 위의 뒤틀림. 식도 곁 탈장이나 가로막 내장 탈장에서 때때로 나타난다.〈유〉위염전(胃捻轉)

위^나선균(胃螺旋菌)명구《보건 일반》〈위염/위장병〉요소 분해 효소를 생성하고 위염과 위 및 샘창자의 모든 소화 궤양병을 일으키는 세균. 이 세균의 감염은 위 점막의 형성 이상과 위샘 암종 및 위의 비호지킨 림프종의 원인이 된다.〈유〉위염균(胃炎菌)

위-내시경(胃內視鏡)[위내시경]명《의학》〈위염/위장병〉위나 샘창자 속을 직접 살필 수 있는 의료 기구.

위내정수(胃內停水)[위내정수]명《한의》〈위염/위장병〉비위(脾胃)의 수분 대사 기능의 장애로 위(胃) 안에 물이 고이는 병. 명치 부위를 가볍게 두드리면 물소리가 난다.

위랭(胃冷)[위랭]명《한의》〈위염/위장병〉찬 음식을 많이 먹거나 몸 안에 양

기(陽氣)가 부족하여 위(胃)가 냉한 증상.〈유〉위한(胃寒)

위매(胃呆)[위매]**명**《한의》〈위염/위장병〉위가 음식을 잘 받아들이지 못하는 증상. 소화가 잘되지 않고 입맛이 없어진다.〈유〉납매(納呆)

위반(胃反)[위반]**명**《한의》〈위염/위장병〉음식을 먹으면 구역질이 심하게 나며 먹은 것을 토해 내는 위병.〈유〉번위(反胃)

위병(胃病)[위뼝]**명**《의학》〈위염/위장병〉위에 생기는 병을 통틀어 이르는 말.〈유〉위장병(胃臟病)¶이튿날 만성은 일찍이 일어나 진규를 찾아가서 위병 때문에 이번 학기에는 못 들어가겠다는 말을 듣고….

위사(胃瀉)[위사]**명**《한의》〈위염/위장병〉1. 위에 허한(虛寒)이 있어 소화되지 않은 노란색의 설사를 하는 병증. 2. 음식을 잘못 먹어 생기는 설사.

위산1(胃散)[위산]**명**《약학》〈위염/위장병〉위액이 부족하거나 위산(胃酸)이 너무 많이 분비되어 소화가 잘 안되는 병에 먹는 가루약. 탄산수소 나트륨을 주재료로 하여 만든다.¶그래도 먹을 것은 다 먹겠다고, 밥이 안 내리면 위산도 먹고 영신환도 먹고…….

위산2(胃酸)[위산]**명**《의학》〈위염/위장병〉위액 속에 들어 있는 산. 특히 염산을 이르며, 병적인 위액은 발효에 의하여 생기는 유기산도 포함하고 있다.¶위산을 분비하다.

위산^감소증(胃酸減小症)**명구**《의학》〈위염/위장병〉위산의 분비가 잘 안 되는 병. 위축 위염, 위암, 위 수술 따위로 일어나며 가벼운 설사가 나거나 식후에 위가 거북하고 불쾌하다.〈참〉무산증(無酸症), 위산과다증(胃酸過多症)〈유〉감산증(減酸症), 저산증(低酸症)

위산^결핍증(胃酸缺乏症)**명구**《의학》〈위염/위장병〉무산증과 위산 감소증을 통틀어 이르는 말. 위 점막의 위축, 위의 확장, 위염, 위암, 위액 결핍 따위가 원인이 된다.

위산^과다증(胃酸過多症)**명구**《의학》〈위염/위장병〉위액의 산도(酸度)가 비정상적으로 높은 병. 소화 궤양, 위염 따위가 원인으로 가슴이 쓰리고 트림

이 나오며 공복(空腹) 때 위통이 있거나 구역질을 한다.〈참〉무산증(無酸
症), 위산감소증(胃酸減小症)〈유〉과산증(過酸症)

위-산통(胃疝痛)[위산통-]**명**《의학》〈위염/위장병〉위나 장의 병으로 명치 부
근이 몹시 쓰라리고 아픈 증상.

위선(胃腺)[위선]**명**《의학》〈위염/위장병〉위벽(胃壁) 속에 있는, 위액을 분비
하는 소화샘.〈유〉위샘(胃샘)

위-세척(胃洗滌)[위세척]**명**《의학》〈위염/위장병〉입에서 위로 고무관을 통하
여 세척액을 넣어 위 내용물을 역류하게 하여 꺼내는 방법. 독물을 먹거나
위장의 병으로 내용물이 이상 축적되었을 때 행한다.

위세척-하다(胃洗滌하다)[위세처카다]**동**《의학》〈위염/위장병〉입에서 위로
고무관을 통하여 세척액을 넣어 위 내용물을 역류하게 하여 꺼내다. 독물을
먹거나 위장의 병으로 내용물이 이상 축적되었을 때 행한다.

위-신경증(胃神經症)[위신경쯩]**명**《의학》〈위염/위장병〉위가 기질의 변화 없
이 운동, 분비, 지각 따위의 기능 장애를 나타내는 병.

위심통(胃心痛)[위심통]**명**《한의》〈일반통증〉배가 불러 오고 가슴이 그득하
며, 특히 심장 부위에 통증이 심한 궐심통.

위암(胃癌)[위암]**명**《의학》〈위염/위장병〉위에 발생하는 암. 초기에는 뚜렷한
증상이 없지만 점점 위 부위의 통증이나 팽만감, 메스꺼움, 식욕 부진 따위
의 증상이 나타나며 토한 내용물이나 대변에 피가 섞여 나오는 수도 있다.

위액(胃液)[위액]**명**《의학》〈위염/위장병〉위의 내벽에 있는 위샘에서 분비되
는 소화액. 강산성의 물질로 무색투명하고 냄새가 없다. 단백질을 분해하
여 펩톤으로 변화시키는 외에 음식물을 살균한다. 하루 분비량은 1.5~2.5리
터이다.

위액^검사(胃液檢査)**명구**《의학》〈위염/위장병〉위의 분비 기능을 측정하는
검사. 가는 고무관을 위에 넣어 위액을 뽑아내어 위액량이나 위산을 검사하
는 것으로, 위 질환의 진단에 이용된다.

위액^결여증(胃液缺如症)명구《의학》〈위염/위장병〉위산 결핍증으로 위액의
분비가 떨어지거나 없어지는 병. 노인에게 많이 일어나는데, 신경성 따위로
생기며 설사, 위 중압감, 식욕 부진, 구역 따위의 증상을 나타낸다.〈유〉위
액결핍증(胃液缺乏症)

위액^결핍증(胃液缺乏症)명구《의학》〈위염/위장병〉위산 결핍증으로 위액의
분비가 떨어지거나 없어지는 병. 노인에게 많이 일어나는데, 신경성 따위로
생기며 설사, 위 중압감, 식욕 부진, 구역 따위의 증상을 나타낸다.〈유〉위
액결여증(胃液缺如症), 위액분비결핍증(胃液分泌缺乏症)

위액^분비^결핍증(胃液分泌缺乏症)명구《의학》〈위염/위장병〉위산 결핍증으
로 위액의 분비가 떨어지거나 없어지는 병. 노인에게 많이 일어나는데, 신
경성 따위로 생기며 설사, 위 중압감, 식욕 부진, 구역 따위의 증상을 나타
낸다.〈유〉위액결핍증(胃液缺乏症)

위염(胃炎)[위염]명《의학》〈위염/위장병〉위 점막에 생기는 염증성 질환을
통틀어 이르는 말. 급성은 폭음, 폭식, 자극물 섭취, 병원균의 독소, 스트레
스 따위로 생기고 만성은 불규칙적 식사, 약물 치료의 부작용, 유전적 요소
따위로 생긴다.〈유〉위장염(胃臟炎)

위염-균(胃炎菌)[위염균]명《보건 일반》〈위염/위장병〉요소 분해 효소를 생
성하고 위염과 위 및 샘창자의 모든 소화 궤양병을 일으키는 세균. 이 세균
의 감염은 위 점막의 형성 이상과 위샘 암종 및 위의 비호지킨 림프종의 원
인이 된다.〈유〉위나선균(胃螺旋菌)

위^염전(胃捻轉)명구《의학》〈위염/위장병〉혈액 공급을 차단하거나 폐쇄를
일으키는 위의 뒤틀림. 식도 곁 탈장이나 가로막 내장 탈장에서 때때로 나
타난다.〈유〉위꼬임(胃꼬임)

위옹(胃癰)[위옹]명《한의》〈위염/위장병〉위장 속에 생긴 종기. 배가 은근히
아프고 편평하게 부어오르다가 구토가 나고 때로는 피고름을 토한다.〈유〉
위완옹(胃脘癰)

위완(胃脘)[위완]명《한의》〈위염/위장병〉임맥(任脈)에 속하는 혈. 배꼽에서 다섯 치 위에 있다.〈유〉상완(上脘)

위완-옹(胃脘癰)[위와농]명《한의》〈위염/위장병〉위장 속에 생긴 종기. 배가 은근히 아프고 편평하게 부어오르다가 구토가 나고 때로는 피고름을 토한다.〈유〉위옹(胃癰)

위완-통(胃脘痛)[위완통]명《한의》〈위염/위장병〉'위통'을 한방에서 이르는 말.〈유〉심하통(心下痛)

위장-병1(胃腸病)[위장뼝]명《의학》〈위염/위장병〉위 또는 장에 일어나는 병을 통틀어 이르는 말.

위장-병2(胃臟病)[위장뼝]명《의학》〈위염/위장병〉위에 생기는 병을 통틀어 이르는 말.〈유〉위병(胃病)¶제 어미가 위장병에 걸려 내가 걔더러 산에 들어가 사초 싹 뿌리를 캐 오라고⋯. / 그것도 한두 집에서가 아니라 수십 수백 집에서 걷어다가 저 혼자만 위장병이 생기도록 먹고 저 혼자만 계집도 몇씩 거느리고⋯.

위장병-학(胃臟病學)[위장뼝학]명《의학》〈위염/위장병〉입안, 목 안, 식도, 위, 작은창자, 큰창자와 같은 위창자관과 이자 또는 침샘 따위를 비롯한 여러 가지 소화샘들의 구조나 원리 또는 거기에 생기는 여러 가지 병의 치료와 예방을 전문적으로 연구하는 학문. 의학의 한 분야이다.

위장^신경증(胃腸神經症)명구《의학》〈위염/위장병〉위장이나 소화 기관에 나타나는 신경증적인 반응 또는 기능 장애. 식욕 부진, 구토, 설사 따위의 증상이 따른다.

위장^연결술(胃腸連結術)명구《의학》〈위염/위장병〉위 내용물을 날문을 거치지 않고 직접 작은창자로 통과시키기 위하여 행하는 수술. 날문부 샘창자 궤양 따위에서, 절제가 불가능할 때나 위암의 근치 수술이 불가능할 때와 같은 각종 날문 협착증의 경우에 한다.

위장-염1(胃腸炎)[위장념]명《의학》〈위염/위장병〉위와 창자에 생기는 염증.

위염과 창자염은 제각기 일어나기도 하지만, 대개는 동시에 발생하여 하나의 병적 증상을 보이므로 일괄하여 부른다. 〈유〉 위창자염(胃창자炎)

위장-염2(胃臟炎)[위장념]**명**《의학》〈위염/위장병〉 위 점막에 생기는 염증성 질환을 통틀어 이르는 말. 급성은 폭음, 폭식, 자극물 섭취, 병원균의 독소, 스트레스 따위로 생기고 만성은 불규칙적 식사, 약물 치료의 부작용, 유전적 요소 따위로 생긴다. 〈유〉 위염(胃炎)

위장^운동^촉진^약물(胃腸運動促進藥物)**명구**《약학》〈위염/위장병〉 무산증(無酸症)이나 위장관의 운동성이 떨어졌을 때에 사용하는 약물. 돔페리돈, 시사프라이드 따위가 있다.

위장^호르몬(胃臟hormone)**명구**《의학》〈위염/위장병〉 '위호르몬'의 전 용어.

위저-선(胃底腺)[위저선]**명**《의학》〈위염/위장병〉 위의 아랫부분과 위 전체에 걸쳐 있는 수많은 소화샘. 〈유〉 고유위샘(固有胃샘)

위^절제술(胃切除術)**명구**《의학》〈위염/위장병〉 위암, 위궤양 따위의 질병이 있을 때 환부를 잘라 내는 수술. 부분적 절제술과 위 전체 절제술이 있으며, 수술한 다음 절단된 위의 끝이나 식도를 샘창자 또는 빈창자와 연결한다.

위창(胃脹)[위창]**명**《한의》〈위염/위장병〉 음식이 소화되지 아니하고 위에 머물러 있어 배가 그득하고, 명치 밑이 아프며 입에서 냄새가 나고 대변이 잘 나가지 않아 배가 몹시 팽창하는 증상.

위창자-관(胃창자管)[위창자관]**명**《의학》〈위염/위장병〉 주로 사람이 섭취한 음식물의 소화·흡수를 맡은 기관을 이르는 말. 입에서 시작하여 인두, 식도, 위, 작은창자, 큰창자를 거쳐 항문에서 끝난다. 〈유〉 삭임관(삭임管), 소화관(消化管)

위창자-염(胃창자炎)[위창자염]**명**《의학》〈위염/위장병〉 위와 창자에 생기는 염증. 위염과 창자염은 제각기 일어나기도 하지만, 대개는 동시에 발생하여 하나의 병적 증상을 보이므로 일괄하여 부른다. 〈유〉 위장염(胃腸炎)

위^창자^털^덩이(胃창자털덩이)**명구**《의학》〈위염/위장병〉 입으로 삼킨 털이 위나 창자 속에서 모여 작은 공처럼 뭉친 것. 또는 이와 비슷하게 생긴 돌.

위^처짐(胃처짐)〔명구〕《의학》〈위염/위장병〉위가 정상 위치보다 처지는 병증. 선천 이상, 개복 수술과 출산에 따른 배안의 압력 저하 따위가 원인이며 위의 충만과 중압감, 구역질, 식욕 이상, 불면, 기억력 감퇴 따위의 증상을 보인다. 흔히 여성에게 많다.

위^처짐증(胃처짐症)〔명구〕《의학》〈위염/위장병〉위 처짐의 증상을 나타내는 병.

위^천공(胃穿孔)〔명구〕《의학》〈위염/위장병〉위벽에 구멍이 뚫리는 일. 위궤양이 진행하여 일어나는 경우가 많은데, 위 내용물이 배안으로 새어 나와 급성 복막염을 일으킨다.

위축성^위염(萎縮性胃炎)〔명구〕《의학》〈위염/위장병〉'위축 위염'의 전 용어.

위축-위(萎縮胃)[위추귀]〔명〕《의학》〈위염/위장병〉위의 만성염 따위로 위벽이 비대하여지고 위 전체가 작아지는 증상.

위축^위염(萎縮胃炎)〔명구〕《의학》〈위염/위장병〉위샘이 위축하는 만성 위염.

위축^코염(萎縮코炎)〔명구〕《의학》〈일반통증〉코의 점막과 뼈가 위축됨으로써 생기는 병. 콧구멍과 목이 마르고, 진한 콧물이나 코딱지가 끼며, 머리가 무겁고 후각 감퇴 및 출혈 증상이 나타난다. 단순한 것과 심한 악취가 나는 냄새 코염이 있다.

위^출혈(胃出血)〔명구〕《의학》〈위염/위장병〉위염, 위궤양, 위암 따위의 위 질환으로 위벽이 상하여 출혈이 일어나는 증상.

위^카메라(胃camera)〔명구〕《의학》〈위염/위장병〉위의 내벽을 촬영하는 기구. 굽보개 끝에 초소형 카메라를 부착하여 직접 보면서 원격 조작으로 촬영한다.

위턱굴-염(위턱窟炎)[위턱꿀렴]〔명〕《의학》〈감기 - 몸살, 세기관지염〉위턱굴에 생기는 염증. 감기, 유행성 감기, 폐렴과 같은 전염병 또는 코안 수술이나 치아의 질환이 원인이 되어 생기며 위턱굴의 통증, 치통, 이가 들뜬 느낌,

콧물·고름의 유출 따위의 증상이 나타난다.〈유〉상악동염

위턱굴-염(위턱炎)[위턱꿀렴]명《의학》〈치통〉위턱굴에 생기는 염증. 감기, 유
행성 감기, 폐렴과 같은 전염병 또는 코안 수술이나 치아의 질환이 원인이
되어 생기며 위턱굴의 통증, 치통, 이가 들뜬 느낌, 콧물·고름의 유출 따위
의 증상이 나타난다.〈유〉상악동염(上顎洞炎)

위턱^치아^이틀^후퇴증(위턱齒牙이틀後退症)명구《의학》〈치통〉위턱 앞쪽 치
아들이 정상보다 후퇴해 있어서 얼굴을 옆에서 보면 윗입술이 쑥 들어가 있
는 증상. 이러한 변형은 입술 입천장 갈림증 환자에서 흔히 볼 수 있다.

위통(胃痛)[위통]명《의학》〈위염/위장병〉여러 가지 위 질환에 걸렸을 때 나
타나는 위의 통증. 폭음, 폭식, 위염, 위궤양 따위로 위에 분포된 지각 신경
이 자극을 받아 생긴다.

위-트림(胃트림)[위트림]명《의학》〈위염/위장병〉위의 가로막 아래에 나타나
는 반원형의 공기 거품. 식후의 위 부위에서 나타나는데, 식사 섭취량 및 섭
취 후의 시간, 위의 긴장도, 분비액의 양, 주위 장기의 압박 따위에 따라 그
형태가 변한다.

위포(胃泡)[위포]명《의학》〈위염/위장병〉'위트림'의 전 용어.

위-폴립(胃polyp)명《의학》〈위염/위장병〉위 점막에서 돌출한, 공 또는 달걀
모양의 덩어리. 염증성과 종양성이 있으며 대체로 양성(良性)이다.

위^하수(胃下垂)명구《의학》〈위염/위장병〉'위 처짐'의 전 용어.

위^하수증(胃下垂症)명구《의학》〈위염/위장병〉'위 처짐증'의 전 용어.

위한(胃寒)[위한]명《한의》〈위염/위장병〉찬 음식을 많이 먹거나 몸 안에 양
기(陽氣)가 부족하여 위(胃)가 냉한 증상.〈유〉위랭(胃冷)

위-호르몬(胃hormone)명《의학》〈위염/위장병〉위창자관의 점막 세포에서 분
비되는 호르몬. 소화 기관의 분비와 운동 기능을 촉진·억제하는 작용을 하
며, 가스트린·세크레틴·콜레키스토키닌 따위가 있다.

위^확장(胃擴張)명구《의학》〈위염/위장병〉위벽(胃壁)이 긴장을 잃어 위가

병적으로 늘어진 상태. 소화 불량, 피부 건조, 갈증, 포만감, 신트림, 위 부위의 물소리 따위의 증상을 보인다. 약물 중독 따위에 따른 급성과, 날문 협착 따위로 생기는 만성이 있다.

유두-분(柳蠹糞)[유:두분]**명**《한의》〈치통〉버드나무벌레의 똥을 한방에서 이르는 말. 장풍(腸風), 하혈(下血), 치통 따위에 쓴다.

유리 몸(琉璃몸)**명구**〈일반통증〉부상이 잦은 몸을 비유적으로 이르는 말. 주로 운동선수들이 쉽게 몸을 다칠 때 쓰는 말이다.〈유〉인저리 프론 플레이어¶그는 골 형성 부전증을 앓고 있어서 넘어지는 것조차 생명을 위협할 수 있는 유리 몸을 가지고 있다. / 지금은 비록 잘나가고 있지만 타고난 유리 몸이라 다음 시즌을 위해 체력 안배를 해 두어야 할 시점이다.

유리^탐식증(琉璃貪食症)**명구**《의학》〈섭식 장애〉유리를 먹거나 씹는 증상.

유사^건선(類似乾癬)**명구**《의학》〈피부병〉건선과 비슷한 원인 불명의 피부병.

유진(遊疹)[유진]**명**《한의》〈피부병〉일정한 자리가 없이 가려우면서 좁쌀 같은 것이 돋는 피부병.

유착성 관절낭염(癒着性關節囊炎)**명구**《의학》〈일반통증〉어깨관절을 이루는 조직 중에서 회전근개 관절 활액막, 상완이두근 및 주위조직을 침범하는 퇴행성 변화의 결과로 심한 운동장애를 일으키는 질환.〈유〉오십견(五十肩)¶'오십견'이라 불리는 유착성 관절낭염은 어깨관절을 감싸고 있는 관절낭에 염증이 생겨 주변 조직이 딱딱해져 어깨가 굳고, 운동 범위가 줄어드는 질환이다.

유통(乳痛)[유통]**명**《한의》〈일반통증〉해산 후에 생기는 병의 하나. 젖이 아랫배까지 늘어지고 배가 몹시 아프다.〈유〉유현증(乳懸症), 유장증(乳長症)

유팽(乳膨)**명**《한의》〈일반통증〉출산 후에 유방이 불어나면서 몸살이 오고 아픈 증상. 젖몸살의 시초이다.

유합-되다(癒合되다)[유합뙤다/유합뛔다]**동**〈피부병〉피부, 근육 따위가 나아서 아물어 붙게 된다. ¶상처가 제대로 유합되지 않아 입원 기간이 예상보다 길어졌다.

유합-술(癒合術)[유합쑬]**명**《의학》〈디스크 - 추간판탈출증〉인접한 뼈나 피부, 근육 따위를 붙이는 수술. ¶하지만 유합술로 디스크 관절이 움직이지 못하게 되면 인접한 정상 디스크에 스트레스가 가해져 협착증의 발생 빈도가 높아진다. / 기존에 외상이나 류머티즘 및 퇴행성 관절염 등으로 손가락 관절이 손상됐거나 변형, 구축이 일어나면 손가락을 절개해 바로 붙이는 유합술이 주로 사용되어 왔다.

유합-하다(癒合하다)[유하파다]**동**〈피부병〉피부, 근육 따위가 나아서 아물어 붙다.

유행각결막염(流行角結膜炎)**명구**《의학》〈눈병〉아데노바이러스에 의하여 생기는 전염성 눈병. 각막이 충혈되고 눈물을 흘리는 증상을 보이다가, 이것이 발전하면 결막염에까지 이른다. 시력 장애가 생기기도 한다.

유행^결막염(流行結膜炎)**명구**〈눈병〉눈의 결막에 일어나는 유행성 염증. 아데노바이러스 감염으로 학교나 직장에서 집단으로 발생하며, 결막이 충혈되고 눈꺼풀이 부으면서 눈물이 난다.

유행성^감기(流行性感氣)**명구**《의학》〈감기 - 몸살, 세기관지염〉인플루엔자 바이러스에 의하여 일어나는 감기. 고열이 나며 폐렴, 가운데귀염, 뇌염 따위의 합병증을 일으킨다. 〈유〉독감, 인플루엔자 〈참〉돌림감기

유행^인플루엔자(流行influenza)**명구**《보건 일반》〈감기 - 몸살, 세기관지염〉국한된 지역이나 집단 내에서 폭발적으로 일어나는 인플루엔자.

육륜(肉輪)[융눈]**명**〈눈병〉아래위의 눈꺼풀.

육자(肉刺)[육짜]**명**〈피부병〉손이나 발에 생기는 사마귀 비슷한 굳은살. 누르면 속의 신경이 자극되어 아프다. 〈유〉티눈 ¶아저씨는 발에 난 육자 때문에 제대로 걷지도 못했다.

윤감(輪感)[윤감]**명**〈감기 - 몸살, 세기관지염〉전염성이 있는 감기. 〈유〉돌림

감기

으슬-으슬 ( )[으스르슬]⟨부⟩〈감기 - 몸살, 세기관지염〉소름이 끼칠 정도로 매우
차가운 느낌이 잇따라 드는 모양. ¶몸이 으슬으슬 추워진다.

으슬으슬-하다 ( )[으스르슬하다]⟨형⟩〈감기 - 몸살, 세기관지염〉소름이 끼칠 정
도로 매우 차가운 느낌이 잇따라 드는 듯하다. ¶몸이 으슬으슬한 게 감기가
올 모양이다. / 찬 바람을 쐬었더니 으슬으슬한 한기가 온몸으로 느껴졌다.

은선(齦宣)[은선]⟨명⟩《한의》〈치통〉잇몸이 붓고 상해서 피가 나는 병증. 심하
면 잇몸이 패어 들어가서 이뿌리가 드러나고 이가 흔들린다.〈유〉아선

은통(隱痛)[은통]⟨명⟩《한의》〈일반통증〉은근히 아픔. 또는 그런 증상.

은통하다(隱痛하다)[은통하다]⟨형⟩《한의》〈일반통증〉은근히 아프다.

은퇴^우울증(隱退憂鬱症)⟨명구⟩《심리》〈우울증〉은퇴 후에 생기는 우울 증상.
무력감·수면 장애·집중력 저하·의욕 저하·불안 따위의 증상이 나타난
다. ¶은퇴한 사람이 이런 증세를 보이면 은퇴 우울증인가 하고 오인하기 십
상이다. / 남성이 여성보다 '은퇴 우울증'이 심각하다.

은행-옴(銀杏옴)[은행옴]⟨명⟩《의학》〈피부병〉'은행 피부염'의 전 용어.

은행^피부염(銀杏皮膚炎)⟨명구⟩《의학》〈피부병〉은행 껍질의 진이 피부에 묻거
나 하여 그 독기로 인해 생기는 피부병.

음궐(陰厥)[음궐]⟨명⟩《한의》〈일반통증〉갑자기 정신을 잃고 넘어지는 병을 말
하는 궐증(厥症)의 하나. 두통이나 열이 없어도 오한이 나고 손발이 차가워
진다.

음문-염(陰門炎)[음문념]⟨명⟩《의학》〈피부병〉여성의 바깥 생식 기관에 생기는
피부 염증병.〈유〉외음염(外陰炎)

음부^헤르페스(陰部herpes)⟨명구⟩《의학》〈피부병〉남녀의 성기 주변에 작은 물
집이 생기는 피부병. 헤르페스바이러스에 의해 생기며 대개 며칠 안에 흉터
를 남기지 않고 사라진다.

의기-소침 (意氣銷沈)[의:기소침]⟨명⟩〈우울증〉기운이 없어지고 풀이 죽

음. 〈유〉의기저상

의기소침-하다 (意氣銷沈하다) [의:기소침하다] 휑 〈우울증〉기운이 없어지고 풀이 죽은 상태이다. 〈유〉의기저상하다 ¶시험에 떨어진 그는 몹시 의기소침했다. / 한 달 넘게 두 신부가 한꺼번에 자리를 비워 적잖이 의기소침하던 차에 민란이 일어나 전전긍긍 갈피를 못 잡던 교인들은….

의기-저상 (意氣沮喪) [의:기저상] 명 〈우울증〉기운이 없어지고 풀이 죽음. 〈유〉의기소침

의기저상-하다 (意氣沮喪하다) [의:기저상하다] 휑 〈우울증〉기운이 없어지고 풀이 죽은 상태이다. 〈유〉의기소침하다

의부-증 (疑夫症) [의부쫑] 명 《심리》〈신경증〉남편의 행실을 지나치게 의심하는 변태적 성격이나 병적 증세. 〈참〉의처증(疑妻症) ¶의부증이 고비에 넘어서 꼭 옆에 붙들고 있어야만 마음이 놓이겠다는 것이니 배겨 낼 도리가 없다.

의이-인 (薏苡仁) [의이인] 명 《한의》〈위염/위장병〉비위를 보하고 오줌을 잘 누게 하며 열을 내리고 고름을 빼내는 율무 열매의 껍질을 벗긴 알. 〈유〉율무쌀

이공-산 (異攻散) [이:공산] 명 《한의》〈위염/위장병〉비위가 허약하여 소화가 잘되지 않고 설사하는 사람에게 효과가 있는 탕약. 사군자탕에 진피(陳皮)를 넣어서 달여 만든다.

이-똥 ( ) [이똥] 명 〈치통〉'치태'를 일상적으로 이르는 말.

이미프라민 (imipramine) 명 《약학》〈우울증〉정신과 질환의 여러 가지 우울증 치료에 쓰는 약제. 중추 신경 홍분 작용, 항히스타민 작용이 있다. 〈유〉항우울제, 항울제

이붕-고 (梨硼膏) [이붕고] 명 《한의》〈감기 - 몸살, 세기관지염〉기침감기와 목이 쉬어 말을 하지 못하는 데 쓰는 약. 배의 꼭지 주변에 구멍을 내어 그 속에 붕사(硼沙)와 꿀을 넣어 봉한 뒤에 젖은 종이로 싸고 진흙을 발라 구워

익혀 만든다.

이비(耳泌)몡《한의》〈일반통증〉어린아이의 귀 안이 붓고 아픈 증세.

이상^식욕^항진(異常食慾亢進)명구《의학》〈섭식 장애〉비정상으로 식욕이 항진된 상태. 당뇨병 등에 볼 수 있는 대사성 병변에 의한 것과 신경성 식욕 부진증의 경과 중 대상성으로 출현하는 이상 식욕 항진 현상 등이 있을 수 있다.

이식-증(異食症)[이ː식쯩]몡《의학》〈섭식 장애〉별난 음식이나 이상한 물질을 좋아하는 증상. 아이들이 흙을 먹거나 임산부가 신 것을 좋아하는 따위가 있으며, 기생충에 의한 소화 장애나 정신 장애 따위가 원인이다.

이앓이( )[이아리]몡《의학》〈치통〉이가 쑤시거나 몹시 아픈 증상. 충치, 풍치 따위가 원인이다.〈참〉치통

이앓이-하다( )[이아리하다]동《의학》〈치통〉치통을 앓다. 이가 쑤시거나 몹시 아프다.

이에스티(EST)몡《의학》〈우울증〉우울증, 조현병 따위의 정신병에 대한 특수 치료법. 환자의 이마 양쪽에 전극을 대고 전류를 통하면 간질의 경련 발작을 일으키면서 의식을 잃고 잠을 자는데, 최근에는 약물 요법의 발달로 사용하지 않는다.〈유〉전기쇼크요법, 전기쇼크치료법, 전기충격요법

이인-증(離人症)[이ː인쯩]몡《의학》〈우울증〉자아에 대한 인식을 잃어버리거나 외계에 대하여 실감이 따르지 않는 병적인 상태. 신경증이나 조현병의 초기 또는 극도로 피로할 때에 나타난다.

이자^괴사(胰子壞死)명구《의학》〈내과〉이자액에 의한 자가 분해로 인하여 이자에 일어나는 괴사. 쓸갯돌증 따위가 원인으로, 특히 지방질을 많이 섭취한 뒤 윗배에 갑자기 심한 통증을 느낀다. 지방질과 단백질을 절식(絕食)하여야 한다.〈유〉급성 이자염, 췌장

이질대공통(痢疾大孔痛)[이ː질대공통]몡《한의》〈일반통증〉이질이 심하여 항문이 벌어진 채 오므라들지 않고 아픈 증상.

이차^감염 (二次感染) 명구 《의학》〈감기 - 몸살, 세기관지염〉어떤 병원체에 감염되어 신체의 저항력이 약하여졌을 때 다시 다른 병원체의 감염을 받는 일. 예를 들어, 유행성 감기에 걸렸을 때 세균에 의한 폐렴이 뒤따르는 경우를 이른다. 폐렴균, 화농성 구균, 대장균 따위가 있다.〈참〉일차 감염

이-촉 ( )[이촉]명《의학》〈치통〉잇몸 속에 들어 있는 이의 뿌리.〈유〉치근

이추저 (泥鰍疽)[이추저]명《한의》〈피부병〉한 손가락이 붓고 화끈거리면서 달아오르고, 피부색이 자줏빛으로 변하며, 아픈 증상이 팔에까지 뻗치는 병.

이통 (耳痛)[이:통-]명《의학》〈일반통증〉'귀통증(-痛症)'의 이전 말.

이틀^고름^샛길 ( ) 명구 《의학》〈치통〉잇몸에서 고름, 피가 나오거나 이가 흔들리는 병을 통틀어 이르는 말. 염증 따위로 이 주위의 조직이 파괴되어 일어나는데, 입냄새가 나고 이가 빠지게 되며 씹는 기능이 뚜렷하게 떨어진다.

익위 (益胃)[이귀]명《한의》〈위염/위장병〉약해진 위의 기능을 강화함. 또는 그런 치료법.

익위-하다 (益胃하다)[이귀하다]동《한의》〈위염/위장병〉약해진 위의 기능을 강화하다.

익유 (嗌乳)[이규]명《한의》〈일반통증〉어린아이가 목이 메어 젖을 먹은 뒤에 토하는 증상.

인공^디스크 (人工disk)명구《의학》〈디스크 - 추간판탈출증〉뼈와 뼈 사이에 있는 추간판을 대신할 수 있도록 만들어진 수평 원통형 기구. ¶이 병에 대한 궁극적인 치료는 인공 디스크를 디스크 내에 삽입해 병적인 디스크가 들어 있는 척추 마디를 고정시켜 주는 방법밖에 없다. / 인공 디스크의 수명은 약 70~80년으로 반영구적이어서 특별한 이상이 없다면 지속적으로 사용할 수 있다.

인공^디스크^시술 (人工disk施術)명구《의학》〈디스크 - 추간판탈출증〉디스크

에 이상이 생겨, 그 기능을 대신할 수 있는 인공 디스크로 교체하는 수
술. 〈유〉인공디스크치환술 ¶물론, 부담이 있는 것은 사실이지만, 수술 후의
일상 생활 복귀, 장기적인 목 건강 등을 생각한다면 인공 디스크 시술이 적
합하다. / 밀려나온 디스크에 척수가 압박을 받을 정도로 악화된 경우에는
목을 바르게 고정해 주는 유합술이나 최신 인공 디스크 시술 등이 필요하
다.

인공^디스크^치환술(人工disk置換術) 명구 《의학》〈디스크 - 추간판탈출증〉디
스크에 이상이 생겨, 그 기능을 대신할 수 있는 인공 디스크로 교체하는 수
술. 〈유〉인공디스크시술 ¶인공 디스크를 새로 끼워넣는 '인공 디스크 치환
술'도 종전에는 병역 면제 대상이었지만 이 시술을 받더라도 척추의 운동성
이 유지되는 점을 고려해 내년부터는 보충역으로 분류된다. / 인공 디스크
치환술은 손상이 심해 제 기능을 하지 못하는 디스크를 인체 공학적으로 설
계된 인공 디크스로 교체하는 치료 방법을 말한다.

인공^치아(人工齒牙) 명 《의학》〈치통〉사기(沙器/砂器)나 합성수지 따위를 써
서 인공적으로 만든 이.

인두-염(咽頭炎)[인두염] 명 《의학》〈일반통증〉인두의 점막이 붓고 헐어 목이
쉬는 병. 삼킴 통증·발열 따위의 증상을 보이며, 급성과 만성이 있다.

인두^후두염(咽頭喉頭炎) 명구 《의학》〈감기 - 몸살, 세기관지염〉감기 따위로
인하여 인두와 후두 점막에 생기는 염증. 〈유〉인후염

인레이(inlay) 명 《의학》〈치통〉이에 봉 박는 합금. 또는 충치에 봉 박는 일.
〈참〉봉박이

인-비늘(人비늘)[인비늘] 명 〈피부병〉피부에서 하얗게 떨어지는 살가죽의 부
스러기. 〈참〉선천비늘증(先天비늘症) 〈유〉살비듬, 인설(鱗屑)

인삼-양위탕(人蔘養胃湯)[인삼냥위탕] 명 《한의》〈섭식 장애〉추위에 식체를
겸하여 열이 나고 머리와 온몸이 아프며, 입맛이 없는 데 쓰는 인삼, 창출,
진피, 후박 따위를 넣어서 달여 만드는 탕약. 〈유〉양위탕(養胃湯)

인설 (鱗屑)[인설]명〈피부병〉피부에서 하얗게 떨어지는 살가죽의 부스러기. 〈유〉인비늘(人비늘)

인중-황 (人中黃)[인중황]명《한의》〈감기 - 몸살, 세기관지염〉해수(咳嗽)와 감기 따위에 쓰는 탕약. 사람의 똥과 쌀겨, 그리고 감초 가루 따위를 넣어서 만든다.〈유〉금즙

인지^행동^치료 (認知行動治療)명구《심리》〈우울증〉인지 과정에 대해 고려하고 환자가 환경을 지각하고 해석하며 반응할 수 있도록 돕는 인지적 기법을 가르쳐 주기 위해 특화된 기술을 사용하는 확장된 행동 치료.

인플루엔자 (influenza)명《의학》〈감기 - 몸살, 세기관지염〉인플루엔자 바이러스에 의하여 일어나는 감기. 고열이 나며 폐렴, 가운데귀염, 뇌염 따위의 합병증을 일으킨다.〈유〉유행성 감기

인플루엔자^감염자 (influenza感染者)명구《의학》〈감기 - 몸살, 세기관지염〉인플루엔자 바이러스에 감염된 사람. ¶한국에서 인플루엔자 감염자가 확인될 경우 그 파장은 걷잡을 수 없이 확산될 가능성이 크다. / 칼럼에 따르면 실제로 인플루엔자 감염자의 14퍼센트는 증상을 느끼지 못한다는 보고가 있다.

인플루엔자^바이러스 (influenza virus)명구《생명》〈감기 - 몸살, 세기관지염〉유행 감기의 병원체. 상기도(上氣道) 점막에 침입하여 호흡 기관 질환을 일으킨다. 도움체 결합 항원의 차이에 따라 A·B·C 세 형태로 나뉘며, 유행할 때마다 혈구 응집 항원이 변이하여 광범위한 유행을 나타낸다.

인플루엔자^예방^접종 (influenza豫防接種)명구《보건 일반》〈감기 - 몸살, 세기관지염〉인플루엔자에 대한 예방 접종. 인플루엔자 바이러스로 인한 감염을 예방하기 위한 것으로 권장 시기는 10~12월이다〈유〉독감예방접종 ¶ ○○시는 오는 11월 말까지 각 보건소를 통해 인플루엔자 예방 접종을 실시한다고 10일 밝혔다. / 14살부터 18살까지 청소년 235만 명에게 인플루엔자 예방 접종이 지원됩니다.

인플루엔자^폐렴(influenza肺炎)〔명구〕《의학》〈감기〉인플루엔자에 걸려 저항력이 약하여졌을 때 기도에 있던 세균이 폐에 침입하여 일으키는 폐렴. 두통, 오한, 근육통 따위의 초기 증상 이후 기침과 객담이 심하여지고 열이 높아지며 호흡 곤란이 일어난다.

인후-염(咽喉炎)〔인후염〕〔명〕《의학》〈감기 - 몸살, 세기관지염〉감기 따위로 인하여 인두와 후두 점막에 생기는 염증.〈유〉인두 후두염(咽頭喉頭炎)

인후-통(咽喉痛)〔인후통〕〔명〕《한의》〈감기 - 몸살, 세기관지염〉(감기나 몸살 따위로) 목구멍이 아픈 병. 또는 그런 증상.

일과성^근시(一過性近視)〔명구〕《의학》〈눈병〉시력 조절이 변화되어 일시적으로 근시가 된 상태. 외상, 고혈당, 술파닐아미드 치료, 또는 다른 상태로 인해 이차적으로 생긴다.

일과성^상황성^장애(一過性狀況性障礙)〔명구〕《심리》〈우울증〉스트레스나 불안 따위의 어떤 특수한 상황에서만 징후가 나타나는 일시적인 인격 장애의 한 형태.

일사-병(日射病)〔일싸뼝〕〔명〕《의학》〈일반통증〉강한 태양의 직사광선을 오래 받아 일어나는 병. 한여름에 뙤약볕에 오래 서 있거나 행진, 노동을 하는 경우에 생긴다. 심한 두통, 현기증이 나고 숨이 가쁘며 인사불성이 되어 졸도 한다.〈유〉갈병(暍病)

일산화^탄소^중독(一酸化炭素中毒)〔명구〕《의학》〈일반통증〉일산화 탄소를 일정량 이상 들이마셔 생기는 중독 현상. 일산화 탄소는 적혈구 속의 헤모글로빈 따위의 생체 내 철 함유 물질과 결합하여 그 기능을 방해하고 세포 호흡에 장애를 일으키도록 한다. 두통, 현기증, 메스꺼움 따위의 증상이 나타나고 기억 상실, 운동 실조 따위의 중추 신경 계통에 후유증을 남기기도 한다. 자동차 배기가스나 연탄가스에 의한 중독 따위가 있다.

일요-병(日曜病)〔이료뼝〕〔명〕〈우울증〉평일의 업무에서 오는 긴장감과 휴일 여가의 권태에서 오는, 현대인의 정신적·육체적 피로감과 허탈증.〈참〉월요병 ¶일요일 저녁이면 일요병의 한 증상인지, 보통 기분이 무척 가라앉는 편이다.

일유 (溢乳)[이류]명《한의》〈일반통증〉어린아이가 목이 메어 젖을 먹은 뒤에 토하는 증상.

일유-하다 (溢乳하다)[이류하다]동《한의》〈일반통증〉어린아이가 목이 메어 젖을 먹은 뒤에 토하다.

일자 목 (一字목)명구〈디스크 - 추간판탈출증〉목뼈가 정상적으로 굽지 않고 ‘ㅡ’ 자로 펴진 목. ¶특히 근육이나 인대가 많이 지쳐 있는 밤에 오랜 시간 고개를 숙이고 일을 하면 일자 목이 되기 쉽다. / 이러한 일자 목은 목에 가해지는 머리 무게를 양쪽 어깨로 분산시키지 못하기 때문에 목뼈에 무리를 줘 거북 목 증후군으로 발전할 수 있다.

입맛^없음 ( )명구《의학》〈섭식 장애〉열병이나 다른 질병에 의하여 식욕을 상실하는 증상. ¶코로나로 인하여 입맛없음 증상. / 입맛없을 때 회복을 위해 좋은 음식.

입안-병 (입안病)[이반뼝]명《의학》〈치통〉이나 잇몸 같은 입안에 생긴 병.

입앓이 ( )[이바리]명〈일반통증〉입을 앓는 일.

잇몸^궤양 (잇몸潰瘍)명구《의학》〈치통〉잇몸이 허는 병.

잇몸^농양 (잇몸膿瘍)명구《의학》〈치통〉잇몸이 헐어서 고름이 생기는 병.

잇몸^아메바 (잇몸amoeba)명구《생명》〈치통〉사람의 잇몸에 기생하는 아메바.

잇몸-염 (잇몸炎)[인몸념]명《의학》〈치통〉잇몸에 생기는 염증. 잇몸에서 쉽게 피가 나며 만지면 아프고 부어오르기도 한다.

잇몸^출혈 (잇몸出血)명구《의학》〈치통〉잇몸 가장자리에 일어나는 출혈. 잇몸염, 이틀 고름 샛길 따위의 국소적 원인과 괴혈병을 비롯하여 여러 가지 혈액 질환 따위의 전신적 원인이 있다.

잇-살 ( )[이쌀/읻쌀]명《의학》〈치통〉1. 잇몸의 틈. 2. → 잇몸.

한국어 질병 표현 어휘 사전 II

ㅈ

자가^면역^위염(自家免疫胃炎)〔명구〕《의학》〈위염/위장병〉위벽 세포에 대한 자가 항체에 의하여 유발되는 위염. 위 점막의 위축이 발생하며 그로 인한 위산 없음증이 발생한다.〈유〉확산위축위염(擴散萎縮胃炎)

자가^중독(自家中毒)〔명구〕《의학》〈일반통증〉자기 몸 안에서 만들어진 유독성 대사산물로 인한 중독. 요독증, 당뇨성 혼수와 같은 증상이 나타난다. 때로는 특별한 원인 없이 어린아이가 갑자기 활기를 잃고 식욕 부진, 두통을 일으키며 마침내 구토를 일으키는 병을 가리키기도 한다.

자가품( )〔명〕〈일반통증〉손목, 발목, 손아귀 따위의 이음매가 과로로 말미암아 마비되어 시고 아픈 증상. ¶이 추운 겨울밤에 다리에서 자가품이 나도록 뛰어다녀야만 하는 제 신세가 새삼스럽게 가엾은 생각이 들었다.

자궁^탈출증(子宮脫出症)〔명구〕《의학》〈내과〉자궁이 정상의 위치보다 내려앉아 자궁목이 질 밖으로 빠져나오는 병. 아기를 많이 낳은 중년, 노년의 부인에게 많다. 생명에 위험은 없지만 배뇨, 배변에 지장이 있고 빠져나온 부분이 상처를 입는다.〈참〉염불 〈유〉자궁탈, 자궁 탈출

자극^요법제(刺戟療法劑)〔명구〕《약학》〈피부병〉피부 질환이나 알레르기 증상을 치료하는 데에 쓰는 약. 몸의 조직을 자극하여 치료 능력을 높이는 효과가 있다.

자근(紫根)〔자ː근〕〔명〕《한의》〈피부병〉홍역(紅疫), 창양(瘡瘍), 습진 따위에 쓰는 말린 지치의 뿌리를 한방에서 이르는 말.〈유〉자초(紫草)

자근거리다( )〔자근거리다〕〔동〕〈일반통증〉(몸이나 머리가) 자꾸 가볍게 쑤시듯 아프다.〈유〉자근대다, 자근자근하다 〈참〉지근거리다, 자끈거리다 ¶하루 종일 쉬지도 못하고 일을 했더니 뼈마디가 자근거린다.

자근대다( )〔자근대다〕〔동〕〈일반통증〉(몸이나 머리가) 자꾸 가볍게 쑤시듯 아프다.〈유〉자근거리다, 자근자근하다 〈참〉지근대다, 자끈대다

자근자근( )〔자근자근〕〔부〕〈일반통증〉머리가 자꾸 가볍게 쑤시듯 아픈 모양. ¶머리가 자근자근 쑤시다.

자근자근하다 ( )[자근자근하다]⑧〈일반통증〉(몸이나 머리가) 자꾸 가볍게 쑤시듯 아프다.〈유〉자근거리다, 자근대다 〈참〉지근지근하다, 자끈자끈하다

자기^공명^영상 (磁氣共鳴映像)⑲구《의학》〈디스크 - 추간판탈출증〉양성자의 활동을 이용하여 강력한 자기장 내에서 얻은, 조직이나 장기의 영상. 핵자기 공명 기법을 이용한 진단 방사선 의학 방법의 하나이다.〈유〉자기공명영상법

자기^공명^영상법 (磁氣共鳴映像法)⑲구《의학》〈디스크 - 추간판탈출증〉양성자의 활동을 이용하여 강력한 자기장 내에서 조직이나 장기의 영상을 얻는 방법. 핵자기 공명 기법을 이용한 진단 방사선 의학 방법의 하나이다.〈유〉자기공명영상

자끈거리다 ( )[자끈거리다]⑧〈일반통증〉(몸이나 머리가) 몹시 아프고 자꾸 쑤시다.〈유〉자끈자끈하다, 자끈대다 〈참〉자근거리다, 지끈거리다

자끈대다 ( )[자끈대다]⑧〈일반통증〉(몸이나 머리가) 자꾸 몹시 쑤시듯 아프다.〈유〉자끈자끈하다, 자끈거리다 〈참〉자근대다, 지끈대다

자끈자끈 ( )⑭〈일반통증〉머리가 자꾸 가볍게 쑤시듯 아픈 모양. '자근자근'보다 센 느낌을 준다. ¶머리가 자끈자끈 쑤시다.

자끈자끈하다 ( )[자끈자끈하다]⑧〈일반통증〉(몸이나 머리가) 자꾸 몹시 쑤시듯 아프다.〈유〉자끈거리다, 자끈대다 〈참〉자근자근하다, 지끈지끈하다

자르르하다 ( )[자르르하다]⑱〈일반통증〉(뼈마디나 몸의 일부 또는 마음이) 자릿한 느낌이 있다.〈참〉지르르하다, 짜르르하다 ¶날씨가 안 좋고 비가 오면 팔다리가 자르르한다.

자리다 ( )[자리다]⑱〈디스크 - 추간판탈출증〉뼈마디나 몸의 일부가 쏙쏙 쑤시듯이 아프다.〈참〉저리다 ¶뼈마디가 자려서 잠을 잘 수가 없다.

자리다 ( )[자리다]⑱〈일반통증〉(뼈마디나 몸의 일부가) 오래 눌려 움직이기 거북하고 감각이 둔하다.〈참〉저리다

자리-자리 ( )[자리자리]⑭〈디스크 - 추간판탈출증〉피가 돌지 못하여 자꾸 자

린 느낌. 〈참〉저리저리 ¶오래 앉아 있었더니 다리가 자리자리 저리다.

자리자리하다( )[자리자리하다]휑〈일반통증〉(팔다리가) 피가 잘 돌지 못하여 감각이 둔하고 아리다.〈참〉저리저리하다 ¶팔베개를 하고 있었던 팔이 자리자리하다.

자리자리-하다( )[자리자리하다]휑〈디스크 - 추간판탈출증〉피가 돌지 못하여 자꾸 자린 듯하다. ¶팔베개를 하고 있었던 팔이 자리자리하다.

자릿자릿하다( )[자릳짜리타다]휑〈일반통증〉(몸이) 피가 잘 돌지 못하여 감각이 무디고 자꾸 아린 느낌이 있다.〈참〉저릿저릿하다, 짜릿짜릿하다

자릿하다( )[자리타다]휑〈일반통증〉(몸이나 몸의 일부가) 피가 잘 돌지 못하거나 전기가 통해서 조금 감각이 무디고 아린 느낌이 있다.〈참〉저릿하다, 짜릿하다 ¶언 손을 따뜻한 물에 담그니 손끝이 자릿하다.

자색반-병(紫色斑病)[자ː색빤병]몡《의학》〈피부병〉피부 내, 피부밑, 점막 밑에 출혈이 일어나는 병을 통틀어 이르는 말. 혈소판 감소, 혈액 응고 기능 이상, 혈관염 따위의 원인이 된다.

자수(子嗽)[자수]몡《한의》〈감기 - 몸살, 세기관지염〉임신 중에 감기 따위로 늘 기침이 나는 증상.

자외선^요법(紫外線療法)(명구)《의학》〈피부병〉피부병 따위의 치료에 효과가 있는 방법. 자외선이 인체에 미치는 영향을 질병 치료에 응용하며 비타민 디(D)가 생성되어 칼슘 대사를 촉진한다.〈유〉자외선치료(紫外線治療)

자외선^치료(紫外線治療)(명구)《의학》〈피부병〉피부병 따위의 치료에 효과가 있는 방법. 자외선이 인체에 미치는 영향을 질병 치료에 응용하며 비타민 디(D)가 생성되어 칼슘 대사를 촉진한다.〈유〉자외선요법(紫外線療法)

자율^신경^차단제(自律神經遮斷劑)(명구)《약학》〈위염/위장병〉고혈압, 위궤양, 샘창자 궤양 따위를 치료하는 데에 쓰는 약. 자율 신경의 흥분 전달을 그 신경절에서 차단하는 것이다.

자창(疵瘡)[자창]몡《한의》〈피부병〉단단하고 뿌리가 깊으며 형태가 못과 같

은 부스럼. 열독이 모여 쌓여서 생기는데, 처음에는 좁쌀만 하게 생겼다가
급속히 퍼지며 통증이 심하다.〈유〉정, 정창

자창(刺創)[자:창]**명**《의학》〈피부병〉바늘, 송곳, 칼, 창 따위의 날카로운 것
에 찔려서 생긴 상처. 상처는 작아도 깊은 경우가 많고, 피는 적게 나오나
세균이 깊이 파고들어 곪기 쉽다. 불결한 못이나 흙 속에 있던 나뭇조각 따
위에 찔리면 파상풍균이 침입하는 경우도 있다.〈유〉찔린상처

자초(紫草)[자:초]**명**《한의》〈피부병〉홍역(紅疫), 창양(瘡瘍), 습진 따위에 쓰
는 말린 지치의 뿌리를 한방에서 이르는 말.〈유〉자근(紫根), 자초근(紫草
根), 지치

자초-근(紫草根)[자:초근]**명**《한의》〈피부병〉홍역(紅疫), 창양(瘡瘍), 습진 따
위에 쓰는 말린 지치의 뿌리를 한방에서 이르는 말.〈유〉자초(紫草)

자초-용(紫草茸)[자:초용]**명**《한의》〈피부병〉두창(痘瘡), 악창(惡瘡), 부기(浮
氣) 따위에 쓰는 지치의 싹을 한방에서 이르는 말.

자통(刺痛)[자:통]**명**〈일반통증〉찌르는 것 같은 아픔.

작열통(灼熱痛)[장녈통]**명**《의학》〈일반통증〉상처를 입은 곳이 불에 타는 듯
이 따갑고 아픈 통증.¶제2형인 작열통(causalgia)은 말초 신경 손상 후에
발생하는 지역성 통증 증후군을 말한다. / 흔히 일어나는 감각 장애로는 저
린감, 통각, 작열통 혹은 압통 등이 있다.

작은각막증(작은角膜症)**명**《의학》〈눈병〉비정상적으로 작은 각막을 가진 증
상.

잔비늘-증(잔비늘症)[잔비늘쯩]**명**《의학》〈피부병〉피부의 표면에 생기는 쌀
겨와 비슷한 비늘. 머리의 비듬이 대표적인 예이다.

잘리다( )[잘리다]**동**〈일반통증〉(물체가) 날카로운 연장 따위로 베여 동강이
나거나 끊어지다.¶그 긴 머리카락이 가위로 싹둑 잘렸다.

잠기다( )[잠기다]**동**〈일반통증〉목이 쉬거나 약간 막혀 소리가 제대로 나지
않다.¶잠긴 목소리. / 노래 연습을 많이 했더니 목이 꽉 잠겼다. / 머리끝

까지 터져 오르는 분통에 숨도 제대로 가누지 못하면서 소리를 지르자니 목이 잠겨 더 이상은 말이 나오지 않았다.

장감(長感)[장감]명《한의》〈감기 - 몸살, 세기관지염〉오래된 감기로 생기는 증상. 기침과 오한이 심하고 폐렴이 되기 쉽다. / 유행성 감기로 열이 계속 나는 일.

장뇌^연고(樟腦軟膏)명구《약학》〈피부병〉피부병을 치료하는 데 쓰는 연고. 10퍼센트 정도의 장뇌를 함유한다.

장마^우울증(장마憂鬱症)명구《심리》〈우울증〉습도가 높고 일조량이 낮은 장마철에 나타나는 우울증. 잠이 많아지고 무기력하며 식욕이 느는 증상이 있다. ¶2030 세대 10명 중 7명은 장마철 습도와 일조량 등에 의해 우울 장애를 느끼는 '장마 우울증'을 겪는 것으로 나타났다. / 장마 우울증은 일조량이 부족해지고 습도가 높아지는 장마철 날씨 때문에 나타나는 계절성 우울증의 하나다.

장미-진(薔薇疹)[장미진]명《의학》〈피부병〉모세 혈관의 충혈에 의하여 일어나는 장밋빛의 작은 홍반(紅斑). 매독 제2기의 초기 따위에 나타난다.

재채기( )[재채기]명〈감기 - 몸살, 세기관지염〉코안의 신경이 자극을 받아 갑자기 코로 숨을 내뿜는 일. 숨을 짧은 시간 동안 몇 차례 나누어 들이마신 뒤 이를 큰 소리와 함께 한꺼번에 내쉼으로써 코안의 이물질이 속으로 들어가지 못하게 막는다. 〈유〉분체 ¶그의 요란스러운 재채기에 좌중은 모두 깜짝 놀랐다. / 고추와 양파로 요리하면 재채기가 나는 것이 예사이다.

재채기-하다( )[재채기하다]동〈감기 - 몸살, 세기관지염〉코안의 신경이 자극을 받아 갑자기 코로 숨을 내뿜는다. 숨을 짧은 시간 동안 몇 차례 나누어 들이마신 뒤 이를 큰 소리와 함께 한꺼번에 내쉼으로써 코안의 이물질이 속으로 들어가지 못하게 막는다. ¶감기에 걸렸는지 그는 계속 재채기하면서 콧물을 닦았다.

재통(再痛)[재:통]명《한의》〈일반통증〉나았던 병이 다시 도져서 앓는 일.

재통하다(再痛하다)[재:통하다]图《한의》〈일반통증〉나았던 병이 다시 도져
서 앓다.

재해^신경증(災害神經症)명구《심리》〈우울증〉재해를 당한 뒤에 생기는 비정
상적인 심리적 반응. 외상에 대한 지나친 걱정이나 보상을 받고자 하는 욕
구 따위가 원인이 되어 외상과 관계없이 우울증을 비롯한 여러 가지 신체
증상이 일어난다. 〈유〉외상성 신경증

재활^치료(再活治療)명구《보건 일반》〈디스크 - 추간판탈출증〉장애나 외상
이 있는 사람이 일상생활이나 사회적 활동의 범위를 넓히기 위해 받는 치
료. 또는 그런 치료 방법. ¶뇌졸중 환자의 열 명 중 한 명은 재활 치료 없이
도 회복되고 또 다른 한 명은 적극적인 재활 치료를 해도 장애가 최소화되
지 않는다. / 디스크는 수술도 중요하지만 수술 후 재활 치료가 더욱 중요하
다.

저리다( )[저리다]图〈디스크 - 추간판탈출증〉뼈마디나 몸의 일부가 쑥쑥 쑤
시다. 〈참〉자리다 ¶무슨 일인지 귓밥이 훅 달아오르면서 목덜미가 저린다.
/ 장난으로 그러는 것이런만 발바닥이 얼얼하며 복숭아뼈까지 저린다.

저리다( )[저리다]图혱〈일반통증〉(근육이나 뼈마디가) 오래 눌리거나 추위
로 인해 피가 잘 통하지 못하여, 감각이 둔하고 아리며 움직이기가 거북하
다. / (근육이나 뼈마디가) 오래 눌리거나 추위로 인해 피가 잘 통하지 못하
여, 감각이 둔하고 아리며 움직이기가 거북한 느낌이 들다. ¶나는 수갑을
찬 채로 고개를 푹 숙이고 앉아 있으면서도, 다리가 저리고 아파서 몸을 자
주 뒤틀면서 자세를 바로잡곤 하였다. / 두 팔로 온몸을 지탱하고 있다. 손
가락 마디가 저린다.

저리다( )[저리다]혱〈디스크 - 추간판탈출증〉뼈마디나 몸의 일부가 쑥쑥 쑤
시듯이 아프다. 〈참〉자리다 ¶또다시 오늘 새벽의 일이 떠오르며, 뒷머리가
바늘로 후비듯 저려 왔다.

저리-저리( )[저리저리]튀〈디스크 - 추간판탈출증〉피가 돌지 못하여 자꾸 저

린 느낌.〈참〉자리자리

저리저리하다( )[저리저리하다]톙〈일반통증〉(살이나 뼈마디가) 피가 잘 돌지 못하여 감각이 둔하고 자꾸 몹시 아리다.〈참〉자리자리하다 ¶무릎을 꿇고 앉아 있었더니 다리가 저리저리해.

저리저리-하다( )[저리저리하다]톙〈디스크 - 추간판탈출증〉피가 돌지 못하여 자꾸 저리다.

저린-감(저린感)[저린감]톙《의학》〈일반통증〉몸이 부분적으로 감각이 없어지는 증상.

저릿저릿하다( )[저릳쩌리타다]톙〈일반통증〉(몸이나 몸의 일부가) 피가 잘 돌지 못하여 몹시 감각이 무디고 자꾸 세게 아린 느낌이 있다.〈참〉쩌릿쩌릿하다, 자릿자릿하다 ¶저이는 특별히 아픈 데도 없는데 늘 손목 발목이 저릿저릿하답니다.

저릿하다( )[저리타다]톙〈일반통증〉(몸이나 몸의 일부가) 피가 잘 돌지 못하거나 전기가 통하여 감각이 무디고 아린 느낌이 있다.〈참〉쩌릿하다, 자릿하다 ¶어제 과로를 했는지 온몸이 나른하고 저릿하다.

저산-성(低酸性)[저:산썽]뗑《의학》〈위염/위장병〉위액 속의 산도(酸度)가 낮은 성질.

저산성^위염(低酸性胃炎)뗑구《의학》〈위염/위장병〉위액 속에 들어 있는 염산의 함유량이 줄어든 상태.〈유〉저염산증(低鹽酸症)

저산-증(低酸症)[저:산쯩]뗑《의학》〈위염/위장병〉위산의 분비가 잘 안 되는 병. 위축 위염, 위암, 위 수술 따위로 일어나며 가벼운 설사가 나거나 식후에 위가 거북하고 불쾌하다.〈참〉과산증(過酸症)〈유〉위산감소증(胃酸減小症)

저아-조협(豬牙皂莢)[저아조협]뗑《한의》〈치통〉조협(皂莢)의 하나. 치통(齒痛)과 적취(積聚)에 쓴다.

저염산-증(低鹽酸症)[저:염산쯩]뗑《의학》〈위염/위장병〉위액 속에 들어 있

는 염산의 함유량이 줄어든 상태. 〈유〉저산성위염(低酸性胃炎)

저피-고(樗皮膏)[저피고]**명**《한의》〈피부병〉질염과 같은 성기의 염증과 곪는 피부병에 쓰는 가죽나무의 근피, 황백피 등 여러 가지 약재를 우려서 만드는 약.

저-혈압(低血壓)[저ː혀랍]**명**《의학》〈일반통증〉혈압이 정상 수치보다 낮은 증상. 최저 혈압이 90mmHg에 미치지 아니하는 경우이다. 의학적으로는 혈압이 낮아서 동맥피가 충분히 장기(臟器)로 순환되기 어려운 상태를 이른다. 피로감, 나른함, 두통, 어깨 결림 따위가 나타난다. 〈유〉저혈압증 〈참〉고혈압(高血壓)

저혈압-증(低血壓症)[저ː혀랍쯩]**명**《의학》〈일반통증〉혈압이 정상 수치보다 낮은 증상. 최저 혈압이 90mmHg에 미치지 아니하는 경우이다. 의학적으로는 혈압이 낮아서 동맥피가 충분히 장기(臟器)로 순환되기 어려운 상태를 이른다. 피로감, 나른함, 두통, 어깨 결림 따위가 나타난다. 〈유〉저혈압 〈참〉고혈압증(高血壓症)

적동-설(赤銅屑)[적똥설]**명**《한의》〈눈병〉구리로 만든 가루. 암내 나는 데나 눈병 따위에 약으로 쓴다.

적랭-복통(積冷腹痛)[정냉복통]**명**《한의》〈일반통증〉배 속에 찬 기운이 몰려 배가 찌르듯이 아픈 증상.

적면^공포증(赤面恐怖症)**명구**《심리》〈우울증〉남의 앞에 나서면 얼굴이 붉어지므로 나서기를 꺼리는 신경증.

적석(赤石)[적썩]**명**《한의》〈위염/위장병〉위장 출혈, 위궤양 따위에 약으로 쓴다. 중국의 지난(濟南) 등지에서 나는 붉은색의 규산염 광물. 〈유〉적석지(赤石脂)

적석-지(赤石脂)[적썩찌]**명**《한의》〈위염/위장병〉위장 출혈, 위궤양 따위에 약으로 쓴다. 중국의 지난(濟南) 등지에서 나는 붉은색의 규산염 광물. 〈유〉적석(赤石)

적울(積鬱)[저굴]〔명〕〈우울증〉오래 쌓인 울분. ¶적울을 풀다. / 적울로 울화병이 나다.

적유-풍(赤遊風)[저규풍]〔명〕《한의》〈피부병〉피부의 헌데나 다친 곳으로 세균이 들어가서 열이 높아지고 얼굴이 붉어지며 붓게 되어 부기(浮氣), 동통을 일으키는 전염병.〈유〉단독(丹毒)

적응-병(適應病)[저긍뼝]〔명〕《의학》〈우울증〉생체에 스트레스가 가하여져서 생기는 여러 가지 병.

적응^증후군(適應症候群)〔명구〕《의학》〈우울증〉외부에서 주어진 스트레스에 대하여 생체가 나타내는 적응 반응을 통틀어 이르는 말. 뇌하수체 및 부신 겉질의 활동이 증가하거나 저하함으로써 호산구나 림프구의 감소, 산증, 혈압이나 체온의 상승, 고혈당 따위의 증상이 나타나게 된다.

적전(赤箭)[적쩐]〔명〕《한의》〈일반통증〉한국·일본·대만·중국 등지에 분포하는 난초과의 여러해살이풀인 전초를 말하며 한방에서 강장제, 신경 쇠약, 현기증 및 두통에 사용한다. 또는 천마(天麻)의 땅속줄기를 가리키는 말로, 여러 가지 중풍 증상과 소아 경풍(小兒驚風), 파상풍 따위에 쓴다.〈유〉첨마

전기^쇼크^요법(電氣shock療法)〔명구〕《의학》〈우울증〉우울증, 조현병 따위의 정신병에 대한 특수 치료법. 환자의 이마 양쪽에 전극을 대고 전류를 통하면 간질의 경련 발작을 일으키면서 의식을 잃고 잠을 자는데, 최근에는 약물 요법의 발달로 사용하지 않는다.〈유〉전기 충격 요법

전기^쇼크^치료법(電氣shock治療法)〔명구〕《의학》〈우울증〉우울증, 조현병 따위의 정신병에 대한 특수 치료법. 환자의 이마 양쪽에 전극을 대고 전류를 통하면 간질의 경련 발작을 일으키면서 의식을 잃고 잠을 자는데, 최근에는 약물 요법의 발달로 사용하지 않는다.〈유〉전기 충격 요법

전기^충격^요법(電氣衝擊療法)〔명구〕《의학》〈우울증〉우울증, 조현병 따위의 정신병에 대한 특수 치료법. 환자의 이마 양쪽에 전극을 대고 전류를 통하면 간질의 경련 발작을 일으키면서 의식을 잃고 잠을 자는데, 최근에는 약

물 요법의 발달로 사용하지 않는다. 〈유〉전기 쇼크 요법, 전기 쇼크 치료법

전부-증(轉浮症)[전:부쯩]**명**《한의》〈내과〉임신 중에 방광이 압박을 받아 오줌을 눌 때에 순조롭게 나오지 못하며 아랫배가 아픈 병.

전산화^단층^촬영(電算化斷層撮影)**명구**《의학》〈디스크 - 추간판탈출증〉인체의 횡단면을 촬영하여 각 방향에서의 상을 컴퓨터로 처리하는 의료 기기. 방사선 이외에 입자선, 초음파 따위와 컴퓨터를 조합한 것이다.〈유〉시티, 전산단순촬영술, 전산화단층촬영술

전산화^단층^촬영법(電算化斷層撮影法)**명구**《의학》〈디스크 - 추간판탈출증〉방사선이나 초음파를 여러 각도에서 비추어, 투영된 인체 내부 영상을 컴퓨터로 해석하여 화상으로 처리한 뒤 단면의 모습을 재생함으로써 종양을 포함한 여러 질환을 진단하는 기술. 의학적으로 매우 중요한 진단법이다.〈유〉시티촬영, 컴퓨터단층촬영, 컴퓨터단층촬영법

전산화^단층^촬영술(電算化斷層撮影術)**명구**《의학》〈디스크 - 추간판탈출증〉인체의 횡단면을 촬영하여 각 방향에서의 상을 컴퓨터로 처리하는 의료 기기. 방사선 이외에 입자선, 초음파 따위와 컴퓨터를 조합한 것이다.〈유〉시티, 전산단순촬영술, 전산화단층촬영

전신^부기(全身浮氣)**명구**《의학》〈내과〉몸 전체가 퉁퉁 붓는 병증.〈유〉전신부종

전신^부종(全身浮腫)**명구**《의학》〈내과〉몸 전체가 퉁퉁 붓는 병증.〈유〉전신부기

전신^증상(全身症狀)**명구**《의학》〈일반통증〉어느 특정 기관의 병에 한정되지 아니한 증상. 발열, 두통, 식욕 부진 따위가 있다.

전안구-염(全眼球炎)[저난구염]**명**《의학》〈눈병〉안구 전체에 일어나는 고름염. 안구 속의 상처에 화농균이 침입하거나, 다른 병터로부터 화농균이 안구 속으로 옮겨 가서 일으키는 염증이다. 눈의 심한 통증, 두통, 결막 충혈 따위의 증상을 나타내며 심하면 실명(失明)하게 된다.

전염^고름^딱지증(傳染고름딱지症)〔명구〕《의학》〈피부병〉포도상 구균이나 연쇄상 구균의 감염으로 일어나는 피부의 염증. 여름철에 어린이들에게 많이 생기는데, 온몸에 물집이 생기며 물집은 바로 터져 고름과 딱지가 생긴다.〈유〉전염성농가진(傳染性膿痂疹)

전염성^농가진(傳染性膿痂疹)〔명구〕《의학》〈피부병〉포도상 구균이나 연쇄상 구균의 감염으로 일어나는 피부의 염증. 여름철에 어린이들에게 많이 생기는데, 온몸에 물집이 생기며 물집은 바로 터져 고름과 딱지가 생긴다.〈유〉전염고름딱지증(傳染고름딱지症)

전염성^피부병(傳染性皮膚病)〔명구〕《의학》〈피부병〉'전염 피부병'의 전 용어.

전염^피부병(傳染皮膚病)〔명구〕《의학》〈피부병〉세균, 바이러스, 진균 따위의 감염으로 생기는 피부병. 주로 접촉으로 감염되며 무좀, 백선(白癬), 무사마귀, 고름 딱지증, 성병 따위가 있다.

전정^위염(前庭胃炎)〔명구〕《의학》〈위염/위장병〉위(胃)의 유문동이나 원위부가 비정상적으로 좁아진 상태.

전정-통(巓頂痛)〔전정통〕〔명〕《한의》〈두통〉정수리가 몹시 아픈 증상.

전호(前胡)〔전호〕〔명〕《한의》〈일반통증〉산형과의 여러해살이풀인 바디나물의 뿌리를 한방에서 이르는 말. 두통, 해수(咳嗽), 담(痰) 따위에 쓴다.〈유〉사양채(Anthriscus sylvestris)

전환^반응(轉換反應)〔명구〕《심리》〈우울증〉억압된 충동이나 원망(願望)이 특정한 감각이나 운동 계통의 기능 장애로 나타나는, 히스테리성 신경증의 한 유형.

절망(絕望)〔절망〕〔명〕〈우울증〉바라볼 것이 없게 되어 모든 희망을 끊어 버림. 또는 그런 상태.〈참〉낙망 ¶절망에 빠지다. / 절망에 싸이다. / 절망에 잠기다.

절망-감(絕望感)〔절망감〕〔명〕〈우울증〉바라볼 것이 없게 되어 모든 희망을 끊어 버리게 된 느낌. ¶절망감에 빠지다. / 절망감에 사로잡히다. / 절망감에

휩싸이다.

절망-적(絕望的)[절망적]관〈우울증〉바라볼 것이 없게 되어 모든 희망을 끊어 버리는. ¶절망적 고통. / 절망적 소식. / 절망적 표현.

절망-적(絕望的)[절망적]명〈우울증〉바라볼 것이 없게 되어 모든 희망을 끊어 버리는 것. ¶절망적인 기분. / 절망적인 목소리. / 절망적으로 느끼다.

절망-하다(絕望하다)[절망하다]동〈우울증〉바라볼 것이 없게 되어 모든 희망을 끊어 버리다. ¶시험 결과에 절망한 학생. / 현실에 절망하다. / 그는 현실의 높은 벽에 절망하고 말았다.

절창(切創)[절창]명《의학》〈피부병〉칼이나 유리 조각 따위의 예리한 날에 베인 상처.〈유〉벤상처

점액^가래(粘液가래)명구《의학》〈감기 - 몸살, 세기관지염〉무색투명하고 냄새도 없는 끈적끈적한 가래. 흔히 기관지염에 걸렸을 때에 나온다.

점액^부종(粘液浮腫)명구《의학》〈내과〉갑상샘의 기능이 떨어짐으로써 일어나는 병. 부기, 탈모, 혈압 저하, 느린맥, 저체온 따위의 증상이 나타나고 말, 생각 따위의 정신적 활동이나 육체적 활동이 느려진다.〈참〉갑상샘 저하증(甲狀샘低下症)

점액성^가래(粘液性가래)명구《의학》〈감기 - 몸살, 세기관지염〉'점액 가래'의 전 용어.

점액-증(粘液症)[저맥쯩]명《의학》〈피부병〉점액 또는 점소 물질이 들어 있는 물질이 피부층에 쌓여서 구진(丘疹)이나 작은 결절을 이루는 병.

접촉^감염(接觸感染)명구《의학》〈감기 - 몸살, 세기관지염〉환자, 감염 동물, 병원소(病原巢) 따위와의 접촉으로 일어나는 전염. 성병 등의 직접 접촉 감염과 유행성 감기, 트라코마 등 비말(飛沫)이나 손가락, 물건 따위가 매개하는 간접 접촉 감염으로 구분한다.〈유〉접촉 전염

접촉^과민증(接觸過敏症)명구《의학》〈피부병〉항원 또는 어떤 화학 물질이 피부에 접촉할 때 생기는 과민증. 항체가 관여하는 즉시형(卽時型)과 관여하

지 않는 지연형(遲延型)이 있다. 〈유〉 접촉알레르기(接觸Allergie)

접촉성^피부염(接觸性皮膚炎)〔명구〕《의학》〈피부병〉'접촉 피부염'의 전 용어.

접촉^알레르기(接觸Allergie)〔명구〕《의학》〈피부병〉항원 또는 어떤 화학 물질이 피부에 접촉할 때 생기는 과민증. 항체가 관여하는 즉시형(卽時型)과 관여하지 않는 지연형(遲延型)이 있다. 〈유〉 접촉과민증(接觸過敏症)

접촉^피부염(接觸皮膚炎)〔명구〕《의학》〈피부병〉화학 물질이나 생물학적 물질이 피부에 닿아 일어나는 피부염.

정(疔)〔정 〕〔명〕《한의》〈피부병〉단단하고 뿌리가 깊으며 형태가 못과 같은 부스럼. 열독이 모여 쌓여서 생기는데, 처음에는 좁쌀만 하게 생겼다가 급속히 퍼지며 통증이 심하다. 〈유〉 자창, 정종, 정창

정년-병(停年病)〔정년뼝〕〔명〕《의학》〈우울증〉정년퇴직자에게 일어나는 신경증 증상. 오랜 세월의 봉급생활에서 은퇴한 뒤 장래에 대한 불안이나 정신적·육체적 해이 따위로 나타난다.

정동성^우울증(情動性憂鬱症)〔명구〕《심리》〈우울증〉정상적인 즐거운 활동에 대한 흥미가 결핍된, 심한 우울증. 조울증의 우울기에 발생할 수 있다.

정동성^장애(情動性障礙)〔명구〕《의학》〈우울증〉기분 장애가 특징인 정신병의 한 형태.

정동성^정신병(情動性精神病)〔명구〕《의학》〈우울증〉감정의 장애를 주요 증상으로 하는 내인성 정신병. 상쾌한 감정으로 인한 흥분을 나타내는 조급한 상태와 비애·불안의 감정을 나타내는 우울한 상태가 계속해서 교대로 나타나거나 또는 정상적인 정신 상태의 간헐기(間歇期)를 두고 나타나는 것이 특징이다. 〈유〉 감정정신병, 들뜸우울정신병, 순환정신병, 조울정신병

정두통(正頭痛)〔정ː두통〕〔명〕《한의》〈일반통증〉두통의 하나. 머리 전반이 아픈 것을 말한다. 《동의보감(東醫寶鑑)》에 정두통은 수족육양경맥(手足六陽經脈)과 궐음경맥(厥陰經脈)·독맥(督脈)·소음경(少陰經)에 병이 있을 때 생긴다. 머리가 치받치는 것같이 아프고 눈이 빠지는 것 같으며 목덜미가

빠지는 것 같은 통증이 있다.

정서^감퇴(情緒減退)〔명구〕《심리》〈우울증〉정서의 상태가 정상에 비해 가라앉아 있는 상태.〈유〉기분침체

정식-통(停食痛)[정식통-]〔명〕《한의》〈일반통증〉음식이 체하여 명치 밑이 묵직하면서 아픈 증상.

정신^부활약(精神復活藥)〔명구〕《약학》〈우울증〉중추 신경 계통을 흥분시켜 우울증을 치료하는 데 쓰이는 약. 정신 기능의 억제 상태를 회복한다.

정신^분석^요법(精神分析療法)〔명구〕《심리》〈우울증〉자유 연상법 따위로 환자의 무의식 세계를 살피고, 정신적 외상이나 심리적 콤플렉스를 의식 세계에 노출하여 이를 환자에게 인식하게 함으로써 병적인 증상을 없애는 정신 요법. 히스테리를 비롯하여 여러 가지 신경증에 적용한다.

정신^분열^정동(精神分裂情動)〔명구〕《의학》〈우울증〉초기에는 조울적 감정의 증상을 보이다가 점차 여러 가지 분열증적 증상이 뚜렷이 나타나는 현상. 급성으로 발병하는데, 완벽을 기하는 사람이나 젊은 사람에게 많으며 주기성의 경과를 보인다.〈유〉분열정동성, 분열정동형

정신^쇠약(精神衰弱)〔명구〕《심리》〈우울증〉신경증의 하나. 지속적이고 만성적인 불안감과 피로감이 특징이다. 마음의 안정이 안 되고 능률이 오르지 않으며, 적극성을 잃게 되고 두통과 불면 따위의 증상이 따른다. 프랑스의 자네가 제창하였다.

정신^신경증(精神神經症)〔명구〕《심리》〈우울증〉정신적 영향이 원인이 되어 일어나는 신경증. 전환성 히스테리, 불안 히스테리, 강박 신경증 따위가 있다. 주로 감정 상태가 신체 증상으로 나타나는 현실 신경증과 구별하여 사용하는 용어이다.

정신^신체증(精神身體症)〔명구〕《심리》〈우울증〉심리적인 원인으로 신체에 일어나는 병적인 증상. 병의 진단과 치료에 심리적인 배려가 필요하다.〈유〉심신증

정신-외과(精神外科)[정시뇌꽈/정시눼꽈]**명**《의학》〈우울증〉정신병·신경증·만성 통증 따위를 뇌의 수술로써 치료하는 신경외과.

정신^요법(精神療法)**명구**《심리》〈우울증〉약물에 의하지 아니하고 심리적인 기술로써 병을 치료하는 방법. 신경증 따위의 심리적 원인에 따른 병을 대상으로 최면 요법·정신 분석·암시 따위의 방법을 쓴다.〈유〉심리 요법〈참〉물리 요법, 약물 요법, 화학 요법

정신탓^정신병(精神탓精神病)**명구**《의학》〈우울증〉정신탓 반응으로 생기는 정신병이나 신경증을 통틀어 이르는 말. 지능의 발육에 장애가 생기는 지적 장애, 뚜렷한 성격 변이를 나타내는 정신병질 따위가 있다.〈유〉내인성 정신병, 마음탓 정신병, 심인성 정신병.

정예(釘瞖)[정예]**명**《한의》〈눈병〉눈병의 하나. 각막에 궤양이 생겨 그 상처 사이로 황인(黃仁)이 끼어 눈동자를 움직일 때에 아프고, 오래 두면 흰색의 예막(瞖膜)이 남는다.

정종(疔腫)[정종]**명**《한의》〈피부병〉단단하고 뿌리가 깊으며 형태가 못과 같은 부스럼. 열독이 모여 쌓여서 생기는데, 처음에는 좁쌀만 하게 생겼다가 급속히 퍼지며 통증이 심하다.〈유〉정, 정창

정창1(睛脹)[정창]**명**《한의》〈안과〉눈알이 도드라져 나온 증상.

정창2(疔瘡)[정창]**명**《한의》〈피부병〉1.『한의』단단하고 뿌리가 깊으며 형태가 못과 같은 부스럼. 열독이 모여 쌓여서 생기는데, 처음에는 좁쌀만 하게 생겼다가 급속히 퍼지며 통증이 심하다. / 2. 비교적 증세가 위중한 여러 부스럼.〈유〉정, 정종

정풍-초(定風草)[정ː풍초]**명**《한의》〈일반통증〉한국·일본·대만·중국 등지에 분포하는 난초과의 여러해살이풀인 전초를 말하며 한방에서 강장제, 신경 쇠약, 현기증 및 두통에 사용한다.〈유〉천마

젖멍울( )[전멍울]**명**〈일반통증〉젖이 제대로 분비되지 않아 생기는 멍울.〈유〉젖유종

젖-병(젖病)[전뼝]{명}〈일반통증〉젖을 앓는 병을 통틀어 이르는 말.〈유〉젖앓이

젖-앓이( )[저자리]{명}〈일반통증〉젖을 앓는 병을 통틀어 이르는 말.〈유〉젖병

제산-제(制酸劑)[제ː산제]{명}《약학》〈위염/위장병〉위산이 너무 많아 발병한 위산 과다증, 위궤양, 샘창자 궤양을 치료하는 약. 위산의 분비를 억제하거나 위산을 중화 또는 흡착하여 그 작용을 감소시키며, 위장의 점막에 생긴 궤양 면을 싸서 산(酸)의 자극을 완화한다.

조갑-창(爪甲瘡)[조갑창]{명}《한의》〈피부병〉발톱을 깎다가 손상된 피부나, 작은 신발을 오래 신어서 압박을 받은 발톱 부위에 생기는 부스럼.〈유〉갑저창(甲疽瘡)

조병형의^분열^정동성^정신병(躁病型의分裂情動性精神病){명구}《의학》〈우울증〉정신 분열 증상과 조울증이 함께 나타나는 정신병.

조울-기질(躁鬱氣質)[조울기질]{명}《심리》〈우울증〉사교적이고 활발한 성질과 비사교적이고 침울한 성질이 번갈아 나타나기 쉬운 성격 유형. 독일의 정신 의학자 크레치머가 분류한 성격 유형의 하나이다.〈유〉순환질, 순환기질, 순환성기질, 조울질, 조울성기질, 회귀성기질

조울^반응(躁鬱反應){명구}《심리》〈우울증〉기분이 들뜬 상태와 우울한 상태가 번갈아 나타나는 기분 장애.〈유〉들뜸우울반응

조울-병((躁鬱病)[조울뼝]{명}《의학》〈우울증〉정신이 상쾌하고 흥분된 상태와 우울하고 억제된 상태가 교대로 나타나거나 둘 가운데 한쪽이 주기적으로 나타나는 병. 조현병과 함께 2대 정신병의 하나이다.〈유〉양극우울병, 양극장애, 양극성기분장애, 양극성우울증, 양극성장애, 조울증

조울성^기질(躁鬱性氣質){명구}《심리》〈우울증〉사교적이고 활발한 성질과 비사교적이고 침울한 성질이 번갈아 나타나기 쉬운 성격 유형. 독일의 정신 의학자 크레치머가 분류한 성격 유형의 하나이다.〈유〉순환질, 순환기질, 순환성기질, 조울기질, 조울질, 회귀성기질

조울^정신병 (躁鬱精神病) 명구 〈우울증〉 감정의 장애를 주요 증상으로 하는 내
　인성 정신병. 상쾌한 감정으로 인한 흥분을 나타내는 조급한 상태와 비애·
　불안의 감정을 나타내는 우울한 상태가 계속해서 교대로 나타나거나 또는
　정상적인 정신 상태의 간헐기(間歇期)를 두고 나타나는 것이 특징이
　다. 〈유〉 감정정신병, 들뜸우울정신병, 순환정신병, 정동성정신병

조울-증 (躁鬱症) [조울쯩] 명 《의학》 〈우울증〉 정신이 상쾌하고 흥분된 상태와
　우울하고 억제된 상태가 교대로 나타나거나 둘 가운데 한쪽이 주기적으로
　나타나는 병. 조현병과 함께 2대 정신병의 하나이다. 〈유〉 양극우울병, 양극
　장애, 양극성기분장애, 양극성장애, 조울병

조울-질 (躁鬱質) [조울찔] 명 《심리》 〈우울증〉 사교적이고 활발한 성질과 비사
　교적이고 침울한 성질이 번갈아 나타나기 쉬운 성격 유형. 독일의 정신 의
　학자 크레치머가 분류한 성격 유형의 하나이다. 〈유〉 순환질, 순환기질, 순
　환성기질, 조울기질, 조울성기질, 회귀성기질

조위 (調胃) [조위] 명 《한의》 〈위염/위장병〉 위장병(胃臟病)을 조절하여 고치
　는 일.

조위-하다 (調胃하다) [조위하다] 동 《한의》 〈위염/위장병〉 위장병(胃臟病)을 조
　절하여 고치다.

조이다 (　) [조이다] 동 〈일반통증〉 (사람이 신체 부위를 손이나 끈 따위로) 그 둘
　레를 잡아 힘껏 누르다. ¶강도가 장갑을 낀 손으로 내 목을 서서히 조여 왔
　다. / 그의 팔이 그녀의 허리를 꽉 조이는 바람에 그녀는 전혀 움직일 수 없
　었다.

조화-예 (棗花翳) [조화예] 명 《한의》 〈눈병〉 눈병의 하나. 눈동자 안에 있는 수
　정체에 대추나무의 꽃이나 톱날처럼 생긴 혼탁한 부분이 생기어 아프다.

족심-통 (足心痛) [족씸통] 명 《한의》 〈일반통증〉 발바닥의 한가운데가 아픈 증
　상〈유〉각심통(脚心痛)

족통 (足痛) [족통] 명 〈일반통증〉 발이 아픈 증세.

졸-심통 (卒心痛)[졸씸통-]**명**《한의》〈일반통증〉갑자기 가슴이나 명치 밑이 아픈 증상.

졸음 (卒瘖)[조름]**명**《한의》〈일반통증〉갑자기 목이 쉬거나 말을 하지 못하는 병증.

졸-후비 (卒喉痺)**명**《한의》〈일반통증〉갑자기 목구멍이 붓고 아픈 증세.〈유〉급후비

좁쌀-종 (좁쌀腫)[좁쌀종-]**명**《의학》〈눈병〉얼굴, 특히 눈꺼풀이나 그 주위에 잘 생기는 좁쌀만 한 크기의 백색 또는 황백색의 작은 상피낭.

종 (腫)[종ː]**명**〈피부병〉피부의 털구멍 따위로 화농성 균이 들어가서 생기는 염증.〈유〉종기(腫氣)

종격^기종 (縱隔氣腫)**명구**《의학》〈일반통증〉세로칸 안에 생긴 공기증. 목이나 가슴의 외상, 기관지나 식도의 손상 따위가 원인이며 가슴 통증, 호흡 곤란, 기침, 혈압 저하 따위가 나타난다.〈유〉세로칸 공기증

종기 (腫氣)[종ː기]**명**〈피부병〉피부의 털구멍 따위로 화농성 균이 들어가서 생기는 염증.〈유〉종(腫), 종물(腫物) ¶종기가 나다. / 그녀의 허벅지 사타구니 가까이 희부옇고 부드러운 살결 위에 콩알만큼씩 한 종기가 불그스레 돋아나 있었다.

종기가 커야 고름이 많다 ( )**속담**1. 물건이 커야 그 속에 든 것도 많다는 말. / 2. 바탕이나 기본이 든든하지 아니하면 생기는 것도 적다는 말

종두 (種痘)[종두]**명**《의학》〈피부병〉천연두를 예방하기 위하여 백신을 인체의 피부에 접종하는 일. 1796년에 제너가 우두 바이러스에 의한 인공 면역법을 발견한 이래 널리 보급되었다.

종물 (腫物)[종ː물]**명**〈피부병〉피부의 털구멍 따위로 화농성 균이 들어가서 생기는 염증.〈유〉종기(腫氣)

종합 감기약 (綜合感氣藥)**명구**〈감기 - 몸살, 세기관지염〉열, 콧물, 기침 따위의 모든 감기 증상을 치료하는 성분이 들어 있는 약. ¶종합 감기약의 주성분으

ㅈ

로 사용하는 노스카핀을 임산부가 복용하면 기형아 출산 등의 부작용을 일
으킬 우려가 있는 것으로 밝혀졌다. / 처음에는 감기 초기 증상인 줄 알고,
종합 감기약을 먹었다.

좌상-하다(挫傷하다)[좌ː상하다]图《의학》〈피부병〉외부로부터 둔중한 충격
을 받아서, 피부 표면에는 손상이 없으나 내부의 조직이나 내장이 다치다.

좌섬^요통(挫閃腰痛)명구《한의》〈일반통증〉뼈마디를 다치거나 접질려서 일
어나는 요통〈유〉염좌 요통(捻挫腰痛)¶좌섬 요통을 예방하기 위해서 평소
에 허리가 유연하고 순환이 잘 되는 상태를 유지하고 관리하는 것이 필요하
다.

좌창(痤瘡)[좌ː창]몡《의학》〈피부병〉털구멍 부위가 염증을 일으켜서 생기는
발진. 특히 사춘기 남녀의 얼굴, 가슴 따위에 나타나는 것은 여드름이라고
한다.

죄어-들다( )[죄어들다/줴여들다]图〈일반통증〉안으로 바싹 죄어 오그라들
다.〈유〉조여들다¶아니, 부아와 두려움들이 마구 뒤섞여 뒤통수의 근육이
조여드는 기분이었다.

주간-맹(晝間盲)[주간맹]몡《의학》〈눈병〉밝은 곳에서의 시력이 어두운 곳에
서 보다 떨어지는 증상.〈유〉주간맹증, 주맹, 주맹증〈참〉야맹증(夜盲症)

주부^신경증(主婦神經症)명구《의학》〈우울증〉주부의 정신적 불안정에서 나
타나는 특유의 심신 기능 장애. 육아기의 육아 노이로제, 중년기의 자아 상
실에 따른 빈 둥지 증후군과 주부 부적응 증후군 따위가 있다.

주부^우울증(主婦憂鬱症)명구《심리》〈우울증〉상대적으로 사회 활동이 적은
주부들에게 나타나는 우울증.¶최근 박 씨와 같이 주부 우울증을 앓고 있는
주부들이 늘어나면서 고등학교 졸업자면 누구나 수업을 이수할 수 있는 학
점 은행제 보육 교사 과정이 인기를 끌고 있다. / 결혼 9년 차에 접어든 아내
○○○ 씨는 그간 운동선수의 아내로서 홀로 육아를 도맡아 하면서 주부 우
울증을 앓는가 하면, 이혼 위기까지 갔던 부부의 솔직한 이야기를 꺼냈다.

주요^우울^장애(主要憂鬱障礙)(명구)《심리》〈우울증〉지속되는 우울감, 죄책감, 절망감, 무가치감, 흥미나 쾌락의 현저한 저하, 수면 및 식욕 이상 따위를 특징으로 하는 정신 장애.

주풍(酒風)[주풍](명)《한의》〈일반통증〉술을 지나치게 많이 마셔서 온몸에 늘 열과 땀이 나며, 목이 마르고 느른하여지는 병.〈유〉누풍증

준계(皴揭)[준게](명)《한의》〈피부병〉피부가 거칠어지거나 트는 증상.

중습(中濕)[중습](명)《한의》〈피부병〉습기로 피부 감각이 둔해져서 뻣뻣해지거나 팔다리 관절을 잘 쓰지 못하는 병.

중악(重齶)[중:악](명)《한의》〈치통〉1. 잇몸이 붓고 아픈 병증. 2. 혀에 부스럼이 나서 붓고 아픈 병증.

중은(重齦)[중:은](명)《한의》〈치통〉잇몸이 벌겋게 부어올라 새살이 돋아난 것 같거나 물집 같은 것이 생기며 냄새가 나는 입병.

중이-병(中二病)(명)〈우울증〉중학교 2학년 또래의 청소년들이 사춘기를 겪으며 흔히 가지게 되는 불만이나 가치관 혼란과 같은 심리적 상태를 빗대어 이르는 말. ¶다른 학교 선생님들은 이른바 '중이병'을 앓는 아이들 때문에 속앓이를 많이 한다는 이야기를 듣는다. 그런데, 우리 학교 교사들은 '우리가 이렇게 지낼 수 있으니 월급을 반납해야 하는 거 아니냐'는 우스갯소리까지 할 정도이다.

중이-염(中耳炎)[중이염](명)《의학》〈감기 - 몸살, 세기관지염〉고름 병원균 때문에 일어나는 가운데귀의 염증. 급성 전염병, 감기, 폐렴, 코나 목의 병, 고막 외상 따위로 생기며 급성과 만성이 있다. 고열, 심한 통증, 귀울림, 귀 안 충만감 따위의 증상이 나타난다.〈유〉가운데귀염

중청(中淸)[중청](명)《한의》〈위염/위장병〉비위(脾胃)의 양기가 부족하여 속이 찬 상태.

중통(重痛)[중:통](명)〈일반통증〉심하게 병을 앓음. ¶산후에 중통을 하고 난 그의 아내는 발치 목에서 어린애 젖을 빨리고 있다가….

ス

중통-하다(重痛하다)[중ː통하다]동〈일반통증〉심하게 병을 앓다. ¶사흘 동안이나 중통한 장군은 겨우 정신을 수습해 일어나자 다시 진을 어란포로 옮겼다.

쥐 나다( )동구〈일반통증〉(신체나 그 일부가, 또는 신체나 그 일부에) 경련이 일어나서 곧아지다 ¶운동을 너무 심하게 했더니 다리 근육이 긴장되어 쥐가 났다. / 그는 자다가 다리에 쥐가 나는 바람에 잠에서 깼다.

쥐-부스럼( )[쥐부스럼]명《한의》〈피부병〉머리 위에 툭툭 불거지게 나는 부스럼.〈유〉우달(疣疸)

쥐어-뜯다( )[쥐어뜯따/쥐여뜯따]동〈일반통증〉(사람이 신체의 일부분을) 손으로 쥐고 뜯어내듯이 당기거나 마구 꼬집다. ¶어머니는 병실에 누워 답답해서 못 견디겠다는 듯이 두 손으로 가슴을 쥐어뜯으며 괴로운 숨을 토하셨다.

쥐어-짜다( )[쥐어짜다/쥐여짜다]동〈일반통증〉억지로 쥐어서 비틀거나 눌러 액체 따위를 꼭 짜내다. ¶속이 쥐어짜듯 아파 죽겠네.

증식^세기관지염(增殖細氣管支炎)명구《의학》〈감기 - 몸살, 세기관지염〉상피 증식에 의한 세기관지 속 공간과 허파 꽈리의 폐색이 동반된 세기관지염. 인플루엔자와 거대 세포 폐렴 후에 발생할 수 있다.

지(芷)[지]명《한의》〈감기 - 몸살, 세기관지염〉감기로 인한 두통이나 요통, 비연(鼻淵) 따위에 쓰며 종기에 외과약으로도 쓰는 구릿대의 뿌리를 한방에서 약재로 이르는 말.〈유〉백지

지(芷)[지]명《한의》〈일반통증〉구릿대의 뿌리. 감기로 인한 두통이나 요통, 비연(鼻淵) 따위에 쓰며 종기에 외과약으로도 쓴다.〈유〉백지

지근-거리다( )[지근거리다]동〈일반통증〉(몸이나 머리가) 자꾸 쑤시듯 크게 아프다.〈유〉지근지근하다, 지근대다 ¶아들 녀석 걱정을 하다 보니 갑자기 골치가 지근거린다.

지근-대다( )[지근대다]동〈일반통증〉(몸이나 머리가) 자꾸 쑤시듯 크게 아프

다. 〈유〉지근거리다, 지근지근하다 ¶머리가 지근대고 오한이 있는 것을 보니 감기가 드는 듯싶었다.

지근덕-거리다( )[지근덕꺼리다]⑧〈일반통중〉성가실 정도로 끈덕지게 자꾸 귀찮게 굴다. 〈유〉지근덕대다 ¶내 동생에게 지근덕거리는 놈이 있으면 어떤 놈이든 가만있지 않을 테다. / 요즘 학교 주변에서 폭력배가 학생들을 지근덕거려 돈을 뜯어내는 사례가 늘고 있다.

지근덕-대다( )[지근덕때다]⑧〈일반통중〉성가실 정도로 끈덕지게 자꾸 귀찮게 굴다. 〈유〉지근덕거리다 ¶그가 자주 친구에게 지근덕대는구나 생각하니 울화가 치밀었다. / 불량배가 행상들을 지근덕대어 돈을 뜯어내었다.

지근-지근( )⑨〈일반통중〉머리가 자꾸 쑤시듯 아픈 모양. ¶감기에 걸렸는지 오한이 나고 골치가 지근지근 아파 왔다. / 꿈도 안 꾼 완전한 단절의 한밤을 보낸 뒤 이신은 지근지근 쑤시는 두통과 연이어 치미는 구역증을 얻었다.

지근지근-하다( )[지근지근하다]⑧〈일반통중〉(몸이나 머리가) 자꾸 쑤시듯 크게 아프다. 〈유〉지근거리다, 지근대다 〈참〉지끈지끈하다, 자근자근하다

지다( )[지다]⑧〈일반통중〉심하게 맞거나 부딪쳐서 살갗 속에 퍼렇게 피가 맺히다. 〈유〉들다 ¶무릎에 멍이 지다.

지끈-거리다( )[지끈거리다]⑧〈일반통중〉(몸이나 머리가) 자꾸 몹시 쑤시듯 크게 아프다. 〈유〉지끈지끈하다, 지끈대다 ¶며칠 동안 잠을 제대로 못 잤더니 머리가 몹시 지끈거린다. / 비닐우산을 개어 접으면서 그녀는 어깨를 들어 올리고 숨을 깊이 들이쉬었다. 관자놀이가 지끈거리고 숨이 가빠졌다.

지끈-대다( )[지끈대다]⑧〈일반통중〉(몸이나 머리가) 자꾸 몹시 쑤시듯 크게 아프다. 〈유〉지끈지끈하다, 지끈거리다 〈참〉지근대다 ¶너무 신경을 써서 그런지 머리가 몹시 지끈댄다.

지끈-지끈( )⑨〈일반통중〉머리가 자꾸 쑤시듯 아픈 모양. '지근지근'보다 센 느낌을 준다. ¶머리가 지끈지끈 아프다. / 골치가 지끈지끈 쑤신다. / 걸음

을 걸을 때마다 머리가 지끈지끈 울리며, 콧물이 연하여 나오고….

지끈지끈-하다( )[지끈지끈하다]图〈일반통증〉(몸이나 머리가) 자꾸 몹시 쑤시듯 크게 아프다.〈유〉지끈거리다, 지끈대다〈참〉지근지근하다, 자끈자끈하다 ¶어제 마신 술이 깨지 않아 아직도 머리가 지끈지끈하다. / 모처럼 축구 시합을 해서 온몸이 지끈지끈했지만 기분만큼은 상쾌했다.

지루성^피부염(脂漏性皮膚炎)명구《의학》〈피부병〉'지루 피부염'의 전 용어.

지루^습진(脂漏濕疹)명구《의학》〈피부병〉지루 피부에 주로 일어나는 만성 피부염. 비늘, 누런 딱지가 생기고 가렵다.〈유〉지루피부염(脂漏皮膚炎)

지루^피부염(脂漏皮膚炎)명구《의학》〈피부병〉지루 피부에 주로 일어나는 만성 피부염. 비늘, 누런 딱지가 생기고 가렵다.〈유〉지루습진(脂漏濕疹)

지르르-하다( )[지르르하다]형〈일반통증〉(뼈마디나 몸의 일부 또는 마음이) 저릿한 느낌이 있다.〈참〉찌르르하다, 자르르하다 ¶아이가 잠들 때까지 팔베개를 해 주었더니 팔이 지르르하다.

지방^유행^인플루엔자(地方流行influenza)명구《의학》〈감기 - 몸살, 세기관지염〉세계의 큰 도시에서, 주로 겨울에 규칙적으로 발생하는, 증상이 심하지 않은 바이러스 감염증. 이 바이러스는 기도를 침범하며, 이 바이러스에 의한 감염은 비점막·인두·결막의 염증, 두통, 때때로 전신성의 심한 근육통과 같은 증상을 특징으로 한다.

지장-각피증(指掌角皮症)[지장각피쯩]명《의학》〈피부병〉물을 많이 다루어 손바닥이 벌겋게 되며 벗어지는 증상. 심하면 지문이 지워지며, 피부가 갈라지고 딱딱해진다. 중성 세제(中性洗劑)의 남용이 원인이다.

지절-통(肢節痛)[지절통]명《한의》〈일반통증〉온몸의 뼈마디가 아프고 쑤시는 증상. 한습(寒濕), 담음(痰飮), 어혈(瘀血)이 경락을 막아서 생긴다.

지통(止痛)[지통]명〈일반통증〉통증이 멈춤.

지통(至痛)[지통]명〈일반통증〉고통이 매우 심함. 또는 그런 고통.

지통-되다(止痛되다)[지통되다/지통뒈다]图〈일반통증〉통증이 멈추게 되다.

지통-하다(止痛하다)[지통하다]톰〈일반통증〉통증이 멈추다.

지통하다(至痛하다)[지통하다]톙〈일반통증〉고통이 매우 심하다. ¶부모로서 자식의 죽음을 지켜보아야 하는 것이 지통하다. / 연산에게 금삼의 피를 전하고 쓰러져야, 맺히고 맺힌 폐비의 지통한 한을 풀어 줄 것이다.

직장^우울증(職場憂鬱症)명구《심리》〈우울증〉직장인이 회사 생활을 할 때 무기력해지고 기분이 언짢아지는 현상.〈유〉오피스우울증, 직장인우울증, 회사우울증 ¶국내 직장인 10명 가운데 4명은 회사 내에서 무기력감을 느끼는 직장 우울증 증세를 보이고 있는 것으로 나타났다. / 어쩌면 그 비자금을 모으는 일 년, 삼 년이라는 시간 동안 직장 우울증은 어느새 자취를 감추고 있을지도 모르는 일이다.

직장인^우울증(職場人憂鬱症)명구《심리》〈우울증〉직장인이 회사 생활을 할 때 무기력해지고 기분이 언짢아지는 현상.〈유〉오피스우울증, 직장우울증, 회사우울증 ¶일본에선 직장 내 스트레스로 인한 직장인 우울증을, 한국에선 남편과의 불화로 빚어진 주부 우울증과 유전성 우울증 환자들의 사연을 들었다. / 직장인 우울증이 위험 수위로 치닫고 있지만 기업이나 정부 차원의 대책은 미미하다.

직장^탈출증(直腸脫出症)명구《의학》〈내과〉곧창자 점막 또는 곧창자 벽이 항문으로 빠지는 증상.〈유〉곧창자 탈출증, 직장탈, 탈항, 탈항증

진(疹)[진]명《한의》〈피부병〉피부나 점막에 생기는 이상 물질. 색택(色澤)이나 융기의 상태에 따라 반진(斑疹), 물집, 결절(結節) 따위가 나타난다.

진균^위염(眞菌胃炎)명구《의학》〈위염/위장병〉진균으로 인하여 생기는 위의 염증.

진균-증(眞菌症)[진균쯩]명《의학》〈피부병〉진균류로 인해 일어나는 병.

진눈( )[진눈]명〈눈병〉눈병 따위로 가장자리가 짓무른 눈.

진두통(眞頭痛)[진두통]명《한의》〈일반통증〉두통의 하나. 머리가 심하게 아프며 골속까지 통증이 미치고 손발이 싸늘하여진다. ¶진두통의 증상은 머

리가 다 아프면서 손발의 뼈마디까지 차고 손톱이 푸르다.

진-두통(眞頭痛)[진두통-]**명**《한의》〈두통〉두통의 하나. 머리가 심하게 아프며 골속까지 통증이 미치고 손발이 싸늘하여진다.

진-버짐( )[진버짐]**명**《한의》〈피부병〉얼굴에 생기는 피부병. 그 부위를 터뜨리면 진물이 흐른다.〈참〉마른버짐〈유〉습선(濕癬)

진사(疹痧)[진사]**명**《한의》〈피부병〉상한(傷寒)이나 열병이 나타날 때, 피부에 좁쌀 같은 것이 돋는 증상.

진심통(眞心痛)[진심통-]**명**《한의》〈일반통증〉심장 부위에 발작적으로 생기는 심한 통증. 가슴이 답답하며 땀이 몹시 나고 팔다리가 시리면서 피부가 푸르게 변한다. ¶'진심통'은 현대의 심근경색으로 조선시대에는 '아침에 생기면 저녁에 죽고, 저녁에 생기면 다음 날 아침에 죽는다'는 얘기가 전해질 정도로 무서운 병이었다.

진애^감염(塵埃感染)**명구**《의학》〈피부병〉공기 속의 먼지에 묻은 병원체가 숨 쉴 때 흡입되거나 피부에 닿아서 일어나는 감염. 이 방법으로 전염되는 병으로는 두창(痘瘡), 결핵, 탄저병, 성홍열, 단독(丹毒) 따위가 있다.〈유〉먼지감염(먼지感染)

진-옴( )[지놈]**명**《한의》〈피부병〉환처가 열감이 있으면서 가렵고 아픈 피부병. 긁어 상처를 내면 노란 물이 나온다.〈참〉마른옴〈유〉수개(水疥), 습개(濕疥) ¶가려운 것을 참을 수 없어 긁었더니 그것이 그만 진옴으로 번져서 전신이 온통 짓물러 터지는 것이었다.

진창(賑脹)[진창]**명**《한의》〈피부병〉피부가 부어오르고 팽팽하여지는 증상.

진통(陣痛)[진통]**명**《의학》〈일반통증〉해산할 때에, 짧은 간격을 두고 주기적으로 반복되는 배의 통증. 분만을 위하여 자궁이 불수의적(不隨意的)으로 수축함으로써 일어난다.〈유〉산통(産痛) ¶임신부가 진통을 시작하여 병원으로 옮겼다. / 아내는 새벽부터 진통을 시작하더니 오후에 예쁜 딸을 낳았다.

진통(鎭痛)[진:통][명]《의학》〈일반통증〉아픔이나 통증을 가라앉힘. ¶이 약은 진통 효과가 탁월하다. / 이 주사는 진통 효과가 있으니 곧 통증이 가라앉을 겁니다.

진통-계(陣痛計)[진통계/진통게][명]《의학》〈일반통증〉진통의 세기를 재는 장치. 자궁 수축에 따른 단단함의 변화를 기록하는 외부 측정법과 자궁 내압(內壓)의 변화를 기록하는 내부 측정법이 있다.

진통-제(鎭痛劑)[진:통제][명]《약학》〈일반통증〉중추 신경에 작용하여 환부의 통증을 느끼지 못하게 하는 약. 마약성 진통제와 해열성 진통제로 나뉘며, 수면제·마취제·진경제(鎭痙劑) 따위가 보조적으로 배합된다. ¶수술 과정에서 진통제를 너무 많이 쓰면 회복이 더디다. / 그녀는 두통이 잦아서 항상 진통제를 챙겨 가지고 다닌다.

진통-하다(陣痛하다)[진통하다][동]《의학》〈일반통증〉해산할 때에 짧은 간격으로 반복되는 배의 통증을 겪다.

진행성^근시(進行性近視)[명구]《의학》〈눈병〉정상보다 빠르게 진행되는 근시. 가끔 성인에게 나타난다.

질려-자(蒺藜子)[질려자][명]《한의》〈일반통증〉말린 남가새의 열매. 간기(肝氣)가 몰려서 옆구리가 아픈 데나 두통, 눈병, 피부 가려움증에 쓴다.

질^탈출증(膣脫出症)[명구]《의학》〈내과〉앞뒤의 질벽(膣壁)이 아래쪽 끝으로부터 질 입구 밖으로 빠져나오는 병.

질통(疾痛)[질통][명]〈일반통증〉병으로 인한 아픔.

짓물크러지다( )[동]〈피부병〉피부 따위가 너무 물러서 모양이 없어질 만큼 몹시 헤어지다. ¶짓물크러진 헌데에 좋은 약.

징건-하다( )[징건하다][형]〈일반통증〉(뱃속이) 먹은 것이 잘 소화되지 않아 더부룩하다. ¶점심때 고기를 먹었더니 속이 징건해서 저녁은 생각이 없소. / 그는 속이 징건하여 아무것도 먹고 싶지 않았다.

징크-유(zinc油)[명]《약학》〈피부병〉외용(外用) 피부약. 아연화(亞鉛華) 500그

램과 식물유(植物油) 500그램을 섞어 만든다. 흰색이며 걸쭉하다.〈유〉아연
화기름(亞鉛華기름), 아연화유(亞鉛華油)

짚^가려움증〔짚가려움症〕**명구**《의학》〈피부병〉짚이 있는 곳에서 일하거나 짚
에서 잠을 잔 후 두드러기가 돋고 가려운 증상.〈유〉건초가려움증(乾草가려
움症), 건초소양증(乾草搔癢症), 매양진(매痒疹), 짚가려움

짜르르-하다( )〔짜르르하다〕**형**〈일반통증〉(뼈마디나 몸의 일부 또는 마음이)
짜릿한 느낌이 있다. ¶술을 한 잔 마시자 술기운이 온몸에 짜르르하게 퍼졌
다.

짜릿짜릿-하다( )〔짜릳짜리타다〕**형**〈일반통증〉(몸이나 몸의 일부가) 피가 잘
돌지 못하여 감각이 몹시 무디고 자꾸 세게 아린 느낌이 있다. ¶나는 긴장
하면 손과 발이 짜릿짜릿하면서 간지러운 기분이 들어 안절부절못한다.

짜릿-하다( )〔짜리타다〕**형**〈일반통증〉(몸이나 몸의 일부가) 피가 잘 돌지 못하
거나 전기가 통하여 감각이 몹시 무디고 아린 느낌이 있다.〈참〉자릿하다,
쩌릿하다, 찌릿하다 ¶바늘처럼 날카로운 냉기가 발등을 타고 가슴속까지
짜릿하게 파고들었다.

짠하다( )**형**〈일반통증〉안타깝게 뉘우쳐져 마음이 조금 언짢고 아프다.〈참〉
쩐하다 ¶마음이 짠하다. / 나무라기는 했지만 자식은 자식이라 짠한 심정
을 금할 수 없었다. / 자기의 손안에 든 먹음직스러운 과일이 다른 사람의
손으로 넘어가기 직전에 느껴지는 아깝고 짠하고 억울한 생각이었다.

쩌릿쩌릿-하다( )〔쩌릳쩌리타다〕**형**〈일반통증〉(몸이나 몸의 일부가) 피가 잘
돌지 못하여 몹시 감각이 무디고 자꾸 아주 세게 아린 느낌이 있다.〈참〉저
릿저릿하다, 짜릿짜릿하다 ¶왼편 엉덩이 아래쪽이 뻐근하면서 그 통증이
발목까지 뻗어 내려와 발을 디딜 적마다 쩌릿쩌릿했다.

쩌릿-하다( )〔쩌리타다〕**형**〈일반통증〉(몸이나 몸의 일부가) 피가 잘 돌지 못하
거나 전기가 통하여 몹시 감각이 무디고 아린 느낌이 있다.〈참〉저릿하다,
짜릿하다 ¶무릎을 꿇고 오래 앉아 있었더니 종아리가 쩌릿하다.

찌르르-하다( )[찌르르하다]휑〈일반통증〉뼈마디나 몸의 일부가 조금 저린 데
가 있다. ¶종일 들일을 하고 돌아오신 어머니는 허리가 찌르르하시다며 아
랫목에 누우셨다.

찌릿-찌릿( )[찌릳찌릳]튀〈디스크 - 추간판탈출증〉뼈마디나 몸의 일부가 매
우 또는 자꾸 저린 느낌. ¶벌을 받느라 무릎을 꿇고 오래 앉아 있었더니 다
리가 찌릿찌릿 저리다. / 다친 곳이 찌릿찌릿 아파서 못 견디겠다.

찌릿찌릿하다( )[찌릳찌리타다]휑〈일반통증〉(몸이나 몸의 일부가) 피가 잘 돌
지 못하여 몹시 감각이 무디고 자꾸 아주 세게 아린 느낌이 있다. ¶발과 발
가락의 신경이 손상되면서 따끔거리거나 화끈거리는 느낌이 들기도 하고
전기 충격이 오듯 찌릿찌릿하기도 한다.

찌릿찌릿-하다( )[찌릳찌리타다]휑〈디스크 - 추간판탈출증〉뼈마디나 몸의 일
부가 매우 또는 자꾸 저리다.

찌릿-하다( )[찌리타다]휑〈일반통증〉뼈마디나 몸의 일부가 꽤 저린 느낌이
들다.

찌뿌둥-하다( )[찌뿌둥하다]휑〈감기 - 몸살, 세기관지염〉몸살이나 감기 따위
로 몸이 무겁고 거북하다. ¶머리가 찌뿌둥하다. / 네 시가 다 되어서야 편
안찮은 소파에서 두어 시간 눈을 붙였을 뿐, 그래 가뜩이나 골치가 무겁고
몸이 찌뿌둥한 깐으로 해서는 푹신 한잠 잤으면 하겠는데, 일변 사의 일이
마음이 놓이지를 않았다.

찌뿌드드( )[찌뿌드드]튀〈감기 - 몸살, 세기관지염〉몸살이나 감기 따위로 몸
이 무겁고 거북한 모양. ¶이러한 생각 때문에 찌뿌드드 곤기가 드는 이 아
침도 유쾌한 아침일 수 있었다.

찌뿌드드-하다( )[찌뿌드드하다]휑〈감기 - 몸살, 세기관지염〉몸살이나 감기
따위로 몸이 무겁고 거북하다. ¶눈 아픈 일본 글이나 영자 글을 읽다가 머
리가 고달프고 몸이 찌뿌드드하면 반드시 콧소리를 하고 휘파람을 불었다.

찌뿌듯-이( )[찌뿌드시]튀〈감기 - 몸살, 세기관지염〉몸살이나 감기 따위로 몸

이 조금 무겁고 거북하게. ¶감기 몸살이 들었는지 몸이 찌뿌듯이 저리고 아
프다.

찌뿌듯-하다 ( )[찌뿌드타다]휑〈감기 - 몸살, 세기관지염〉몸살이나 감기 따위
로 몸이 조금 무겁고 거북하다. ¶몸살이 나려는지 몸이 찌뿌듯하다. / 전신
으로 찌뿌듯한 피로를 느끼며 이번에는 내가 손님에게 입을 열었다.

찐-하다 ( )휑〈일반통증〉안타깝게 뉘우쳐져 마음이 언짢고 아프다.〈참〉짠하
다 ¶마음이 짠하다. / 나무라기는 했지만 자식은 자식이라 짠한 심정을 금
할 수 없었다. / 자기의 손안에 든 먹음직스러운 과일이 다른 사람의 손으로
넘어가기 직전에 느껴지는 아깝고 짠하고 억울한 생각이었다.

찔린-상처 (찔린傷處)[찔린상처]명《의학》〈피부병〉바늘, 송곳, 칼, 창 따위의
날카로운 것에 찔려서 생긴 상처. 상처는 작아도 깊은 경우가 많고, 피는 적
게 나오나 세균이 깊이 파고들어 곪기 쉽다. 불결한 못이나 흙 속에 있던 나
뭇조각 따위에 찔리면 파상풍균이 침입하는 경우도 있다.〈유〉자창

찡찡-하다 ( )[찡찡하다]휑〈일반통증〉(코가) 막혀서 답답하다. ¶손수건을 꺼
내어 찡찡한 코를 풀었다.

한국어 질병 표현 어휘 사전 Ⅱ

大

착통-증 (錯痛症)[착통쯩] **명** 《의학》〈일반통증〉'통각 착오증(痛覺錯誤症)'의 이전 말.

찰색-하다 (察色하다)[찰쌔카다] **동** 《한의》〈피부병〉피부에 나타나는 색을 살펴 병을 진단하다. 주로 안색을 본다. ¶전의(典醫)는 장막(帳幕)에 구멍을 뚫고 내민 왕비의 혓바닥을 찰색했다.

참통 (磋痛)[참통-] **명** 《한의》〈일반통증〉눈에 모래가 들어간 것처럼 깔깔하면서 아픈 증상.

창 (瘡)[창] **명** 《한의》〈피부병〉피부에 나는 질병을 통틀어 이르는 말. 심하면 고름이 생기고 짓무른다.〈유〉창병(瘡病)

창병 (瘡病)[창뼝] **명** 《한의》〈피부병〉피부에 나는 질병을 통틀어 이르는 말. 심하면 고름이 생기고 짓무른다.〈유〉창(瘡), 창질(瘡疾) ¶창병이 도지다. / 창병이 옮다. / 창병이 창궐하다. / 창병에 걸리다.

창양 (瘡瘍)[창양] **명** 《한의》〈피부병〉몸 겉에 생기는 여러 가지 외과적 질병과 피부병을 통틀어 이르는 말.

창이-자 (蒼耳子)[창이자] **명** 《한의》〈일반통증〉도꼬마리의 열매를 한방에서 이르는 말. 두통, 피부병, 코염 따위에 쓴다.〈유〉도인두

창질 (瘡疾)[창질] **명** 《한의》〈피부병〉피부에 나는 질병을 통틀어 이르는 말. 심하면 고름이 생기고 짓무른다.〈유〉창병(瘡病)

처짐 ( )[처:짐] **명** 《물리》/《의학》〈눈병〉위(胃), 눈꺼풀 따위가 내려드리거나 처지는 일.〈유〉하수

처짐 ( )[처:짐] **명** 《의학》〈위염/위장병〉위(胃), 눈꺼풀 따위가 내려 드리거나 처지는 일.〈유〉하수(下垂)

척리 (陟釐)[청니] **명** 《한의》〈위염/위장병〉건위제(健胃劑)로 쓰는 '해캄'을 한방에서 이르는 말.

척수강^조영법 (脊髓腔照影法) **명구** 《의학》〈디스크 - 추간판탈출증〉방사선을 투과시키지 않는 수용성 조영제를 지주막 하강에 주입한 후 이를 촬영하여

척수 또는 이와 연관된 신경을 검사하는 방법. 추간판 탈출증, 척수 종양, 척수 혈관종, 동정맥 기형, 척수 지주막 유착증, 척수관 협착 따위를 관찰한다.

척주관^협착증(脊柱管狹窄症)〔명구〕《의학》〈디스크 - 추간판탈출증〉척추 중앙의 척주관이 좁아져서 허리의 통증이나 다리의 복합적 신경 증상을 일으키는 질환.〈유〉허리협착증 ¶많은 노인들이 이러한 척주관 협착증으로 고통받고 있다. / 허리의 굴곡이 사라지면 디스크가 받는 압박이 늘어나 허리 디스크가 생길 수 있고 척추의 신경 통로가 막히는 척주관 협착증도 생길 수 있다.

척추^디스크(脊椎disk)〔명구〕《의학》〈디스크 - 추간판탈출증〉척추와 척추 사이에 있는 추간판. 또는 추간판이 돌출되어 척수나 신경근을 눌러 통증이나 감각 이상 생기는 질환. ¶지난해 입원 진료를 받은 사람 가운데 척추 디스크를 앓고 있는 환자가 가장 많은 것으로 나타났습니다. / 워터 슬라이드를 타고 내려오는 동안 가속도가 붙으며 척추 디스크가 평소보다 많은 압력을 받게 된다.

척추^디스크^환자(脊椎disk患者)〔명구〕《의학》〈디스크 - 추간판탈출증〉척추와 척추 사이의 추간판이 돌출되어 척수나 신경근을 눌러 통증이나 감각 이상 따위를 앓는 사람. ¶의료 기술의 발달로 과거와는 달리 척추 디스크 환자의 약 90퍼센트 정도는 수술 없이도 증상의 호전이 가능하다. / 국내 비만 인구가 2배 느는 동안 척추 디스크 환자가 44퍼센트 증가한 것으로 나타났다.

척추^원반^탈출증(脊椎圓盤脫出症)〔명구〕《의학》〈디스크 - 추간판탈출증〉척추 원반 속의 수핵(髓核)이 척주관(脊柱管) 안으로 비뚤어져 나온 상태. 허리뼈의 제4 척추 원반과 제5 척추 원반 부위에 많이 생긴다. 척수근(脊髓根)을 눌러서 궁둥 신경통, 요통 따위를 일으킨다.〈유〉추간 연골 헤르니아, 추간 원판 헤르니아, 추간판 헤르니아.

척추^유합술(脊椎癒合術)〔명구〕《의학》〈디스크 - 추간판탈출증〉두 개 이상의

척추를 융합시켜 골성 강직을 만듦으로써 움직이지 못하도록 하는 수술.〈유〉척추융합술

척추^융합술(脊椎融合術)〔명구〕《의학》〈디스크 - 추간판탈출증〉두 개 이상의 척추를 융합시켜 골성 강직을 만듦으로써 움직이지 못하도록 하는 수술.〈유〉척추유합술

천궁(川芎)〔천궁〕〔명〕《한의》〈일반통증〉산형과의 여러해살이풀로, 애순은 식용하고 뿌리는 약용한다. 중국이 원산지로 우리나라 각지에 분포한다. 또는 궁궁이의 뿌리를 한방(漢方)에서 이르는 말로 혈액 순환을 도와주어 여자의 월경이 순조롭지 못한 데나 타박상, 두통 따위에 쓴다.〈유〉천궁이

천마(天麻)〔천마〕〔명〕《식물》/《한의》〈두통〉1. 난초과의 여러해살이풀. 높이는 1미터 정도이며, 잎이 없고 긴 타원형의 덩이줄기가 있다. 6~7월에 엷은 황갈색 꽃이 줄기 끝에 총상(總狀) 화서로 피고 열매는 삭과(蒴果)를 맺는다. 전초를 강장제, 신경 쇠약, 현기증 및 두통에 사용하며, 한국·일본·대만·중국 등지에 분포한다. 2. '1.'의 덩이줄기. 성질이 조금 따뜻하고 맛이 매운 약재로 풍증과 두통, 어지럼증, 경풍, 경간 따위에 쓴다.〈유〉수자해좆, 적전, 정풍초

천선-자(天仙子)〔천선자〕〔명〕《한의》〈치통〉치통 및 외과의 마취제로 쓰며, (독성이 강한) 미치광이풀의 씨를 한방에서 이르는 말.〈유〉낭탕자(莨菪子)

천식^기관지염(喘息氣管支炎)〔명구〕《의학》〈감기 - 몸살, 세기관지염〉천식과 증상이 비슷한 기관지염. 어린이가 감기에 걸리면 기관지 내강이 좁으므로 쉽게 쌕쌕거리는 소리가 들린다. 자연히 낫는 일이 많다.

천연 감기약(天然感氣藥)〔명구〕〈감기 - 몸살, 세기관지염〉감기를 예방하거나 치료하기 위하여 화학적 가공이나 화학물 첨가가 없는, 천연의 재료로 만든 약. ¶생강차는 땀을 내고 기침을 삭이는 데 효과가 있어 천연 감기약으로도 불린다. / 천연 감기약은 나라마다 다르다.

천오(川烏)〔처노〕〔명〕《한의》〈감기〉말린 오두의 덩이뿌리. 성질은 따뜻하고

맛은 매우며, 풍한습(風寒濕)으로 인한 반신불수, 두통 따위에 쓴다.〈유〉오두, 천오두, 회오

천-오두(川烏頭)[처노두]**명**《한의》〈감기〉말린 오두의 덩이뿌리. 성질은 따뜻하고 맛은 매우며, 풍한습(風寒濕)으로 인한 반신불수, 두통 따위에 쓴다.〈유〉천오

천포-창(天疱瘡)[천포창]**명**《의학》/《한의》〈피부병〉1. 피부에 큰 물집이 생기는 병의 하나. 자가 면역 질환의 대표적 질환이다. 2. 창양(瘡瘍)의 하나. 여름과 가을에 주로 어린아이에게 급성으로 발생하는데, 물집이 생겨서 경계가 뚜렷하며, 발열과 오한이 있고 심하면 고름이 생기고 아프다.

천행-수(天行嗽)[천행수]**명**《한의》〈감기 - 몸살, 세기관지염〉기침이 심한 유행성 감기.

천행-적목(天行赤目)[천행적목]**명**《한의》〈눈병〉급성 전염성 눈병의 하나. 눈두덩이 붓고 짓무르며, 결막에 충혈이 심하고, 열이 나며 머리도 아프다.

천행-중풍(天行中風)[천행중풍]**명**《한의》〈감기 - 몸살, 세기관지염〉'유행성 감기'를 한방에서 이르는 말.

철통(掣痛)[철통]**명**《한의》〈일반통증〉경련이 일어 끌어당기는 듯이 아픈 증상.

첨감(添感)[첨감]**명**〈감기 - 몸살, 세기관지염〉감기가 더 심하여짐.

첨감-하다(添感하다)[첨감하다]**동**〈감기 - 몸살, 세기관지염〉감기가 더 심하여지다.

첩모-난생(睫毛亂生)[첩모난생]**명**〈눈병〉'속눈썹증'의 전 용어.

첩모난생-증(睫毛亂生症)[첩모난생쯩]**명**〈눈병〉'속눈썹증'의 전 용어.

첩포-검사(貼布檢査)[첩포검사]**명**《의학》〈피부병〉접촉 피부염의 원인 물질을 시험하기 위한 검사. 원인으로 추정되는 물질을 등에 붙여 반응을 조사한다.〈유〉피부접촉검사(皮膚接觸檢査)

청산^중독(靑酸中毒)**명구**《의학》〈일반통증〉청산 또는 청산 화합물에 의한

중독. 적혈구 속의 헤모글로빈과 결합하여 산소와 결합하는 것을 방해하고 조직의 호흡을 마비시킨다. 심하면 수초 만에 어지러움, 두통, 머리 충혈, 두근거림, 호흡 곤란, 전신 경련 따위가 일어나며 많이 먹었을 때는 비명을 지르며 급사한다.〈유〉사이안화물 중독, 시안화물 중독

청상자(靑葙子)[청상자]**명**《한의》〈눈병〉'강남조'를 한방에서 이르는 말. 성질이 차서 간열(肝熱)로 인한 눈병, 고혈압, 두통 따위에 쓰인다.

청상-자(靑葙子)[청상자]**명**《한의》〈일반통증〉'강남조'를 한방에서 이르는 말. 성질이 차서 간열(肝熱)로 인한 눈병, 고혈압, 두통 따위에 쓰인다.

청색^모반(靑色母斑)**명구**《의학》〈피부병〉피부에 둥근 모양이나 달걀 모양으로 생기는 푸른 반점. 선천성으로 몽고점과는 달리 어른이 되어도 남아 있다. 사지(四肢)와 얼굴에 많이 생긴다.

청색^피부증(靑色皮膚症)**명구**《의학》〈피부병〉피부가 청색을 띠는 병. 심장이나 폐에 생긴 이상으로 산소 공급이 제대로 이루어지지 못하는 것이 원인이다. 입술, 손끝, 발가락 따위에 잘 나타난다.

청안-수(淸眼水)[청안수]**명**《약학》〈눈병〉눈병을 고치는 데 쓰는 약.〈유〉안약

청풍(靑風)[청풍]**명**《한의》〈눈병〉눈병의 하나. 눈동자가 푸른색을 띠면서 눈이 아프고 어두워진다.

체(滯)[체]**명**《한의》〈섭식 장애〉먹은 음식이 잘 소화되지 아니하는 증상.〈유〉체병(滯病), 체증(滯症)

체기(滯氣)[체기]**명**《한의》〈섭식장애〉1. 먹은 것이 잘 삭지 아니하여 생기는 가벼운 체증. ¶체기가 있다. / 체기가 뚫리다. / 체기를 내리다. / 체기가 사라지다. / 다른 놈 잡아 가둔 건 그다지 별다르지 않지만, 석경원이란 놈 잡아 가둔 일을 생각하면 십 년 체기가 한꺼번에 내려가는 듯하네. 2. 체증의 기미.

체병(滯病)[체뼝]**명**《한의》〈섭식 장애〉먹은 음식이 잘 소화되지 아니하는 증

상.〈유〉체(滯), 체증(滯症)

체외^충격파(體外衝擊波)**명구**《의학》〈디스크 - 추간판탈출증〉몸의 밖에서 가하는 충격파. ¶요로 결석 등의 치료에 사용되는 초음파의 일종인 체외 충격파를 이용해 지방 세포를 파괴하는 새로운 비만 치료술이 국내에서 선보였다. / 체외 충격파는 세포막을 자극해 혈액 공급을 증가하고 염증과 통증을 감소하는 효과가 있어 이를 통해 골 괴사를 억제할 수 있다.

체외^충격파^치료(體外衝擊波治療)**명구**《의학》〈디스크 - 추간판탈출증〉몸을 절개하지 않고, 병변 부위에 몸 바깥에서 고전압의 충격파를 주는 치료법. 퇴행성 고관절염, 족저 근막염, 어깨 석회성 건염, 요로 결석 등의 치료에 쓴다. ¶최근에는 체외 충격파 치료를 통해 고관절 주변의 통증을 줄이고 효과적인 치료를 기대해 볼 수 있다. / 체외 충격파 치료는 체외에서 허리 병변 부위로 충격파를 가하여 손상된 조직을 재생시키고, 통증 유발 물질을 제거하며 염증 완화 및 근육 이완 효과를 기대할 수 있다.

체적(滯積)[체적]**명**《한의》〈위염/위장병〉음식이 잘 소화되지 아니하고 뭉치어 생기는 병. 비위(脾胃)의 기능 장애로 인하여 가슴이 답답하고 트림을 하는 따위의 증상이 나타난다.〈유〉식적(食積)

체증(滯症)[체증]**명**《한의》〈섭식 장애〉먹은 음식이 잘 소화되지 아니하는 증상.〈유〉체(滯), 체병(滯病) ¶소화제를 먹었더니 체증이 가신 듯이 속이 후련하다.

체증-기(滯症氣)[체증끼]**명**〈섭식 장애〉체증의 기미.

체하다(滯하다)[체하다]**동**〈일반통증〉(먹은 음식이) 잘 소화되지 아니하고 배 속에 답답하게 처져 있다. ¶점심 먹은 게 체했는지 영 속이 안 좋아요. / 체하거나 할 때면 손가락 사이에 침을 놓아 종구는 이따금 아이들 병을 보아 왔었다.

체-하다(滯하다)[체하다]**동**〈섭식 장애〉먹은 음식이 잘 소화되지 아니하고 배 속에 답답하게 처져 있다.〈유〉얹히다 ¶급히 먹는 밥은 체하기 마련이

大

다./체하거나 할 때면 손가락 사이에 침을 놓아 종구는 이따금 아이들 병을
보아 왔었다.

초-두구(草荳蔲)[초두구]圐《한의》〈위염/위장병〉건위제(健胃劑)로 쓰이는
말린 초두구의 열매. 방향성이 있는 약.〈참〉홍두구(紅豆蔲)

초로기^우울증(初老期憂鬱症)圐구《의학》〈우울증〉'초로 우울병'의 전 용어.

초로^우울병(初老憂鬱病)圐구《의학》〈우울증〉초로기에 볼 수 있는 정신병.
보통의 우울증보다 불안이나 고민이 심하여 침착성이 떨어지며 초조와 흥
분의 정도가 강하다.〈유〉갱년기 우울병

초통-하다(楚痛하다)[초통하다]圐〈일반통증〉몹시 아프고 괴롭다.

초홍(椒紅)[초홍]圐《한의》〈위염/위장병〉소화 장애·위염 따위에 쓰이는 산
초씨의 껍질을 한방에서 이르는 말. 성질이 따뜻하고 맛은 매우며, 비위를
덥게 하여 배가 차고 아프며 설사하는 데 쓰인다.

촉감-되다(觸感되다)[촉깜되다/촉깜뒈다]圐〈피부병〉외부의 자극이 피부 감
각을 통하여 느껴지다.〈유〉감촉되다(感觸되다)

촉감-하다(觸感하다)[촉깜하다]圐〈피부병〉외부 자극을 피부 감각을 통하여
느끼다.〈유〉감촉하다(感觸하다)¶그 생명들이, 실상인즉, 외계에 움직이
고 있는 대기의 변화를 어김없이 촉감하고 있을 뿐만 아니라….

총경-백(蔥莖白)[총경백]圐《한의》〈감기 - 몸살, 세기관지염〉감기로 인한 오
한, 발열 따위에 쓰는 파의 밑동을 한방에서 약재로 이르는 말.〈유〉총백

총백(蔥白)[총백]圐《한의》〈감기 - 몸살, 세기관지염〉감기로 인한 오한, 발열
따위에 쓰는 파의 밑동을 한방에서 약재로 이르는 말.〈유〉총경백

촬통(撮痛)[촬통]圐《한의》〈일반통증〉졸라매는 것처럼 아픈 증상.

최면^요법(催眠療法)圐구《심리》〈우울증〉최면의 특성을 이용한 심리 요법.
최면에 의한 의식의 변화를 이용하여 증상을 없애거나 고통을 줄이려는 방
법으로, 신경증·심신증·악습 따위를 치료하는 데에 쓰인다.

최통(腏痛)[최통/췌통]圐《한의》〈일반통증〉피부에 옷이나 손이 닿으면 아파

하는 증상.

추간^연골^헤르니아 (椎間軟骨hernia) 명구 《의학》 〈디스크 - 추간판탈출증〉 척추 원반 속의 수핵(髓核)이 척주관(脊柱管) 안으로 비뚤어져 나온 상태. 허리뼈의 제4 척추 원반과 제5 척추 원반 부위에 많이 생긴다. 척수근(脊髓根)을 눌러서 궁둥 신경통, 요통 따위를 일으킨다. 〈유〉 척추 원반 탈출증.

추간^원판^헤르니아 (椎間圓板hernia) 명구 《의학》 〈디스크 - 추간판탈출증〉 척추 원반 속의 수핵(髓核)이 척주관(脊柱管) 안으로 비뚤어져 나온 상태. 허리뼈의 제4 척추 원반과 제5 척추 원반 부위에 많이 생긴다. 척수근(脊髓根)을 눌러서 궁둥 신경통, 요통 따위를 일으킨다. 〈유〉 척추 원반 탈출증

추간판-병 (椎間板病) [추간판뼝] 명 《의학》 〈디스크 - 추간판탈출증〉 추간판과 관련된 질환. 추간판의 탈출이나 염증 따위가 있다. 〈유〉 원반병증, 척추원반병증, 척추원반병, 추간판병증

추간판^병증 (椎間板病症) 명구 《의학》 〈디스크 - 추간판탈출증〉 추간판과 관련된 질환. 추간판의 탈출이나 염증 따위가 있다. 〈유〉 원반병증, 척추원반병증, 척추원반병, 추간판병

추간판^사진 (椎間板寫眞) 명구 《의학》 〈디스크 - 추간판탈출증〉 추간판을 찍은 방사선 사진. 〈유〉 척추원반사진

추간판^장애 (椎間板障礙) 명구 《의학》 〈디스크 - 추간판탈출증〉 추간판과 관련된 질환. 추간판의 탈출이나 염증 따위가 있다. 〈유〉 추간판병, 추간판병증 ¶흔히 '디스크'로 불리고 있는 '추간판 장애'는…디스크 조직이 잘못된 자세나 무리한 운동 등으로 인해 밖으로 밀려 나오며 발생하는 질환이다. / 환자들이 추나 요법을 받게 된 이유는 '신경 뿌리 병증을 동반한 요추 및 기타 추간판 장애'와 '척추 협착', '요통'이 많았다.

추간판^절제 (椎間板切除) 명구 《의학》 〈디스크 - 추간판탈출증〉 제자리에서 빠져나온 추간판을 수술로 제거하는 일. 추간판에 의한 신경 압박을 치료하는 방법이다. 〈유〉 척추원반절제, 추간원판절제

추간판^절제술(椎間板切除術)**명구**《의학》〈디스크 - 추간판탈출증〉제자리에
서 빠져나온 추간판을 수술로 제거하는 수술. 추간판에 의한 신경 압박을
치료하는 방법이다.〈유〉척추원반절제술

추간판^헤르니아(椎間板hernia)**명구**《의학》〈디스크 - 추간판탈출증〉척추 원
반 속의 수핵(髓核)이 척주관(脊柱管) 안으로 비뚤어져 나온 상태. 허리뼈
의 제4 척추 원반과 제5 척추 원반 부위에 많이 생긴다. 척수근(脊髓根)을
눌러서 궁둥 신경통, 요통 따위를 일으킨다.〈유〉척추 원반 탈출증.

추나-요법(推拏療法)[추나요뺍]**명**《한의》〈디스크 - 추간판탈출증〉뼈를 밀고
당겨서 비뚤어진 뼈를 바로 맞추는 방법.

추적^망상(追跡妄想)**명구**《심리》〈우울증〉자기가 남에게 쫓기고 있거나 감시
당하고 있다고 생각하는 망상. 신경증이나 정신병 환자에서 볼 수 있다.

축농(蓄膿)[충농]**명**《의학》〈일반통증〉몸속의 공간에 고름이 괴는 병. 특히
코곁굴 점막의 염증을 이른다. 두통 따위를 일으키고 때로는 악취가 나는
분비물이 코에서 나온다.〈유〉코곁굴염

축농-증(蓄膿症)[충농쯩]**명**《의학》〈일반통증〉몸속의 공간에 고름이 괴는
병. 특히 코곁굴 점막의 염증을 이른다. 두통 따위를 일으키고 때로는 악취
가 나는 분비물이 코에서 나온다.〈유〉코곁굴염

축성^근시(軸性近視)**명구**《의학》〈눈병〉주로 선천적으로 각막이나 수정체의
굴절력은 정상이면서도 안축(眼軸)이 길어, 눈에 들어온 평행 광선이 망막
의 앞쪽에 상(像)을 맺는 근시.〈참〉굴절성근시(屈折性近視), 축성원시(軸
性遠視)

춘계^결막염(春季結膜炎)**명구**《의학》〈눈병〉눈꺼풀 안쪽에 구진(丘疹)이 생
기고, 삼출액이 나타나며 가렵고 눈이 부시는 결막염. 봄부터 여름에 걸쳐
증상이 심하고 몇 년 동안 반복된다. 초등학교 정도의 소년기에 많다.〈유〉
봄철결막염

춘택-탕(春澤湯)[춘택탕]**명**《한의》〈일반통증〉오령산(五苓散)에서 육계(肉

桂)를 빼고 인삼을 더하여 달여 만드는 탕약. 더위 때문에 가슴이 답답하고 목이 마를 때 쓴다.

출혈^결막염(出血結膜炎)**명**《의학》〈눈병〉눈에 심한 통증이 따르는, 전염성이 강한 눈병. 속되게는 '아폴로눈병'이라 이른다. 감염된 뒤 며칠이 지나면 눈에 충혈이 생기고 통증이 나타난다.

춥다( )[춥따]**형**〈감기 - 몸살, 세기관지염〉몸이 떨리고 움츠러들 만큼 찬 느낌이 있다. ¶감기에 걸려 춥고 떨린다. / 아, 추워. 담요 좀 가져다줘. / 오슬오슬 춥고 머리가 띵하다 한다.

충교심-통(蟲咬心痛)[충교심통]**명**《한의》〈일반통증〉기생충으로 인하여, 명치 밑이 꾹꾹 찌르듯이 아프며 메스껍고 구토 증상이 있는 병.〈유〉충심통(蟲心痛)

충-복통(蟲腹痛)[충복통]**명**《한의》〈일반통증〉회충 때문에 생기는 배앓이.〈유〉회복통(蛔腹痛), 회통(蛔痛), 횟배(蛔배), 횟배앓이(蛔배알이)

충식치통(蟲蝕齒痛)[충식치통]**명**《한의》〈일반통증〉충치로 인하여 생기는 치통.〈유〉충식통(蟲蝕痛)

충식-치통(蟲蝕齒痛)[충식치통]**명**《한의》〈치통〉충치로 인하여 생기는 치통.〈유〉충식통(蟲蝕痛)

충식통(蟲蝕痛)[충식통]**명**《한의》〈일반통증〉충치로 인해 아픈 증세.〈유〉충식치통(蟲蝕齒痛)

충식-통(蟲蝕痛)[충식통]**명**《한의》〈치통〉충치로 인하여 생기는 치통.〈유〉충식치통(蟲蝕齒痛)

충-심통(蟲心痛)[충심통]**명**《한의》〈일반통증〉기생충으로 인하여, 명치 밑이 꾹꾹 찌르듯이 아프며 메스껍고 구토 증상이 있는 병.〈유〉충교심통(蟲咬心痛)

충통(蟲痛)[충통]**명**《한의》〈일반통증〉기생충으로 인하여 배가 아픈 증상.

췌장^괴사(膵臟壞死)**명구**《의학》〈내과〉이자액에 의한 자가 분해로 인하여 이자에 일어나는 괴사. 쓸갯돌증 따위가 원인으로, 특히 지방질을 많이 섭취한 뒤 윗배에 갑자기 심한 통증을 느낀다. 지방질과 단백질을 절식(絶食)하여야 한다. 〈유〉이자 괴사

취업^우울증(就業憂鬱症)**명구**《심리》〈우울증〉상대적으로 사회 활동이 적은 취업 준비생에게 나타나는 우울증. ¶'취업 우울증'이라고 검색만 해도 많은 청년이 구직 활동을 하면서 우울증을 겪는다는 기사를 심심치 않게 찾아 볼 수 있다. / 심각한 취업난에 구직자 10명 중 6명은 일종의 '취업 우울증'을 겪고 있는 것으로 나타났다.

치감(齒疳)[치감]**명**《한의》〈치통〉감병의 하나. 잇몸이 곪고 썩어서 냄새가 나고 심하면 이가 빠진다.

치경(齒頸)[치경]**명**《의학》〈치통〉이의 잇몸 속의 부분과 잇몸 밖의 부분이 나뉘는 부분.

치관(齒冠)[치관]**명**《의학》〈치통〉잇몸 밖으로 드러난 이의 부분.

치근-관(齒根管)[치근관]**명**《의학》〈치통〉이촉의 한가운데에 있는 대롱 모양의 빈 부분. 〈유〉근관(根管)

치근막-염(齒根膜炎)[치근망념]**명**《의학》〈치통〉이의 주위 조직인 치근막에 일어나는 염증. 충치로부터 치수염을 거쳐 감염되는 경우가 많고, 대개 잇몸병이나 이틀뼈염이 잇따라 생긴다. 급성일 때는 아프고 이가 들뜬 듯한 느낌을 준다.

치뉵(齒衄)[치뉵]**명**《한의》〈치통〉잇몸이 벌겋게 붓고 아프며 입에서 냄새가 나는 병.

치담(齒痰)[치담]**명**《한의》〈치통〉잇몸이 튼튼하지 못하여 잘 붓고 피가 모이는 증상.

치수-염(齒髓炎)**명**《의학》〈치통〉치수에 생기는 염증. 세균 감염, 특히 충치 때문에 생기며 몹시 쑤시고 아프다. 화농성과 비화농성이 있다.

치아 우식증(齒牙齲蝕症)[치아우식증]**명**《의학》〈치통〉입안의 유산균이 이의

석회질을 상하게 하여 충치가 되는 증상. 〈참〉 우식

치아^매복증(齒牙埋伏症)📖《의학》〈치통〉 이가 잇몸 밖으로 나오지 아니하는 병.

치아-머리(齒牙머리)[치아머리]📖《의학》〈치통〉 잇몸 밖으로 드러난 이의 부분.

치아^발육^부전증(齒牙發育不全症)📖구〈치통〉 선천적 또는 후천적으로 정상 치아보다 치아의 수가 적은 상태.

치아뿌리^주위^조직염(齒牙뿌리周圍組織炎)📖구〈치통〉 치아뿌리끝을 둘러싼 치주 인대에 생기는 염증. 주로 치수에 발생한 염증이나 괴사의 결과로 나타난다.

치아^손발톱^증후군(齒牙손발톱症候群)📖구〈치통〉 손발톱과 치아의 이상을 동반하는 보통 염색체 우성 유전 질환. 외배엽 형성 이상의 한 유형이며, 치아 결손, 치아의 기형과 작은 손발톱, 손발톱 변형이 특징이다.

치옹(齒癰)[치옹-]📖《한의》〈치통〉 잇몸이 부어서 곪는 병.

치육-염(齒肉炎)[치융념]📖《의학》〈치통〉 잇몸에 생기는 염증. 잇몸에서 쉽게 피가 나며 만지면 아프고 부어오르기도 한다.

치은-염(齒齦炎)[치은념]📖《의학》〈치통〉 잇몸에 생기는 염증. 잇몸에서 쉽게 피가 나며 만지면 아프고 부어오르기도 한다. 〈유〉 잇몸염

치은-종통(齒齦腫痛)[치은종통-]📖《한의》〈치통〉 잇몸이 붓고 아픈 증상. 〈유〉 치은통

치은-통(齒齦痛)[치은통-]📖《한의》〈치통〉 잇몸이 붓고 아픈 증상. 〈유〉 치은종통

치조골-염(齒槽骨炎)📖《의학》〈치통〉 이틀 주위의 턱뼈에 생기는 염증. 충치가 계속 악화하면 치근막염 등을 거쳐 이 염증에 이른다. 아프고 열이 나며 볼이 부어오른다.

치조^농루(齒槽膿漏)📖구《의학》〈치통〉 잇몸에서 고름, 피가 나오거나 이가

大

흔들리는 병을 통틀어 이르는 말. 염증 따위로 이 주위의 조직이 파괴되어 일어나는데, 입냄새가 나고 이가 빠지게 되며 씹는 기능이 뚜렷하게 떨어진다.

치주-염(齒周炎)[치주염]圏《의학》〈치통〉이를 둘러싼 연조직에 나타나는 염증. 잇몸이 붓고 딱딱하여지며 나중에는 이가 빠지는데, 주위 조직을 침식하는 치석이 잇몸 밑의 이에 침착하여 생긴다. 한의학에서는 풍치라고 한다.

치주^조직(齒周組織)圏군《의학》〈치통〉이를 둘러싸고 지지하는 조직으로 시멘트질, 치근막, 잇몸, 이틀 부분을 통틀어 이르는 말.

치주^질환(齒周疾患)圏군《의학》〈치통〉잇몸과 치아, 그리고 그 주위 뼈의 염증과 퇴행성 변화. 잇몸을 제거하는 치료를 하여 새로운 잇몸이 생성될 수 있게 한다.

치태(齒苔)[치태]圏《의학》〈치통〉이에 끼는 젤라틴 모양의 퇴적(堆積). 세균, 침, 점액물 따위로 이루어진다.〈유〉치면세균막, 플라크

치통(痔痛)[치통]圏〈일반통증〉치질 때문에 생기는 통증.

치통(齒痛)[치통]圏《의학》〈치통〉이가 아파서 통증(痛症)을 느끼는 증세.〈유〉이앓이 ¶영경이는 썩은 이 때문에 심한 치통을 앓았다. / 치통은 흔히 있는 질환으로 그것으로 생명에 치명적인 영향을 주거나, 절망적인 불구의 몸이 될 염려는 없다.

치통-수(齒痛水)[치통수]圏《약학》〈치통〉장뇌(樟腦), 박하, 페놀 따위를 알코올에 녹여 만든 물약. 진통 억제 및 살균 작용이 있어서, 작은 약솜에 묻혀 아픈 이 사이에 끼워 물어 치통을 멎게 하는 데 쓴다.

칠창(漆瘡)[칠창]圏《한의》〈피부병〉옻독이 올라 생기는 급성 피부병.〈참〉옻, 옻나무접촉피부염(옻나무接觸皮膚炎)〈유〉옻병(漆病)

침강^탄산^칼슘(沈降炭酸calcium)圏군《약학》〈위염/위장병〉위산을 중화하고 창자액 분비를 억제하여 설사를 멎게 하는 약. 소화 계통의 질환 이외에

피부병, 구루병 따위에도 쓴다.

침돌-증(침돌症)[침돌쯩]**명**《의학》〈신장병〉침에 석회질이 생기는 병. 침샘이
커지고 염증이 생겨 음식을 먹을 때에 몹시 아프다.

침예(沈臀)[치몌]**명**《한의》〈눈병〉눈의 검은자위에 흰 점이 생기어 눈알이 몹
시 아픈 눈병.

침음-창(浸淫瘡)[치:음창]**명**《한의》〈피부병〉급성 습진의 하나. 처음에 조그
맣게 헐어서 가렵고 아프다가 점차 퍼지면서 살이 짓무르는 피부병이다.

한국어 질병 표현 어휘 사전 II

ㅋ

카타르(catarrh)**명**《의학》〈감기 - 몸살, 세기관지염〉조직은 파괴되지 아니하고 점막이 헐면서 부어오르는 염증. 감기가 걸렸을 때에 콧물이 멈추지 않는 것처럼 많은 양의 점액을 분비하게 된다.

카타르성^위염(catarrh性胃炎)**명구**《의학》〈위염/위장병〉만성 위염의 하나. 위 점막의 충혈, 백반 부착, 부종 따위의 증상이 있으며, 때로는 작은 출혈이나 미란이 생긴다.〈유〉카타르위염(catarrh胃炎)

카타르-염(catarrh炎)**명**《의학》〈위염/위장병〉점액의 분비가 많아지고 점막의 꺼풀이 벗겨져 떨어지는 삼출염. 위염, 기관지염 따위가 있다.

카타르^위염(catarrh胃炎)**명구**《의학》〈위염/위장병〉만성 위염의 하나. 위 점막의 충혈, 백반 부착, 부종 따위의 증상이 있으며, 때로는 작은 출혈이나 '미란'이 생긴다.〈유〉카타르성위염(catarrh性胃炎)

카포지^육종(Kaposi肉種)**명구**《의학》〈피부병〉피부에 생기는 악성 종양의 하나. 피부 표면이 짓물러서 출혈하기 쉽다. 후천 면역 결핍증 환자에게 잘 나타나고 중년·노년의 남성에게 많다.

칼칼-하다( )[칼칼하다]**형**〈일반통증〉목이 말라서 물이나 술 따위를 마시고 싶은 느낌이 있다. ¶수정과로 칼칼한 목을 축였다.

캑( )[캑]**부**〈일반통증〉목구멍에 걸린 것을 뱉어 내거나, 목이 막혔을 때 목청에서 간신히 짜내는 소리. ¶방석코는 이미 버둥거릴 힘마저 잃고 캑 캐액 숨이 막혀 오는지 여우 기침 소리를 내고만 있었다.

커켁시아(cachexia)**명**《의학》〈눈병〉암과 같은 악성질환이 진행되었을 때 나타나는, 몸이 쇠약해진 증상. 전신이 마르고 발과 눈꺼풀에 부기가 생기며 피부는 빈혈 때문에 잿빛이 도는 누런색을 띤다.〈유〉종말증

컬컬-하다( )[컬컬하다]**형**〈일반통증〉목이 몹시 말라서 물이나 술 따위를 마시고 싶은 느낌이 있다. ¶목이 컬컬하다 / 운동으로 컬컬해진 목을 축이다.

켈로이드(keloid)**명**《의학》〈피부병〉피부의 결합 조직이 이상 증식 하여 단단하게 융기한 것. 대개 붉은빛의 판이나 결절 꼴로 나타난다.〈유〉흉터종(흉터腫)

코-감기(코感氣)[코감기]<u>명</u>《의학》〈감기 - 몸살, 세기관지염〉코가 메고 콧물
이 나오는 가벼운 증상의 감기.〈유〉콧물감기(콧물感氣)

코감기 약(코感氣藥)<u>명구</u>〈감기 - 몸살, 세기관지염〉코감기를 치료하는 데 쓰
는 약. ¶날씨가 제법 선선해져 찾아온 단순한 환절기 감기 증상으로 생각해
약국에서 코감기 약을 사 먹었지만 증상은 열흘이 지나도록 지속됐다.

코곁굴-염(코곁竇炎)[코곁꿀럼]<u>명</u>《의학》〈일반통증〉몸속의 공간에 고름이
괴는 병. 특히 코곁굴 점막의 염증을 이른다. 두통 따위를 일으키고 때로는
악취가 나는 분비물이 코에서 나온다.〈유〉부비강염, 축농, 축농증.

코로나(←coronavirus)<u>명</u>〈감기 - 몸살, 세기관지염〉'코로나바이러스 감염증
일구'를 일상적으로 이르는 말. ¶코로나로 인한 언택트 사회에서 정신 건강
은 특히 청년들에게 중요한 이슈가 되고 있습니다. / 8월 11일 도쿄에선
4,200명이 코로나에 감염됐고, 일본 전국 총 확진자 수는 1만 5,788명에 이
르렀다.

코로나^감염증(←coronavirus感染症)<u>명구</u>《보건 일반》〈감기 - 몸살, 세기관지
염〉코로나바이러스가 변이를 일으켜 생긴 새로운 바이러스에 의하여 일어
나는 급성 호흡기 감염병. 기침, 인후통, 호흡 곤란, 폐렴, 발열, 근육통, 설
사 따위의 증상을 보인다. 2019년에 발생한 후 전 세계적으로 확산되어 수
많은 감염자와 사망자를 발생시켰다.〈유〉시오브이아이디, 시오브이아이
디일구, 신종코로나바이러스감염증, 코로나일구, 코로나바이러스감염증,
코로나바이러스감염증일구, 코비드, 코비드일구 ¶일본은 코로나 감염증이
급속 확산 중인 미국을 23일 입국 제한 대상국으로 지정했다.

코로나-바이러스(corona virus)<u>명</u>《생명》〈감기 - 몸살, 세기관지염〉아르엔에
이(RNA) 바이러스 가운데 하나. 포유류에게 감기, 상기도염(上氣道炎), 위
장염을 일으킨다.〈유〉시오아르오엔에이

코로나바이러스^감염증(coronavirus感染症)<u>명구</u>《보건 일반》〈감기 - 몸살, 세
기관지염〉코로나바이러스가 변이를 일으켜 생긴 새로운 바이러스에 의하

여 일어나는 급성 호흡기 감염병. 기침, 인후통, 호흡 곤란, 폐렴, 발열, 근육통, 설사 따위의 증상을 보인다. 2019년에 발생한 후 전 세계적으로 확산되어 수많은 감염자와 사망자를 발생시켰다. 〈유〉시오브이아이디, 시오브이아이디일구, 신종코로나바이러스감염증, 코로나일구, 코로나감염증, 코로나바이러스감염증일구, 코비드, 코비드일구 ¶아이오시는…코로나바이러스 감염증과 관련한 우려가 커지고 있어 취소를 결정했다고 밝혔습니다. / 공연은 코로나바이러스 감염증의 방역 지침을 준수하며 거리 두기 좌석제를 시행한다.

코로나바이러스^감염증^일구(coronavirus感染症一九)〔명구〕《보건 일반》〈감기 - 몸살, 세기관지염〉코로나바이러스가 변이를 일으켜 생긴 새로운 바이러스에 의하여 일어나는 급성 호흡기 감염병. 기침, 인후통, 호흡 곤란, 폐렴, 발열, 근육통, 설사 따위의 증상을 보인다. 2019년에 발생한 후 전 세계적으로 확산되어 수많은 감염자와 사망자를 발생시켰다. 〈유〉신종코로나바이러스감염증, 코로나일구, 코로나감염증, 코로나바이러스감염증, 코로나일구감염증, 코로나일구바이러스, 코로나일구바이러스감염증 ¶시도지사가 '코로나바이러스 감염증 일구'로 위축된 지역 경제를 되살리기 위해 힘을 모으기로 했다. / 무엇보다 ○○는 많은 차량 부품업체들이 코로나바이러스 감염증 일구의 여파로 어려움을 겪는 와중에도 오히려 성장세를 보여 주목받고 있다.

코로나바이러스-과(coronavirus科)〔명〕《의학》〈감기 - 몸살, 세기관지염〉상기도 감염을 일으키는 바이러스의 일종. ¶신종 코로나바이러스는 두통·인후통·기침을 유발하는 코로나바이러스과에 속하는 것으로 파악된다.

코로나^백신(←coronavirus vaccine)〔명구〕《약학》〈감기 - 몸살, 세기관지염〉코로나바이러스 감염증을 예방하는 데 쓰는 백신. 〈유〉코로나바이러스감염증일구백신, 코로나바이러스백신, 코비드백신 ¶코로나 백신이 개발돼도 어느 한 국가가 독점하지 못하도록 국제 기구 주도로 사전 공동 구매가 추

진된다. / 코로나 백신을 접종한 지 얼마 되지 않았다면 음주는 잠시 보류하
는 것이 좋다.

코로나^블루(←coronavirus blue)〔명구〕《사회 일반》〈우울증〉코로나바이러스
감염증 일구의 대유행으로 일상생활이 급격하게 변화하면서 불안이나 우
울을 느끼는 일.〈유〉코로나우울, 코로나우울증, 코비드블루 ¶신종 코로나
사태가 길어질수록 '코로나 블루'라는 또 다른 위험이 등장할 수 있다는 우
려가 커지고 있다. / 실제 코로나19 확산 이후 '코로나 블루'의 원인으로 사
회적 거리 두기로 인한 고립감이 꼽히고 있다.

코로나^우울(←coronavirus憂鬱)〔명구〕《사회 일반》〈우울증〉코로나바이러스
감염증 일구의 대유행으로 일상생활이 급격하게 변화하면서 불안이나 우
울을 느끼는 일.〈유〉코로나블루, 코로나우울증, 코비드블루 ¶정부는 또 코
로나19의 확산으로 사람들이 느끼는 불안과 우울, 무기력감을 가리키는 용
어인 '코로나 블루'를 코로나 우울로 대체하기로 했다고 밝혔습니다. / 화순
군이 코로나19 장기화에 따른 노인, 장애인, 아동 등 취약 계층의 코로나 우
울을 해소하고, 농촌 융복합 산업 인증 경영체의 소득 증대를 위해 '비대면
체험 활동 건강 꾸러미 지원 사업'을 추진한다.

코로나^우울증(←coronavirus憂鬱症)〔명구〕《사회 일반》〈우울증〉코로나바이러
스 감염증 일구의 대유행으로 일상생활이 급격하게 변화하면서 불안이나
우울을 느끼는 일.〈유〉코로나블루, 코로나우울, 코비드블루 ¶코로나19 사
태가 장기화하면서 '코로나 우울증'을 호소하는 사람들이 늘고 있다. / 그동
안 코로나19 확산 방지에 주력하다 보니 코로나 우울증이 뇌에 어떤 영향을
미쳤는지는 아직까지 충분한 연구 결과가 나오지 않았다.

코로나-일구(←coronavirus一九)〔명〕《보건 일반》〈감기 - 몸살, 세기관지염〉코
로나바이러스가 변이를 일으켜 생긴 새로운 바이러스에 의하여 일어나는
급성 호흡기 감염병. 기침, 인후통, 호흡 곤란, 폐렴, 발열, 근육통, 설사 따
위의 증상을 보인다. 2019년에 발생한 후 전 세계적으로 확산되어 수많은

감염자와 사망자를 발생시켰다. 〈유〉시오브이아이디, 시오브이아이디일구, 신종코로나, 신종코로나바이러스감염증, 코로나감염증, 코로나바이러스감염증, 코로나바이러스감염증일구, 코로나십구감염증, 코로나일구감염증, 코로나일구바이러스감염증, 코비드, 코비드일구 ¶중국에서 코로나일구 확산으로 지난 11일 신규 사망자가 97명에 달했고 누적 확진자는 4만 4000명을 넘어섰다. / 코로나일구에 감염된 40대 말기 신부전 환자가 코로나일구를 치료한 후 부인으로부터 신장을 이식받아 건강을 되찾았다. / 전문가들이 코로나일구 유행과 관련해 오는 11월에서 내년 초 사이 가을 재유행'이 발생할 것으로 보고….

코로나일구^감염증(←coronavirus一九感染症)〔명구〕《보건 일반》〈감기 - 몸살, 세기관지염〉코로나바이러스가 변이를 일으켜 생긴 새로운 바이러스에 의하여 일어나는 급성 호흡기 감염병. 기침, 인후통, 호흡 곤란, 폐렴, 발열, 근육통, 설사 따위의 증상을 보인다. 2019년에 발생한 후 전 세계적으로 확산되어 수많은 감염자와 사망자를 발생시켰다.〈유〉시오브이아이디, 시오브이아이디일구, 신종코로나바이러스감염증, 코로나일구, 코로나감염증, 코로나바이러스감염증일구, 코로나일구바이러스, 코로나일구바이러스감염증 ¶중국 후베이성 우한에서 시작된 코로나일구 감염증은 그동안 한국을 포함해 아시아와 호주, 북미, 유럽, 중동에서 확진 사례가 보고됐지만 아프리카에서 확진자가 나온 것은 이번이 처음이다. / 직원 2명이 코로나일구 감염증에 확진한 데 이어 이들과 접촉한 동료 35명이 무더기 자가 격리하고 있는 ○○군이 확진 직원 직위 해제를 검토하고 있다.

코로나일구^바이러스^감염증(←coronavirus一九virus感染症)〔명구〕《보건 일반》〈감기 - 몸살, 세기관지염〉코로나바이러스가 변이를 일으켜 생긴 새로운 바이러스에 의하여 일어나는 급성 호흡기 감염병. 기침, 인후통, 호흡 곤란, 폐렴, 발열, 근육통, 설사 따위의 증상을 보인다. 2019년에 발생한 후 전 세계적으로 확산되어 수많은 감염자와 사망자를 발생시켰다.〈유〉시오브이아이디, 시오브이아이디일구, 신종코로나바이러스감염증, 코로나일구, 코로나바이러스감염증일구, 코로나십구감염증, 코로나일구감염증, 코로나일구바이러스, 코비드, 코비드일구 ¶코로나일구 바이러스 감염증의 위기 경보가 최고 단계인 '심각'으로 격상되면서 대법원도 '코로나일구 대응 위원회'를 구성했다. / 코로나일구 바이러스 감염증이 창궐한 지 1년 6개월을 넘었다.

코로나^환자(←coronavirus患者)명구《의학》〈감기 - 몸살, 세기관지염〉코로나바이러스에 감염된 환자. ¶한국 사회가 수일 새 폭증한 코로나 환자로 급작스러운 쇼크 상태에 빠지자 경제와 방역 관련한 긴급 처방전을 정부에 요구한 것이다. / 코로나19의 대유행 상황에서도 우리나라는 코로나 환자의 80퍼센트를 전체 의료 기관의 10퍼센트 정도 되는 공공 의료 기관에서 치료했다.

코비드^블루(COVID blue)명구《사회 일반》〈우울증〉코로나바이러스 감염증의 대유행으로 일상생활이 급격하게 변화하면서 생긴 불안, 우울, 무력감 따위의 증상.〈유〉코로나블루, 코로나우울, 코로나우울증 ¶대체 의학 박사이면서 한의학 박사인 ○○ 이사장이 피트니스에 발을 들이게 된 이유는 이 사회를 서서히 점령해 나가는 '코비드 블루'에서 운명적 반전을 맞았다.

코-염(코炎)[코염]명《의학》〈일반통증〉코안 점막에 생기는 염증을 통틀어 이르는 말. 급성 코염·만성 코염·알레르기성 코염 따위가 있는데, 코가 막히고 콧물이 흐르며 두통과 기억력 감퇴를 가져오기도 한다.〈유〉비염, 비카타르

코인 블루(coin blue)명구〈우울증〉가상 화폐에 투자한 사람들이 불안, 우울, 무기력감, 상대적 박탈감 따위를 느끼는 증상.〈유〉코인 우울증 ¶그는 "업무에 집중이 안 된다. 조퇴하고 싶다."라며 "할 수만 있으면 친구랑 낮술 하고 싶다."라고 말했다. 폭락한 암호 화폐 시세에 우울증을 겪는 이른바 '코인 블루'다. / 가상 화폐 투자자들이 '코인 블루'에 빠지면서 관련 상담도 증

가하고 있다.

코인 우울증(coin憂鬱症)명구〈우울증〉가상 화폐에 투자한 사람들이 불안, 우울, 무기력감, 상대적 박탈감 따위를 느끼는 증상.〈유〉코인 블루 ¶암호 화폐 시장이 투기 판으로 변질되는 양상을 보이면서 상대적 박탈감도 커지고 있다. '코인 우울증'이란 신조어가 생겨난 것도 같은 맥락이다.

코플릭^반점(Koplik斑點)명구《의학》〈피부병〉홍역 환자의 볼 안쪽이나 잇몸 따위에 생기는 붉은 테를 두른 흰 반점. 홍역의 조기 진단에 중요하다. 미국의 소아과 의사 코플릭(Koplik, H.)이 발견하였다.

콕콕( )[콕콕]부〈일반통증〉작게 또는 야무지게 자꾸 찌르거나 박거나 찍는 모양.〈큰〉쿡쿡 ¶닭이 모이를 콕콕 쪼아 먹는다. / 아픈 다리가 콕콕 쑤셔서 밤새 잠을 이루지 못하였다. / 깨소금 냄새가 코를 콕콕 찌른다.

콕콕-거리다( )[콕콕꺼리다]동〈일반통증〉(날카로운 것이 몸을) 작게 또는 야무지게 자꾸 찌르거나 박거나 찍다. ¶위가 콕콕 쑤시고 아픈 증상이 계속됩니다. / 위가 콕콕거리는 통증이 나아질 수 있을 까요?

콜록( )[콜록]부〈감기 - 몸살, 세기관지염〉감기나 천식 따위로 가슴 속에서 울려 나오는 기침 소리.〈참〉쿨룩 ¶감기에 걸린 어린아이가 콜록 기침을 한다. / 당신이 강의한 철학 개론은, 콜록, 잘, 콜록, 들었소….

콜록-거리다( )[콜록꺼리다]동〈감기 - 몸살, 세기관지염〉감기나 천식 따위로 가슴 속에서 울려 나오는 기침 소리가 잇따라 나다. 또는 그런 소리를 잇따라 내다.〈유〉콜록대다 ¶그는 연방 콜록거리면서도 곰방대의 연기를 빨아 깊숙이 삼켰다가 내뿜곤 하였다. / 노인은 마른기침을 콜록거렸다.

콜록-대다( )[콜록때다]동〈감기 - 몸살, 세기관지염〉감기나 천식 따위로 가슴 속에서 울려 나오는 기침 소리가 잇따라 나다. 또는 그런 소리를 잇따라 내다.〈유〉콜록거리다 ¶할머니는 가슴이 답답하고 괴로운 듯 계속 콜록대었다. / 노인은 효진을 힐끗 바라본 뒤 기침을 콜록대며 손을 홰홰 좌우로 내저었다.

콜록-콜록( )[콜록콜록]**부**〈감기 - 몸살, 세기관지염〉감기나 천식 따위로 가슴 속에서 잇따라 울려 나오는 기침 소리.〈참〉쿨룩쿨룩 ¶그는 땅이 꺼지는 듯한 한숨을 쉬고는 콜록콜록 기침을 자지러지게 해댔다.

콜록콜록-하다( )[콜록콜로카다]**동**〈감기 - 몸살, 세기관지염〉감기나 천식 따위로 가슴 속에서 잇따라 울려 나오는 기침 소리가 나다. 또는 그런 소리를 내다.〈유〉콜록거리다 ¶콜록콜록하는 것을 보니 감기에 걸린 것 같구나! / 그는 자꾸만 기침을 콜록콜록했다.

콜록-하다( )[콜로카다]**동**〈감기 - 몸살, 세기관지염〉감기나 천식 따위로 가슴 속에서 울려 나오는 기침 소리가 나다. 또는 그런 소리를 내다. ¶조용한 가운데 가끔 콜록하는 소리가 났다. / 아이는 춥다고 말하더니 기침을 콜록했다.

콜롬보-근(colombo根)**명**《한의》〈위염/위장병〉가루를 달인 것은 건위제로 쓰는 콜롬보의 뿌리를 캐어 말린 생약. 방추형의 덩어리로 쓴맛이 난다.

콧-물( )[콘물]**명**〈감기 - 몸살, 세기관지염〉콧구멍에서 흘러나오는 액체.〈유〉비수, 비액, 비체, 코 ¶콧물이 나오다. / 콧물을 흘리다. / 그 아이의 얼굴은 눈물, 콧물이 범벅이 되어 엉망이었다.

콧물-감기(콧물感氣)[콘물감기]**명**《의학》〈감기 - 몸살, 세기관지염〉코가 메고 콧물이 나오는 가벼운 증상의 감기.〈유〉코감기 ¶아주머니가 대문을 열어 주면서 학생 덕분에 콧물이 마를 날이 없다고, 그렇게 말하면서 웃었다. 아주머닌 정말 콧물감기에 걸려 있었고….

콩팥돌-증(콩팥돌症)[콩팥똘쯩]**명**《의학》〈신〉콩팥에 오줌 속의 염류의 결정 또는 결석이 생기는 질환. 발작성의 복통이 때때로 일어나며 혈뇨와 돌을 배설하게 되는데, 육식을 잘하는 노인에게는 요산 염석(尿酸鹽石)이, 채식을 하는 어린아이에게는 수산 염석(蓚酸鹽石)이 흔히 발생한다.〈유〉신결석, 신장 결석

쿠싱-병(Cushing病)**명**《의학》〈일반통증〉뇌하수체의 이상으로 부신 겉질에

서 분비되는 코르티솔이 너무 많아서 생기는 병. 몸에 지방이 축적되어 털
과다증, 무력증, 고혈압 따위가 나타나며 얼굴이 둥글어지고 목이 굵어진
다. 미국 보스턴의 외과 의사인 쿠싱(Cushing, H.)이 발견하였다.

쿠싱^증후군(Cushing症候群)〔명구〕《의학》〈일반통증〉뇌하수체의 이상으로 부
신 겉질에서 분비되는 코르티솔이 너무 많아서 생기는 병. 몸에 지방이 축
적되어 털 과다증, 무력증, 고혈압 따위가 나타나며 얼굴이 둥글어지고 목
이 굵어진다. 미국 보스턴의 외과 의사인 쿠싱(Cushing, H.)이 발견하였다.

쿡쿡( )〔쿡쿡〕〔부〕〈일반통증〉크게 또는 깊이 자꾸 찌르거나 박거나 찍는 모
양.〈작〉콕콕 ¶머리를 쿡쿡 쥐어박다. / 옆구리를 쿡쿡 찌르다. / 여자들은
쿡쿡 서로의 허리를 찌르며 웃었다.

쿡쿡-거리다( )〔쿡쿡꺼리다〕〔동〕〈일반통증〉감정이나 감각을 세게 자꾸 자극하
다. ¶상처가 자꾸 쿡쿡거리며 쑤신다.

쿨룩( )〔쿨룩〕〔부〕〈감기 - 몸살, 세기관지염〉감기나 천식 따위로 가슴 속에서
깊이 울려 나오는 기침 소리.〈참〉콜록 ¶갑례가 들어오자 윤 생원은 공연히
쿨룩 기침을 한 번 했다.

쿨룩-거리다( )〔쿨룩꺼리다〕〔동〕〈감기 - 몸살, 세기관지염〉감기나 천식 따위로
가슴 속에서 깊이 울려 나오는 기침 소리가 잇따라 나다. 또는 그런 소리를
잇따라 내다.〈유〉쿨룩대다 ¶그는 쿨룩거리면서도 설명을 멈추지 않았다.
/ 연기 때문에 쿨룩거리며 묻는 형의 목소리가 들렸다. / 기침을 쿨룩거리
다.

쿨룩-대다( )〔쿨룩때다〕〔동〕〈감기 - 몸살, 세기관지염〉감기나 천식 따위로 가슴
속에서 깊이 울려 나오는 기침 소리가 잇따라 나다. 또는 그런 소리를 잇따
라 내다.〈유〉쿨룩거리다 ¶그는 하루 종일 쿨룩댔다. / 그는 자꾸 마른기침
을 쿨룩대며 가슴을 쓸어안았다.

쿨룩-쿨룩( )〔쿨룩쿨룩〕〔부〕〈감기 - 몸살, 세기관지염〉감기나 천식 따위로 가슴
속에서 잇따라 깊이 울려 나오는 기침 소리.〈참〉콜록콜록 ¶냄비 하나에 사

기그릇 몇 개를 엎어 놓은 가난한 부뚜막에 볕이 들고, 아무도 없는가 하면, 쿨룩쿨룩 늙은 기침 소리가 난다. / 그는 말을 간신히 마치자 먼지에 숨이 막혀 쿨룩쿨룩 기침을 토해 내었다.

쿨룩쿨룩-하다( )[쿨룩쿨루카다]동〈감기 - 몸살, 세기관지염〉감기나 천식 따위로 가슴 속에서 잇따라 깊이 울려 나오는 기침 소리가 나다. 또는 그런 소리를 내다.〈유〉쿨룩거리다 ¶모두 조용하게 하 노인의 다음 말을 기다렸다. 그러나 말 대신 쿨룩쿨룩하는 기침 소리가 이어졌다. / 병중의 장인도 기침을 쿨룩쿨룩하면서도 지팡이에 몸을 버티고 지척지척 따라 나온다.

쿨룩-하다( )[쿨루카다]동〈감기 - 몸살, 세기관지염〉감기나 천식 따위로 가슴 속에서 깊이 울려 나오는 기침 소리가 나다. 또는 그런 소리를 내다. ¶그는 한 번 쿨룩하더니 다시 이야기를 이어 갔다. / 그 노인은 기침을 쿨룩하더니 갑자기 쓰러졌다.

큰각막증(큰角膜症)[근:시안]명《의학》〈눈병〉각막이 양측으로 발육하는 기형. 출생시에 비정상적 크기에 달하며, 엑스 염색체 열성 또는 상염색체 우성 형질로 유전한다.

클로르디아제폭시드(chlordiazepoxide)명《약학》〈우울증〉신경증·우울증 따위를 치료하는 데에 쓰이는 정신 안정제의 하나. 근육 이완과 정신 안정 작용을 한다.

클클-하다( )[클클하다]형〈일반통증〉1. 배 속이 좀 빈 듯하고 목이 텁텁하여 무엇을 시원하게 마시거나 먹고 싶은 생각이 있다. 2. 마음이 시원스럽게 트이지 못하고 좀 답답하거나 궁금한 생각이 있다. ¶넓지도 못한 좁은 방에서 그 잘난 얼굴과 늘 맞대고 있어야 하니 클클하달 정도가 아니라 정말 견뎌 낼 도리가 없었다. / 근 십 년 동안을 꾸준히 오던 편지가 작년 여름부터 오지를 않으니깐 나도 클클하구나. 3. 마음이 서글프다.

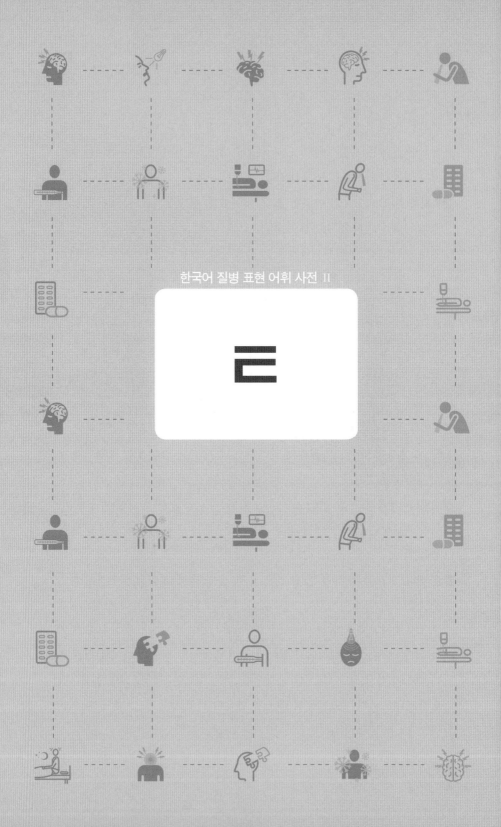

한국어 질병 표현 어휘 사전 II

ㄹ

타르^페이스트(tar paste)[명구]《한의》〈피부병〉습진이나 옴 따위의 피부 질환에 쓰는 고약. 타르의 환원성을 이용하여 만든다. 세포 침윤물을 흡수하고 각질 형성을 촉진하며, 건조·수렴 작용이 있다.

탁독(托毒)[탁똑]명《한의》〈피부병〉종기나 피부병을 치료할 때에 약으로 병독(病毒)을 한곳에 국한하거나 몰아내는 방법.

탄산(吞酸)[탄:산]명《한의》〈위염/위장병〉위에 신물이 고여서 속이 쓰린 증세. 위산 과다증일 때에 흔히 나타난다.

탄산-증(吞酸症)[탄:산쯩]명《한의》〈위염/위장병〉'위산 과다증'을 한방에서 이르는 말.

탈장(脫腸)[탈짱]명《의학》〈내과〉장기(臟器)의 일부가 원래 있어야 할 장소에서 벗어난 상태. 복부에서는 사타구니, 허벅지, 배꼽, 가로막 따위에 생기는 경우가 있고, 복부 이외에는 척추 원반이나 뇌에서 발생할 수 있다.〈유〉내장 탈출증 ¶탈장 증세를 보이다.

탈장-증(脫腸症)[탈짱쯩]명《의학》〈위염/위장병〉장기(臟器)의 일부가 원래 있어야 할 장소에서 벗어난 상태. 복부에서는 사타구니, 허벅지, 배꼽, 가로막 따위에 생기는 경우가 있고, 복부 이외에는 척추 원반이나 뇌에서 발생할 수 있다.〈유〉내장 탈출증

탐식-증(貪食症)[탐식쯩]명〈섭식 장애〉식욕이 비정상적으로 왕성해지는 이상 증세. ¶여대생 ○○○는 어느 날부터 탐식증에 시달린다. / 엄청난 사이즈와 용량을 자랑하는 미국의 패스트푸드는 탐식증이 있는 동양계 소녀를 완전히 굴복시켰다.

태선(苔癬)[태선]명《의학》〈피부병〉피부 주름이 두꺼워지는 현상. 피부를 지속적으로 긁을 경우 많이 발생하며 만성 습진의 대표적 증상이다.

태적(胎赤)[태적]명《한의》〈피부병〉1. 열독으로 인하여 갓난아이의 피부가 몹시 붉은 병증. 2. 어린아이의 눈꺼풀이 빨갛게 허는 병증.

털^먹기증(털먹기症)[털먹기쯩]명구《심리》〈섭식 장애〉털을 먹는 병적인 습관.〈유〉털

먹기

털집-염 (털집炎)[털찜념]〔명〕《의학》〈피부병〉포도상 구균이 피부의 털구멍에
감염하여 생기는 고름염.〈유〉모낭염(毛囊炎)

토라지다 ( )[토라지다]〔동〕〈일반통증〉(먹은 것이) 체하여 잘 삭지 않고 신트림
이 나다.

토사-곽란 (吐瀉癨亂)[토:사광난]〔명〕《한의》〈위염/위장병〉위로는 토하고 아래
로는 설사하면서 배가 질리고 아픈 병. ¶물기가 거의 다 빠져 뼈에 가죽만
남았고 가죽에도 탄력이라곤 없어 허깨비처럼 가볍건만도 쌀뜨물 같은 토
사곽란은 멎지 않고 있었다.

토산 (吐酸)[토:산]〔명〕《한의》〈위염/위장병〉위에서 신물이 올라오면서 신물
을 게우는 증상.

토패 (土敗)[토패]〔명〕《한의》〈위염/위장병〉비위의 기능이 쇠약하여져 음식을
소화·흡수하는 작용이 이루어지지 아니하는 일.

토혈 (吐血)[토:혈]〔명〕《의학》〈위염/위장병〉위나 식도 따위의 질환으로 피를
토함. 또는 그 피.〈참〉각혈(咯血)〈유〉구혈(嘔血) ¶시커먼 어둠이 토혈처
럼 번져 났다. / 무슨 환후인지 구미가 없으시고 때때로 토혈도 하시고 아주
심상치 않으신 모양이에요.

토혈-하다 (吐血하다)[토:혈하다]〔동〕《의학》〈위염/위장병〉위나 식도 따위의
질환으로 피를 토하다.〈유〉구혈하다(嘔血하다)

통각기 (痛覺器)[통:각끼]〔명〕《의학》〈일반통증〉피부 표면에 퍼져 있어 자극을
받으면 아픔을 느끼는 감각점.〈유〉통각점(痛覺點), 통점(痛點)

통각점 (痛覺點)[통:각쩜]〔명〕《의학》〈일반통증〉피부 표면에 퍼져 있으면서, 자
극을 받으면 아픔을 느끼게 하는 점.〈유〉통각기(痛覺器)〈준〉통점(痛點)

통경 (痛經)[통:경]〔명〕《한의》〈일반통증〉여성의 월경 기간 전후에 하복부와
허리에 생기는 통증.

통고 (痛苦)[통:고]〔명〕〈일반통증〉아프고 괴로운 것.〈참〉고통(苦痛).

통세(痛勢)[통:세] **명** 〈일반통증〉 상처나 병의 아픈 형세.

통점(痛點)[통:쩜] **명** 《의학》 〈일반통증〉 피부 표면에 퍼져 있으면서, 자극을 받으면 아픔을 느끼게 하는 점. 〈본〉 통각점(痛覺點)

통증(痛症)[통:쯩] **명** 〈일반통증〉 몸에 아픔을 느끼는 증세. ¶통증이 오기 시작한다. / 진통제를 먹었더니 통증이 조금 가셨다.

통증^진료소(痛症診療所) **명구** 《의학》 〈일반통증〉 치료하기 어려운 통증을 다루는 진료과. 마취과에서 갈라져 나온 것으로, 주로 신경통이나 두통, 암 말기 따위에서의 통증을 대상으로 한다. 〈유〉 페인 클리닉

통처(痛處)[통:처] **명** 〈일반통증〉 상처나 병으로 인해서 아픈 곳.

통초하다(痛楚하다)[통:초하다] **형** 〈일반통증〉 (몸이나 마음이) 몹시 아프고 괴롭다.

통태(痛胎)[통:태] **명** 《한의》 〈일반통증〉 임신 초기에 배가 아픈 증상.

통풍(痛風)[통:풍] **명** 《의학》 〈일반통증〉 대사 장애(代謝障碍)나 내분비 장애(內分泌障碍)로 요산(尿酸)이 체내에 비정상적으로 축적되어 뼈마디가 붓고 아픈 병. 성인 남자에게 많이 나타나며, 보통 엄지발가락의 심한 관절통 발작으로 시작된다. 만성화되면 요산이 조직에 침착(沈着)되어 관절이 파괴되고 심장과 신장에 장애가 일어난다. 〈참〉 관절염(關節炎) ¶예로부터 통풍은 '제왕의 병'이라고 일컬어졌다.

퇴행기^우울증(退行期憂鬱症) **명구** 《의학》 〈우울증〉 초로기에 볼 수 있는 정신병. 보통의 우울증보다 불안이나 고민이 심하여 침착성이 떨어지며 초조와 흥분의 정도가 강하다. 〈유〉 갱년기 우울병

퇴행성^변화(退行性變化) **명구** 《의학》 〈디스크 - 추간판탈출증〉 조직이나 세포의 기능 감퇴나 정지, 물질대사 장애로 인한 위축·변성(變性)·괴사(壞死) 따위의 변화를 통틀어 이르는 말.

퇴행성^추간판^탈출증(退行性椎間板脫出症) **명구** 《의학》 〈디스크 - 추간판탈출증〉 몸의 노화 또는 외상 등의 원인으로, 척추뼈와 척추뼈 사이에 존재하는

추간판이 손상되거나 탈출됨. 또는 그에 따라 나타나는 증상. ¶다른 하나
는 퇴행성 추간판 탈출증으로 이는 외상 없이 추간판이 퇴행성 과정을 겪으
면서 뒤쪽의 섬유막에 틈이 생기고 헐렁해지면 안쪽의 말랑말랑한 수핵이
뒤쪽으로 흘러나와 신경을 압박하여 통증을 일으키게 된다. / 진료 현장에
서 보면 급성적인 추간판 탈출증보다는 만성적인 퇴행성 추간판 탈출증이
더 많다.

투진(透疹)[투진]몡《한의》〈피부병〉발진이 잘 돋게 하는 치료법. 홍역 따위
의 질병에 쓴다.

트라조돈(trazodone)몡《약학》〈우울증〉우울증을 치료하는 데 쓰는 트리알로
피딘계 약물. ⇒규범 표기는 미확정이다.

트라조돈^염산염(trazodone鹽酸鹽)몡구《약학》〈우울증〉항우울제로 쓰는 흰
색의 경정성 분말. 녹는점 223도씨이며, 물에 녹기 쉽다. 뇌 시냅토솜에서
세라토닌에 대해 강한 재흡수 저해 작용을 나타낸다. 정신 부활 작용보다
항불안 작용, 진통 작용이 강하다. 우울증, 우울 상태에 경구 투여 한다. ⇒
규범 표기는 미확정이다.

트라코마(trachoma)몡《의학》〈눈병〉클라미디아로 일어나는 결막의 접촉 감
염병. 급성 결막염의 형태로 시작하여 눈꺼풀 안쪽에 좁쌀 크기의 투명한
것이 돋아나며, 만성기에는 각막이 흐려지고 시력이 떨어지는 경우가 많다.

트리메토키놀(trimetoquinol)몡《약학》〈감기〉지속적이고도 강력한 기관지 확
장을 일으키는 기관지 천식의 치료제. 만성 기관지염을 치료할 때도 쓰는데
손 떨림, 두통 따위와 같은 부작용이 있을 수 있다.

트릿-하다( )[트리타다]혱〈일반통증〉(뱃속이) 먹은 음식이 소화가 잘되지 않
아 거북하다. ¶배가 고파서 밥을 너무 빨리 먹었더니 뱃속이 트릿하다. /
오늘은 더구나 속이 트릿해서 몸이 비비 꼬이는 것 같다.

트적지근-하다( )[트적찌근하다]혱〈일반통증〉(속이) 조금 거북하여 불쾌하
다.

특발^혈소판^감소^자색반병(特發血小板減少紫色斑病)**명구**《의학》〈피부병〉 혈액 속의 혈소판이 줄어들어 출혈이 생기는 병. 간염, 지라 과다, 항암제 사용 따위가 원인으로 피부에 혈반이 나타난다.

티눈( )[티눈]**명**〈피부병〉손이나 발에 생기는 사마귀 비슷한 굳은살. 누르면 속의 신경이 자극되어 아프다.〈유〉어목, 육자 ¶티눈이 박이다. / 티눈을 빼다.

ㅌ

한국어 질병 표현 어휘 사전 Ⅱ

ㅍ

파근파근-하다( )[파근파근하다]휑〈일반통증〉(다리 따위가) 걸을 때마다 힘이 빠져 노곤하고 걸음이 무겁다.

파근-하다( )[파근하다]휑〈일반통증〉(다리가) 힘이 빠져 노곤하고 걸음이 무겁다. ¶새로 이사 갈 집을 알아보려고 온종일 돌아다녔더니 다리가 파근하다.

파라인플루엔자(parainfluenza)명《의학》〈감기 - 몸살, 세기관지염〉파라인플루엔자 바이러스에 의해 일어나는 전염성 기관지염. 제4급 감염병인 급성 호흡기 감염증'의 하나이다. 바이러스성 호흡기 질병으로 감염력이 매우 높으며, 발열과 콧물 분비, 편도선염, 기침을 유발한다.

파라인플루엔자^바이러스(parainfluenza virus)명구《의학》〈감기 - 몸살, 세기관지염〉영아와 소아에게 호흡기 감염을 잘 일으키는 바이러스. 대개 증상이 약하나 폐렴을 일으킬 수도 있다. ⇒규범 표기는 미확정이다.

파모티딘(famotidine)명《약학》〈위염/위장병〉위산 분비에 관여하는 히스타민의 작용을 억제하는 소화 궤양 치료제. 보통 4~6주간 계속 사용하나 8주간 사용하기도 한다.

파열(破裂)[파ː열]명〈디스크 - 추간판탈출증〉깨어지거나 갈라져 터짐. ¶수도관 파열. / 동맥 파열. / 그 환자는 장기 파열이 꽤 심각한 상태이다.

파열-되다(破裂되다)[파ː열되다/파ː열뒈다]동〈디스크 - 추간판탈출증〉깨어지거나 갈라져 터지게 되다. ¶복부가 파열된 환자. / 그는 교통사고로 안구가 파열되어 실명 위기에 빠졌다. / 브레이크가 파열돼 사고가 일어났다.

팍팍-하다( )[팍파카다]휑〈일반통증〉(다리가) 몹시 지쳐서 걸음을 내디디기가 어려울 정도로 무겁고 힘이 없다.〈참〉퍽퍽하다 ¶장시간 등산을 해서인지 두 다리가 팍팍했다.

패독-산(敗毒散)[패ː독싼]명《한의》〈감기 - 몸살, 세기관지염〉감기와 몸살에 쓰는 탕약. 강활, 독활, 시호 따위를 넣어서 달여 만든다.

퍽퍽-하다( )[퍽퍼카다]휑〈일반통증〉(다리가) 몹시 지쳐서 걸음을 내디디기가 어려울 정도로 몹시 무겁고 힘이 없다.

페나세틴 (phenacetin)〔명〕《약학》〈일반통증〉해열·진통 작용이 있는 흰색 결정 또는 결정성 가루. 감기·두통·치통·신경통·생리통 따위를 치료하는 데 썼으나, 독성이 강하여 현재는 사용하지 않는다.

페니실린^알레르기 (penicillin Allergie)〔명구〕《의학》〈피부병〉페니실린에 대한 과민증. 흔히 두드러기, 피부 발진 따위의 증상을 나타낸다. 쇼크로 즉사하는 경우도 있다.

페스트 (pest)〔명〕《의학》〈피부병〉페스트균이 일으키는 급성 전염병. 오한, 고열, 두통에 이어 권태, 현기증이 일어나며 의식이 흐려지게 되어 죽는다. 폐페스트의 경우에는 피부가 흑자색으로 변한다.〈유〉서역(鼠疫), 흑사병(黑死病)

페인^클리닉 (pain clinic)〔명구〕《의학》〈일반통증〉치료하기 어려운 통증을 다루는 진료과. 마취과에서 갈라져 나온 것으로, 주로 신경통이나 두통, 암 말기 따위에서의 통증을 대상으로 한다.〈유〉통증 진료소

펠라그라 (Pellagra)〔명〕《의학》〈피부병〉니코틴산이 모자라서 일어나는 병. 열대나 아열대 지방에 많으며, 햇빛 노출 부위에 피부염이 발생하고 시력 장애, 경련, 설사, 정신 장애 따위를 일으키기도 한다.

편도샘-염 (扁桃샘炎)[편도샘념]〔명〕《의학》〈감기 - 몸살, 세기관지염〉편도에 생기는 염증. 감기에 걸리거나 환절기가 되었을 때에, 과로 따위의 이유로 생긴다. 편도가 벌겋게 붓고 음식물을 넘기기 힘들게 된다.〈유〉편도염

편도-염 (扁桃炎)[편도염]〔명〕《의학》〈감기 - 몸살, 세기관지염〉편도에 생기는 염증. 감기에 걸리거나 환절기가 되었을 때에, 과로 따위의 이유로 생긴다. 편도가 벌겋게 붓고 음식물을 넘기기 힘들게 된다.〈유〉편도샘염

편두 (偏頭)[편두]〔명〕《의학》〈두통〉1. 편두통을 앓는 한쪽 머리. 2. 갑자기 일어나는 발작성의 두통. 머리 혈관의 기능 이상 때문에 나타나는데, 처음에는 한쪽 머리가 발작적으로 아프다가 온 머리로 미치며 구토, 귀울림, 권태

등의 증상이 나타난다. 특히 여자와 두뇌 노동자에게 많다.〈유〉편두통

편두-통(偏頭痛)[편두통]똉《의학》〈두통〉갑자기 일어나는 발작성의 두통. 머리 혈관의 기능 이상 때문에 나타나는데, 처음에는 한쪽 머리가 발작적으로 아프다가 온 머리로 미치며 구토, 귀울림, 권태 등의 증상이 나타난다. 특히 여자와 두뇌 노동자에게 많다.〈유〉편두통

편평^콘딜로마(扁平condyloma)명구《의학》〈피부병〉제2기 매독에서 볼 수 있는, 피부 표면의 둥글고 편평한 모양의 구진. 흔히 항문 주위나 음부, 입안 점막 따위에 나타난다.

편평^홍색^태선(扁平紅色苔癬)명구《의학》〈피부병〉붉고 납작한 두드러기가 많이 생기는 피부병. 한번 걸리면 잘 낫지 않고 오래가며 몹시 가렵다.

평위-산(平胃散)[평위산]똉《한의》〈위염/위장병〉식중독이나 위장병 따위에 쓰는 가루약.

폐^꽈리^미세^돌증(肺꽈리微細돌症)명구《의학》〈내과〉허파 꽈리 안에 작은 돌이 생기는 병. 처음에는 특별한 증상이 없으나 점차 가래나 호흡 곤란이 생긴다.

폐^돌증(肺돌症)명구《의학》〈내과〉칼슘염으로 만들어진, 폐에 생기는 돌 모양의 딱딱한 환부.

폐-부종(肺浮腫)[폐ː부종/폐ː부종]똉《의학》〈내과〉허파가 울혈되고 허파 꽈리 속에 액체가 고인 상태. 심부전, 유독 가스의 흡입 따위가 원인이며, 심한 호흡 곤란이 오고 거품 섞인 가래가 많이 나온다.

폐소^공포(閉所恐怖)명구《심리》〈우울증〉꼭 닫힌 곳에 있으면 두려움에 빠지는 강박 신경증.〈유〉폐소 공포증, 폐실 공포, 폐실 공포증

폐소^공포증(閉所恐怖症)명구《심리》〈우울증〉꼭 닫힌 곳에 있으면 두려움에 빠지는 강박 신경증.〈유〉폐소 공포

폐쇄^신경(閉鎖神經)명구《의학》〈피부병〉배안의 허리 신경얼기에서 일어나 골반 벽을 가로질러 폐쇄 구멍을 지나 다리로 들어가 넙다리 안쪽의 근육과

피부에 분포한다.

폐실^공포 (閉室恐怖) 명구 《심리》〈우울증〉꼭 닫힌 곳에 있으면 두려움에 빠지는 강박 신경증. 〈유〉폐소 공포

폐실^공포증 (閉室恐怖症) 명구 《심리》〈우울증〉꼭 닫힌 곳에 있으면 두려움에 빠지는 강박 신경증. 〈유〉폐소 공포

폐-페스트 (肺pest) 명 《의학》〈피부병〉페스트균이 폐를 광범위하게 침범하여 발생하는 병. 피부가 검은 자색으로 변하며, 사망률이 매우 높은 전염병이다.

폐^효모균증 (肺酵母菌症) 명구 《의학》〈피부병〉진균의 하나인 효모균이 폐에 들어가서 일으키는 증상. 주로 입안·목·폐가 손상되며, 뼈·피부·뇌수·소화 기관에 염증이 생기기도 하고 뇌막염 증상이 생기기도 한다.

포공-영 (蒲公英)[포공영] 명 《한의》〈위염/위장병〉건위제, 해열제로 쓰이며 소화 불량, 위염, 위동통, 젖몸살 따위에도 쓰이는 민들레를 말린 것. 〈유〉민들레

포진 (疱疹)[포진] 명 《의학》〈피부병〉바이러스의 감염으로 피부 또는 점막에 크고 작은 물집이 생기는 피부병을 통틀어 이르는 말. 입술과 음부 따위에 생기는 단순 포진과 신체의 한쪽에 신경통과 함께 발진이 생기는 대상(帶狀) 포진이 있다. 〈유〉헤르페스(herpes)

포진성^피부염 (疱疹性皮膚炎) 명구 《의학》〈피부병〉'포진 피부염'의 전 용어.

포진^피부염 (疱疹皮膚炎) 명구 《의학》〈피부병〉자가 면역 피부 질환의 하나. 만성이며 가려움증이 심하고 피부에 작은 물집이 잘 생긴다.

포피-염 (包皮炎)[포피염] 명 《의학》〈피부병〉남성 성기의 귀두(龜頭) 부위를 싸고 있는 피부에 생기는 염증.

폭식^장애 ( ) 명구 〈섭식 장애〉과도한 식이 요법의 부작용 또는 여러 가지 생리적·정신적 원인으로 인하여 비상적으로 음식을 섭취하는 증상.¶나는 보상행동은 안 해서 폭식장애에 해당하지 않는다.

폭식-증(暴食症)[폭씩쯩]〔명〕〈섭식 장애〉음식을 한꺼번에 지나치게 많이 먹는 병적인 증세. ¶거식증과 폭식증. 폭식증에 걸리다.

폭음1(暴瘖)[포금]〔명〕《한의》〈일반통증〉갑자기 목이 쉬거나 말을 하지 못하는 증상.

폭음2(暴飲)[포금]〔명〕〈섭식 장애〉1. 술을 한꺼번에 많이 마심.〈유〉폭주.〈참〉폭배(暴杯)¶폭음을 일삼다. / 지나친 폭음은 건강을 해친다. / 그는 연이은 폭음으로 간이 나빠졌다. / 주머니를 술판에 끌러 놓고 술을 마시는데 바닥이 나도록 밤이 새도록, 마치 보가 터진 것 같은 무시무시한 폭음이다. 2. 가리지 않고 아무것이나 마구 마심.

폭토(暴吐)[폭토]〔명〕〈섭식 장애〉폭식을 한 뒤에 살이 찔까 두려워하여 억지로 토하는 일. ¶스트레스에 의한 폭식증 후 살이 찔까 두려워 토하는 현상인 일명 '폭토'는 상당히 많은 여성들이 겪는 증상이며 이는 침샘 비대증의 주요한 원인이다. / 섭식 장애 환자들 사이에선 식욕을 참지 못해 폭식한 뒤 토하는 '폭토', 음식물을 씹다가 삼키지 않고 뱉는 '씹뱉'이 일상이다.

폭풍 식욕(暴風食慾)〔명구〕〈섭식 장애〉음식을 이것저것 정신없이 먹어 치우는 싶은 욕망을 비유적으로 이르는 말. ¶○○과 멤버들은 둘러 앉아 도란도란 국수를 나눠먹었고, 특히 ○○○은 국수를 숟가락으로 퍼먹으며 폭풍 식욕을 과시해 눈길을 끌었다.

표재성^위염(表在性胃炎)〔명구〕《의학》〈위염/위장병〉위 점막의 표층 부근에만 국한하여 일어나는 염증. 위염 초기에 나타나며, 비교적 증상이 가볍다.〈유〉얕은위염(얕은胃炎)¶표재성 위염이 장기간 지속되면 위선이 소실되고 위 점막이 위축되는 위축성 위염이 발생한다. / 표재성 위염으로 인한 소화 불량은 약물 치료로 호전되고, 증상이 없다면 생활 습관을 바로잡으면 된다.

표증(表症)[표쯩]〔명〕《한의》〈일반통증〉겉으로 드러나는 병의 증상. 오한, 발열, 두통 따위를 이른다.〈참〉이증(裏症)

풍가(風家)[풍가]**명**《한의》〈감기 - 몸살, 세기관지염〉감기에 잘 걸리는 사람
이나 중풍 환자를 이르는 말.

풍감-창(風疳瘡)[풍감창]**명**《한의》〈피부병〉1. 옴에 습진이 겹쳐서 온몸으로
퍼지는 피부병. 가렵고 진물이 난다. 2. 잇몸이 붓고 아프며 문드러져 고름
이 나오는 병. 입에서 냄새가 나며 입술과 뺨이 붓고 아프다. 3. 항문이 간지
럽고 벌레가 나오는 병.

풍단(風丹)[풍단]**명**《한의》〈피부병〉피부의 헌데나 다친 곳으로 세균이 들어
가서 열이 높아지고 얼굴이 붉어지며 붓게 되어 부기(浮氣), 동통을 일으키
는 전염병.〈유〉단독(丹毒)

풍독-창(風毒瘡)[풍독창]**명**《한의》〈피부병〉무릎이나 다리에 헌데가 생겨서
가렵고 진물이 많이 나오면서 오랫동안 낫지 아니하는 피부병.

풍랭-치통(風冷齒痛)[풍냉치통]**명**《한의》〈치통〉충치가 생기거나 잇몸이 붓
지 아니하였는데도 이가 아프고 흔들리는 병.

풍랭-통(風冷痛)[풍냉통]**명**《한의》〈치통〉충치가 생기거나 잇몸이 붓지 아니
하였는데도 이가 아프고 흔들리는 병.

풍선(風癬)[풍선]**명**《한의》〈피부병〉얼굴 같은 데에 까슬까슬하게 흰 버짐이
번지는 피부병. 대개 영양 결핍으로 생긴다.〈유〉마른버짐

풍소(風瘙)[풍소]**명**《한의》〈피부병〉풍사(風邪)로 인하여 피부가 가려운 병
증.

풍수(風嗽)[풍수]**명**《한의》〈일반통증〉풍사(風邪)가 폐(肺)에 들어가서 생기
는 해수(咳嗽). 코가 막히고 목이 쉬며 기침이 자주 난다.〈유〉상풍해수

풍심-통(風心痛)[풍심통]**명**《한의》〈감기 - 몸살, 세기관지염〉감기로 인하여
심장(心臟) 부위가 아프면서 옆구리가 켕기고 가슴이 그득한 병.

풍안(風眼)[풍안]**명**〈눈병〉눈이 가렵고 눈물이 나며, 바람을 쏘이면 더욱 심
해지는 병.〈유〉처짐

풍열치통(風熱齒痛)[풍열치통]**명**《한의》〈일반통증〉외부의 풍사(風邪)와 내

부의 열이 서로 부딪쳐 생기는 치통. 잇몸이 붓고 몹시 아프며 고름이 난다. 〈준〉풍열통(風熱痛)

풍열-치통(風熱齒痛)[풍열치통-]**명**《한의》〈치통〉외부의 풍사(風邪)와 내부의 열이 서로 부딪쳐 생기는 치통. 잇몸이 붓고 고름이 나오는 따위의 증상이 있다. 〈유〉풍열통

풍열통(風熱痛)[풍열통-]**명**《한의》〈일반통증〉외부의 풍사(風邪)와 내부의 열이 서로 부딪쳐 생기는 치통. 잇몸이 붓고 몹시 아프며 고름이 난다. 〈본〉풍열치통(風熱齒痛)

풍온(風溫)[풍온]**명**《한의》〈일반통증〉봄철에 풍사(風邪)가 침입하여 생기는 급성 열병. 열이 나고 기침을 하며 가슴이 답답하고 목이 마르는 증상이 있다.

풍-요통(風腰痛)[풍요통-]**명**《한의》〈감기 - 몸살, 세기관지염〉감기로 인하여 허리가 아픈 병. 아픈 자리가 일정하지 않고 양다리가 뻣뻣하다.

풍자(風刺)[풍자]**명**《한의》〈피부병〉얼굴에 여드름 같은 것이 돋는 피부병.

풍조-창(風燥瘡)[풍조창]**명**《한의》〈피부병〉살갗이 몹시 가려운 피부병.

풍진(風疹)[풍진]**명**《의학》〈피부병〉홍역과 비슷한 발진성 급성 피부 전염병의 하나. 흔히 어린이들에게 많으며, 엷은 붉은색 뾰루지가 얼굴이나 머리를 비롯하여 온몸에 퍼졌다가 3~4일 만에 낫는 병으로, 잠복기는 20일가량 되며 바이러스 감염으로 발생한다.

풍치(風齒)[풍치]**명**《한의》〈치통〉썩거나 상하지 않은 채 풍증으로 일어나는 치통. ¶풍치가 말썽을 부리려는지 이따금 이빨 사이로 바람을 불어 넣는 소리를 내곤 했다.

풍토병^인플루엔자(風土病influenza)**명구**《의학》〈감기 - 몸살, 세기관지염〉인플루엔자 바이러스에 의해 일부 지역의 주민들에게 지속적으로 일어나는 인플루엔자. 증상이 비교적 경미하여 인플루엔자로 인식하지 못하는 경우도 있으며, 겨울철에 대도시에 많이 발생한다.

풍한-열(風寒熱)[풍한녈]圀《한의》〈감기 - 몸살, 세기관지염〉감기에 걸리어 열이 심하게 나는 병.

풍한-천(風寒喘)[풍한천]圀《한의》〈감기 - 몸살, 세기관지염〉감기가 들어 숨이 차고 호흡이 곤란한 병.

풍향-지(楓香脂)[풍향지]圀《한의》〈피부병〉종기나 피부병 따위에 쓰이는 단풍나무의 진을 한방에서 이르는 말. 지혈하는 작용이 있다.〈유〉백교향(白膠香)

풍협통(風脇痛)[풍협통]圀《한의》〈일반통증〉풍(風)으로 옆구리가 아픈 증세.〈유〉협풍통(脇風痛)

프라조신(prazosin)圀《약학》〈신경증〉고혈압, 울혈성 심부전에 쓰는 교감 신경 억제제. 부작용으로 현기증, 두통, 오심 따위가 나타나기도 한다.

플루옥세틴(fluoxetine)圀《약학》〈우울증〉1987년 에프디에이(FDA)의 승인을 받은 이후 전 세계적으로 가장 많이 사용되는 항우울제. '프로작'이라는 상품명으로 판매되고 있으며, 뇌에서 인간의 감정을 조절하는 신경 전달 물질인 세로토닌을 증가하게 하는 작용을 한다. ⇒규범 표기는 미확정이다.

피라비탈(Pyrabital)圀《약학》〈일반통증〉아미노피린 2분자량과 바르비탈 (barbital) 1분자량을 섞어 만든 약. 흰색 또는 연한 노란색의 결정성 가루로 두통, 치통, 생리통, 멀미, 외과 수술 후의 통증 따위를 치료하는 데에 쓰인다.

피린계^약제(pyrine系藥劑)명구《약학》〈감기 - 몸살, 세기관지염〉감기 따위의 해열 진통제로 쓰는 약제. 아미노피린, 설피린 따위의 피라졸론계(系) 약 및 그것을 포함한다. 약효가 크지만 알레르기에 의한 발진과 같은 부작용도 크다.

피린-진(pyrine疹)圀《약학》〈피부병〉피린계 약제를 내복하거나 주사를 맞았을 때 피부, 입안, 점막 따위에 생기는 발진.

피멍울(   )[피멍울]圀〈일반통증〉피가 둥글게 엉기어 덩어리진 것. ¶축 늘어뜨린 팔 아래로 피멍울 든 무릎뼈가 내다보였다.

피부^가려움증(皮膚가려움症)**명구**《의학》〈피부병〉피부가 몹시 가려운 증상. 겨울철 건조한 기후, 알레르기 따위가 원인이다. ¶아침저녁으로 날씨가 쌀쌀해지면서 피부 가려움증을 호소하는 사람이 많다. / 실내 공기가 건조하면 피부 가려움증 등 알레르기 증상이 나타나기 쉬워 건조하지 않도록 가습기를 틀거나 실내에서 빨래 건조를 하는 것이 좋다.

피부^감각(皮膚感覺)**명구**《의학》〈피부병〉피부에 있는 감각점에 의하여 느끼는 감각. 촉각, 온각, 냉각, 통각이 있으며 간지러움, 가려움 따위의 감각도 느낀다.

피부^감염(皮膚感染)**명구**《의학》〈피부병〉피부를 통하여 병원체가 침입하는 일.

피부^건조증(皮膚乾燥症)**명구**《의학》〈피부병〉기름이나 땀의 분비가 적어져서 피부가 마르고 거칠어진 상태.〈유〉피부마름증(皮膚마름症)

피부^결핵증(皮膚結核症)**명구**《의학》〈피부병〉결핵균에 의하여 생기는 피부 또는 피부밑의 만성 염증.

피부^경유^감염(皮膚經由感染)**명구**《의학》〈피부병〉병원체가 피부를 통하여 몸속으로 들어와 병을 옮기는 일.〈유〉경피감염(經皮感染)

피부^경화증(皮膚硬化症)**명구**《의학》〈피부병〉피부가 굳어져 탄력이 없어지는 피부병.

피부-과(皮膚科)[피부꽈]**명**《의학》〈피부병〉피부에 관한 모든 병을 연구·치료하는 의학 분야.

피부^그림증(皮膚그림症)**명구**《의학》〈피부병〉피부를 손톱이나 연필 끝 따위로 문지르면 자극이 가하여진 부분에 두드러기가 발생하는 증상.

피부근-염(皮膚筋炎)[피부근념]**명**《의학》〈피부병〉전형적인 피부 증상, 근력 저하 따위를 나타내는 결합 조직 질환의 하나.〈유〉피부근육염(皮膚筋肉炎)

피부^근육염(皮膚筋肉炎)**명구**《의학》〈피부병〉전형적인 피부 증상, 근력 저하

따위를 나타내는 결합 조직 질환의 하나.〈유〉피부근염(皮膚筋炎)

피부^마름증(皮膚마름症)〔명구〕《의학》〈피부병〉기름이나 땀의 분비가 적어져 서 피부가 마르고 거칠어진 상태.〈유〉피부건조증(皮膚乾燥症)

피부^묘기증(皮膚描記症)〔명구〕《의학》〈피부병〉'피부 그림증'의 전 용어.

피부밑^공기증(皮膚밑空氣症)〔명구〕《의학》〈피부병〉살가죽 밑에 공기 따위의 기체가 들어가서 종기처럼 된 상태.

피부-병(皮膚病)〔피부뼝〕〔명〕《의학》〈피부병〉피부나 피부 부속기에 생기는 병 을 통틀어 이르는 말.〈유〉살갗병(살갗病) ¶피부병이 옮다. / 옥 안의 사람 들은 온몸에 피부병이 번져 보기에 측은도 하지만 너무나 징그럽고 추했다.

피부-뿔(皮膚뿔)〔피부뿔〕〔명〕《의학》〈피부병〉표피의 각질이 늘어나 뿔 모양의 돌기물로 된 것. 사마귀, 노인성 과다 각화증, 편평 상피 암 따위가 원인이 며 머리, 얼굴, 손 따위에 생긴다. 노인에게 많다.

피부^사상균증(皮膚絲狀菌症)〔명구〕《의학》〈피부병〉진균이 일으키는 피부 병.〈유〉피부진균증(皮膚眞菌症)

피부샘-병(皮膚샘病)〔피부샘뼝〕〔명〕《의학》〈피부병〉결핵균에 의하여 피부에 통증이 없는 결절이나 궤양이 생기는 병.

피부선-병(皮膚腺病)〔피부선뼝〕〔명〕《의학》〈피부병〉'피부샘병'의 전 용어.

피부^성형술(皮膚成形術)〔명구〕《의학》〈피부병〉피부의 결손을 복구하는 수술.

피부^소양증(皮膚瘙癢症)〔명구〕《의학》〈피부병〉'가려움증'의 전 용어.

피부^스침증(皮膚스침症)〔명구〕《의학》〈피부병〉겨드랑이, 목, 사타구니 따위의 피부가 서로 닿아 스침으로써 생기는 습진성 염증. 피부가 부풀어 오르고 짓무르거나 가렵거나 욱신거리는 증상이 나타나며, 젖먹이 아이나 비만한 성인처럼 피부가 많이 접혀 있는 사람에게서 흔히 발생한다.〈유〉간찰진(間 擦疹)

피부-암(皮膚癌)〔피부암〕〔명〕《의학》〈피부병〉피부에 생기는 악성 종양. 햇볕 을 많이 받는 부위에 생기기 쉽고 백인에게 많다.

피부^애벌레^이동증(皮膚애벌레移動症)**명구**《의학》〈피부병〉몸속에 기생충의 애벌레가 침입하여 피부밑 조직을 이동하기 때문에 생기는 피부염.

피부-약(皮膚藥)[피부약]**명**《약학》〈피부병〉피부 질환을 치료하기 위하여 피부에 적용하는 약.

피부-염(皮膚炎)[피부염]**명**《의학》〈피부병〉피부의 염증. 습진과 비슷한 의미로 널리 쓰인다.

피부^이식^수술(皮膚移植手術)**명구**《의학》〈피부병〉외상, 화상, 수술, 질병 따위로 피부가 결손되었을 때, 본인의 건강한 피부 조직을 떼어 내어 그 결손 부위에 옮겨 붙이는 수술.〈유〉피부이식술(皮膚移植術)

피부^이식술(皮膚移植術)**명구**《의학》〈피부병〉외상, 화상, 수술, 질병 따위로 피부가 결손되었을 때, 본인의 건강한 피부 조직을 떼어 내어 그 결손 부위에 옮겨 붙이는 수술.〈유〉피부이식수술(皮膚移植手術)

피부^접촉^검사(皮膚接觸檢査)**명구**《의학》〈피부병〉접촉 피부염의 원인 물질을 시험하기 위한 검사. 원인으로 추정되는 물질을 등에 붙여 반응을 조사한다.〈유〉첩포검사(貼布檢査)

피부-증(皮膚症)[피부쯩]**명**《의학》〈피부과〉피부에 일어나는 병의 증상.

피부^진균증(皮膚眞菌症)**명구**《의학》〈피부병〉진균이 일으키는 피부병.〈유〉사상균증(絲狀菌症), 피부사상균증(皮膚絲狀菌症)

피부^표기증(皮膚表記症)**명구**《의학》〈피부병〉'피부 그림증'의 전 용어.

피부^혈관(皮膚血管)**명구**《의학》〈피부병〉피부밑 조직과 진피 사이의 혈관.〈유〉살갗핏줄

피부^효모균증(皮膚酵母菌症)**명구**《의학》〈피부병〉피부에 궤양을 일으키고 구진·고름 물집을 보이는 증상. 내부 장기의 효모균이 이차적으로 전이되어 피부증을 일으킬 수 있다.

피비(皮痹)[피비]**명**《한의》〈피부병〉피부의 감각이 마비되는 증상.

피열(皮熱)[피열]**명**《한의》〈피부병〉피부에 열감이 있는 증세.

피진(皮疹)[피진]**명**〈피부병〉피부에 나타나는 모든 발진.

피풍(皮風)[피풍]**명**《한의》〈피부병〉피부가 소름이 끼치듯이 볼록볼록한 것
이 돋으며 가려운 피부병.

피한(皮寒)[피한]**명**《한의》〈피부병〉피부가 차갑게 되는 병증.

핏-기(핏氣)[피끼/핃끼]**명**〈피부병〉사람의 피부에 감도는 불그스레한 피의
기운. ¶핏기를 잃다. / 두 신부는 핏기 가신 핼쑥한 얼굴로 기도문을 외우
며 축대 위로 끌려갔다. / 툇마루 쪽의 방문이 열리면서 핏기 없는 중년 사
내가 얼굴을 내민다.

한국어 질병 표현 어휘 사전 II

ㅎ

하계^양진 (夏季癢疹)〔**명구**〕《의학》〈피부병〉'여름 가려움 발진'의 전 용어.

하고-초 (夏枯草)〔하:고초〕〔**명**〕《한의》〈피부병〉피부병, 부인병, 황달 따위에 약
재로 쓰는 말린 꿀풀의 이삭을 한방에서 이르는 말.

하수 (下垂)〔하:수〕〔**명**〕《의학》〈눈병〉위(胃), 눈꺼풀 따위가 내려드리거나 처지
는 일.

학교^근시 (學校近視)〔**명구**〕《의학》〈눈병〉섬모체근(纖毛體筋)이 긴장하고 수정
체를 두껍게 조절하는 시간이 길어져 근시와 같은 상태가 된 굴절성 근시.
책을 너무 가까이서 보거나 하여 생기는데 적절한 조치로 회복된다.〈유〉거
짓근시

한감 (寒感)〔한감〕〔**명**〕〈감기 - 몸살, 세기관지염〉추운 겨울에 걸리는 감기.〈참〉
서감

한복통 (寒腹痛)〔한복통-〕〔**명**〕《한의》〈일반통증〉추위로 인해 배가 상하거나 배
를 차게 했을 때 생기는 배앓이.

한심통 (寒心痛)〔한심통-〕〔**명**〕《한의》〈일반통증〉명치 부위가 은은히 아프면서
그 통증이 등에까지 뻗치고 손발이 찬 병.〈유〉냉심통(冷心痛)

한열-왕래 (寒熱往來)〔하녀룅내〕〔**명**〕《한의》〈일반통증〉병을 앓을 때, 한기와 열
이 번갈아 일어나는 증상.〈유〉왕래한열, 한경, 한열

한요통 (寒腰痛)〔하뇨통-〕〔**명**〕《한의》〈일반통증〉찬 기운으로 인하여 허리가 아
픈 증상. ¶한요통의 대표적인 증상은 허리에 통증과 함께 시린 느낌이 든다
는 것이다.

한질 (寒疾)〔한질〕〔**명**〕《의학》〈감기 - 몸살, 세기관지염〉주로 바이러스로 말미
암아 걸리는 호흡 계통의 병. 보통 코가 막히고 열이 나며 머리가 아프
다.〈유〉감기

한창 (寒瘡)〔한창〕〔**명**〕《한의》〈피부병〉고양이 눈 모양과 비슷하게 생기는 부
스럼. 구진, 두드러기, 물집 따위의 두 가지 이상의 피진이 손발에 대칭성
으로 나타나면서 열이 나고, 아픔·가려움 따위의 증상이 나타난다.〈유〉묘

안창(猫眼瘡)

한창(汗瘡)[한ː창]图《한의》〈피부병〉1. '땀띠'를 한방에서 이르는 말. 2. 여름에 땀을 많이 흘리고 씻지 아니하여서 피부에 생기는 여드름 모양의 종기. 살이 찐 사람에게 많다.

한통(寒痛)[한통]图《한의》〈일반통증〉찬 기운으로 인하여 아픈 것.

항경(項硬)[항ː경]图《한의》〈일반통증〉오경(五硬)의 하나. 목이 뻣뻣하여 잘 움직이지 못하는 증상이다.

항경-증(項硬症)[항ː경쯩]图《한의》〈일반통증〉오경(五硬)의 하나. 목이 뻣뻣하여 잘 움직이지 못하는 증상이다.

항공^치통(航空齒痛)图구《의학》〈치통〉기압이 낮아져서 일어나는 치통.

항-우울(抗憂鬱)[항ː우울]图《의학》〈우울증〉정신적 우울 상태를 예방하거나 완화하는 작용을 하는 약물이나 치료 방법.〈유〉이미프라민, 항우울제, 항울제

항우울-제(抗憂鬱劑)[항ː우울쩨]图《약학》〈우울증〉정신과 질환의 여러 가지 우울증 치료에 쓰는 약제. 중추 신경 흥분 작용, 항히스타민 작용이 있다.〈유〉이미프라민

항-우울증(抗憂鬱症)[항ː우울쯩]图〈우울증〉우울증이 심해지는 것을 막거나 우울증을 완화함. ¶항우울증 약물이 우울증과 수면 장애를 어느 정도 개선시키며 피로를 다소 완화시킬 수 있다. / 그 뒤 ○○ 씨는 항우울증 치료와 약물치료를 통해 예전 모습을 되찾았다.

항울-제(抗鬱劑)[항ː울쩨]图《약학》〈우울증〉정신과 질환의 여러 가지 우울증 치료에 쓰는 약제. 중추 신경 흥분 작용, 항히스타민 작용이 있다.〈유〉이미프라민

항펩신-제(抗pepsin劑)图《약학》〈위염/위장병〉위염·위궤양 따위를 치료하는 데 쓰는 단백질 분해 효소인 펩신의 분비와 작용을 억제하는 약.

항히스타민-제(抗histamine劑)图《약학》〈감기 - 몸살, 세기관지염〉코염·기관

지 천식·두드러기·화분증 따위의 각종 알레르기 질환과, 멀미나 초기 감기를 치료하는 데 쓰는 약. 항원 항체 반응에 의하여 몸 안에 생긴 과잉 히스타민에 길항 작용을 하여 히스타민의 작용을 억제한다.

해밀톤^우울^측정^척도 (Hamilton憂鬱測定尺度)〔명구〕《의학》〈우울증〉우울증과 관련된 증상의 정도를 측정할 수 있는 반구조적 면담 척도. ⇒규범 표기는 해밀턴 우울 측정 척도'이다.

해수 (咳嗽)[해수]〔명〕《한의》〈일반통증〉기침[1] '을 한방에서 이르는 말.

해표초 (海螵蛸)[해ː표초]〔명〕《한의》〈눈병〉여러 가지 출혈증과 눈병, 위궤양 따위에 쓰는 오징어의 뼈를 한방에서 이르는 말. 빛이 희고 바탕이 단단하며 두껍고 잔구멍이 많이 있다.

행동^요법 (行動療法)〔명구〕《심리》〈우울증〉학습 이론에 따라 부적응 행동을 적응적인 행동으로 바꿔 주려는 정신 요법을 통틀어 이르는 말. 말더듬증, 야뇨증, 신경증, 거식증 따위의 행동 장애 증상은 좋지 않은 경험으로 학습된 것이라 보고, 이 습관을 없앰으로써 치료하는 방법이다.

향갈-탕 (香葛湯)[향갈탕]〔명〕《한의》〈감기 - 몸살, 세기관지염〉감기, 독감 따위로 인한 오한, 발열, 두통에 쓰는 탕약. 향부자, 승마, 차조기 잎 따위를 넣어서 달여 만든다.

향소-산 (香蘇散)[향소산]〔명〕《한의》〈감기 - 몸살, 세기관지염〉감기로 인한 두통, 오한 따위에 쓰는 탕약. 향부자, 소엽 따위를 넣어서 달여 만든다.

허공^근시 (虛空近視)〔명구〕《의학》〈눈병〉망막에 상의 윤곽이 투영되지 않을 때 일어나는 근시의 한 형태.

허기-증 (虛飢症)[허기쯩]〔명〕《한의》〈위염/위장병〉1. 몹시 굶어 기운이 빠지고 배가 고픈 증세. ¶몇 조각의 빵을 갖다주기에 허겁지겁 삼키고선 가까스로 허기증을 면했다. 2. 위장 따위의 병으로 속이 허하여 항상 허기를 느끼는 증상.

허리^디스크^환자 (허리disk患者)〔명구〕《의학》〈디스크 - 추간판탈출증〉허리뼈 사이의 추간판이 돌출되어 척수나 신경근을 눌러 통증이나 감각 이상 따위를 앓는 사람. ¶허리 디스크 환자한테서 가장 두드러진 증상은 요통과 다리가 저리고 아픈 증상'인데 대부분 요통보다 다리의 통증이 심한 것이 특징이다. / 건강 보험 심사 평가원에 따르면 2018년 국내 허리 디스크 환자는 약 198만 명으로 추산되며 주로 노화에 기인하는 것으로 알려져 있었지만 근래에는 젊은 층 환자의 증가 양상이 뚜렷하다.

허리-앓이 ( )[허리아리]명《의학》〈디스크 - 추간판탈출증〉허리와 엉덩이 부위가 아픈 증상. 척추 질환, 외상, 척추 원반 이상, 임신, 부인과 질환, 비뇨 계통 질환, 신경·근육 질환 따위가 원인이다.〈유〉요통

허리앓이-하다 ( )[허리아리하다]동《의학》〈디스크 - 추간판탈출증〉허리와 엉덩이 부위에 통증을 느끼다.

허리-증 (허리症)[허리쯩]명《의학》〈일반통증〉신경통으로 인하여 허리가 아픈 증상. 갑자기 쿡쿡 찌르는 것처럼 아프거나 오랫동안 지속적으로 아프기도 한데, 일어나서 앉거나 서기가 힘들다.

허리^통증 (허리痛症)명구《의학》〈디스크 - 추간판탈출증〉허리와 엉덩이 부위가 아픈 증상. 척추 질환, 외상, 척추 원반 이상, 임신, 부인과 질환, 비뇨 계통 질환, 신경·근육 질환 따위가 원인이다.〈유〉요통, 허리앓이

헌트^증후군 (Hunt症候群)명구《의학》〈신경증〉띠 헤르페스바이러스가 일으키는 병. 귓바퀴와 후두부의 신경통, 얼굴 신경 마비, 난청, 귀울림, 현기증 따위가 주된 증상이다.

헛배가 부르다 ( )형구〈일반통증〉음식을 먹지 않았는데도 이유 없이 배가 부르다 ¶소화 기관에 울혈이 생겨 헛배가 부르고 변비가 계속되었다. / 담창이 생겼는지 자꾸 헛배가 부르다.

헤르페스 (herpes)명《의학》〈피부병〉바이러스의 감염으로 피부 또는 점막에 크고 작은 물집이 생기는 피부병을 통틀어 이르는 말. 입술과 음부 따위에 생기는 단순 포진과 신체의 한쪽에 신경통과 함께 발진이 생기는 대상(帶

狀) 포진이 있다.〈유〉포진(疱疹)

헥사클로로펜(hexachlorophene)**명**《약학》〈피부병〉피부 질환이나 창상(創傷)의 치료를 위하여 바르는 약. 살균·소독 작용이 있는, 희거나 연노란색의 결정성 가루.

혈관^부종(血管浮腫)**명구**《의학》〈내과〉혈관을 지배하는 자율 신경의 조절 기능 장애로 국소가 붓는 병.

혈-심통(血心痛)[혈씸통]**명**《한의》〈일반통증〉어혈(瘀血)로 명치 부위가 아픈 증상.

혈어-통(血瘀痛)[혀러통]**명**《한의》〈일반통증〉어혈로 인하여 생기는 통증.

혈청-병(血淸病)[혈청뼝]**명**《의학》〈일반통증〉이종(異種) 혈청을 주사하였을 때에 나타나는 과민성 반응. 아나필락시스 따위의 쇼크 증상과 발열, 두통, 전신 권태감, 발진 따위의 증상으로 나뉜다.〈참〉혈청성 쇼크(血淸性shock)

혈한-증(血汗症)[혈한쯩]**명**《의학》〈눈병〉혈액이나 혈액 산물이 섞인 땀이 나는 증상. 이마, 눈꺼풀, 가슴, 바깥 생식기관 따위의 피부에 많이 나타난다.

협감(挾感)[협깜]**명**〈감기 - 몸살, 세기관지염〉감기에 걸림.

협감-하다(挾感하다)[협깜하다]**동**〈감기 - 몸살, 세기관지염〉감기에 걸리다.

협착^세기관지염(狹窄細氣管支炎)**명구**《의학》〈감기 - 몸살, 세기관지염〉폐쇄 세기관지염에 따른 흉터로 인하여 발생한 세기관지의 협착.

협통(脇痛)[협통]**명**《한의》〈일반통증〉갈빗대 있는 곳이 결리고 아픈 병.

협풍통(脇風痛)[협풍통]**명**《한의》〈일반통증〉풍(風)으로 옆구리가 아픈 증세.〈유〉풍협통(風脇痛)

형개(荊芥)[형개]**명**《한의》〈감기 - 몸살, 세기관지염〉감기나 두통을 다스리는 정가의 잎과 줄기를 한방에서 약재로 이르는 말. 피를 깨끗이 하므로 산후(産後)에 흔히 쓰인다.〈유〉가소

호두-옴( )[호두옴]**명**〈피부병〉호두의 진이 살에 묻었을 때 그 독 때문에 생기는 피부병.

호산구^위염 (好酸球胃炎) 명구 《의학》〈위염/위장병〉점막, 점막하층, 근육층에서 호산구 침윤(浸潤)이 관찰되는 위염. 주로 날문방을 침범하며, 위 주름이 커지고 폴립이 생기거나 근육층이 두꺼워지고 날문방이 좁아질 수도 있다.〈유〉호산성위염(好酸性胃炎)

호산성^위염 (好酸性胃炎) 명구 《의학》〈위염/위장병〉점막, 점막하층, 근육층에서 호산구 침윤(浸潤)이 관찰되는 위염. 주로 날문방을 침범하며, 위 주름이 커지고 폴립이 생기거나 근육층이 두꺼워지고 날문방이 좁아질 수도 있다.〈유〉호산구위염(好酸球胃炎)

호흡기^감염 (呼吸器感染) 명구 《의학》〈감기 - 몸살, 세기관지염〉호흡기에 일어나는 감염. 상부 호흡기 감염의 주된 원인은 리노바이러스와 인플루엔자 바이러스이다.

호흡기계^질환 (呼吸器系疾患) 명구 《의학》〈감기 - 몸살, 세기관지염〉호흡기에 일어나는 질환.

호흡기-병 (呼吸器病)[호흡끼뼝] 명 《의학》〈감기 - 몸살, 세기관지염〉호흡 계통에 생기는 병을 통틀어 이르는 말.

호흡기^질환 (呼吸器疾患) 명구 《의학》〈감기 - 몸살, 세기관지염〉호흡기에 생기는 병. ¶산성 눈은 아황산 가스 등 대기 중 오염 물질이 공기 중에서 산화된 뒤 눈에 섞여 내리는 것으로 장기간 높은 오염도의 산성 눈이나 비를 맞으면 안질, 피부 질환, 호흡기 질환 등이 유발될 수 있으며 금속이나 콘크리트 등이 부식되기도 한다. / 봄철에 꽃가루가 날려 피부 알레르기와 호흡기 질환을 일으키는 현사시, 수양버들 등의 가로수가 오는 92년까지 꽃가루 피해가 없는 은행, 잣나무 등으로 대체된다.

호흡기^질환자 (呼吸器疾患者) 명구 《의학》〈감기 - 몸살, 세기관지염〉호흡기에 병이 생겨 치료를 받아야 하는 사람.〈유〉호흡기환자 ¶○○ 지역은 한 달 이상 건조 주의보가 계속되면서 감기 등 호흡기 질환자가 급증하고 있으며 지난해 11월부터 지난 1월 말까지의 화재도 예년보다 10퍼센트 이상 증가했다.

호흡기^환자(呼吸器患者)⟨명구⟩《의학》〈감기 - 몸살, 세기관지염〉호흡기에 병
이 생겨 치료를 받아야 하는 사람.〈유〉호흡기질환자 ¶환경부는 오존 주의
보가 발령되면 호흡기 환자나 노약자, 어린이 등은 실외 활동을 삼가고 시
민들은 자동차 운행을 자제해 줄 것을 당부했다. / 최근 환절기를 맞아 감기
증상을 보이는 호흡기 환자가 크게 증가하고 있는 것으로 나타났다.

혼정(混睛)[혼ː정]⟨명⟩《한의》〈눈병〉눈동자에 흰 잿빛의 막이 생기어 시력에
지장을 주는 눈병.

혼합^정신병(混合精神病)⟨명구⟩《의학》〈우울증〉조현병과 양극성 기분 장애의
유전 인자가 혼합된 소질을 지닌 사람에게 생기는 정신병.

홍-두구(紅豆蔻)[홍두구]⟨명⟩《한의》〈위염/위장병〉식체(食滯), 구토, 설사 따
위에 쓰는 말린 고량강의 열매를 한방에서 이르는 말. 위의 운동을 도와주
는 작용을 한다.〈참〉초두구(草豆蔻)

홍사-창(紅絲瘡)[홍사창]⟨명⟩《한의》〈피부병〉피부의 헌데나 다친 곳으로 세균
이 들어가서 열이 높아지고 얼굴이 붉어지며 붓게 되어 부기(浮氣), 동통을
일으키는 전염병.〈유〉단독(丹毒)

홍색^비후증(紅色肥厚症)⟨명구⟩《의학》〈피부병〉경계가 뚜렷하고 약간 두드러
지는 붉은 반점이 생기는 병. 주로 바깥 생식 기관에 나타나며, 암으로 전이
하기 쉬운 만성 피부병이다.

홍색^음선(紅色陰癬)⟨명구⟩《의학》〈피부병〉사상균이 인체의 주름진 곳에 기생
하여 일으키는 만성 피부병. 하복부, 샅, 겨드랑이, 항문 부근에 담홍색 또
는 황갈색의 둥근 반점이 생기고 가렵다. 광범위 항생제로 치료하면 효과적
이다.

홍역-꽃(紅疫꽃)[홍역꼳]⟨명⟩《의학》〈피부병〉홍역 환자의 피부에 좁쌀같이 작
고 불그스레하게 돋는 발진.

홍역^백신(紅疫vaccine)⟨명구⟩《약학》〈피부병〉홍역을 예방하기 위한 백신. 예

방 접종은 제1회에 불활성화(不活性化) 백신을 근육 또는 피부밑에, 제2회
는 4~6주 후 약독(弱毒) 생균(生菌) 백신을 피부밑에 접종하는데, 주로 1~3
세의 아이에게 행한다. 〈유〉마진백신(痲疹vaccine)

홍채 (虹彩)[홍채]**명**《의학》〈눈병〉안구의 각막과 수정체 사이에 있는 둥근 모
양의 얇은 막. 막의 중앙에 동공이 있으며, 홍채의 신축으로 동공이 축소되
거나 확대되어 안구에 들어오는 빛의 양을 조절한다. 인종에 따라 색소가
다르다. 〈유〉눈조리개

홍채-염 (虹彩炎)[홍채염]**명**《의학》〈눈병〉홍채에 생기는 염증. 알레르기, 당
뇨, 감염 따위가 원인으로 눈이 아프고 부시며 눈물이 나고 눈동자가 축소
된다.

홍콩^인플루엔자 (Hong Kong influenza)**명구**《생명》〈감기 - 몸살, 세기관지
염〉A형 인플루엔자 바이러스의 혈청형에 의하여 생긴 인플루엔자. 1968년
에 홍콩에서 처음 발견되었으며, 홍콩에서 시작하여 전 세계적으로 퍼져 나
간 세계적 유행 인플루엔자이다.

홍피-증 (紅皮症)[홍피쯩]**명**《의학》〈피부병〉온몸의 피부가 붉어져서 비늘 같
은 모양으로 자잘하게 벗어지는 증상. 원인에 따라 노인성인 것, 피부병에
잇따르는 것, 악성 종양에 합병하는 것, 약물에 의한 것 따위로 나뉜다.

화끈-거리다 ( )[화끈거리다]**동**〈일반통증〉(몸이나 쇠 따위가) 뜨거운 기운을
받아 자꾸 갑자기 달아오르다. 〈유〉화끈대다, 화끈화끈하다 〈참〉후끈거리
다 ¶나의 발은 동상과 물집으로 부어오르고 얼굴은 전체가 불에 데인 듯 화
끈거린다. / 감기 기운인지 온몸이 자꾸 화끈거린다.

화끈-대다 ( )[화끈대다]**동**〈일반통증〉(몸이나 쇠 따위가) 뜨거운 기운을 받아
자꾸 갑자기 달아오르다. 〈유〉화끈거리다, 화끈화끈하다 〈참〉후끈대다 ¶
뜨거운 햇볕에 등짝이 화끈댔다. / 삔 허리에 파스를 붙였더니 화끈댔다.

화끈화끈-하다 ( )[화끈화끈하다]**동**〈일반통증〉(몸이나 쇠 따위가) 뜨거운 기
운을 받아 자꾸 갑자기 달아오르다. 〈유〉화끈거리다, 화끈대다 〈참〉후끈후

끈하다 ¶지금 나는 오한 때문에 온몸이 화끈화끈하여 꼼짝도 할 수 없어. /
덴 곳은 화기로 화끈화끈하더니 잠시 후 물집이 생겼나.

화농균(化膿菌)[화ː농균]**명**《보건 일반》〈피부과〉화농성을 일으키는 세균들
을 통틀어 이르는 말. 포도상 구균, 연쇄상 구균, 폐렴 쌍구균, 임균, 결핵균,
장티푸스균, 녹농균 따위가 있다.〈유〉고름균

화농-되다(化膿되다)[화ː농되다/화ː농뒈다]**동**《의학》〈피부병〉외상을 입은
피부나 각종 장기에 고름이 생기게 되다. 화농균 때문에 염증이 생기는 일
을 이른다.

화농성-염(化膿性炎)[화ː농썽념]**명**《의학》〈피부병〉고름이 생기는 염증. 많
은 양의 다핵(多核) 백혈구가 스며 나오는 염증인데 코곁굴염, 고름집, 연조
직염, 종기, 큰종기 따위에서 볼 수 있다.〈유〉고름염(고름炎)

화농성^염증(化膿性炎症)**명구**《의학》〈피부병〉고름이 생기는 염증. 많은 양의
다핵(多核) 백혈구가 스며 나오는 염증인데 코곁굴염, 고름집, 연조직염, 종
기, 큰종기 따위에서 볼 수 있다.〈유〉고름염(고름炎)

화농-하다(化膿하다)[화ː농하다]**동**《의학》〈피부병〉외상을 입은 피부나 각종
장기에 고름이 생기다. 화농균 때문에 염증이 생기는 일을 이른다.〈유〉곪
다, 농들다, 썩다

화단(火丹)[화ː단]**명**《한의》〈피부병〉피부의 헌데나 다친 곳으로 세균이 들
어가서 열이 높아지고 얼굴이 붉어지며 붓게 되어 부기(浮氣), 동통을 일으
키는 전염병.〈유〉단독(丹毒)

화담1(化痰)[화ː담]**명**《한의》〈일반통증〉담(痰)을 삭게 하는 일.

화담2(火痰)[화ː담]**명**《한의》〈일반통증〉담음(痰飮)의 하나. 본래 담이 있는
데다 열이 몰려 생기는데, 몸에 열이 심하고 가슴이 두근거리며 입이 마르
고 목이 잠긴다.〈유〉열담

화병(火病)[화ː뼝]**명**《한의》〈우울증〉억울한 마음을 삭이지 못하여 간의 생
리 기능에 장애가 와서 머리와 옆구리가 아프고 가슴이 답답하면서 잠을 잘

자지 못하는 병.〈유〉울화병 ¶화병이 들다.

화상(火傷)[화:상]몡〈피부병〉높은 온도의 기체, 액체, 고체, 화염 따위에 데었을 때에 일어나는 피부의 손상. 경증(輕症)은 피부가 벌겋게 된 상태, 제1도는 물집이 생긴 상태, 제2도는 피부가 익어서 갈색이 된 상태, 제3도는 숯덩이같이 된 상태로 화상의 면적이 온몸의 30퍼센트에 이르면 생명이 위험하다.〈유〉열상(熱傷) ¶화상을 당하다. / 그는 작업실로 쓰던 다락방에 불이 나 꽤 심한 화상을 입었다.

화수(火嗽)[화:수]몡《한의》〈일반통증〉화열(火熱)로 폐를 상하여 기침이 나고, 얼굴이 붉어지며, 목이 마르는 병.

화예(花瞖)[화예]몡《한의》〈눈병〉각막의 중심부가 벌어진 꽃과 같이 파이는 눈병.

화위(和胃)[화위]몡《한의》〈위염/위장병〉위기(胃氣)가 조화롭지 못한 것을 치료하는 방법.〈유〉화중(和中)

화적-창(火赤瘡)[화:적창]몡《한의》〈피부병〉불에 덴 것처럼 부르트고 물집이 생기며 피부색이 붉어지면서 열이 나는 피부병.

화중(和中)[화중]몡《한의》〈위염/위장병〉위기(胃氣)가 조화롭지 못한 것을 치료하는 방법.〈유〉화위(和胃)

화피(樺皮)[화피]몡《한의》〈피부병〉유종(乳腫), 두진(痘疹) 따위에 쓰는 벚나무의 껍질을 한방에서 이르는 말.

화학^위염(化學胃炎)몡구《의학》〈위염/위장병〉부식성 화학 물질을 복용한 후 발생한 급성 위염. 위 점막에 손상이 발생하며 심하면 위벽 전체에 염증을 유발한다.〈유〉부식위염(腐蝕胃炎)

확산^위축^위염(擴散萎縮胃炎)몡구《의학》〈위염/위장병〉위벽 세포에 대한 자가 항체에 의하여 유발되는 위염. 위 점막의 위축이 발생하며 그로 인한 위산 없음증이 발생한다.〈유〉자가면역위염(自家免疫胃炎)

환동-자(還瞳子)[환동자]몡《한의》〈눈병〉결명자의 씨. 간열(肝熱)을 내리고

눈을 밝게 하며 두통, 변비에 약재로 쓴다. 〈유〉결명자

활동(活東)[활똥]몡《한의》〈피부병〉피부병 치료에 쓰는 '올챙이'를 한방에서 약재로 이르는 말. 〈유〉활사(活師)

활사(活師)[활싸]몡《한의》〈피부병〉피부병 치료에 쓰는 '올챙이'를 한방에서 이르는 말. 〈유〉활동(活東)

황룡-탕(黃龍湯)[황눙탕]몡《한의》〈감기 - 몸살, 세기관지염〉해수(咳嗽)와 감기 따위에 쓰는 탕약. 사람의 똥과 쌀겨, 그리고 감초 가루 따위를 넣어서 만든다. 〈유〉금즙

황반(黃斑)[황반]몡《의학》〈눈병〉1. 누런 빛깔을 띠는 얼룩무늬 또는 얼룩점. 2. 망막의 가운데 부분에 있는 누르스름한 반점. 지름 3밀리미터 정도의 타원형으로 빛깔을 분간하는 힘과 시력이 가장 뛰어난 부분이다.

황반^변성(黃斑變性)[황반변성]몡구《의학》〈눈병〉여러 가지 원인에 의하여 황반부에 변성이 일어나는 질환. 다양한 형태의 망막 위축과 변성 소견을 보이는 비삼출성 황반 변성과 맥락막 혈관 신생을 동반하며 심한 시력 저하 소견을 보이는 삼출성 황반 변성의 두 가지 형태로 분류된다.

황백-피(黃柏皮)[황백피]몡《한의》〈피부병〉각기(脚氣) 따위에 쓰는 황벽나무의 껍질을 한방에서 이르는 말. 〈유〉황백(黃柏)

황색-종(黃色腫)[황색쫑]몡《의학》〈피부병〉피부 안의 지방을 함유한 조직구의 침착에 의한 황색의 구진(丘疹), 소결절(小結節) 또는 융기.

황심예(黃心瞖)[황시메]몡《한의》〈눈병〉각막의 가장자리는 희고, 가운데는 누렇게 되는눈병.

황염-목(黃染木)[황염목]몡《한의》〈위염/위장병〉위를 보호하며 이질, 황달 따위에 쓰는 매자나무의 줄기를 한방에서 이르는 말. 〈유〉매자나무

황태(黃苔)[황태]몡《한의》〈위염/위장병〉위(胃)의 열로 인하여 혓바닥에 누런색의 설태가 끼는 병.

회반(回斑)[회반/훼반]몡《한의》〈피부병〉홍역 따위의 병으로 몸에 돋았던

반점이 없어짐.

회반-하다(回斑하다)[회반하다/훼반하다]**동**《한의》〈피부병〉홍역 따위의 병으로 몸에 돋았던 반점이 없어지다.

회복통(蛔腹痛)[회복통/훼복통]**명**《한의》〈일반통증〉회충 때문에 생기는 배앓이.〈유〉거위배, 충복통(蟲腹痛), 횟배(蛔배), 횟배앓이(蛔배앓이)〈준〉회통(蛔痛) ¶회복통에는 장을 따뜻하게 하는 안회탕을 먼저 써서 안정시킨 후 구충제를 쓰는 것이 순서다.

회사^우울증(會社憂鬱症)**명구**《심리》〈우울증〉직장인이 회사 생활을 할 때 무기력해지고 기분이 언짢아지는 현상.〈유〉오피스우울증, 직장우울증, 직장인우울증 ¶18일 직장인 1,036명을 대상으로 조사한 결과 44.6퍼센트가 회사 밖에서는 활기찬데 출근만 하면 무기력해지고 우울해지는 '회사 우울증'을 겪는 것으로 나타났다고 밝혔다. / 최근 직장인 365명을 대상으로 조사한 자료를 보면, '회사 우울증'에 시달리고 있다고 답한 응답자는 62.9퍼센트나 됐다.

회오(淮烏)[회오/훼오]**명**《한의》〈감기〉말린 오두의 덩이뿌리. 성질은 따뜻하고 맛은 매우며, 풍한습(風寒濕)으로 인한 반신불수, 두통 따위에 쓴다.〈유〉천오

회통(蛔痛)[회통/훼통]**명**《한의》〈일반통증〉회충으로 인한 배앓이.〈유〉거위배, 충복통(蟲腹痛), 횟배(蛔배), 횟배앓이(蛔배앓이)〈본〉회복통(蛔腹痛)

회향(茴香)[회향/훼향]**명**《한의》〈위염/위장병〉열매. 요통(腰痛), 위통(胃痛), 구토(嘔吐) 따위에 쓴다.〈유〉대회향(大茴香), 회향풀(茴香풀)

횟배-앓이(蛔배앓이)[회빼아리/휃빼아리]**명**《한의》〈일반통증〉회충으로 인한 배앓이.〈유〉거위배, 충복통, 회복통, 회통〈준〉횟배(蛔배)

후관절^증후군(後關節症候群)**명구**《의학》〈디스크 - 추간판탈출증〉척추뼈의 관절 돌기 사이 관절에서 기원한 것으로 생각되는 통증. 척추뼈 관절염이나 척추 사이 원반의 퇴행 변화 때문에 일어난다.〈유〉돌기사이관절증후군

후끈-거리다 ( )[후끈거리다]동〈일반통증〉(몸이나 쇠 따위가) 뜨거운 기운을 받아 자꾸 몹시 달아오르다.〈유〉후끈후끈하다, 후끈대나 ¶불에 덴 자리가 후끈거린다./모닥불이 최고로 타오를 때는 온몸이 후끈거려 뒤로 물러나야 했다.

후끈대다 ( )[후끈대다]동〈일반통증〉(몸이나 쇠 따위가) 뜨거운 기운을 받아 자꾸 몹시 달아오르다.〈유〉후끈거리다, 후끈후끈하다〈참〉화끈거리다, 화끈대다

후끈후끈하다 ( )[후끈후끈다]동〈일반통증〉(몸이나 쇠붙이 따위가) 뜨거운 기운을 받아 자꾸 몹시 달아오르다.〈유〉후끈거리다, 후끈대다〈참〉화끈화끈하다

후두^신경통 (後頭神經痛)명구《의학》〈디스크 - 추간판탈출증〉후두 신경 주위에 나타나는 통증. 후두부 중앙 부위에 통증이 있다.

후박 (厚朴)[후:박]명《한의》〈위염/위장병〉위한(胃寒), 곽란(霍亂), 구토, 설사 따위의 치료에 약으로 쓰는 후박나무의 껍질.

후벼파다 ( )[후벼파다]동〈일반통증〉날카로운 끝으로 넓고 깊게 긁어내거나 돌려 파내다

후복-통 (後腹痛)[후:복통]명《한의》〈일반통증〉해산한 뒤에 생기는 배앓이.〈유〉훗배앓이(後배앓이)

후진-통 (後陣痛)[후:진통]명《의학》〈일반통증〉해산한 다음에 이삼일 동안 가끔 오는 진통. 임신으로 커진 자궁이 줄어들면서 생긴다.〈유〉산후통(産後痛), 산후진통(産後陣痛)

훗배알이 (後배앓이)[후:빼아리/훋:빼아리]명《한의》〈일반통증〉해산한 뒤에 생기는 배앓이.〈유〉후복통(後腹痛)

흉복-통 (胸腹痛)[흉복통]명《의학》〈일반통증〉가슴속이 쓰리고 켕기며 아픈 병. 위염이나 신경 쇠약 따위로 일어난다.〈유〉가슴앓이 ¶유배 이후 섭생이 부실하고 활동이 적다 보니, 어쩌다 술을 마시거나 고기라도 먹게 되면 꼭

체증이 와서 흉복통이 뒤따랐다.

흉비(胸痞)[흉비]〔명〕《한의》〈일반통증〉가슴이 그득하고 답답한 병. ¶동의보감에 의하면 흉비는 음복양축(陰伏陽畜), 즉 음양의 기운이 잘 소통되지 않기 때문에 생긴다고 한다.

흉터-종(흉터腫)[흉터종]〔명〕《의학》〈피부병〉피부의 결합 조직이 이상 증식 하여 단단하게 융기한 것. 대개 붉은빛의 판이나 결절 꼴로 나타난다.〈유〉켈로이드(keloid)

흉통(胸痛)[흉통]〔명〕《한의》〈일반통증〉가슴의 경맥 순환이 안 되어 가슴이 아픈 증상. ¶피부와 사지에 부스럼이 있을 뿐이 아니라 복통과 두통과 흉통과….

흉협-통(胸脇痛)[흉협통]〔명〕《한의》〈일반통증〉가슴과 옆구리가 아픈 증상.

흐름^위염(흐름胃炎)〔명구〕《의학》〈위염/위장병〉심한 점액 분비를 동반하는 위 점막의 염증.

흑-내장(黑內障)[흥내장]〔명〕《의학》〈눈병〉겉으로 보기에는 아무런 이상이 없으나 실제로는 시력을 완전히 상실하는 병. 선천적인 것과 독소, 시각 신경염, 히스테리, 당뇨병 따위에 의한 것이 있다.

흑두-병(黑痘病)[흑뚜뼝]〔명〕《한의》〈피부병〉피부에 검은 반점이 생기고 목이 잠기는 전염병.〈유〉새눈무늿병(새눈무늿病)

흑안통(黑眼痛)[흐간통]〔명〕《한의》〈일반통증〉눈의 검은자위가 아픈 증상.

흑예(黑瞖)[흐계]〔명〕《한의》〈눈병〉각막에 팥알 크기의 융기물이 생기는 눈병.

흑-정창(黑疔瘡)[흑쩡창]〔명〕《한의》〈피부병〉털구멍 속에 빛이 검고 단단한 종기가 나는 피부병.

흑풍(黑風)[흑풍]〔명〕《한의》〈눈병〉간 기능의 장애로 눈동자가 컴컴한 색을 띠는 병. 콧마루가 아프며, 때때로 두통이 있고, 검은 불빛이 어른거린다.

흑화-예(黑花瞖)[흐콰예]〔명〕《한의》〈눈병〉눈병의 하나. 수정체에 푸른빛의

막이 생기며 몹시 아프다.

흔충(焮衝)[흔충]⑲《한의》〈피부병〉근육이나 피부가 화끈거리며 아픈 증상.

흥통(興痛)[흥통]⑲《한의》〈일반통증〉염증으로 곪으면서 아픈 증상.

희끈-거리다( )[히끈거리다]⑧〈일반통증〉(사람이나 그 머리, 정신이) 현기증이 나서 자꾸 정신을 잃고 까무러칠 듯하게 되다.〈유〉희끈대다, 희끈희끈하다 ¶며칠을 굶었더니 머리가 희끈거리고 힘이 없다.

희끈-대다( )[히끈대다]⑧〈일반통증〉(사람이나 그 머리, 정신이) 현기증이 나서 자꾸 정신을 잃고 까무러칠 듯하게 되다.〈유〉희끈거리다, 희끈희끈하다

희끈희끈-하다( )[히끈히끈하다]⑧〈일반통증〉(사람이나 그 머리, 정신이) 현기증이 나서 자꾸 정신을 잃고 까무러칠 듯하게 되다.〈유〉희끈거리다, 희끈대다

희끗-거리다( )[히끋꺼리다]⑧〈일반통증〉(사람이나 그 머리, 정신이) 현기증이 몹시 심하게 나서 자꾸 까무러칠 듯하게 되다.〈유〉희끗대다, 희끗희끗하다 ¶부패한 시신을 본 정우는 토악질이 올라오면서 희끗거렸다.

희끗-대다( )[히끋때다]⑧〈일반통증〉(사람이나 그 머리, 정신이) 현기증이 몹시 심하게 나서 자꾸 까무러칠 듯하게 되다.〈유〉희끗거리다, 희끗희끗하다

희끗희끗-하다( )[히끄티끄타다]⑧〈일반통증〉(사람이나 그 머리, 정신이) 현기증이 몹시 심하게 나서 자꾸 까무러칠 듯하게 되다.〈유〉희끗거리다, 희끗대다

희뜩-거리다( )[히뜩꺼리다]⑧〈일반통증〉(사람이나 그 머리, 정신이) 현기증이 몹시 심하게 나서 자꾸 까무러칠 듯하게 되다.〈유〉희뜩대다, 희뜩희뜩하다

희뜩대다( )[히뜩때다]⑧〈일반통증〉(사람이나 그 머리, 정신이) 현기증이 몹시 심하게 나서 자꾸 까무러칠 듯하게 되다.

희뜩희뜩-하다( )[히뜨키뜨카다]⑧〈일반통증〉(사람이나 그 머리, 정신이) 현기증이 몹시 심하게 나서 자꾸 까무러칠 듯하게 되다.

히드록시진(hydroxyzine)몡《약학》〈우울증〉불안, 긴장 따위를 없애고 신경증을 치료하는 데 쓰는 정신 안정제. 수술 전후의 긴장감을 없애거나 구토를 억제할 목적으로 사용하기도 한다.

히스테리(Hysterie)몡《의학》〈우울증〉정신 신경증의 한 유형. 정신적 원인으로 운동 마비, 실성(失性), 경련 따위의 신체 증상이나 건망 따위의 정신 증상이 나타난다.

한국어 질병 표현 어휘 사전 Ⅱ

부록

부록1 / 출처

〈사전류〉

고려대한국어대사전(2009) https://dic.daum.net/index.do?dic=kor

네이버 지식백과 간호학대사전

암용어사전(2019), 국립암센터.

우리말샘 https://opendic.korean.go.kr/main

의학대사전

표준국어대사전(2008) https://stdict.korean.go.kr/main/main.do

한국민족문화대백과사전 http://encykorea.aks.ac.kr/

〈기타 인용 매체〉

MSD매뉴얼일반인용- https://www.msdmanuals.com/ko-kr/%ED%99%88

https://www.amc.seoul.kr/asan/healthinfo/easymediterm/easyMediTermSub
        main.do

건강다이제스트 http://www.ikunkang.com/

과학문화포털 사이언스올 https://www.scienceall.com/

https://terms.naver.com/list.naver?cid=60408&categoryId=55558

뉴스1 https://www.news1.kr/

대한부정맥학회 https://www.k-hrs.org:4433/main.asp

대한심장학회 https://www.circulation.or.kr:4443/

대한한의학회 표준한의학용어집2.1 https://cis.kiom.re.kr/terminology/search.do

데일리메디 https://www.dailymedi.com/

동아일보 https://www.donga.com/

디지털타임스 http://www.dt.co.kr/

매경헬스 http://www.mkhealth.co.kr/

매일경제 https://www.mk.co.kr/

머니투데이 https://www.mt.co.kr/

메디컬 옵저버 http://www.monews.co.kr/

메디컬타임즈 https://www.medicaltimes.com/Main/

메디컬투데이 http://www.mdtoday.co.kr/

문화일보 http://www.munhwa.com/

민족문화연구원 말뭉치 http://riksdb.korea.ac.kr/

베리타스알파 http://www.veritas-a.com/

서울대학교병원 의학정보 http://www.snuh.org/intro.do

서울아산병원 의료정보 알기 쉬운 의학용어

세계일보 https://www.segye.com/

약업신문 https://www.yakup.com/

약학정보원 https://www.health.kr/

연세말뭉치 https://ilis.yonsei.ac.kr/corpus/#/search/TW

연합뉴스 https://www.yna.co.kr/

부록2 / 질병 표현 어휘 관련 논저 목록(가나다 순)

강현숙(1983), 「복부통증환자의 동통어휘 및 동통평가척도를 위한 조사 연구」, 서울대학교 석사학위논문.

김간우(1998), 「관절통을 경험한 도서지역 여성의 체험연구」, 『류마티스건강학회지』 5(2), 265-285.

김근애·김양진(2022). 「한국어 통증표현 어휘의 낱말밭 연구」, 『한국사전학』 40, 한국사전학회. 140-169.

김선자(1985), 「수술환자의 통증지각정도에 관한 연구」, 이화여자대학교 석사학위논문.

김양진(2021) 「〈조선왕조실록〉 속 의료 관련 어휘군 연구」, 『우리말연구』 66, 우리말학회. 51-76.

김양진(2023). 『질병 표현 어휘 사전-주요 사망원인 질병을 중심으로』, 모시는 사람들.

김양진·염원희(2020), 『화병의 인문학-전통편』, 모시는사람들.

김재현(2016), 「한국어 통증 표현 어휘 콘텐츠 구축 및 제시 방안 연구」, 배재대학교 석사학위논문.

김정선(1991), 「소화성궤양환자의 통증표현양상에 관한 연구」, 이화여자대학교 석사학위논문.

김준희(2019), 「국어의 통증 표현 연구」, 『한말연구』52, 81-109.

박명희·백선희·김남초·송혜향(2002), 「호스피스병동에 입원한 말기 암 환자의 암성 통증 표현 양상」, 『임상간호연구』8-1, 81-109.

송승훈 외 4인(2014), 「다양한 신경병증통증에서 보이는 한국어 통증 표현」, 『대한통증·자율신경학회지』3-2, 78-82.

유경희(1985), 「흉부외과환자를 대상으로 한국어어휘통증척도의 타당도 검증에 관한 연구」, 서울대학교 석사학위논문.

윤귀옥·박형숙(1996), 「악성종양 환자의 통증 및 통증관리에 관한 연구」, 『기본간호학회지』3-2, 299-316.

이선우 외(2013), 「통증 표현 형용사의 낱말밭 연구」, 『의미자질 기반 현대 한국어 낱말밭 연구』, 한국문화사, 232-265.

이숙희(1986), 「일반인에게서 국어 어휘를 이용한 통증척도의 타당성 조사」, 서울대학교 석사학위논문.

이은옥(1981), 「한국인의 동통양상 및 완화방법」, 『대한간호』20-5, 33-38.

이은옥·윤순녕·송미순(1983a), 「동통반응평가도구 개발을 위한 연구(I)」, 『최신의학』26-8, 1111-1138.

이은옥·송미순(1983b), 「동통 평가도구 개발을 위한 연구 -한국 통증 어휘별 강도 순위의 유의도 및 신뢰도 검사-」, 『대한간호학회지』8-1, 106-118.

이은옥·윤순녕·송미순(1984), 「통증어휘를 이용한 통증비율척도의 개발연구」, 『대한간호학회지』14-2, 93-113.

이은옥·이숙희(1986), 「정상성인에서의 한국어 어휘를 이용한 통증척도의 타당도 연구」, 『간호학회지』16-2, 13-26.

이은옥 외(1987), 「요통환자의 통증행위에 대한 조사 연구」, 『간호학회지』17-3, 184-194.

이은옥 외(1988), 「관절통 환자의 통증정도와 통증연관행위에 관한 연구」, 『간호학회지』18-2, 197-210.

이혜연(2014), 「여성결혼이민자를 위한 병원·약국 어휘망 구축」, 상명대학교 석사학위논문.

장세권 외(2003), 「표준형성인 암성통증 평가도구 개발을 위한 암성통증어휘 조사」, 『한국호스피스완화의료학회지』6-1, 1-10.

장순연(2006), 「수술 후 통증표현어휘와 통증강도 ; 산부인과 수술환자를 중심으로」, 고려대학교 교육대학원 석사학위논문.

전효심(1987),「국어 어휘통증척도의 타당도 연구」, 한양대학교 석사학위논문.

정영조·김영훈(1981),「정신과환자의 통증호소에 관한 임상적 고찰」,『최신의
　　　　학』24-3, 65-69.

조금숙(1984),「수술환자의 통증양상에 관한 탐색적 연구」, 연세대학교 교육대학
　　　　원 석사학위논문.

최호철(2013),『의미 자질 기반 현대 한국어 낱말밭 연구』, 한국문화사.

한국어 질병 표현 어휘 사전 II

등록 1994.7.1 제1-1071
1쇄 발행 2024년 4월 30일

엮은이 김양진 장미 곽자현 박연희
펴낸이 박길수
편집장 소경희
편 집 조영준
관 리 위현정
디자인 조영준
펴낸곳 도서출판 모시는사람들
       03147 서울시 종로구 삼일대로 457(경운동 수운회관) 1207호
전 화 02-735-7173 / 팩스 02-730-7173

인 쇄 피오디북(031-955-8100)
배 본 문화유통북스(031-937-6100)
홈페이지 http://www.mosinsaram.com/

값은 뒤표지에 있습니다.
ISBN 979-11-6629-192-0   91710

이 저서는 2019년 대한민국 교육부와 한국연구재단의 지원을 받아 수행된
연구임(NRF-2019S1A6A3A04058286).